# MILITÄR GESCHICHTE

*Angriff der leichten Brigade in der Schlacht von Balaklawa am 25. Oktober 1854 (Krimkrieg).*

A. A. Evans | David Gibbons

# MILITÄR GESCHICHTE

vom Altertum bis heute

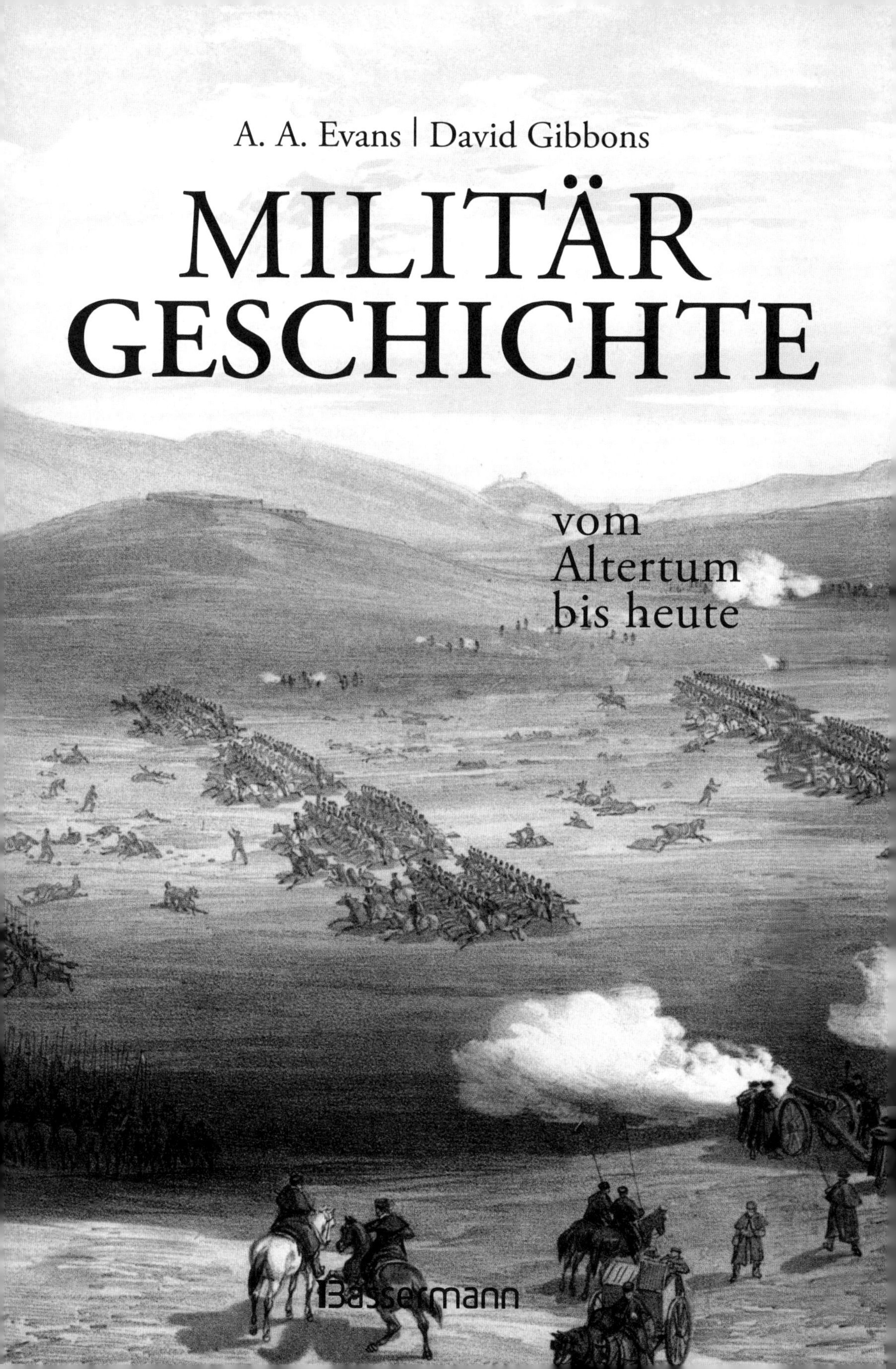

Bassermann

ISBN 978-3-8094-2549-6



Die englische Originalausgabe erschien unter dem Titel The Compact Timeline of Military History


**Layout und Producing der Originalausgabe:**
DAG Publications Ltd., London
**Projektkoordination dieser Ausgabe:** Dr. Iris Hahner
**Umschlaggestaltung:** Atelier Versen, Bad Aibling
**Übersetzung:** Gina Beitscher
**Producing:** Thema Media GmbH & Co.KG



**Satz:** Thema Media GmbH & Co. KG, München
**Herstellung:** Sonja Storz

Printed and bound in China by Imago

817 2635 4453 6271

**Abbildungen:** *Bukvoed*, über Wikipedia: S. 186, 203; *Radomil*, über Wikipedia: S. 190; *Signal magazine*: S. 187, 189; *Stephen Turnbull*: S. 112–113; *US-Verteidigungsministerium*: S. 154, 158, 161, 163, 172–173, 182–183, 188, 193, 210–211, 212–213, 216-217, Nachsatz. Weitere Abbildungen: PageantPix und Privatarchive der Autoren. Der Verlag gab sich die größte Mühe, alle Bildrechte zu klären. Sollte es dennoch Fehler oder Auslassungen geben, so bedauert dies der Verlag und wird in zukünftigen Ausgaben diese Mängel beheben.

***Vorsatz:*** *Französische Linienschiffe des 18. Jahrhunderts bringen ihre Steuerbordsseite in Position. Die Formation in Linien ermöglichte es, wirksame Breitseiten auf den Gegner abzufeuern. Die weiße Flagge der Bourbonen zeigt, dass es sich um Schiffe aus dem vorrevolutionären Frankreich handelt.*

***Nachsatz:*** *Soldaten der US-Marine (15th Marine Expeditionary Unit) rücken mit Unterstützung eines Panzerfahrzeugs im Irak gegen eine feindliche Stellung vor (März 2003).*

***Unten:*** *Angriff auf ein britisches Karree in der Schlacht bei Waterloo am 18. Juni 1815. Die Karreeformation bewährte sich bei der Abwehr von Kavallerieattacken; doch musste sich die Infanterie wieder in Linie formieren, um vorrückender gegnerischer Infanterie mit maximaler Feuerkraft zu begegnen.*

# INHALT



## Kurzbiografien militärischer Führer

# Vorwort

Neben einer chronologischen Tabelle der unzähligen Kriege und Feldzüge der Menschheitsgeschichte enthält dieses Buch auch Kurzbiografien der großen Herrscher und Feldherrn, die sie geführt haben, sowie Wissenswertes über die Strategien und Waffen, die dabei zum Einsatz kamen.

Die Ereignisse sind in zeitlicher Reihenfolge dargestellt; um aber ihren Zusammenhang besser sichtbar zu machen, wurden sie nach geografischen oder auch historischen Gesichtspunkten gegliedert. So handelt es sich nicht nur um eine simple Aufzählung von Jahreszahlen, Schlachten und Feldzügen, vielmehr informieren auch spezielle Chronologien über das Kriegsgeschehen in bestimmten Regionen oder Epochen, dessen kontinuierliche Abfolge nicht unterbrochen werden sollte.

Die Zeittafel ist vorwiegend auf der rechten Hälfte jeder Doppelseite angeordnet; ihr gegenüber befinden sich illustrierte Erläuterungen über einzelne Fakten und deren Hintergrund, knappe Schilderungen von Kriegen oder Schlachten, Kurzbiografien großer Feldherrn sowie Landkarten und Abbildungen.

Eingeleitet wird das Buch von einem Abriss der Geschichte der Kriegsführung in Verbindung mit der Entwicklung von Rüstungen und Waffen, Befestigungsanlagen und Belagerungstechniken, der Artillerie und Handfeuerwaffen, von gepanzerten Kampffahrzeugen, Kriegsschiffen und Luftstreitkräften. Auf die Chronologie der Kriegsereignisse folgt eine übersichtliche alphabetische Auflistung von etwa 2000 großen Schlachten der Geschichte mit Datum, Siegern und Verlierern.

Das Thema ist so umfangreich, dass nicht alles detailliert behandelt werden kann. Im Anhang sind deshalb einige der vielen interessanten Bücher aufgelistet, anhand derer sich der Leser über Kriege verschiedener Zeiten und Völker genauer informieren kann.

Die Übersicht endet mit der (bisher) letzten „konventionellen" militärischen Operation, bei der die USA eine internationale Streitmacht in den Irak geführt haben und Panzereinheiten durch die Wüste nach Bagdad vorrückten, während Flugzeuge die feindlichen Stellungen bombardierten. Diesem Feldzug folgte die Besetzung durch westliche Truppen, die versuchten, Gesetz und Ordnung in ein Land zu bringen, das durch einen mörderischen Konflikt zerrissen ist. Dasselbe gilt für Afghanistan, wo die wiedererstarkten lokalen „Warlords" die Macht der Regierung immer mehr einschränken.

Der „Krieg gegen den Terror", den US-Präsident George W. Bush nach dem Anschlag vom 11.9.2001 erklärt hat, geht inzwischen weiter. Die „militärische Front" wird weltweit zunehmend unsichtbar, und die Bedrohung durch militante Gruppen und Terroristen, die ihre Ziele durch Anschläge auf die Zivilbevölkerung zu erreichen suchen, zwingt die Regierungen zu Sicherheitsmaßnahmen, wie sie noch nie erforderlich schienen.

In vielen Teilen der Welt herrscht weiterhin Bürgerkrieg. Vor allem im Nahen Osten ist die Lage nach wie vor brisant, und in Afrika fordern ethnische Konflikte, Stammesfehden und Völkermorde aus rassischen oder religiösen Gründen alljährlich Tausende von unschuldigen Opfern. Ein Ende dieser Auseinandersetzungen ist nicht abzusehen, während die Vermittlungsversuche der Diplomatie und durch internationale Organisationen geleitete Verhandlungen zum Scheitern verurteilt zu sein scheinen. Mehr und mehr zeigt sich das Gesicht des modernen Krieges.

# Einleitung: Kriegsführung und Waffen

Dieses Buch erfasst die Kriege und Schlachten von 5000 Jahren Menschheitsgeschichte seit dem Beginn der ersten Aufzeichnungen bis heute. Lange Zeit hindurch wurden Kriege durch menschliche Muskelkraft gewonnen – mit dem Speer, dem Schwert, Pfeil und Bogen oder der Keule. Erst in den letzten Jahrhunderten trat an ihre Stelle nach und nach der Einsatz technischer Hilfsmittel, den in der jüngsten Vergangenheit der Mikrochip perfektioniert hat.

Die Flotten und Armeen, die von der Pharaonenzeit bis zum Ende des Mittelalters in den Kampf zogen, glichen sich in vieler Hinsicht. Tatsächlich schien die Art der Kriegsführung vollends auf der Stelle zu treten, als auf den Schlachtfeldern des ausgehenden 16. und beginnenden 17. Jahrhunderts noch mit Lanzen bewaffnete, gepanzerte Soldaten kämpften, die sich nur unwesentlich von den Hopliten oder Fußsoldaten der alten Griechen unterschieden. Die Galeeren, die in Lepanto zum Einsatz kamen, wurden von Ruderern auf sehr ähnliche Art und Weise vorwärtsbewegt wie schon die griechischen Trieren, die 2000 Jahre früher den Persern bei Salamis eine Niederlage bereitet hatten.

Seit Mitte des 5. Jahrtausends unserer Chronik hat sich die Kriegsführung jedoch dramatisch verändert. Die modernen Schlachten und Feldzüge werden weltweit von globalen Kommunikationsnetzwerken kontrolliert, per Computer gesteuert und von Satelliten überwacht, während Fernlenkgeschosse, die von Flugzeugen abgefeuert werden, einen Gegner über enorme Entfernungen zielsicher treffen.

## ANGRIFFS- UND SCHUTZWAFFEN

Über den Übergang von der Stammesfehde zum organisierten Stadtstaatenkonflikt gibt es keine Aufzeichnungen. Archäologische Funde lassen darauf schließen, dass die frühesten Waffen feuergehärtete Stöcke, Steinäxte, Speere, Dolche aus Feuersteinen sowie Schleudern und primitive Bögen waren. Mitte des dritten vorchristlichen Jahrtausends fertigten sumerische Schmiede bereits Axtköpfe mit Tülle an, wobei sich die Axt aus der Keule oder dem Knüppel entwickelt hatte. Auch Speer- und Lanzenspitzen aus Bronze wurden schon hergestellt. Assyrische und ägyptische Reliefs zeigen relativ aufwendig gekleidete und bewaffnete Krieger, mit Speeren, Pfeil und Bogen sowie Schilden ausgestattet, deren Holzkern mit Bronze beschlagen oder mit Leder überzogen war. Bronzehelme waren verhältnismäßig kostspielig. Aus der Axt entwickelte sich Mitte des 2. Jahrtausends v. Chr. das Sichelschwert. Erst mit dem Aufkommen des Eisens (1200 v. Chr.) war die Herstellung des geraden Langschwerts möglich, Bronze war dafür ungeeignet.

Zur Zeit der Perserkriege stellte die aus Hopliten bestehende griechische Phalanx ein Optimum militärischer Organisation dar. Jeder Krieger war mit Bronzehelm, Brustpanzer und Schwert, Lanze und Schild ausgestattet. Eine 16-reihige Phalanx mit ihren fast 3 m langen Lanzen bildete eine furchterregende Front. Philipp von Makedonien, der Vater Alexanders des Großen, versah seine Schlachtreihen sogar mit doppelt so langen Lanzen. Da die Phalanx relativ schwierig zu manövrieren war, verkleinerten Philipp und Alexander die Formationen und machten sie dadurch beweglicher.

Alexander entschied seine großen Schlachten – zum guten Teil wenigstens – durch die Stoßkraft der Reiterei. Die erste höchst mobile Waffe mit Stoßkraft war der Streitwagen, der um 1700 v. Chr. aufkam. Sein Einsatz ist erstmals für die Schlacht bei Meggido 1457 v. Chr. dokumentiert. Im

1. Jahrtausend v. Chr. übernahm die Kavallerie allmählich die Rolle des Streitwagens. Skythische Reiter – denen in den kommenden Jahrhunderten noch viele weitere berittene Völker nachfolgen sollten – drangen aus dem Nordosten in die Welt hoch entwickelter Kulturen ein.

Dennoch blieb die Infanterie noch lange der wichtigste Faktor im Kriegswesen der Antike. Die gut organisierten römischen Legionen beherrschten von der Mitte des 3. Jahrhunderts v. Chr. bis in die Mitte des 4. Jahrhunderts n. Chr. die Schlachtfelder. Sie waren in kleinere Einheiten, sogenannte Kohorten, unterteilt und die Legionäre mit Kurzschwertern und Wurfspeeren ausgerüstet. Die römische Armee war eine furchterregende Kampfmaschine, schnell einsatzbereit und imstande, auch lange Fußmärsche mit großer Geschwindigkeit zurückzulegen.

Im 3. Jahrhundert unserer Zeitrechnung nahm der Druck auf die Grenzen des Römischen Reiches immer mehr zu, und die Kriegsführung wurde zunehmend von der Reiterei dominiert. Mobilität war notwendig, um den einfallenden Barbaren am Limes an Rhein und Donau zu begegnen. Während der großen Krise Mitte des 3. Jahrhunderts wurden an Schlüsselpositionen Reiterkorps gegen die Eindringlinge in Stellung gebracht. Die Schlacht bei Adrianopel 378, in der Kaiser Valens fiel, gilt traditionell als der Beginn des Zeital-

***Links:*** *Belagerung und Erstürmung einer befestigten französischen Stadt im 15. Jahrhundert während der Endphase des Hundertjährigen Kriegs. Die Mauern sind mit Kanonen – einer zu jener Zeit neuen Waffe – gebrochen worden, und die Belagerer stürmen die Festung. Musketen-, Armbrust- und Bogenschützen geben den Angreifern Feuerschutz.*

ters der Kavallerie. Die römische Infanterie befand sich seit Langem im Niedergang. In den Tagen der Republik rekrutierten sich die Legionen aus römischen Bürgern, nun setzten sie sich aus Angehörigen von Barbarenvölkern zusammen, die Dienst im Reichsheer nahmen und oft auch zu hohen Kommandostellen aufstiegen.

Die Hunnen, die Europa in der Mitte des 5. Jahrhunderts heimsuchten, waren schnelle berittene Bogenschützen. Solche Reiternomaden tauchten immer wieder auf. Am dramatischsten war der Einfall der Mongolen, deren Horden im 13. Jahrhundert in Fernost, Vorderasien und Europa Angst und Schrecken verbreiteten. Ihre Taktik basierte nicht auf Stoßkraft, sondern auf „Scheinflucht“, die den Gegner in Verwirrung brachte. Leichte Reiterei umzingelte ihn und entfloh, bevor sie von schwer bewaffneten Kämpfern in ein Gefecht verwickelt werden konnte.

Die zunehmende Stoßkraft der Reiterei wird der Einführung des Steigbügels im 7. Jahrhundert zugeschrieben. Noch wichtiger waren jedoch die Zucht und das Training geeigneter Pferde; diese gingen wahrscheinlich aus arabischen Rassen hervor, die damals von den islamischen Eroberern eingeführt wurden. Im 8. Jahrhundert brachte eine verbesserte Zucht schwerere Schlachtrosse hervor, die ein größeres Gewicht tragen konnten, wodurch das Aufkommen des Ritters mit schwerer Rüstung erst möglich wurde. Die hochwertigeren Pferde und die immer aufwendigere Rüstung hatten ihren Preis, sodass die Armeen jener Zeit kleiner waren als die früherer Jahrhunderte; sie bestanden aus einer relativ geringen berittenen „Elite“, die von den Fußsoldaten unterstützt wurde.

Der Niedergang des römischen Imperiums ging einher mit Konflikten zwischen den neuen Königreichen, die in seinen Provinzen entstanden, und dem Aufkommen des Lehnswesens. Dieses das Mittelalter prägende System bildete sich im Frankenreich aus und verbreitete sich nach Norditalien, Spanien und Deutschland, während es die Normannen nach England und Süditalien brachten.

Die Rüstung, auch Harnisch genannt, entwickelte sich über die Jahrhunderte weiter und nahm die vielfältigsten Formen an. Über Rüstungen der Römer (Kettenpanzer, Schuppenpanzer, Lamellenpanzer aus zusammengebundenen Metallplatten etc.) gibt uns die Trajanssäule Aufschluss. Schuppen- und Kettenpanzer gab es schon seit Langem, bereits die Assyrer kannten sie, während der Lamellenpanzer von den Etruskern stammte. Die Herstellung solcher Panzer war aufwendig. Die typische Rüstung der normannischen Ritter des 11. Jahrhunderts ist auf dem berühmten Bildteppich von Bayeux äußerst anschaulich dargestellt: konischer Helm, lange Kettenhalsberge und ein länglicher, unten zugespitzter Schild. Die Bewaffnung bestand aus Lanze und Schwert.

Kurz nach 1200 wurden Plattenpanzer hergestellt. Helme mit Klappvisier erschienen um 1300, und die ersten Vollrüstungen stammen aus dem frühen 15. Jahrhundert. Diese Rüstungen waren sehr schwer und plump; der Ritter benötigte ein möglichst kräftiges Pferd, um das enorme Gewicht zu tragen; seine Sicht war eingeschränkt und die Kommunikation behindert. Der schwere Harnisch schützte den Ritter des Spätmittelalters zwar gegen Pfeile und Armbrustbolzen und machte ihn zu einer – dem modernen Panzer vergleichbaren – Waffe mit großer Stoßkraft, die allerdings bei längeren Kämpfen Unterstützung benötigte. Mit dem Aufkommen von Feuerwaffen hatte die Rüstung jedoch ausgedient; denn es war unmöglich, eine Panzerung herzustellen, die stark genug war, um vor Musketenkugeln zu schützen.

## BEFESTIGUNGSANLAGEN

4500 Jahre lang blieben die Befestigungsanlagen und Belagerungsmethoden mehr oder weniger unverändert. Viele Kriege früherer Zeit, über die es Aufzeichnungen gibt,

**Oben:** *Château Galliard, die große Festung von Richard Löwenherz an der Seine, westlich von Paris. Die Ende des 12. Jahrhunderts errichtete Anlage gehört zu den stärksten mittelalterlichen Burgen. Dennoch wurde sie von seinem Gegner, dem französischen König Philipp II. Augustus, 1204 nach längerer Belagerung erobert.*

fanden bei ummauerten Städten statt, und die Reliefs der alten Ägypter und Assyrer zeigen, wie man Festungen erstürmte.

Mit schweren Geschützen, Katapulten und Rammböcken versuchte man, Breschen in die Stadtmauern zu schlagen, um dadurch einzudringen. Dies konnte sehr lange dauern, weshalb die Belagerer möglichst Schwachstellen in der Verteidigung ausfindig zu machen suchten. Besondere Aufmerksamkeit schenkten sie dabei den Stadttoren, gegen die sie – unter ständigem Beschuss der Verteidiger – mit oft sehr großen und schweren Rammböcken anrannten. Die Rammen und ihre Mannschaft mussten, wie auf assyrischen Reliefs deutlich zu erkennen ist, geschützt werden.

Auch Belagerungstürme – hohe bewegliche Turmbauten aus Holzbalken, die mit Brettern und Fellen verkleidet waren – wurden errichtet und gegen die Mauern in Stellung gebracht. Sie ermöglichten es den Angreifern, über Zugbrücken die Wälle zu erreichen und mit den Verteidigern den Nahkampf aufzunehmen. Solche Konstruktionen konnten riesig sein, weshalb – unter anhaltender Störung durch den Gegner – lange Rampen angelegt werden mussten, um sie an die Mauern heranzuschieben; denn die Türme selbst wurden außerhalb der Reichweite der gegnerischen Geschosse gebaut. Eine weitere Herausforderung für die Belagerer waren plötzliche Ausfälle aus der Stadt oder Festung, die darauf abzielten, im Bau befindliche Türme oder andere Belagerungsmaschinen zu zerstören.

Um den Entsatz einer belagerten Festung durch Feldarmeen zu verhindern, mussten die Angreifer oft einen zweiten Belagerungswall anlegen, der nicht nach innen (innere Zirkumvallationslinie), sondern nach außen (äußere Zirkumvallationslinie) gerichtet war. Belagerungen waren meist langwierig und erforderten einen großen Aufwand an Menschen und Material. Als Cäsar 52 v. Chr. Vercingetorix in Alesia einschloss, ließ er zwei Belagerungswälle mit einer Länge von 15 bzw. 22 km anlegen. Sie waren mit Türmen versehen, und zwischen beiden befand sich ein offener, freier Streifen, über den bedrohte Stellen rasch von der benötigten Verstärkung erreicht werden konnten. Im Vorfeld der Verteidigungswälle hatte man – vergleichbar mit den modernen Minenfeldern – Fallen für die Gallier ausgelegt: spitze Pfähle in verdeckten Gruben, Holzblöcke mit Eisenhaken und Gräben, die allesamt mit Büschen getarnt waren.

Auch wenn die Stadtmauern einer Belagerung standhielten, so wurde der Widerstand der Verteidiger am Ende häufig durch Hunger und Erschöpfung gebrochen. Die Opfer waren meist die Zivilisten, die innerhalb der Mauern lebten. Denn die Kämpfenden wurden stets zuerst mit Wasser und Nahrung versorgt; und es gibt viele Berichte darüber, dass die Zivilbevölkerung unbarmherzig aus den belagerten Städten geworfen wurde, um im Niemandsland zwischen Belagerten und Belagerern erbärmlich zugrunde zu gehen. Im 19. und 20. Jahrhundert erscheint dies weniger schockierend, seit der „totale Krieg“ zu einer gängigen Form der Kriegsführung geworden ist, bei der Städte aus der Luft wie von Land und See aus bombardiert und zerstört werden.

Die Einführung der Feuerwaffen wirkte sich bereits auf die Belagerungsstrategie aus, noch bevor sie die Kriegsführung auf dem Schlachtfeld revolutionierte. Große Bombarden waren in den letzten Phasen des Hundertjährigen Krieges ebenso im Einsatz wie bei der Eroberung Konstantinopels durch die Türken im Jahr 1453. So wie sich Geschütze und Handfeuerwaffen weiterentwickelten, veränderte sich auch die Struktur der Befestigungsanlagen. Früher hatte es ausgereicht, dicke und hohe Mauern zu errichten, vorzugsweise auf einem Hügel oder Felsen, um den Verteidigern sowohl den Vorteil der erhöhten Lage als auch der soliden Steinmauern zu verschaffen. Wehrtürme, die in bestimmten Abständen entlang der Mauer angeordnet waren, sorgten für zusätzliche Verstärkung und waren zudem ein Zufluchtsort für die Verteidiger, wenn die Mauern beschädigt oder durchbrochen wurden. Das Schießpulver veränderte dies alles. In der Renaissance trat der Bruch mit dem bisherigen Festungskonzept deutlich zutage; die Verteidigungsanlagen wurden niedriger, dafür massiver und mit runden Bollwerken versehen.

Aber damit nicht genug. Der Festungsbau wurde zur Wissenschaft und sorgfältig geplant. Gegen die rondellartigen Übergangsformen setzte sich schon bald das neuzeitliche Bastionärssystem durch. Es bot die beste Möglichkeit, dem mit der Artillerie antretenden Feind eigenes Geschütz entgegenzustellen, welches das gesamte Vorgelände so beherrschte, dass an keiner Stelle „tote Winkel“, also nicht bestreichbare Geländestelle entstanden. Ermöglicht wurde dies durch im Grundriss pfeilförmige Bastionen, die vor die Verteidigungsfront in den Graben vorgeschoben wurden, um von ihnen aus die Grabenverteidigung rundum zu gewährleisten. Vorwerke wie Ravelins und Halbmondschanzen machten derartige Anlagen immer komplexer und effektiver. Seinen Höhepunkt erreichte das bastionäre System mit Vauban, dessen Festungen in vielen Teilen Frankreichs erhalten sind. Dreizehn davon wurden 2007 zum Weltkulturerbe erklärt.

Zusätzlich zum Artilleriefeuer drohte einer belagerten Festung jedoch im Untergrund Gefahr. Wenn es die geologischen Verhältnisse erlaubten, suchten die Belagerer den Verteidigungswall zu unterminieren, indem sie einen Stollen darunter vortrieben und diesen mit Holz abstützten. Wurde es in Brand gesetzt, stürzte der Stollen ein und mit ihm auch ein Teil der Mauer. Diese Technik wurde zu allen Zeiten bei der Belagerung von aus Stein errichteten Befestigungsanlagen eingesetzt und spielte sogar noch in Vicksburg und auf anderen Schauplätzen des Amerikanischen Bürgerkriegs eine Rolle.

Auch in den Schützengräben, die im Ersten Weltkrieg an der Westfront durch

Belgien und Nordfrankreich verliefen und sich oft im Abstand von nur wenigen Hundert Metern gegenüberlagen, waren Mineure im Einsatz. Sie gruben Tunnels unter dem Niemandsland bis zu den Stellungen des Feindes, legten nun aber Sprengstoff mit verheerender Explosionskraft.

Die ultimative Festungsanlage war wohl die Maginot-Linie, die zwischen dem Ersten und Zweiten Weltkrieg angelegt wurde, ein sehr weitläufiger Komplex, aus dickerem Beton und mit schwereren Geschützen als je zuvor. Sie verlief entlang der Grenze zwischen Frankreich und Deutschland, hatte eine Länge von ca. 140 km und war ständig bemannt; es gab klimatisierte Unterkünfte und unterirdische Eisenbahnverbindungen. Die Maginot-Linie erwies sich als nutzlos, erzeugte aber beim französischen Oberkommando ein Sicherheitsgefühl, das 1940 zur Katastrophe führte – die Deutschen umgingen die Barriere über Belgien.

Die Befestigung von Städten wurde durch den Einsatz moderner Waffen und die schnellen Verbindungswege für den Nachschub obsolet. Städte konnten nun aus der Luft angegriffen werden, wie dies im Zweiten Weltkrieg geschah, als deutsche Flugzeuge London im Blitzkrieg attackierten und daraufhin massive Angriffe gegen deutsche Städte geflogen wurden. Auch hätte keine Verteidigungsmaßnahme am Boden die atomare Zerstörung von Hiroshima und Nagasaki verhindern können.

## ARTILLERIE

Ein wichtiger Faktor der Kriegsführung ist die zunehmende Entfernung, über die Armeen gegeneinander kämpfen können. In alten Zeiten entsprach die tödliche Reichweite einer Armee der Länge des Armes, der das Schwert führte, und der Entfernung, über die ein Speer geworfen wurde oder ein Pfeil flog. Die Artillerie lieferte die Möglichkeit, diese Distanz zu verlängern und das Gewicht des Projektils – und somit seine tödliche Wirkung – zu vergrößern. In alter Zeit basierte die Artillerie wie beim Bogen oder bei der Armbrust auf Ausnützung der Elastizität, wobei die Spannung nicht durch die Elastizität des Bogens, sondern durch Verdrehen (Torsion) eines mehrfach geschlungenen Seils hervorgebracht wurde. Die Verwendung von Hebeln und Winden steigerte die Spannung des sogenannten Nervenbündels. Neben dem einarmigen Katapult (Onager) gab es zweiarmige Stein- oder Pfeilgeschütze. Normalerweise handelte es sich dabei um schwere und schwerfällige Wurfmaschinen, die bei Belagerungen weitaus brauchbarer waren als auf dem Schlachtfeld. Leichtere Geschütze waren jedoch bei der für die römische Kriegsführung typischen Verteidigung befestigter Linien von Nutzen.

Je schwerer die Geschütze waren, umso größer war auch die Chance, bei einer Belagerung den Verteidigungswall zu demolieren. Josephus Flavius beschreibt römische Katapulte bei der Belagerung Jerusalems im Jahre 70 n. Chr., die 25 kg schwere Steine über mehr als 350 m schleuderten. Doch mit dem Untergang des Römischen Reiches schien auch diese Technik einen Niedergang erlebt zu haben. Mit der Steinschleudermaschine, die im 12. Jahrhundert aufkam, verfügte man wieder über ein Gerät, das große Geschosse über eine weite Distanz zu schleudern vermochte. Durch ein schweres Gegengewicht wurde der freigesetzte Schleuderarm steil nach oben gerissen. Moderne Versuche zeigen die Kraft solcher Maschinen: Bei einem 10 t schweren Gegengewicht kann ein ca. 15 m langer Arm einen rund 135 kg schweren Stein etwa 270 m weit schleudern.

Derartige Geschütze waren jedoch nur bei Belagerungen von Wert. Erst mit der Einführung des Schießpulvers im 14. Jahrhundert wurde das Geschütz auch zum dominierenden Faktor in der Feldschlacht. Die ersten Kanonen bestanden aus geschmiedeten Eisenstäben, die fassdaubenartig aneinandergefügt und durch eiserne Reifen zusammengehalten wurden. Das Laden geschah zunächst nur von hinten, wo eine bewegliche Kammer das Pulver aufnahm, das über ein Zündloch zur Entladung gebracht wurde. Aus den kleineren Kalibern feuerte man Bleikugeln bis zu 5 kg Gewicht, die größeren verschleuderten Steine. Solche Bombarden oder Steinbüchsen erreichten teilweise enorme Größen und konnten Geschosse von einigen Hundert Kilo abfeuern.

Aus einem Stück gegossene Kanonen, die Verwendung eiserner Geschosse und besseres Pulver steigerten die Effizienz. Nach und nach entwickelte sich das klassische Artilleriegeschütz, das, auf eine zweirädrige Lafette montiert, von vorne geladen und von hinten durch ein Zündloch abgefeuert wurde.

Im 17. Jahrhundert konzipierte Gustav Adolf von Schweden innovative leichte Feldgeschütze, um die Infanterie auf dem Schlachtfeld zu unterstützen. Im 18. Jahrhundert vereinfachten beweglichere Lafetten und standardisierte Kaliber die Herstellung und Handhabung der Geschütze. Napoleon (der seine militärische Laufbahn als Artillerist begonnen hatte) brachte bereits große Batterien ins Feld, um die Infanterie seiner Gegner zu beschießen, bevor er den Angriff von Kavallerie und Infanterie befahl – bei Waterloo setzte seine Armee fast 250 Artilleriegeschütze ein.

Im 19. Jahrhundert sorgten große Fortschritte in der Metallurgie und Ballistik für eine rasante Weiterentwicklung der Geschütztechnik wie der Handfeuerwaffen, auch die Treffsicherheit wurde erheblich verbessert. Das Geschütz bekam seine moderne Form und hohe Feuergeschwindigkeit, wurde zum Hinterlader und zur Schnellfeuerwaffe.

Im Ersten Weltkrieg beherrschte die Artillerie die Schlachtfelder; sie nagelte in dem dreieinhalbjährigen Stellungskrieg an der Westfront die Truppen sozusagen am Boden fest und machte jeden Infanterieangriff zum Himmelfahrtskommando. Aber auch durch stärksten Beschuss mit riesigen Haubitzen ließen sich die Stacheldrahtverhaue vor den feindlichen Linien nicht überwin-

**Oben:** *Moderne Artillerie. US-Soldaten vom 151. Feldartillerieregiment bereiten im Juli 2007 während der alljährlichen Übung den Abschuss einer 155-mm-M198-Haubitze vor. Die 155 wurde in den Irakkriegen bei den Operationen „Desert Storm" und „Iraqi Freedom" in großem Umfang eingesetzt.*

den, die Granaten rissen nur den Boden auf, sodass er sich schon bald in einen unpassierbaren Morast verwandelte.

Bei den Manövern nach dem Ende des Ersten Weltkriegs gab es für die Artillerie bereits neue Ziele: Panzer und Flugzeuge. Es kam zu einem ständigen Wettlauf zwischen dem Panzer und dem Panzerabwehrgeschütz. Die Panzer wurden immer größer und besser geschützt, um die Projektile der schnell feuernden Artilleriegeschütze abzuhalten, die eigens dazu konzipiert worden waren, die Panzerung zu durchdringen. Auf neue Kampfflugzeuge folgten verbesserte Flugabwehrgeschütze. Man entwickelte Zünder, die Explosivgeschosse, bereits ehe sie mit dem Flugzeug in Berührung kamen, detonieren ließen, ohne es zu berühren. Zum Abschuss der japanischen Kamikazepiloten waren die US-amerikanischen Kriegsschiffe gegen Ende des Pazifikkrieges mit zahllosen Flugabwehrgeschützen bestückt, während die Geschosse aus den großen Kanonen der Schlachtschiffe inzwischen eine Reichweite von über 32 km hatten.

Die moderne Artillerie verfügt über Satelliten und Computer, um ihr Ziel zu finden; Treibladungen sind um ein Vielfaches leistungsstärker als Schießpulver, und Raketen – die von dem britischen Erfinder Congreve bereits während der napoleonischen Kriege ausprobiert wurden – sind heute so ausgereift, leistungsstark und treffsicher, dass konventionelle Artilleriegeschütze nicht mehr mithalten können.

## HANDFEUERWAFFEN

Die sogenannte „Gunpowder Revolution“ (um 1300–1650) brachte moderne Artilleriegeschütze, Handfeuerwaffen und Bomben hervor. Die frühen Arkebusen waren noch sehr primitiv und für den Schützen oft ebenso gefährlich wie für den Gegner. Mitte des 15. Jahrhunderts ermöglichte die Entwicklung von Serpentinlunten die Entstehung des Luntenschlossgewehrs, der Muskete. Sie war jedoch plump und schwer, nur langsam abzufeuern und musste bei Gebrauch in einen Gabelstock gelegt werden. Zweckmäßigere Stöcke und Gewehrkolben ermöglichten später ein genaueres Zielen und weniger mühsames Abfeuern. Im Freiheitskampf der Niederlande und im Dreißigjährigen Krieg standen große Formationen von Musketieren auf den Schlachtfeldern; aufgrund ihrer beschränkten Feuergeschwindigkeit mussten sie jedoch von Pikeniertruppen geschützt werden.

Mit dem Verschwinden der Rüstungen gegen Ende des 16. Jahrhunderts konnten die Musketen leichter und kleiner werden. Ebenfalls im 16. Jahrhundert wurde das Feuerstein- oder Flintenschloss erfunden, ein einfacherer und leichter zu handhabender Mechanismus zum Zünden der Ladung, der 100 Jahre später auch vom Militär übernommen wurde und bis 1700 nach und nach das Luntenschloss ersetzte. Im 18. Jahrhundert ermöglichten die Standardisierung der Teile und die Massenproduktion von Waffen in den Nationalstaaten eine uniforme Ausrüstung und Bewaffnung großer Infanteriearmeen.

Die kurze Reichweite dieser Waffen – die viel geringer war als die des Langbogens – bedeutete jedoch, dass bei Schlachten die alten linearen Formationen und Manöver beibehalten wurden, da sich die Treffsicherheit der Handfeuerwaffen auf ca. 70 m beschränkte und ihre tödliche Wirkung weit unter 200 m lag. Geschosssalven sollten Effektivität und Feuerkraft steigern, sodass bei Schlachten häufig ein stehender Feueraustausch zwischen den Infanterielinien stattfand, bis eine Seite genug hatte und das Schlachtfeld unter dichten Rauchschwaden verschwunden war.

Das Feuersteingewehr (Steinschlossgewehr) war die Standardwaffe der Infanterie im 18. und 19. Jahrhundert. Während die Zündmethode relativ verlässlich war, nahm das Laden und Abfeuern dieser Vorderlader jedoch zu viel Zeit in Anspruch – in der Regeln wurden bei einer Salve höchstens zwei bis drei Schuss pro Minute abgegeben

– und die Treffgenauigkeit der verwendeten Bleikugeln ließ zu wünschen übrig. 1843 wurde in der preußischen Armee das Dreyse-Zündnadelgewehr eingeführt, ein Hinterlader mit Perkussionsschloss, womit die Feuerrate beträchtlich erhöht wurde. Das französische Minié-Gewehr 1846/48 vergrößerte die Reichweite auf 900 m.

In der zweiten Hälfte des 19. Jahrhunderts kam es zu einer Revolution bei den Handfeuerwaffen: Metallpatronen und rauchlose Treibmittel anstelle des gängigen Schwarzpulvers ermöglichten ein genaues Zielen über 450–550 m, während der Schütze in Deckung blieb. Damit wurden geschlossene Schlachtformationen zum Himmelfahrtskommando. Die Verantwortlichen brauchten jedoch lange, um dies zu begreifen, wie die Verluste im Burenkrieg bewiesen.

Im Ersten Weltkrieg wurden diese verbesserten Gewehre in großem Umfang eingesetzt. Das Maschinengewehr – insbesondere das Maxim-MG mit Rückstoß – führte schließlich das Ende der taktischen Manöver herbei und zum Stellungskrieg in den Schützengräben an der Westfront. Mit einer Feuergeschwindigkeit von 500–600 Schuss pro Minute und einer Reichweite von bis zu 1800 m, brachte dieses Kampfmittel eine noch nie da gewesene Vernichtungskraft auf das Schlachtfeld.

***Links:** Beim Sturm von Quebec 1759 bringt General Wolfe seine rot berockten Grenadiere auf den Heights of Abraham in Stellung. Die Infanteristen haben ihre Bajonette auf die Brown-Bess-Steinschlossmusketen aufgesteckt und sind zum bevorstehenden Nahkampf bereit.*

**Rechts:** *Ein deutscher Tiger (Panzerkampfwagen VI) während des 2. Weltkriegs in Nordafrika). Der Tiger war ein gefürchtetes Waffensystem und so gut gepanzert, dass die „Tanks" der Alliierten große Mühe hatten, ihn auszuschalten. Sein 88-mm-Geschütz verfügte über enorme Feuerkraft.*

Zu den modernen Handfeuerwaffen gehören noch weitere automatische und halbautomatische Waffen mit enormer Feuerkraft, wie sie in Krimis und Actionfilmen täglich im TV zu sehen sind. Die moderne Taktik der Infanterie setzt auf das Vorgehen in kleinen Abteilungen, die eng mit Panzerverbänden, Artillerie und Luftstreitkräften zusammenarbeiten.

## GEPANZERTE KAMPFFAHRZEUGE

Die große defensive Überlegenheit Ende des 19. und Anfang des 20. Jahrhunderts, als schnelle Handfeuerwaffen und Artilleriegeschütze die Schlachtfelder beherrschten, hatte das taktische Manövrieren fast unmöglich gemacht. Zu Beginn des Ersten Weltkriegs wurden große Truppenkontingente mit der Eisenbahn an die Kriegsschauplätze transportiert, um dann vorzurücken und gegeneinander zu kämpfen. Nach einer kurzen Phase taktischer Kriegsführung, bei der die Deutschen mit dem abgeänderten Schlieffenplan in der Schlacht an der Marne scheiterten, kamen die Fronten an einer quer durch Belgien und den Nordosten Frankreichs verlaufenden Linie zum Stillstand, nur noch unterbrochen durch unverantwortlich verlustreiche Infanterieoffensiven. Komplexe Grabensysteme wurden angelegt, die durch Stacheldrahtverhaue geschützt und mit MGs verteidigt wurden. Dazu kamen aufwendige unterirdische Bunker und Unterstände zum Schutz vor Artilleriefeuer. Die Westfront wurde zu einer riesigen Todeszone, in der sich der Boden durch den ständigen Beschuss in schlammigen Morast verwandelt hatte.

Um unter solchen Bedingungen die Schützengräben zu überwinden und zu den feindlichen Linien vorzudringen, kam es zur Entwicklung und zum Bau von Panzerfahrzeugen („Tanks"). Mit Raupenantrieb ausgestattet, konnten sie erhebliche Hindernisse nehmen, waren durch die Panzerung vor dem MG-Feuer geschützt und konnten mit den eigenen, an der Karosserie montierten Kanonen oder MGs zurückfeuern. Allerdings hatten sie damals kaum Einfluss auf den Kriegsverlauf an der Westfront, denn die Panzerwaffe war erst im Zweiten Weltkrieg völlig ausgereift.

In der Zwischenkriegszeit vertraten Kriegstheoretiker wie Fuller, Liddell, Hart, Guderian oder de Gaulle die Meinung, den Panzer nicht nur zur Unterstützung der Infanterie, sondern als Hauptwaffe einer angreifenden Armee einzusetzen. In dieser Rolle brachte er taktische Manöver, Stoßkraft und Bewegung zurück in die Kriegsführung. Die deutschen Blitzkriege in Polen, Belgien, Frankreich und Russland bewiesen, wie effektiv Panzerverbände eingesetzt werden konnten. In der Panzerschlacht bei Kursk 1943 standen sich auf beiden Seiten Tausende dieser gepanzerten Kampffahrzeuge gegenüber.

In der zweiten Hälfte des 20. Jahrhunderts wurde der Panzer immer weiter verbessert und mit computergesteuerten Waffen ausgestattet, die ihr Ziel auch während der Fahrt im unwegsamsten Gelände visieren. Moderne Kommunikationssysteme ermöglichten zudem eine verbesserte Koordination des Angriffs. Die zunehmende Gefahr aus der Luft – Jets mit „smarten" Waffen, Kampfhubschrauber, die aus der Deckung plötzlich auftauchen und Fernlenkgeschosse absetzen, und Flugzeuge wie die schwer bewaffnete A-10 „Tankbuster" – führte jedoch dazu, dass viele Militärs den Panzer für überholt halten.

### SEEKRIEG

In fast 4500 Jahren des in diesem Buch behandelten Zeitraums von 5000 Jahren wurden Kriegsschiffe mit Ruderkraft angetrieben. Die Griechen entwickelten mit dem Dreiruderer (Triere oder Trireme) einen klassischen Typus des Kriegsschiffs. Auf drei Ebenen verteilt, konnten die Ruderer die langen, schlanken Schiffe abrupt auf ein hohes Tempo beschleunigen, wobei die Hauptangriffsmethode dieser Schiffe darin bestand, den Gegner zu rammen. Der spitz zulaufende Bug war verstärkt, um die Bordwand des gegnerischen Schiffes zu durchbohren. Dabei handelte es sich um die typische Taktik für die Seeschlachten von Salamis bis Actium und noch danach. Diese antiken Kriegsschiffe waren jedoch keine Hochseeschiffe, und man hat bisher auch noch kein einziges vollständig erhaltenes Exemplar entdeckt. Ihre Bauweise gibt uns deshalb nach wie vor Rätsel auf. In den 1980er-Jahren rekonstruierte ein britisch-griechisches Team eine Triere nach Abbildungen auf antiken Tongefäßen und Reliefs, archäologischen Funden und literarischen Zeugnissen. Das Ergebnis überzeugte, auch wenn so manches Detail auf Vermutungen beruht.

Die Triere war das Kriegsschiff der griechischen Stadtstaaaten. Die römischen Galeeren wurden von Rudersklaven angetrieben und verfügten über Enterhaken und -brücken an Bord. Der Angriff beschränkte sich nun nicht mehr allein auf das Rammen, sondern gegnerische Schiffe wurden geentert und die Seeschlacht quasi eine Erweiterung des Landkriegs.

Galeeren mit Rudersklaven blieben typisch für viele Kriegsflotten, bis sich der Krieg zur See durch die Einführung der Feuerwaffen im 16. Jahrhundert ebenso veränderte wie der Landkrieg. Lepanto 1571 war die letzte der großen Seeschlachten, die mit Galeeren ausgetragen wurden. Als die Spanier 17 Jahre später ihre Armada gegen England ausschickten, war dies ein völlig anderes Unternehmen; zum Einsatz kamen voll hochseetaugliche Segelschiffe, die mit mehreren Kanonenreihen bestückt waren. Der Kompass, der in Europa etwa um 1200 aufgekommen war, erleichterte den Seeleuten das Navigieren. Im 16. Jahrhundert war die erste Weltumsegelung erfolgt, sodass nun auch über die Ozeane hinweg Krieg geführt wurde.

Kriegsschiffe mit Segelantrieb beherrschten noch etwa 350 Jahre lang die Weltmeere. Bei Seegefechten musste viel manövriert werden, bis der Gegner in die Reichweite der Geschütze – die ein paar Hundert Meter betrug – gelangte und man dann erst die entsprechenden Breitseiten auf ihn abfeuern konnte. Bei Seeschlachten rückte man mit großen Flotten in einer Linie vor und manövrierte dabei vorsichtig, um sich Vorteile zu verschaffen und dadurch die größtmögliche Anzahl von Geschützen gegen den Feind zum Einsatz zu bringen.

Kriege in Übersee ermöglichten die Eroberung großer Weltreiche, europäische Konflikte wurden in Nordamerika, der Karibik, Indien und auf den Handelsrouten ausgetragen. Mitte des 19. Jahrhunderts musste das Segel dem Dampfantrieb weichen, und eiserne Kriegsschiffe mit schnell feuernden Hinterladergeschützen leiteten das Zeitalter der großen Schlachtschiffe ein. Das Auftreten des britischen Dreadnought 1906 führte zu einem neuen Rüstungswettlauf, der immer größere und stärker bewaffnete Schlachtschiffe entstehen ließ. Der Dreadnought brachte es auf 18 000 BRT und hatte zehn Geschütze mit einem Kaliber von 12 Zoll (30,5 cm). Im Zweiten Weltkrieg setzten die Japaner zwei Riesen von 70 000 BRT ein, bestückt mit neun Geschützen mit 18-Zoll-Kaliber (45,5 cm).

Das Zeitalter der Schlachtschiffe währte nicht allzu lange. Ebenso wie auf dem Land, kamen auch auf See neue Faktoren ins Spiel. Minen und Torpedos waren billig in der Herstellung und im Einsatz gegen die immens teuren Schlachtschiffe überaus effektiv. Aus U-Booten abgefeuerte Torpedos stellten für Kriegs- und Handelsschiffe gleichermaßen eine neue Bedrohung dar. In beiden Weltkriegen eskalierten im Nordatlantik die Kampfhandlungen, als deutsche U-Boote versuchten, Großbritannien vom Nachschub aus den USA abzuschneiden.

Die größte Gefahr drohte jedoch aus der Luft. Seit der Zwischenkriegszeit wurden Flugzeugträger entwickelt, die das Schlachtschiff aus seiner Position als Hauptkampfschiff verdrängten. Die Schlacht bei Midway 1942, die die Wende im Pazifik brachte, wurde zwischen Flotten geschlagen, die nie in Sichtweite der anderen gelangten – denn die Gegner griffen sich über eine Entfernung von mehr als 150 km nur aus der Luft an. Luftkämpfe dominieren seither die Kriegsführung auf See ebenso wie auf dem Land. Als letzte verbliebene Supermacht der Welt demonstrieren die USA ihre militärische Stärke weltweit mit mächtigen Flugzeugträgern, die aus den großen Pazifikflotten des Zweiten Weltkriegs entwickelt wurden. Von solchen Giganten aus wurden auch die Bombenangriffe auf den Irak 1991 und im Kosovo-Krieg 1999 geflogen.

## LUFTKRIEG

Seit den ersten Jahrzehnten des 20. Jahrhunderts veranlasste die Luftfahrt stetige Veränderungen in der Kriegsführung. Zu Beginn des Ersten Weltkriegs steckte die Fliegerei noch in den Kinderschuhen, und Flugzeuge kamen zunächst nur als Aufklärer zum Einsatz. Um sie auszuschalten, wurde das Jagdflugzeug konzipiert. Die ersten Auseinandersetzungen in der Luft fanden zwischen relativ langsamen Flugzeugen statt, deren Piloten Pistolen und Gewehre mit sich führten. Dann postierte man Maschinengewehre hinter dem Piloten, die von einem zweiten Besatzungsmitglied bedient wurden. Fest montierte, frontal feuernde MGs waren ein weiterer Schritt zum wirklichen Luftgefecht. Ein Problem war die Ablenkung der Projektile, das von Fokker durch die Synchronisation von Propeller und MG gelöst wurde. Dies ermöglichte erst echte Luftduelle, die sogenannten „Dog Fights“, die mit immer leistungsfähigeren und besser bewaffneten Jagdflugzeugen über den Schützengräben ausgetragen wurden. Fliegerasse wetteiferten miteinander, und der Beste von allen war Manfred von Richthofen, der berühmte „Rote Baron“, der 80 Luftsiege für sich verbuchen konnte, bis er 1918 selbst abgeschossen wurde.

Eine wichtige Aufgabe der frühen Jagdflieger war die Zerstörung von Beobachtungsballons und Luftschiffen des Gegners. Luftschiffe wurden zum Abwurf von Bomben eingesetzt. Zeppelinangriffe auf England – der erste geplante Einsatz von Luftfahrzeugen gegen Zivilisten – galten als barbarische Akte. Aber das war nur ein Vorgeschmack dessen, was noch kommen sollte, die Bombenangriffe im Zweiten Weltkrieg. Während der Blitzkriegkampagne von 1939–41 setzten die Deutschen zur Unter-

***Oben:*** *Ein amerikanisches Kampfflugzeug vom Typ P-38 Lockheed Lightning aus dem 2. Weltkrieg, bemalt mit den Erkennungsstreifen für die Invasion in der Normandie im Juni 1944. Ein Flugzeug dieses Typs schoss im April 1943 vor Bougainville die Maschine ab, in der der japanische Flottenkommandant Admiral Yamamoto saß.*

stützung der Bodentruppen Sturzkampfflugzeuge (Stukas) ein. In Fernost überfielen die Japaner mit Flugzeugen, die von Flugzeugträgern starteten, die US-Flotte in Pearl Harbor. Bei der Eroberung von Singapur wurden zwei große britische Kriegsschiffe von japanischen Maschinen versenkt, was endgültig bewies, dass das Flugzeug nun zu Land und zu Wasser das beherrschende Element war.

In Europa zerstörten Bomber militärische und zivile Ziele; sie wurden dabei von Kampfflugzeugen eskortiert und attackiert, und am Ende des Krieges verfügten die Alliierten mit dem Mustang über ein Langstreckenkampfflugzeug, das die Bomber auch auf den längsten Einsätzen begleiten konnte. Auch die letzte dramatische Aktion des Krieges erfolgte aus der Luft, als die USA aus dem Flugzeug Atombomben auf zwei japanische Städte abwarfen.

Im Kalten Krieg zwischen dem Ostblock und den Westmächten wurden genügend Atombomben hergestellt, um die Menschheit gleich mehrfach zu vernichten. Neue Technologien, die zunächst von den Deutschen – in Form der V2-Rakete – entwickelt wurden, als letzter Versuch, die Niederlage noch abzuwenden, brachten der Welt interkontinentale Fernlenkgeschosse, die beide Seiten als Bedrohung auf die Städte der Gegenseite richteten. Solche Raketen befanden und befinden sich in Depots an Land und auf Atom-U-Booten im Meer, allesamt mit einem furchtbaren Zerstörungspotenzial ausgestattet. In den letzten Jahrzehnten des 20. Jahrhunderts endete der Kalte Krieg; Abkommen wurden unterzeichnet, um die atomaren Arsenale und Atomtests zu beschränken. Viele dieser schrecklichen Waffen sind jedoch noch intakt, und die Atombombe ist nicht mehr allein den Supermächten vorbehalten.

Die Kriegsführung in und aus der Luft bleibt weiterhin dominierend. Flugzeugträger der USA können in kurzer Zeit in jedem Teil der Welt mit Waffen eingreifen, die denen potenzieller Gegner normalerweise weit überlegen sind – neue „smarte" Waffen und Fernlenkgeschosse, die ihre entsetzliche Wirkung im Golfkrieg 1991 ebenso demonstriert haben wie im Irakkrieg 2003.

# Chronologie der Militärgeschichte

**Vorderer Orient und Ägypten**

um 3000 v. Chr. In Mesopotamien kämpfen Stadtstaaten, darunter Kisch, Uruk, Ur und Lagasch, um die Vorherrschaft.

um 2900 Narmer und Aha herrschen als König über ganz Ägypten.

um 2800 Messilim von Kisch wird erster Oberkönig der sumerischen Stadtstaaten.

seit 2500 1. Dynastie von Ur.

um 2500–2360 1. Dynastie von Lagasch.

2350–2300 Als erster großer Eroberer der Geschichte unterwirft Sargon von Akkad Mesopotamien, Syrien und Teile Kleinasiens.

2270–2230 Naram-Sin von Akkad erneirt die Macht des Reiches.

2200 Pharao Pepi I. unternimmt Feldzüge gegen Nubien.

um 2150 Tod des letzten Pharaos der 6. Dynastie, Pepi II., und Ende des Alten Reiches in Ägypten.

2150–2050 Die Gutäer fallen aus dem Iranischen Hochland ein, zerstören das Akkadische Reich und werden dann später von Uruk vertrieben.

um 2150–2040 1. Zwischenzeit, nach der Mentuhotep II. Ägypten eint und das Mittlere Reich begründet.

2064–1990 Theben beherrscht Oberägypten.

2050–1950 3. Dynastie von Ur lässt das Sumerisch-Akkadische Reich wiedererstehen.

seit 2000 Einwanderung der Churriter ins nördliche Mesopotamien. Sie unternehmen Züge nach Assyrien, Mesopotamien, Kleinasien, Syrien und Palästina.

um 1950 Ur wird von Elamitern und Amoritern erobert. In den folgenden zwei Jahrhunderten Anarchie der Stadtstaaten in Mesopotamien.

1991–1962 Amenemhet I. baut die Festung Buhen am 2. Nilkatarakt und die „Fürstenmauer“ am Ostrand des Deltas.

1971–1926 Sesostris I. erlangt die Kontrolle über Unternubien.

um 1900 Aufstieg Babylons zum politischen und kulturellen Zentrum in Südmesopotamien.

1878–1841 Sesostris III. stößt über Jerusalem hinaus nach Syrien vor, er stärkt die ägyptische Stellung am 2. Katarakt und sichert sie durch ein befestigtes Vorfeld nach Süden.

um 1800 Die Assyrer erobern Nordbabylon. Gründung des Altassyrischen Reiches.

um 1780–1550 2. Zwischenzeit in Ägypten. Innere Wirren nach dem Zerfall des Mittleren Reiches begünstigen den Einfall der Hyksos.

1728–1686 Der Ammoriter Hammurabi von Babylon erlangt nach siegreichen Kämpfen gegen die rivalisierenden Mächte die Vorherrschaft in Mesopotamien. Unter den Nachfolgern Hamurabis Abfall des Südens, Kämpfe mit den Kassiten und Churritern.

um 1650 Die Hyksos dringen in Unterägypten ein und übernehmen die Macht. Ihre Hauptstadt wird Auaris im Ostdelta. Sie bringen Pferd und Streitwagen sowie neue oder verbesserte Waffen (zusammengesetzter Bogen, Sichelschwert).

1640–1380 Altes Hethiterreich in Anatolien. Gründung durch König Labarna. Unter seinem Nachfolger Hattusilis I. Vorstoß nach Syrien. Mursilis I. unterwirft Aleppo und erobert 1531 Babylon.

um 1530-1160 Kassiten, ein Volksstamm aus dem Iran, herrschen in Babylon.

1552–1527 Pharao Ahmose vertreibt die Hyksos aus Auaris, verfolgt sie nach Palästina und gründet das Neue Reich.

um 1500 Die Churriter vereinigen sich zum Mitannireich. Bedeutendster Herrscher ist Schausch-Schatar, dessen Herrschaftsgebiet vom Zagrosgebirge bis zum Mittelmeer und vom Wan-See bis Assur reicht.

**Europa**

um 2200–1450 Das minoische Kreta ist aufgrund unbestrittener Seeherrschaft die führende Macht in der Ägäis.

**Sargon von Akkad (reg. 2350–2300 v. Chr.)**
Der erste Schöpfer eines Großreichs begann im Dienst des Königs von Kisch. Er eroberte Mesopotamien, Teile Syriens sowie Elam (im südwestlichen Iran). Sargon führte den Titel „Herrscher der vier Weltteile“. Sein Reich wurde um 2150 von den Gutäern zerschlagen.

**Schamschi-Adad I. (reg. 1749–1717 v. Chr.)**
Gründer des ersten Assyrischen Reiches (Altassyrisches Reich). Eroberte den gesamten Norden Mesopotamiens.

**Thutmosis I. (reg. 1506–1494 v. Chr.)**
Der dritte Pharao der 18. Dynastie drang weit nach Süden bis zum 4. Katarakt vor, um sich die reichen nubischen Goldminen zu sichern. Ein asitatischer Feldzug führte ihn bis zum oberen Euphrat, wo das Mitannireich für ein Jahrhundert zum Hauptgegner Ägyptens wurde.

**Thutmosis III. (reg. 1490–1436 v. Chr.)**
Einer der größten Pharaonen Ägyptens. Er wurde mit Aufständen in Syrien konfrontiert und siegte bei Meggido (1457) in der ersten Schlacht, von der Annalen berichten. In 17 Kriegszügen unterwarf er Syrien und Palästina und erweiterte den Machtbereich Ägyptens am oberen Nil bis zum 4. Katarakt.

***Oben:*** *Der ägyptische Pharao Thutmosis I.*
***Unten:*** *Assyrerkönig Tiglat-Pileser im Streitwagen.*

nach 2000 Ankunft indoeuropäischer Stämme auf dem griechischen Festland (Ionier, Äolier, Achäer). Adlige Herren, Streitwagenkämpfer, errichten monumentale Burgen (Mykene, Tyrins, Orchomenos, Athen), festigen ihre Macht in Griechenland und setzen die Eroberungen über das Meer fort.

2000–1600 Periode der „älteren" minoischen Paläste.

1570–1425 Blütezeit der „jüngeren" Paläste, bis aufgrund einer Zerstörungswelle um 1425 nur noch Knossos intakt bleibt.

1450–1400 Wahrscheinliche Eroberung Kretas durch die Achäer; 1370 Zerstörung von Knossos. Großes Zeitalter Mykenes.

nach 1300 Bau massiverer Befestigungen, um das Eindringen von Invasoren aus dem Norden über den Isthmus von Korinth zu verhindern.

um 1200–1000 „Griechische Völkerwanderung" (auch „Dorische Wanderung"). Reiterkrieger mit Eisenwaffen gegen Streitwagenkämpfer mit Bronzewaffen.

um 1150 Zerstörung der mykenischen Burgen. Verdrängung der Achäer. „Dunkle Jahrhunderte" im Ägäisraum.

um 1150 Untergang Trojas. Für die in den Epen Homers und anderen Überlieferungen tradierten Ereignisse erschloss die antike Geschichtsschreibung Jahreszahlen von 1334–1135. Historikern ist es bisher nicht gelungen, einen bestimmten Krieg zu identifizieren, der gegen die von Heinrich Schliemann im Nordwesten Kleinasiens ausgegrabene Stadt geführt wurde.

**Indien**

nach 3000 – um 2300 Die Harappa-Kultur erscheint im Tal des Indus.

um 1800 Zusammenbruch von Harappa und Untergang der Stadtkultur. Die Gründe hierfür sind bisher noch ungeklärt.

1500 Beginn des vedischen Zeitalters. Indoeuropäische Stämme (Arier) dringen nach Punjab vor. Halbnomadische Hirten- und Stammesgesellschaften werden von Radschas (Kriegsherren) geführt. Kämpfe der arischen Stämme untereinander.

1500–1200 Zivilisation im Tal des Ganges.

**China**

um 3000 Erste Zivilisation im Tal des Gelben Flusses (Huang Ho). Nach 2500 entstehen ummauerte Siedlungen.

2200–1760 Hia-Dynastie

1760–1100 Die Shang- oder Yin-Dynastie erobert das Gebiet zwischen Gelbem Fluss und Jangtsekiang.

1100 Aufstand gegen den letzten Herrscher der Shang-Dynastie und Gründung des Westlichen Chou-Reiches. Expansionskriege um 1000–900.

um 771 Die Herrscher der Chou-Dynastie verlieren ihre Macht an die Vasallen. Aufsplitterung in über 100 Einzelstaaten.

770–475 Östliche Chou-Dynastie. Zerrüttung des Landes durch dauernde Kriege zwischen rivalisierenden Machthabern.

**Vorderer Orient und Ägypten**

um 1500 Zersplitterung Mesopotamiens in Gebiete, die von den Churritern, den Kassiten und im Süden von Elam beherrscht werden.

1490–1436 Pharao Thutmosis III. unternimmt 17 Feldzüge nach Palästina.

1457 Schlacht von Meggido. Thutmosis III. besiegt die Kanaaniter und ihre Verbündeten und dringt im Norden nach Galiläa vor.

um 1450 Die Assyrer werden Vasallen des Mitannireichs.

1438–1412 Pharao Amenophis II. kämpft im Norden in Byblos und Damaskus.

um 1500–1300 Feldzüge und Kriege der Pharaonen in Nubien. Hauptgrund dafür sind die reichen nubischen Goldvorkommen. Thutmosis III. erweitert den ägyptischen Machtbereich bis zum 4. Katarakt.

1380–1200 Neues Hethiterreich.

1412–1402 Unter Pharao Thutmosis IV. werden die Kriege gegen das Mitannireich mit einem Friedensschluss beendet.

1390–1364 Eriba-Adad I. erringt, verbündet mit den Hethitern, die Unabhängigkeit Assyriens von Mitanni.

um 1360 Der Hethiterkönig Suppiluliuma zerstört das Mitannireich, dessen Rudiment zum Pufferstaat zwischen Hethitern und Assyrern wird.

**Suppiluliuma (reg. 1380–1340 v. Chr.)**
Gründer des Neuen Hethiterreichs; er besiegte die Mitanni (um 1360), drang bis nach Syrien vor und eroberte Karkemisch (um 1354).

**Ramses II. der Große (1290–1224 v. Chr.)**
Einer der machtvollsten Pharaonen. Sein erster Asienfeldzug unterwarf Amurru. Die Schlacht von Kadesch gegen die Hethiter ist die erste große Schlacht der Geschichte, über die ein Bericht vorliegt. Weitere Feldzüge waren Strafexpeditionen in unbotmäßige Provinzen und dienten der Abwehr von Invasoren aus Libyen. Das an Tempelwänden gezeigte „Kadeschgedicht" verschweigt den für Ramses ungünstigen Ausgang.

***Oben:** Ramses II. der Große im Streitwagen.*

**Assurnasirpal II. (reg. 883–859 v. Chr.)**
Besonders grausamer assyrischer König, der den Widerstand der Nachbarvölker durch jährlich stattfindende Feldzüge brach und mit brutalem Terror Angst und Schrecken verbreitete.

**Tiglat-Pileser III. (reg. 745–727 v. Chr.)**
In Kämpfen gegen die Aramäer, Urartu und Babylon erweiterte der Assyrerkönig sein Herrschaftsgebiet bis an die ägyptische Grenze und den Persischen Golf. Er ersetzte das Milizsystem durch ein stehendes Heer für die jährlich stattfindenden Feldzüge und begann eine grausame Politik der Zwangsumsiedelung (722 Verschleppung von Israeliten nach Mesopotamien).

***Ganz oben:** Die Assyrer belagern eine Festung.*
***Oben:** Eroberung der Stadt Astartu.*
***Links:** Mit Schleudern bewaffnete assyrische Krieger.*

1304–1290 Pharao Sethos I. kämpft in Palästina. 1285 Schlacht von Kadesch. In der ersten detailliert geschilderten Schlacht der Geschichte kämpfen Ramses II. und König Muwatalli unentschieden.

1270 Friedens- und Bündnisvertrag zwischen Hattusili III. und Ramses II. (das erste im Wortlaut überlieferte internationale Abkommen). Ägypten und das Hethiterreich grenzen ihre Machtsphären in Palästina und Syrien ab.

1272–1243 Unter Salmanassar I. beginnt die Expansion des Mittelassyrischen Reiches. Er erobert das Mitannireich.

1242–1206 Tukulti-Ninurta I. erweitert die assyrische Herrschaft nach Süden, um 1210 auch auf Babylon.

1200–900 Allgemeiner Niedergang aufgrund von Invasionen.

**Europa**

um 1000 Errichtung erster Burgbefestigungen auf Anhöhen in Westeuropa.

um 900–800 Gründung phönizischer Seestützpunkte im westlichen Mittelmeerraum zur Sicherung und Kontrolle der Handelsschifffahrt.

815 Gründung von Karthago (überliefertes Datum).

um 800 Entstehung des Kriegerstaats der Spartiaten auf dem Peloponnes. In anderen Teilen der griechischen Welt entwickeln sich Stadtstaaten unter Führung einer Adelsschicht, mit Hopliten-Phalanx und Pentekonteren (Fünfzigruderer) als Kriegsschiffen.

753 Gründung Roms (überliefertes Datum).

750 Sparta erobert Amyklae.

um 750–550 Gründung griechischer Kolonien in Unteritalien und Sizilien.

735 Die Korinther gründen Syrakus.

730–710 Sparta erobert Messenien.

um 700 Griechische Kolonisten gründen Städte an den Küsten des Schwarzen Meeres.

669 Schlacht von Hysiae. Argos besiegt Sparta und erringt Vormachtstellung im Nordostpeloponnes.

um 650 Sparta schlägt den messenischen Aufstand nieder.

Um 650 – gegen 500 Ära der Tyrannen in Griechenland.

600 Die Phönizier gründen Massilia (das heutige Marseille).

600 Athen entreißt Megara die Insel Salamis.

600–550 Krieg zwischen Sparta und Tegea.

580 Beginn der Konflikte zwischen Phöniziern und Griechen im westlichen Mittelmeer.

546 Sparta gewinnt im Krieg gegen Argos die Thyreatis.

546–545 Persien unterwirft die griechischen Stadtstaaten an der kleinasiatischen Ägäisküste.

540–523 Polykrates, Tyrann von Samos, beherrscht mit seiner Flotte weithin das Ägäische Meer.

535 Schlacht von Alalia. Die Phokäer werden von den Etruskern und Phöniziern aus Korsika vertrieben.

525–524 Expedition von Sparta und Korinth gegen Samos scheitert.

509–508 Sparta dringt nach Attika ein und befreit Athen von der Tyrannis der Peisistraten.

um 500 Sparta ist als größte Militärmacht auf dem griechischen Festland etabliert.

494 König Kleomenes von Sparta verhindert das Wiedererstarken von Argos.

**Vorderer Orient und Ägypten**

um 1250 Landnahme der israelitischen Stämme in Palästina. Kriege Josuas (Eroberung Jerichos).

um 1200 Zusammenbruch des Hethiterreiches im „Seevölker"-Sturm.

1219 Pharao Merenptah wehrt in einer Schlacht bei Buto im Westdelta den gemeinsamen Angriff von libyschen Stämme und „Seevölkern" ab . Die „Israelstele" feiert diesen Sieg.

1184–1153 Pharao Ramses III. wehrt Libyer ab und schlägt die „Seevölker" in einer Seeschlacht im Nildelta zurück.Vielfache Invasionen von Völkerschaften, in ägyptischen Texten als „Seevölker" bezeichnet, führen zu weitreichenden Umwälzungen in der bisherigen Staatenwelt.

1143–1136 Ramses VI. verliert Ägypten seine Gebiete in Palästina und Syrien.

**Sargon II. (reg. 721–705 v. Chr.)**
Der assyrische König unterwirft die letzten hethitischen Kleinstaaten, besiegt das Reich Urartu, bekämpft die Meder und zwingt Babylonien nieder. Die Ägypter schlägt er bei Raphia.

**Sanherib (reg. 705–681 v. Chr.)**
Erstickte Aufstände in Palästina und Phönizien, unterwarf 701 Juda (Belagerung von Jerusalem) und zerstörte nach Niederschlagung einer Revolte 689 Babylon. Unter Einsatz riesiger Zwangsarbeiterheere ließ Sanherib Ninive zur ersten Stadt des Reiches ausbauen.

***Links:** Assyrische Krieger. Von oben nach unten: Reiter, Fußsoldaten mit Schild und Speer, Bogenschützen in Aktion hinter einem Rammbock, Bogenschützen zu Fuß und auf einem Streitwagen.*

**Asarhaddon (reg. 680–669 v. Chr.)**
Assyrischer König, der im Bündnis mit den Skythen die Kimmerier zurückwarf, Aufstände in Sidon und Tyros unterdrückte und Ägypten bis Nubien eroberte. Seine Feldzüge brachten dem Assyrerreich die größte Ausdehnung.

**Assurbanipal (reg. 668–627 v. Chr.)**
Der letzte große assyrische König warf zwei Revolten in Ägypten nieder, war jedoch nicht in der Lage, die Provinz nach 655 noch zu halten. 648 eroberte er Babylon, wo sein Bruder gegen ihn kämpfte. 642 fiel er in Elam ein und zerstörte Susa.

**Nebukadnezar II. (reg. 605–562 v. Chr.)**
Der Sohn des Gründers des Chaldäerreichs war ein brillanter Taktiker und Stratege. Er besiegte die Ägypter bei Karkemisch und errang die Kontrolle über Syrien. Zweimal eroberten die Babylonier Jerusalem (598 und 587). Ein Vorstoß gegen Ägypten scheiterte jedoch.

um 1200 Aufstieg Elams.

1124–1103 Nebukadnezar I. unterwirft Elam.

1114–1076 Tiglat-Pileser I. dehnt die assyrische Herrschaft bis zum Mittelmeer aus.

um 1100 Babylon bleibt zwei Jahrhunderte lang zwischen Assyrern, Aramäern und Chaldäern umkämpft.

um 1100 Die Philister bringen Palästina in ihre Gewalt (nach ihnen erhält das Gebiet seinen Namen).

1087 Panehesi, der Vizekönig von Nubien, besetzt Theben und Mittelägypten. 1080 zieht er sich wieder zurück.

um 1060 Ägypten ist auf seine ursprünglichen Grenzen im Niltal zurückgedrängt. Ende des Neuen Reiches. Zerfall der Reichseinheit. Die Teilreiche bekriegen einander.

1025–1006 Kriege König Sauls von Israel.

1006–968 Kriege König Davids von Israel, der die Jebusiterstadt Jerusalem erobert.

975 David besiegt die Philister.

925 Trennung des Königreichs Israel in ein Nordreich (Israel) und ein Südreich (Juda).

um 900 In Unterägypten herrscht die libysche Dynastie der Bubastiden (Hauptstadt Bubastis), in Oberägypten der „Gottesstaat" von Theben.

911–891 Adadnirari II. leitet die assyrische Erneuerung und Expansion ein. Gründung des Neuassyrischen Reiches. In der Folgezeit unablässige Kriege der Assyrer zur Festigung ihrer Schreckensherrschaft in Mesopotamien und den anderen eroberten Gebieten.

877 Assyrien erreicht das Mittelmeer.

853 Schlacht von Qarqar. Phönizier, Syrer und Ahab von Israel widersetzen sich den Assyrern.

um 800 Bildung eines phrygischen Reiches in Anatolien.

um 750 Aufstieg der „äthiopischen" Könige von Kusch (Nubien), die ihr Herrschaftsgebiet nach Süden bis zum Zusammenfluss von Weißem und Blauem Nil ausdehnen.

745–725 Tiglat-Pileser III. von Assyrien erobert Palästina. Ägyptische Übergriffe in diese Region provozieren die Assyrer.

727 Pije (Pianchi) von Kusch erobert das Nildelta und wird König von ganz Ägypten.

722 Assyrien erobert Samaria, die Hauptstadt der Könige von Israel.

720 Assyrien fällt in Al-Mina ein.

717 Assyrien erobert Karkemisch.

705 Die Kimmerier erobern Phrygien.

701 König Hiskia von Juda verbündet sich mit Ägypten gegen die Assyrer, die in der Schlacht bei Elteke siegreich bleiben.

700 Der Assyrerkönig Sanherib zerstört Babylon.

680 Asarhaddon schlägt einen Aufstand seiner Brüder nieder.

677 Zerstörung Sidons.

674 Die assyrische Invasion Ägyptens wird abgewehrt.

671 Assyrer plündern Memphis und erobern Tyros.

666–656 Assyrien herrscht über Ägypten.

651–648 Bürgerkrieg in Assyrien.

652 Der lydische König Gyges findet im Abwehrkampf gegen die Kimmerier den Tod.

um 650 Psammetich I. vertreibt die Assyrer aus Ägypten und begründet die Saïtendynastie (bis 525).

630 Psammetich I. besetzt Aschdod.

627 Tod Assurbanipals. Ausbruch eines Bürgerkriegs.

um 625 Aufstieg des Mederreichs. König Kyaxares besiegt die Skythen.

625–539 Die Chaldäer machen Babylon erneut zur beherrschenden Macht in Mesopotamien. „Neubabylonisches Reich".

616 Psammetich I. kämpft in Syrien gegen die Babylonier.

612 Zusammenbruch des Assyrischen Reiches und Zerstörung von Ninive durch Meder und Babylonier.

um 600–um 550 Kriege der Meder gegen Urartu, Lydien u. a. Das Mederreich erstreckt sich bis nach Syrien und Ostanatolien und im Osten bis zum Indus.

610 Schlacht von Meggido; Necho II. von Ägypten siegt über König Josias von Juda.

605–562 Nebukadnezar II. erobert Syrien sowie den Süden Mesopotamiens.

605 Schlacht von Karkemisch. Pharao Necho II. wird von Nebukadnezar besiegt.

601 Babylonische Invasion in Ägypten wird abgewiesen.

598 Nebukadnezar erobert Jerusalem.

**Kyros II. der Große (reg. 559–530 v. Chr.)**
Der Begründer des altpersischen Großreichs stammte aus der Dynastie der Achämeniden. Nachdem er sich 550 von der Oberherrschaft der Meder befreit hatte, unterwarf er Medien, Assyrien und Kleinasien bis zum Halys, 546 auch Lydien sowie die ionischen Städte und 539 Babylon. Bei Kämpfen gegen die Massageten in Ostiran fand er den Tod. Sein Sohn Kambyses II. eroberte Ägypten und Zypern.

***Oben:** Kyros der Große.*

**Dareios I. der Große (549–486 v. Chr.)**
Der Sohn des Satrapen Hystaspes wurde 522 Großkönig und dehnte das bereits riesige persische Weltreich noch weiter aus. Um 513 war er im Osten bereits bis zum Indus vorgedrungen. 510 unternahm er vom Balkan aus einen Feldzug gegen die Skythen und kam dabei mit dem griechischen Mutterland in Berührung. Auf den ionischen Aufstand reagierte er mit der Zerstörung von Milet und Verschleppungen. Damit begann der lange Krieg gegen die Griechen, die ihm bei Marathon eine empfindliche Niederlage beibrachten. Dareios starb, bevor er sie wettmachen und eine Erhebung in Ägypten niederschlagen konnte.

***Oben:** Dareios der Große.*

594–589 Psammetich II. entsendet Expeditionen nach Nubien. Zu seinen Streitkräften zählen griechische Hopliten.
590–589 Heiliger Krieg gegen die Phoker um das Orakelheiligtum Delphi.
590–585 Medisch-Lydischer Krieg.
587 Nebukadnezar belagert und zerstört Jerusalem.
570 Der Feldzug von Pharao Apries gegen die griechische Kolonie Kyrene endet mit seiner Niederlage.
561–547 König Krösus von Lydien.
560 Pharao Amasis behauptet die ägyptische Herrschaft in Syrien und Palästina und erobert Zypern.
550 Kyros II. der Große (559–530) besiegt die Meder und gründet das persische Großreich.
547–545 Kyros II. unterwirft Lydien, erobert Sardes und die griechischen Küstenstädte Kleinasiens.
539 Kyros II. besiegt Nabonid und erobert Babylon.
530 Kyros II. fällt bei Kämpfen gegen die Massageten am Jaxartes.
525 Schlacht von Pelusium. Kambyses II. erobert Ägypten und macht es zur persischen Satrapie.
522–521 Bürgerkrieg in Persien.

**Oben:** *Persische Fußsoldaten.*

**Oben:** *Griechische Hopliten.*

510 Dareios I. der Große unternimmt einen großen Skythenfeldzug über die Donau.

**Indien**
um 800 Beginn der Kali-Ära (Kali-Yuga). Offener Konflikt zwischen Kauravas und Pandavas aus dem Kurv-Stamm.
600 Aufstieg der Republiken (Mahajanapadas). Kampf um die Hegemonie im Gangestal. Aus 16 Staatsgebilden entstehen drei Königreiche – Kasi, Kosala, Magadha – und die Republik der Vrijji.
543 König Bimbisara von Magadha erobert Kasi und Kosala und zerstört die Vrijji-Konföderation.
513 Dareios I. von Persien erobert das Industal.
491 König Ajatasatru (491–459) befestigt Patua. Er annektiert Kasi und Kosala und unterjocht 16 Jahre lang die Vrijji-Republik.

**Die Perserkriege 495–448**
497 Griechische Erhebungen gegen die Perser in Milet, auf Zypern etc. („Ionischer Aufstand").
494 Die Perser vernichten die ionische Flotte in der Schlacht bei Lade. Zerstörung Milets.
492 Erster Feldzug. Eroberung von Thrakien und Makedonien.
490 Zweiter Feldzug. Schlacht bei Marathon. Sieg der Griechen über die Perser.
480 Dritter Feldzug. Schlacht am Thermopylenpass.
480 Seeschlacht am Kapi Artemision. Die Perser plündern und verwüsten Athen.
480 Schlacht von Salamis.

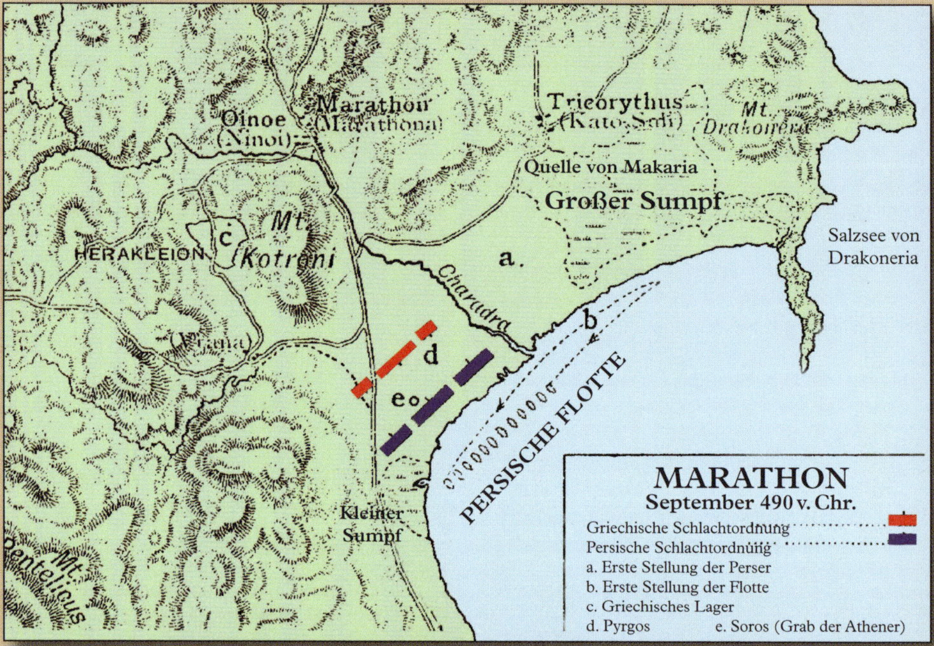
Marathon
(Marathona)
Oinoe
(Ninoi)
Mt. Drakonera
Quelle von Makaria
Großer Sumpf
Salzsee von Drakoneria
HERAKLEION
Mt. Kotroni
Charadra
a.
b
c
d
e
PERSISCHE FLOTTE
Kleiner Sumpf
Mt. Pentelicus
MARATHON
September 490 v. Chr.
Griechische Schlachtordnung
Persische Schlachtordnung
a. Erste Stellung der Perser
b. Erste Stellung der Flotte
c. Griechisches Lager
d. Pyrgos
e. Soros (Grab der Athener)

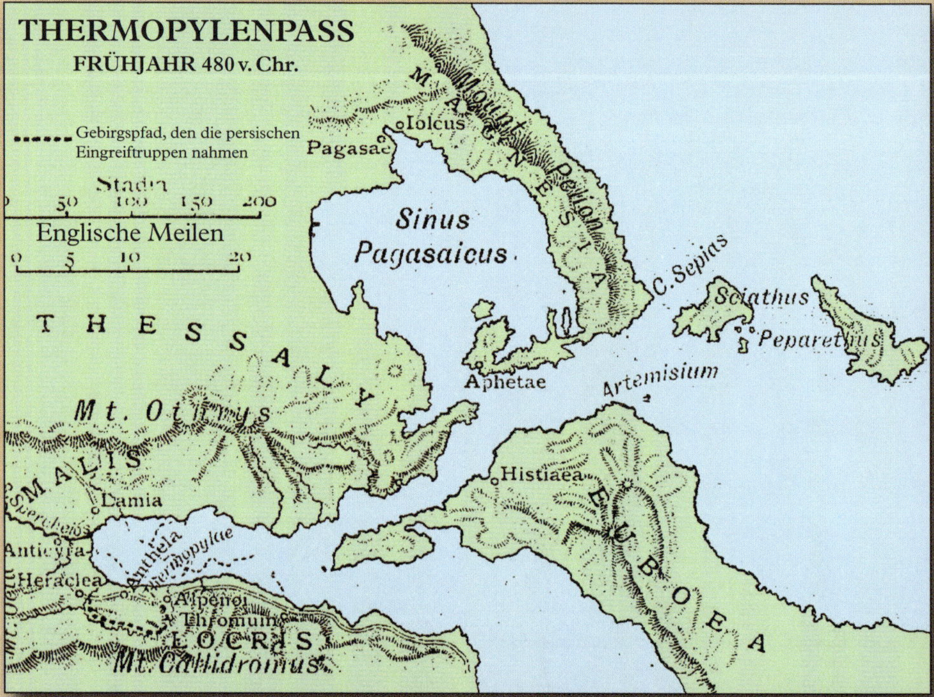
THERMOPYLENPASS
FRÜHJAHR 480 v. Chr.
Gebirgspfad, den die persischen Eingreiftruppen nahmen
Stadien
50 100 150 200
Englische Meilen
0 5 10 20
THESSALY
Mt. Othrys
MALIS
Lamia
Anticyra
Heraclea
Anthela
Thermopylae
Alpenoi
Thronium
LOCRIS
Mt. Callidromus
Pagasae
Iolcus
MAGNESIA
Mount Pelion
Sinus Pagasaicus
C. Sepias
Sciathus
Peparethus
Aphetae
Artemisium
Histiaea
EUBOEA

**Schlacht bei Marathon**

**Kontext** Perserkriege.

**Zeit** September 490 v. Chr.

**Ort** 42 km nordöstlich von Athen (Distanz des Marathonlaufs).

**Befehlshaber/Truppenstärke** Ca. 15 000 bis 20 000 Perser unter Datis; 10 000 Athener und 1000 platäische Hopliten unter Militiades und Kallimachos.

**Ziele** Vertreibung des persischen Invasionsheeres vom griechischen Festland.

**Verluste** Angeblich 192 Griechen einschließlich der Platäer, 6400 Perser.

**Sieger** Griechenland.

**Folgen** Die Demonstration der Überlegenheit hellenischer Hopliten ermutigte die griechischen Stadtstaaten zum Widerstand gegen die Perser. Der Sieg beendete den Mythos der persischen Unbesiegbarkeit und rettete die Griechen vor der Unterwerfung unter den orientalischen Großkönig. Lange Zeit verherrlicht, wurde Marathon zu einer der berühmtesten Schlachten der Geschichte.

**Schlacht am Thermopylenpass**

**Kontext** Perserkriege.

**Zeit** Frühjahr 480 v. Chr.

**Ort** Enger Gebirgspass südlich von Lamia an der Nordküste des Golfs von Lamia, östliches Mittelgriechenland.

**Befehlshaber/Truppenstärke** Der Spartanerkönig Leonidas befehligte 300 Spartaner und ca. 7000 andere Griechen. Im Heer des Perserkönigs Xerxes kämpften unter Mardonios angeblich 100 000 Mann, wahrscheinlich weniger.

**Ziele** Die Griechen wollten den Vormarsch der Perser aufhalten, um Zeit zu gewinnen.

**Verluste** Gesamtzahl der griechischen Verluste unbekannt; die Spartaner kämpften bis zum letzten Mann, nachdem ein Verräter die Perser in den Rücken der Verteidiger geführt hatte; Zahl der persischen Verluste unbekannt

**Sieger** Perser.

**Folgen** Ein Beispiel für heldenhaften Widerstand gegen eine riesige Übermacht und eine Atempause für die Griechen; sie gewannen Zeit zum Rückzug zum Isthmus von Korinth.

***Unten:*** *Anders als aus späteren Zeiten ist aus der Antike kein vollständiges Kriegsschiff gefunden. Nur Fragmente wie die massiven Rammsporne hat man entdeckt. Zwar sind zahlreiche Darstellungen antiker Kriegsschiffe überliefert, doch über die Anordnung der Ruder und Ruderer auf den antiken Biremen oder Trieren kann man nach wie vor nur Vermutungen anstellen. Die 1987 gebaute Rekonstruktion einer attischen Triere wurde von Ruderteams britischer Universitäten und Ruderclubs erfolgreich in Bewegung gesetzt.*

MEGARIS
Megara
Nisaea
Bucht von Eleusis
Ebene von Eleusis
Eleusis
Sacred Way
Mt. Aegaleos
Heiligtum des Herkules
Griechische Flotte
Salamis
Psyttaleia
Piraeus
Ägyptisches Geschwader
Insel Salamis
Ionisches Geschwader
Persische Flotte
SALAMIS
September 480 v. Chr.
Seemeilen
0 1 2 3 4
Saronischer Golf

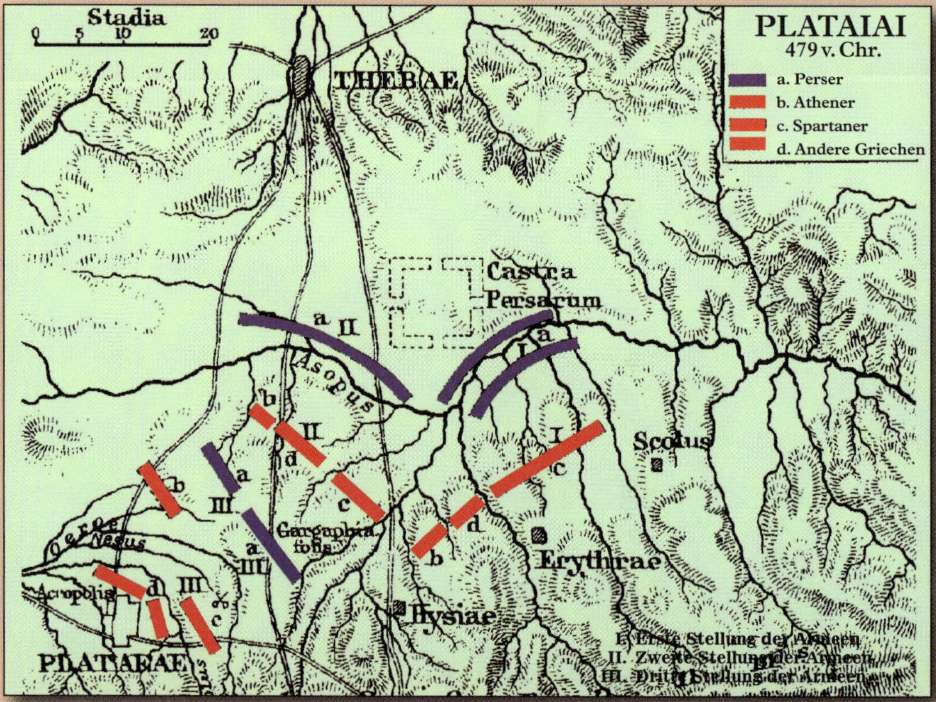
PLATAIAI
479 v. Chr.
a. Perser
b. Athener
c. Spartaner
d. Andere Griechen
Stadia
0 5 10 20
THEBAE
Castra Persarum
Asopus
Scolus
Gargaphia fons
Erythrae
Hysiae
Acropolis
PLATAEAE
I. Erste Stellung der Armeen
II. Zweite Stellung der Armeen
III. Dritte Stellung der Armeen

**Schlacht von Salamis**

**Kontext** Perserkriege.

**Zeit** September 480 v. Chr.

**Ort** Saronischer Golf vor dem Piräus, dem Hafen von Athen.

**Befehlshaber/Truppenstärke** 366 griechische Trieren aus Athen und Ägina unter Themistokles und Eurybiades, 600 persische Galeeren.

**Ziele** Perser: Einnahme Athens und Eroberung Griechenlands. Griechen: Vernichtung oder Vertreibung der persischen Invasoren.

**Verluste** 200–300 persische Schiffe, 40 griechische Trieren.

**Sieger** Griechen.

**Folgen** In der ersten entscheidenden Seeschlacht der Geschichte wird die persische Flotte aus den griechischen Gewässern vertrieben und der Angriff des persischen Landheers verzögert. Dies sicherte den Peloponnes, Mittelgriechenlands blieb jedoch bis zur Schlacht von Plataiai (Platää) in den Händen der Perser.

**Schlacht von Plataiai (Platää)**

**Kontext** Perserkriege.

**Zeit** 479 v. Chr.

**Ort** Südböotien, 12 km südlich von Theben.

**Befehlshaber/Truppenstärke** 26 500 Hopliten und 11 500 Athener, Ägineten, Platäer und Megarer unter Pausanias aufseiten des Peloponnesischen Bundes. Mardonios befehligt ein großes Perserheer (genaue Zahl unbekannt).

**Ziele** Perser: Die Eroberung Griechenlands. Griechen: Eine Entscheidungsschlacht zur Vertreibung der Invasoren.

**Verluste** 1360 Griechen und über 50 000 Perser (laut Plutarch); offensichtlich eine stark übertriebene Angabe.

**Sieger** Griechen.

**Folgen** Definitives Ende der persischen Ambitionen, Griechenland zu erobern, und ein weiterer Beweis für die militärische Überlegenheit der griechischen Aufgebots.

479 Erneuter Vorstoß der Perser gegen Athen. Schlacht von Plataiai (Platää).
479 Seeschlacht bei Mykale und Befreiung der griechischen Städte in Kleinasien.
478 Unter Pausanias erobern die Griechen Byzanz und Zypern.
477 Attisch-Delischer Seebund.
467 Schlacht am Eurymedon. Kimon besiegt die Perser zu Wasser und zu Land. Entsendung eines Heeres nach Ägypten.
458 Athen bekriegt Korinth und Ägina.
454 Vernichtung der griechischen Flotte im Nildelta durch die Perser.
449 Griechischer Doppelsieg bei Salamis/Zypern.
448 Der Kalliasfriede beendet den Krieg nach über 40 Jahren.

**Westlicher Mittelmeerraum**

um 535 Seeschlacht bei Alalia. Die Phokäer können sich unter schweren Verlusten gegen die etruskisch-karthagische Flotte behaupten, räumen jedoch Korsika.
510 Aufstand gegen Tarquinius Superbus, Roms letzten König (etruskischer Herkunft).
474 Seeschlacht bei Cumae (Kyme). Hieron von Syrakus besiegt die etruskische Flotte.
480 Schlacht bei Himera. Gelon von Syrakus besiegt die Karthager.

**China**

475–221 Zhanguo („Zeit der kämpfenden Reiche"). Die nach ritterlichen Normen geführten Kämpfe zwischen den früheren Feudalstaaten weichen einer neuen Kriegsführung: Massenheere aus Zehntausenden von Bauernsoldaten, Aufkommen des Belagerungskriegs und der Stadtverteidigung. Aufstellung berittener Einheiten, Einführung der zielgenauen und durchschlagskräftigen Armbrust, Ergänzung des bronzenen Kriegsgeräts durch Waffen aus Eisen.

**Griechenland**

457–451 sog. Erster Peloponnesischer Krieg.
457 Athen erobert Ägina. Sieg der Spartaner und Thebaner bei Tanagra, der Athener bei Oinophyta.

**Links:** *Statue eines griechischen Kriegers mit dem typischen Hoplitenhelm mit Rosshaarbusch und einem großen Rundschild. Zur Statue dürfte ursprünglich noch eine Lanze gehört haben, die der Krieger in seiner rechten Hand hielt.*

**Unten:** *Korinthischer Helm aus dem Museum der Engelsburg in Rom.*

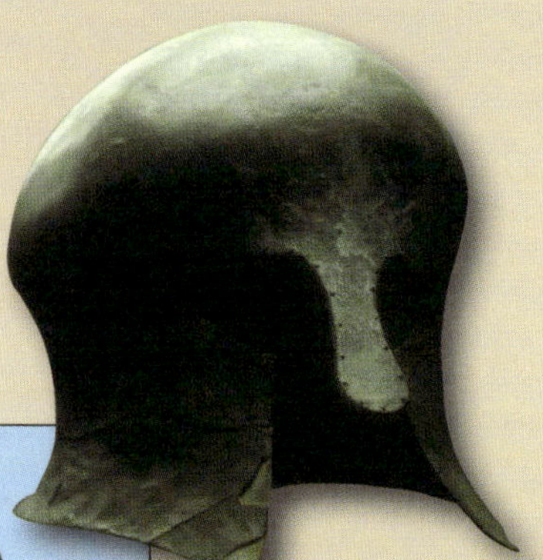

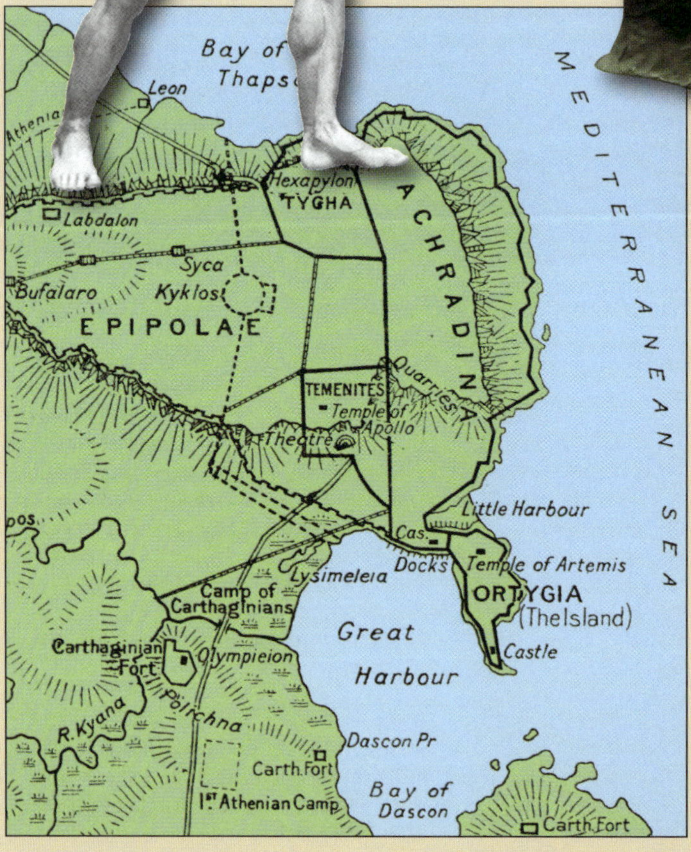


**Links:** *Syrakus, um 730 v. Chr. von den Korinthern gegründet, wahrte im Peloponnesischen Krieg zunächst Neutralität. Dennoch überzogen die Athener 415 die Stadt mit Krieg. Bei der Belagerung fanden schwere Kämpfe statt. Die Korinther und ihre Verbündeten aus Himera durchbrachen die Blockade und brachten der Stadt Verstärkung. Auch Athen entsandte weitere Truppen. 413 wurden Flotte und Heer der Athener jedoch völlig vernichtet. Das Scheitern der Expedition führte zum Abfall von Athens Verbündeten und stellte ein kriegsentscheidendes Ereignis dar.*

***Peloponnesischer Krieg 431–404***

431–421 Archidamischer Krieg. Sparta verwüstet Attika.

430–427 Die Pest schwächt Athen.

429–427 Abfall und Bestrafung von Mytilene (Lesbos) und Melos.

425 Schlacht von Pylos; Sieg Athens, Sphakteria kapituliert.

424 Thrakischer Feldzug. Niederlage der Athener bei Amphipolis. Sparta dominiert zu Lande, Athen auf dem Meer.

424 Schlacht von Delion; Athen unterliegt.

421 Nach zehnjährigem unentschiedenem Kampf wird der Nikiasfriede („Fauler Frieden") geschlossen.

418 Schlacht von Mantinea. Sparta besiegt Argos.

415–413 Athens „Sizilische Expedition". Nach Anfangserfolgen vollständige Vernichtung der Flotte im Hafen von Syrakus und des Heeres am Asinaros.

413–404 Dekleischer Krieg.

410 Schlacht von Kyzikos. Athen gewinnt die Vorherrschaft zur See zurück.

407 Sparta erhält Hilfsgelder von Persien und gibt die ionischen Städte preis.

406 Schlacht bei den Arginusen. Sieg Athens, aber interne Zwistigkeiten.

405 Schlacht von Aigospotamoi. Athens Flotte wird vollständig vernichtet.

404 Belagerung und Kapitulation Athens.

399–394 Krieg zwischen Sparta und Persien. Feldzug Spartas nach Kleinasien zur Befreiung der ionischen Städte.

395–387 Korinthischer Krieg. Athen, Theben, Korinth und Argos kämpfen, unterstützt von Persien, gegen Sparta.

395 Schlacht von Haliartus.

394 Belagerung von Korinth (bis 390).

394 Schlacht von Koroneia.

394 Schlacht von Knidos. Die spartanische Flotte wird von den Persern besiegt.

387 „Königsfriede" (Antalkidasfriede).

382 Sparta besetzt die Burg von Theben.

379–371 Befreiungskrieg Thebens.

379 Theben vertreibt die Spartaner.

376 Schlacht bei Naxos. Athen besiegt Sparta zur See.

371 Schlacht bei Leuktra. Die Thebaner unter Epaminondas schlagen Sparta.

370–362 Hegemonie Thebens.

370 Theben erobert den Peloponnes und Lakonien.

364 Thebanische Expedition nach Byzanz.

364 Schlacht von Kynoskephalai.

363 Theben besiegt die Thessalier.

362 Theben marschiert erneut auf den Peloponnes.

362 Schlacht von Mantinea.

**Syrakus und Karthago**

409–405 Zerstörung von Selinunt und Himera durch die Karthager. Nach der Eroberung von Agrigent stoßen sie nach Syrakus vor.

398–397 Erster Krieg: Karthago wird von Syrakus zurückgedrängt.

392 Zweiter Krieg: Karthago wird fast vollständig aus Sizilien vertrieben.

390–379 Dionysios I. erobert Teile Unteritaliens.

389 Schlacht am Elleporos. Dionysios I. besiegt den Italiotischen Bund.

385–376 Dritter Krieg.

368–367 Vierter Krieg.

**Expansion Roms in Italien**

510 Rom vertreibt den König Tarquinius Superbus und wird Republik.

498–493 Latinerkriege.

um 450 Abwehrkämpfe gegen Samniten, Äquer und Volsker. Heeresreform: Nicht mehr das adelige Reitercorps, sondern schwer bewaffnetes Fußvolk bildet den Kern des römischen Aufgebots.

396 Rom erobert die etruskische Stadt Veji.

391 Die Kelten (Gallier) belagern Clusium.

391 Die Gallier besiegen Rom an der Allia und plündern die Stadt.

367 Ein zweiter Galliereinfall wird abgewehrt.

362–345 Rom erstickt Aufstände der Latiner.

343–341 Erster Samnitenkrieg.

343 Schlachten von Astura, Sucessula und Salicula.

342 Schlacht am Berg Gaurus.

341 Schlachten von Veseris, Tifernum; die Römer erobern Kampanien.

340–338 Latinerkriege.

338 Schlachten von Sinuessa und Pedum.

329 Unterwerfung der Volsker nach der Einnahme von Privernum.

**Alexander der Große (Alexander III. von Makedonien, 356–323 v. Chr.)**
Vielleicht der größte Kriegsheld aller Zeiten, Eroberer eines riesigen Weltreichs und militärisches Genie, dessen Mythos noch heute fortbesteht.

Er war der Sohn Philipps II. von Makedonien (380–336 v. Chr.), der eine Elitestreitmacht schuf und die Herrschaft über die griechischen Stadtstaaten errang. Alexander hatte Anteil am Sieg seines Vaters bei Chaironaia 338 und bestieg nach dessen Ermordung den makedonischen Thron. 334 führte er sein Heer nach Asien und hatte kein geringeres Ziel als die Eroberung des persischen Weltreichs. Dies gelang ihm innerhalb von

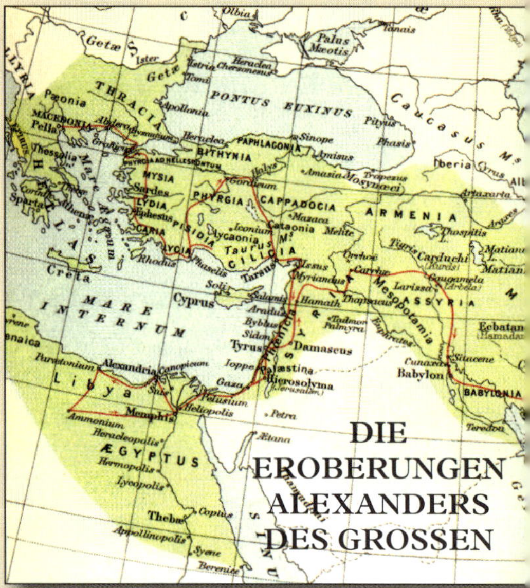

***Links:** Alexander (links) und Dareios (rechts) auf einem römischen Mosaik aus Pompeji, das vielleicht die Schlacht bei Issos darstellt.*

vier Jahren. Am Granikos (334), bei Issos (333), in Gaugamela (331) und am Hydaspes (327) schlug er seine wichtigsten Schlachten. Gleichermaßen Soldat und Entdecker, führte er sein Heer bis ins heutige Afghanistan und an die Grenzen Indiens, wo ihn seine Männer zur Rückkehr zwangen. Alexander starb in Babylon, ehe er seine Eroberungspläne im Westen verwirklichen konnte.

**Karthago und Syrakus**

344–339 Machtkampf in Syrakus. Eine Partei fordert Karthago, die andere die Mutterstadt Korinth zur Intervention auf. Timoleon von Korinth schickt Dionysos II. ins Exil, besiegt die Karthager am Kremisos und beschränkt sie auf Westsizilien.

**Philipp II. von Makedonien**

358 Philipp eint Makedonien.
357–355 Krieg Athens mit den Bundesgenossen.
356 Philipp erobert Potideia.
355–346 Zweiter Heiliger Krieg. Eingreifen Philipps gegen die Phoker, die von Athen und Sparta unterstützt werden.
352 Schlacht auf dem Krokusfeld.
352 Philipp gewinnt Thessalien.
348 Philipp erobert Olynth und die gesamte Halbinsel Chalkidike.
343–342 Eroberung Thrakiens.
342 Persien erringt inzwischen wieder die Kontrolle über Ägypten.
340 Gründung des Hellenenbunds gegen Philipp.
338 Schlacht von Chaironeia. Philipp besiegt die verbündeten griechischen Städte.
337 Philipps General Parmenion bereitet die geplante Invasion in Persien vor.
336 Philipp wird ermordet.

**Alexander der Große**

335 Feldzug gegen Thraker und Illyrer. Niederwerfung von Aufständen in Thessalien, Athen und Theben.
334–331 Eroberung Persiens.
334 Schlacht am Granikos.
333 Schlacht bei Issos.
332–331 Eroberung von Syrien.
332 Belagerung von Tyros und Gaza. Eroberung von Ägypten.
331 Erhebung Spartas. Schlacht von Megalopolis. Antipater besiegt Agis.
331 Schlacht von Gaugamela/Arbela.
330 Besetzung Mesopotamiens.
331–323 Eroberung des Ostens von Persien zum Hydaspes.
326 Schlacht am Hydaspes.
323 Tod Alexanders.

**Italien**

326–304 Zweiter Samnitenkrieg Roms.
321 Das römische Heer wird an den Caudinischen Pässen eingeschlossen. Erlaubnis zum Abzug unter schimpflichen Bedingungen. Bau der Via Appia als Aufmarschstraße gegen die Samniten.

**Indien**

um 325/321 Chandragupta Maurya besiegt die Nanda in Magadha, kämpft in Nord- und Zentralindien, erobert Nordindien und gründet das Mauryareich.
305 Chandragupta kämpft gegen Seleukos I. Nikator; dann freundschaftliche Beziehungen; Seleukos tritt Gebiete jenseits des Indus gegen 500 Kriegselefanten ab.

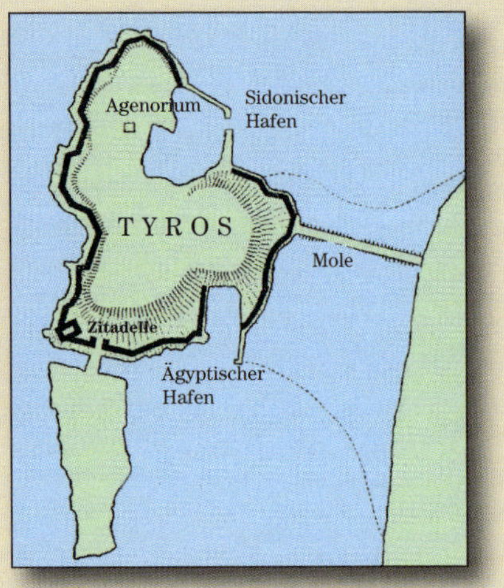


***Oben:** Alexanders große Siege auf dem Schlachtfeld sind wohlbekannt. Er führte aber auch lange Belagerungen durch, etwa in Tyros von Januar bis Juli 332. Ein über 500 m langer Damm wurde gebaut, um Katapulte und Belagerungsmaschinen heranzuführen. Die Abwehr von Angriffen vom Meer aus erfolgte auch durch Brandsätze. Im Gegensatz zu seinem ungestümen Verhalten auf dem Schlachtfeld erreichte Alexander sein Ziel hier mit Geduld und Ausdauer.*

## SCHLACHT VON GAUGAMELA (ARBELA) OKTOBER 331 v. CHR.

Seinen zweiten entscheidenden Sieg über die Perser errang Alexander am östlichen Ufer des Tigris, unweit von Ninive. Alexander rückte in „schiefer Schlachtordnung" vor, um die große zahlenmäßige Überlegenheit der Perser auszugleichen. Dareios verfügte über 15 Kriegselefanten und ca. 200 Sichelwagen, deren Einsatz er sorgfältig vorbereitete, indem er das Schlachtfeld einebnen ließ.

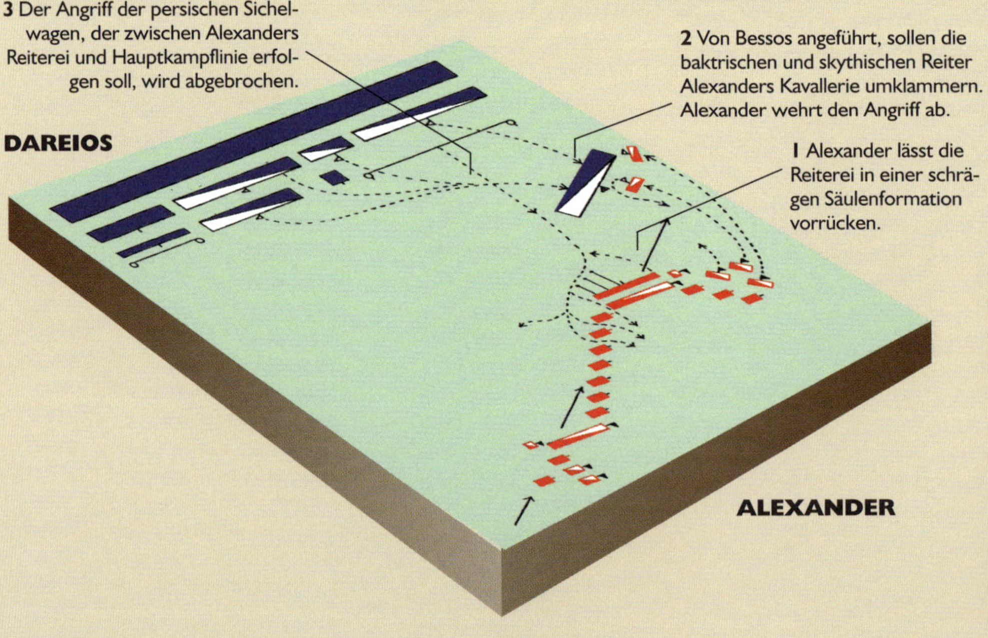

Im Alter von 13 bis 16 Jahren wurde Alexander von Aristoteles erzogen. Alexander erbte die Herrschaft über Griechenland, die sein Vater Philipp nach 20-jährigem politischem Taktieren und harten Kämpfen errungen hatte. In der Schlacht von Chaironeia hatte er Athen und Theben besiegt und danach die griechischen Stadtstaaten im Korinthischen Bund zusammengeschlossen, um einen Rachezug gegen das mächtige Perserreich durchzuführen und die kleinasiatischen Griechen zu befreien.

Nach Philipps Tod wurde schon sehr bald klar, dass der 20-jährige Sohn seinem Vater in jeder Hinsicht ebenbürtig war – mit blitzschnellen Aktionen gegen Thessalien und Theben erstickte er alle Erhebungsversuche im Keim.

Anders als die griechischen Stadtstaaten mit ihrem Bürgeraufgebot setzten die Makedonen auf ein stehendes Heer von Berufssoldaten, das jahrelange Feldzüge unternehmen und aus Erfolgen auf dem Schlachtfeld langfristig Vorteile ziehen konnte. Alexander wusste um die Bedeutung konsequenter Verfolgung, die gut geplante Schlacht war nur der erste Schritt auf dem Weg zum vollständigen Sieg. Nur so war die Eroberung eines großen Reiches anzugehen. Er brauchte dafür gerade einmal ein Dutzend Jahre. Dareios war nach der Schlacht bei Issos geflohen. Nach einem Zwischenspiel in Ägypten machte sich Alexander 331 an die Verfolgung des Großkönigs und bereitete ihm bei Gaugamela eine erneute Niederlage. Wieder verfolgte Alexander den Perser. Dieser hatte bei Bessos, dem Satrapen von Baktrien, Zuflucht gesucht, der ihn jedoch ermorden ließ. Um 330 war Alexander Herr des persischen Weltreichs.

Vier Jahre lang kämpfte er dann gegen Gebirgsstämme im heutigen Afghanistan. Ein neues Unternehmen führte die Makedonen 327 zum Indus, und am Ufer des Hydaspes besiegte Alexander eine indische Armee. Weitere Eroberungen lockten, aber seine Männer waren erschöpft. Sie waren ihm über 3000 km weit gefolgt und zwangen ihn nun zur Umkehr. Ein Teil machte sich in einer neu erbauten Flotte über den Indischen Ozean auf den Rückweg, während Alexander selbst mit dem Landheer den Rückmarsch durch die Gedrosianische Wüste antrat.

Alexander kam als Befreier von den Persern, aber nicht alle Städte sahen ihn so. Die Belagerung von Tyros war ein Unternehmen, das ganze sieben Monate dauerte, unter schwersten Entbehrungen und Verlusten, unter unerhörtem technischem Aufwand. Aber die Einnahme von Tyros brachte die Seeherrschaft über das östliche Mittelmeer.

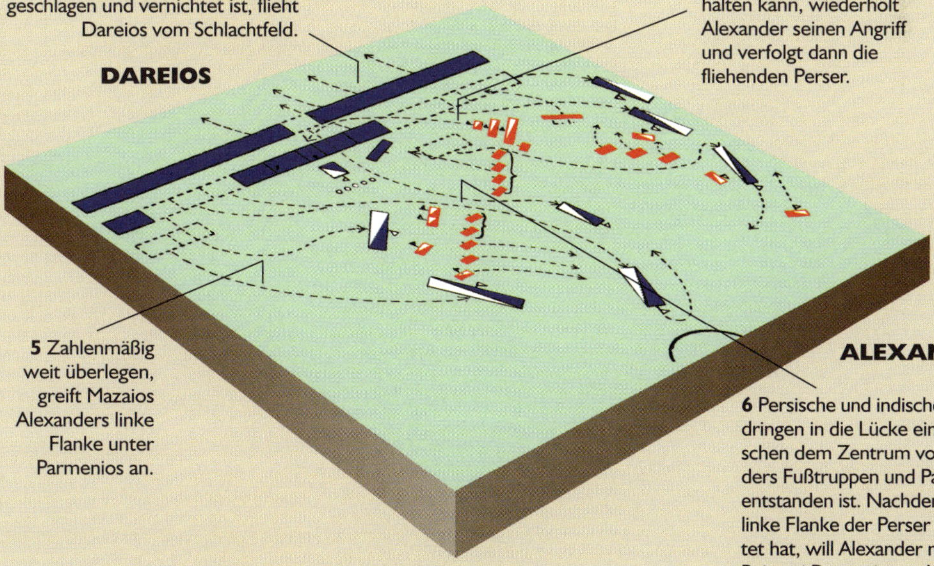

**Demetrios I. Poliorketes (336–283 v. Chr.)**
Der Sohn des Antigonos Monophtalmos nahm wie andere Diadochen 306 den Königstitel an. Der Beiname Poliorketes bedeutet „Städtebelagerer". Zu seinen wichtigsten Schlachten zählen Gaza (312), Salamis/Zypern (306) und Ipsos (301). Ehrgeiz und Energie waren größer als seine Erfolge. Er unternahm zahlreiche Feldzüge, beherrschte Griechenland (293–289), verlor jedoch Makedonien (288) und geriet schließlich mit einer kleinen Hoplitenarmee in Kilikien in die Gefangenschaft des Seleukos. Dieser ließ ihn nicht hinrichten, sondern ermunterte ihn vielmehr, sich zu Tode zu trinken.

**Ptolemaios I. Soter (um 367–282/83 v. Chr.)**
Freund, General und Biograf Alexanders des Großen. Begründete die makedonische Dynastie, die Ägypten von 304/05 bis zum Tode Kleopatras 30 v. Chr. regierte. Als Nachfolger der Pharaonen dehnte er seine Macht bis nach Palästina, Zypern und in Teile der Ägäis aus.

**Seleukos I. Nikator (um 358–280 v. Chr.)**
Der Erfolgreichste unter den Feldherren Alexanders des Großen im Kampf um die Nachfolge und die Herrschaft über das riesige Reich. 312 v. Chr. beherrschte Seleukos Babylon und einen großen Teil Mesopotamiens. Der Sieg bei Ipsos (301) brachte ihm die Kontrolle über Syrien und 296 über Kilikien. Um 312 gründete er Seleukeia am Tigris und um 300 Antiochia. Durch die Schlacht bei Kurupedion (281) gewann er Kleinasien, sodass er bis zu seinem Tod den größten Teil von Alexanders Reich in Asien wiedervereint hatte. Er erkannte, dass die Ostgrenze seines Reiches nicht zu halten war, und trat um 304 die indischen Provinzen an Chandragupta, den Begründer des Mauryareichs, ab. Auf dem Weg zur Rückeroberung Makedoniens fiel er einem Mordanschlag zum Opfer. Seine Dynastie behauptete sich bis 64 v. Chr.

***Oben:** Seleukos I. Nikator.*

## DIADOCHEN

Um die Nachfolge Alexanders des Großen kämpfte eine Reihe seiner größten Feldherren, die das Reich kurz nach seinem Tod aufteilten. Die wichtigsten Diadochen waren:

**Antigonos I. Monophthalmos**
Da er die Alleinherrschaft anstrebte, verbündeten sich die Rivalen gegen den „Einäugigen". Er fiel 301 in der Entscheidungsschlacht bei Ipsos.

**Antigonos II. Gonatas**
Der Enkel Antigonos' I. sicherte Makedonien für seine Dynastie, die das Land bis zur Eroberung durch die Römer regierte.

**Antipater**
Wird 323 Statthalter in Makedonien und Griechenland, nach der Ermordung des Perdikkas Reichsverweser. Antipater warf den griechischen Aufstand nach dem Tod Alexanders nieder und starb 319.

**Kassander**
Der Sohn Antipaters wurde nach der Ermordung Olympias, der Mutter Alexanders, Herr Makedoniens und starb 297.

**Lysimachos**
Erhielt nach der Schlacht bei Ipsos Thrakien und Kleinasien. In der Schlacht bei Kurupedion (280) fand er den Tod. Sein Reich ging in dem der Seleukiden auf.

**Ptolemaios I. Soter**
Er übernahm Ägypten und erweiterte sein Reich um Palästina, Teile Syriens und Küstengebiete Kleinasiens. Das ptolemäische Ägypten bestand bis zur Niederlage Kleopatras VII. bei Actium im Jahr 31 v. Chr.

**Seleukos I. Nikator**
Behauptete den Osten von Alexanders Imperium und gründete ein Königreich, das sich von der Ägäis bis an die Grenzen Indiens erstreckte. Kurz nach seinem Sieg bei Kurupedion wurde er ermordet.

um 297–272 oder 268 Bindusara Amitrochates („Zerstörer der Feinde“) erweitert das Mauryareich, das sich nach Süden bis Mysore erstreckt.
272–231 Aschoka. Laut Plinius umfasst die Maurya-Armee 9000 Kriegselefanten, 30 000 Reiter und 600 000 Fußsoldaten.
260 Aschoka erobert Kalinga.
um 190–167 König Demetrios von Baktrien. Dringt bis nach Punjab vor und erringt die Herrschaft über Nordwestindien. Indogriechische Herrschaft.
185 Brhadratha, der letzte Mauryaherrscher, wird von Pusyamitra ermordet; dieser begründet die Sunga-Dynastie mit dem Zentrum Magadha.
nach 88 Die Skythen (Saken) dringen durch Parthien in das Industal vor. Sie werden von den Parthern geschlagen.

**Diadochenkriege 323–280**
323–322 Lamischer Krieg.
322 Schlacht bei Abydos. Kleitos besiegt Athens Flotte.
322 Seeschlacht bei Amorgos. Kleitos besiegt und blockiert Athen.
322 Schlacht von Krannon. Antipater marschiert in Thessalien ein und besiegt die Griechen.
322 Perdikkas erobert Kappadokien und überlässt es Krateros. Perdikkas wird Reichsverweser.
322–319 Kriege gegen Perdikkas.
321 Schlacht von Lysimacheia; Eumenes besiegt Krateros im Auftrag des Perdikkas.
321 Perdikkas fällt in Ägypten ein. Die Armee meutert und tötet ihn. Antipater wird von der Armee in Syrien zum Reichsverweser bestimmt. Er überlässt Seleukos Babylon.
320 Antigonos I. fällt in Kappadokien ein und besiegt Eumenes. Belagerung der Festung Nora.
319 Tod Antipaters. Die makedonische Armee wählt Polyperchon zum Reichsverweser. Antigonos, Kassander und Ptolemaios verbünden sich gegen ihn.
319–316 Krieg gegen Polyperchon.
319 Antigonos erobert Kleinasien, Ptolemaios Syrien.
318 Kassander fällt in Griechenland ein.
318 Schlacht am Bosporus. Kleitos schlägt Antigonos’ Flotte. Eumenes gewinnt Babylon, Susa und die Persis.
317 Antigonos kämpft in Mesopotamien gegen Eumenes, bis dieser verraten und 316 hingerichtet wird. Antigonos herrscht nun im Osten.
317 Kassander erobert Athen und Makedonien.
317–316 Belagerung von Pydna. Ermordung von Alexanders Mutter Olympias.
315–312 Erster Antigonidenkrieg. Alle Rivalen verbünden sich gegen Antigonos I. und seinen Sohn Demetrios.
312 Schlacht von Gaza. Ptolemaios I. besiegt Demetrios. Beim Friedensschluss 311 kann sich Antigonos behaupten verliert jedoch den Osten.
311–308 Ergebnislose Feldzüge der Kontrahenten.
307–301 Zweiter Antigonidenkrieg. Erneuter Versuch des Antigonos, Alexanders Reich wiederzuvereinen. Kampf aller gegen ihn und seinen Sohn Demetrios.
307 Demetrios belagert Athen.
306 Schlacht von Salamis. Demetrios besiegt die Flotte des Ptolemaios. Antigonos und Demetrios nehmen den Königstitel an, ebenso Ptolemaios, Seleukos, Lysimachos und Kassander.
304 Schlacht bei den Thermopylen. Demetrios besiegt Kassander und erobert große Teile Griechenlands und Thessaliens.
302 Die Verbündeten dringen in Kleinasien und Syrien ein.
301 Entscheidungsschlacht bei Ipsos. Seleukos und Lysimachos besiegen Antigonos, den letzten Vertreter der Zentralgewalt. Aufteilung seines Machtbereichs. Kassander wird König von Makedonien. Der Krieg gegen Demetrios geht weiter.
294 Demetrios bemächtigt sich Athens und nach Kassanders Tod Makedoniens.
293 Demetrios expandiert nach Thessalien.
292 Demetrios fällt in Thrakien ein.
288 Lysimachos und Pyrrhus von Epirus rücken nach Makedonien vor.
283 Demetrios wird von Seleukos gefangen genommen und stirbt.

**Antiochos III. der Große (241–187 v. Chr.)**
Seleukidenkönig, dessen Expansionsdrang nach großen Erfolgen letztlich zum Niedergang seines Reiches führte, das schließlich von Rom übernommen wurde. Nach der Wiedergewinnung verlorener Gebiete im Osten (Armenien, Parthien, Baktrien) konspirierte er mit Philipp V. von Makedonien gegen Ägypten. 201–198 nahm er den Ptolemäern Syrien und Palästina und wandte sich gegen römische Interessen in Griechenland (192). Bei den Thermopylen (191) und Magnesia (189) wurde er von Rom besiegt, womit das Ende des Seleukidenreichs als Großmacht im Mittelmeerraum besiegelt war.

**Pyrrhus (319–272 v. Chr.)**
König von Epirus, der zum „Alexander des Westens“ werden wollte. Seine Feldzüge nach Italien (281–275 v. Chr.) dienten zunächst der Unterstützung Tarents gegen Rom. Wichtige Schlachten fanden bei Heraclea (280), Ausculum (279) und Benevent (275) statt. Auf Sizilien kämpfte er mit unentschiedenem Ausgang gegen die Karthager. Seine verlustreichen „Pyrrhussiege“ brachten jedoch keinen bleibenden Erfolg.

***Oben:*** *Antiochos III. der Große.*

***Links:*** *Reiterstandbild des Pyrrhus in Arta, Epirus.*

***Unten:*** *Münze mit dem Konterfei des Pyrrhus.*

281 Schlacht von Kurupedion. Niederlage und Tod des Lysimachos durch Seleukos I.
280 Tod Seleukos' I.

**Hellenistische Reiche**
279 Kelten fallen in Makedonien ein und stoßen bis nach Delphi vor.
277 Schlacht von Lysimacheia. Antigonos Gonatas, der Sohn Demetrios' I., besiegt die Kelten.
275 Elefantenschlacht. Antiochos I. besiegt die in Kleinasien eingefallenen Kelten (Galater). Ansiedlung in Galatien (um Ankara).
267–261 Chremonideischer Krieg. Ptolemaios II. bringt mithilfe des Atheners Chremonides eine Hellenenkoalition gegen Antigonos Gonatas zustande.
261 Kapitulation Athens nach langer Belagerung durch Antigonos Elioratas.
263 Schlacht bei Sardis. Antiochos I. unterliegt Eumenes. Abspaltung Pergamons.
258–255 Zweiter Syrischer Krieg der Makedonen und Seleukiden gegen Ägypten.
258 Seesieg des Antigonos Gonatas bei Kos über die ptolemäische Flotte. Landgewinne der Seleukiden in Syrien.
245–241 Dritter Syrischer Krieg.
245 Schlacht von Andros: Makedonien und Rhodos besiegen Ägypten. Ägypten kann Syrien nicht zurückgewinnen.
241–228 Bruderkrieg zwischen Seleukos II. und Antiochos Hierax.
240 oder 239 Schlacht von Ankara. Antiochos Hierax besiegt Seleukos.
230 Attalos I. von Pergamon besiegt die mit Antiochos Hierax verbündeten Galater.
228 Während eines Partherzugs des Seleukos sucht Hierax den Bruder vom Thron zu stoßen. Das Komplott wird niedergeschlagen. Hierax flieht und wird in Thrakien erschlagen.
229–222 Kriege des Kleomenes von Sparta.
227 Schlacht von Megalopolis. König Kleomenes besiegt den Achäischen Bund.
222 Sellasia. Makedonier und Achäer besiegen Sparta, das sein Königtum abschafft.
219–217 Vierter Syrischer Krieg. Der Seleukide Antiochos III. nimmt Seleukia in Pierien, die seit 245 von den Ptolemäern besetzte Hafenstadt Antiochias.
217 Schlacht von Raphia. Niederlage Antiochos' III. Verlust Südsyriens.
220–217 Bundesgenossenkrieg. Der Achäische Bund und Makedonien stehen gegen den Ätolischen Bund und Sparta.
207 Schlacht von Mantinea. Der Achäische Bund besiegt Sparta.
217–205 Erster Makedonischer Krieg, ausgelöst durch das Bündnis Philipps V. von Makedonien mit Karthago.
202 Bündnis Philipps V. mit Antiochos III.
201 Schlacht von Lade. Makedonier besiegen die Flotte von Rhodos.
201 Schlacht von Chios. Makedonier werden von Pergamon geschlagen.
200–196 Zweiter Makedonischer Krieg. Eingreifen Roms auf Bitten von Pergamon, Athen und Rhodos.
199–198 Flamininus gewinnt die Oberhand über Philipp V.
197 Entscheidungsschlacht von Kynoskephalai. Philipp V. muss den Verlust aller makedonischen Außenbesitzungen hinnehmen.
184, 183 und 181 Balkanfeldzüge Philipps V.

**Sizilien**
312 Agathokles beginnt Konflikt mit Karthago.
311 Karthago siegt in der Schlacht von Himera und belagert Syrakus.
310 Agathokles belagert Karthago bis 307.
302 Agathokles greift in Unteritalien ein.

**Rom – Kriege um die Hegemonie in Italien**
326–304 Zweiter Samnitenkrieg.
321 Kapitulation des römischen Heeres an den Pässen von Caudium. Vorstoß der Samniten nach Latium.
309 Schlacht am Vadimonischen See.
306 Schlacht von Mevania.
305 Rom erobert Bovanium.
304 Friedenschluss. Kampanien fällt an Rom.
298–290 Dritter Samnitenkrieg.
298 Schlacht von Camerinum.
295 Schlacht von Sentinum.
293 Schlacht von Aquilonia.
285–282 Kämpfe mit den Kelten Oberitaliens.
285 Schlacht von Arretium.

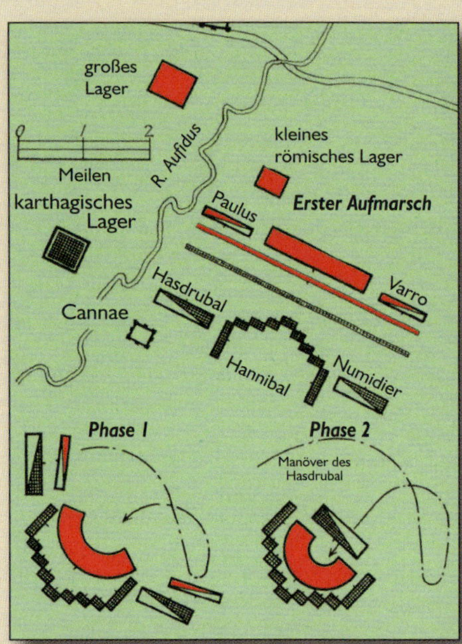


***Oben links:*** *Bildnis Hannibals.* ***Oben rechts:*** *Die Schlacht von Cannae gilt als Meisterleistung der Feldherrenkunst. Für Rom wurde die vernichtende Niederlage zum Trauma.*

***Unten:*** *Hannibals Kriegselefanten überqueren die Rhône auf dem Weg zu den Alpenpässen.*

**Hannibal (247–183 v. Chr.)**
Einer der größten Feldherren der Geschichte. 221 v. Chr. übernahm er in Spanien den Oberbefehl über die Truppen Karthagos und eroberte zwei Jahre später Sagunt, was zum Zweiten Punischen Krieg mit Rom führte. Hannibal verfolgte die kühne Strategie einer Invasion Italiens (von Spanien aus über die Alpen), um Roms Bundesgenossen auf der Halbinsel zum Abfall zu bewegen. Die wichtigsten Schlachten fanden am Ticinus (218), an der Trebia (218), am Trasimenischen See (217), bei Cannae (216) und Zama (202) statt. Cannae zeigt beispielhaft, wie man auch in der Unterzahl einen Gegner auf beiden Flanken fassen und schlagen kann. Die daraufhin von den Römern verfolgte Strategie, große Feldschlachten zu vermeiden und den Feind durch Überraschungsangriffe zu zermürben, sowie die Weigerung vieler römischer Verbündeter, sich den Karthagern anzuschließen, schwächten Hannibals Stellung. Nach 16 Jahren Kampf ohne Entscheidung kehrte er 203 nach Karthago zurück. Im folgenden Jahr wurde er von Scipio bei Zama geschlagen.

**Publius Cornelius Scipio Africanus Major (um 236–184 v. Chr.)**
Einer der größten römischen Feldherren, dem die Republik im Zweiten Punischen Krieg den Sieg über Hannibal verdankte. Mit 25 Jahren erhielt er bereits den Oberbefehl über die römischen Truppen in Spanien und besiegte zunächst Hannibals Bruder Hasdrubal bei Baecula. Sein Sieg bei Ilipa entschied dann den Kriegsverlauf in Spanien. Als Konsul führte er 205 die Invasion auf afrikanischem Boden, siegte bei Utica und Tunis und schlug Hannibal in der Entscheidungsschlacht von Zama.

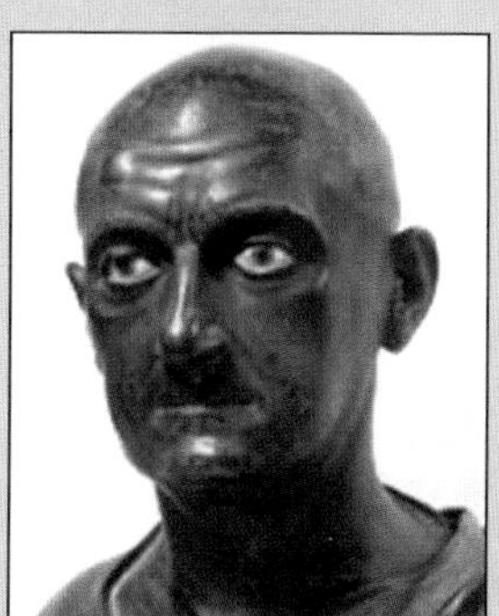

***Links:** Büste des Scipio Africanus.*

283 Schlacht am Vadimonischen See.
282 Die Schlacht von Populonium beendet den etruskischen Widerstand.
281–272 Intervention des Pyrrhus.
280 Schlacht von Heraclea.
279 Schlacht bei Asculum.
275 Schlacht bei Benevent.
272 Blockade und Fall von Tarent. Roms Vorherrschaft in Unteritalien ist gesichert.
269 Der letzte Samnitenaufstand gegen Rom wird niedergeschlagen.

**Erster Punischer Krieg 264–241**
262 Rom erobert Agrigent.
260 Schlacht bei den Liparischen Inseln.
260 Seeschlacht von Mylae.
259 Römische Invasion in Korsika, Malta und Sardinien.
256 Seesieg Roms am Kap Ecnomus.
256 Schlacht von Adys.
255 Schlacht von Tunis.
251 Erste Schlacht von Panormus.
250 Zweite Schlacht von Panormus.
249 Schlacht von Drepanum.
242 Die Römer erobern Lilybaeum und Drepanum.
241 Schlacht bei den Ägatischen Inseln.
241 Frieden. Karthago tritt Sizilien ab.
241–237 Meuterei im karthagischen Heer.
238 Rom annektiert Korsika und Sardinien.
238–229 Karthago unterwirft Südostspanien bis zum Ebro.
230–228 Römische Feldzüge in Illyrien.
219 Karthago erobert Sagunt und provoziert damit den Krieg mit Rom.

**Zweiter Punischer Krieg 218–202**
***Hannibals Feldzüge in Italien***
218 Hannibal überquert die Alpen und schlägt die Römer in den Schlachten am Ticinus (Tessin) und an der Trebia.
217 Schlacht am Trasimenischen See.
217 Schlacht von Gerunium.
216 Schlacht von Cannae.
215 Feldzug nach Kampanien und Bruttium.
214 Schlacht von Benevent.
213 Hannibal erobert Tarent.
212–211 Belagerung und Eroberung Capuas durch die Römer.
212 Erste Schlacht von Herdonea.

***Oben:*** *Rekonstruierte Darstellung eines römischen Dreiruderers (Trireme) mit Segel und Ruderantrieb nach Funden in Herculaneum.*
***Unten:*** *Ein römischer Dreiruderer (Trireme) sticht in See. Die Soldaten sind an Deck angetreten.*

210 Zweite Schlacht von Herdonea.
207 Schlacht am Metaurus.
205 Mago erobert Genua.
203 Hannibal kehrt nach Nordafrika zurück.

*Kriegsschauplatz Spanien*

218 Schlacht von Celsa.
217 Seeschlacht an der Ebromündung.
215 Schlacht von Ibera (Dertosa).
213 Rom erobert Sagunt.
211 Schlacht von Lorquí.
209 Rom erobert Neu-Karthago (Mastia).
208 Schlacht bei Baecula.
206 Schlacht von Ilipa.

*Sizilien und andere Kriegsschauplätze*

218 Karthagos Angriff auf Lilybaeum wird abgewehrt.
215 Sardinien erhebt sich gegen Rom. Schlacht von Cavales.
215 Bündnis Hannibals mit Philipp V. von Makedonien.
215–212 Sizilienfeldzug. Römer stürmen Syrakus.
210–209 Karthagos Angriff auf Agrigent.

*Afrika*

204 Scipio belagert und erobertt Utica.
203 Schlacht bei Utica.
203 Schlacht in der „großen Ebene".
203 Hannibal kehrt nach Nordafrika zurück.
202 Entscheidungsschlacht von Zama. Friedensschluss. Karthago verzichtet auf Spanien, darf außerhalb Afrikas keine Kriege führen und dort nur mit Zustimmung Roms.

**Dritter Punischer Krieg 149–146**

151 Karthagisch-Numidischer Krieg.
146 Karthago wird von den Römern dem Erdboden gleichgemacht, sein Gebiet zur Provinz Africa.

**China**

247 Regierungsantritt des Königs Zheng von Qin, der erfolgreich Annexionskriege führt.
221 Mit Chu im Süden ist der mächtigste Rivale niedergerungen. Qi kapituliert.
209–207 Qin-Dynastie. Zheng, der „erste Kaiser", führt den Titel Shihuangdi („Erster Erhabener Göttlicher"), errichtet einen zentralisierten Einheitsstaat und lässt zur Abwehr der Xiongnu die Große Mauer bauen. Eine riesige Armee von Terrakotta-Kriegern bewacht sein Grab.
210 Tod des ersten Kaisers. Der angestaute Unmut über Fron und Kriegsdienst entlädt sich in Aufständen.
202 Liu Bang setzt sich im Bürgerkrieg gegen Xing Yu durch und etabliert die Han-Dynastie.
140–82 Unter Kaiser Wu expandiert das Han-Reich nach Korea und Vietnam. Vorstoß im Westen zu den Völkern des Tarimbeckens.

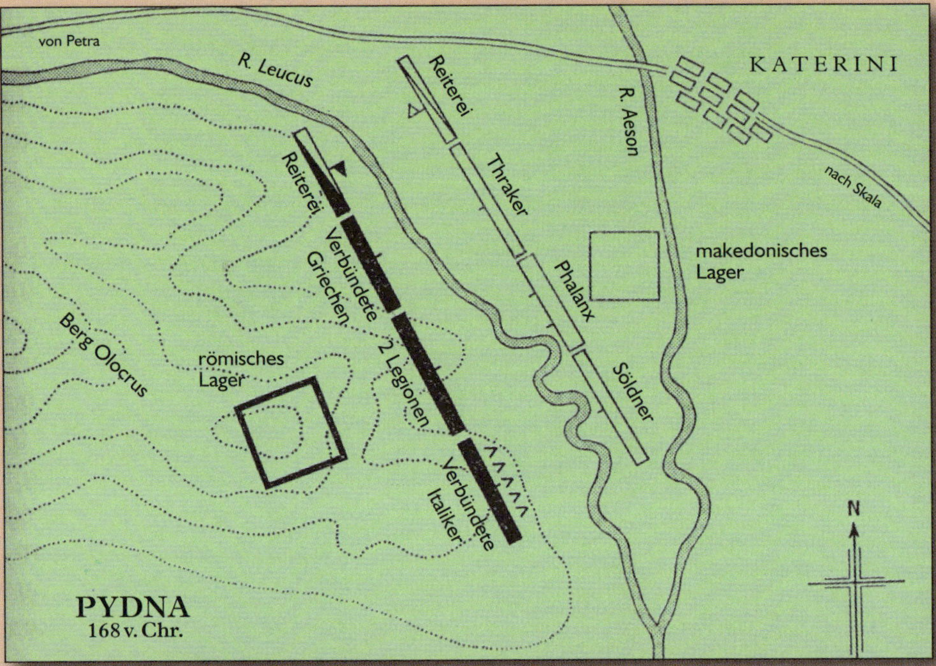


*Oben: Die Schlacht von Pydna markierte das Ende des Königreichs Makedonien – fast 200 Jahre lang eine Großmacht im östlichen Mittelmeerraum – sowie der berühmten makedonischen Phalanx. Die flexibleren römischen Kohorten und Manipel erkämpften in kurzer Zeit deren Auflösung.*

**Gaius Marius (157–86 v. Chr.)**
Der Erste der großen römischen Feldherren, deren Ehrgeiz den Untergang der Römischen Republik herbeiführte. Er zeichnete sich im Jughurtinischen Krieg aus und führte eine revolutionäre Heeresreform durch. Indem Marius auch Freiwillige aus den besitzlosen Schichten heranzog, schuf er ein Berufsheer, das einem guten General treuer ergeben sein konnte als dem Staat. Marius verteidigte Italien gegen die Invasion der Kimbern und Teutonen, die er bei Aquae Sextiae (102) und bei Vercellae (101) schlug. Er wurde insgesamt sieben Mal zum Konsul gewählt und stand im Bürgerkrieg auf der Seite der Popularen, während sein Widersacher Sulla für die Sache Optimaten kämpfte. Marius starb, bevor Sulla triumphierte. Durch seine Heirat mit einer Julierin war er der Onkel von Julius Caesar.

**Römisch-Makedonische Kriege**
215–205 Erster Makedonischer Krieg.
214 Philipp V. erobert Orikos.
213 Philipps Vorstoß in Illyrien scheitert.
212–211 Operationen in Griechenland.
207 Schlacht von Mantineia. Sparta unterliegt dem Achäischen Bund.
205 Friede von Phoinike.
202 Philipp kämpft am Bosporus.
201 Seeschlacht bei Chios.
200–197 Zweiter Makedonischer Krieg.
200 Rom erobert Epirus.
197 Schlacht von Kynoskephalai.
171–168 Dritter Makedonischer Krieg.
171 Schlacht am Kallinikos in Thessalien.
168 Schlacht von Pydna. Lucius Aemilius Paullus besiegt König Perseus, der als Gefangener nach Rom geführt wird.

**Kriege Antiochos' III. des Großen**
216–213 Feldzug nach Sardes. Antiochos beseitigt das Sonderreich des Achaios.
210 Antiochos erobert Armenien zurück.
209 Antiochos dringt nach Parthien und Baktrien vor.
201 Feldzug nach Südsyrien.
200 Schlacht bei Panion und Belagerung von Sidon (bis 199).
197 Antiochos erobert die Südwestküste Kleinasiens und Thrakien.
192–188 Krieg der Römer gegen Antiochos.
191 Schlacht bei den Thermopylen. Antiochos muss Griechenland räumen.
191 Schlacht am Kap Korykos.
190 Rom stößt über den Hellespont nach Kleinasien vor.
190 Schlacht bei Myonnesos.
189 Niederlage bei Magnesia gegen Lucius Scipio („Asiaticus").
188 Friede von Apameia. Ende der Großmachtstellung des Seleukidenreiches.

**Roms Ausgreifen nach Norden**
200–190 Keltenkrieg in Oberitalien.
196 Unterwerfung der Insubrer.
193 Schlacht bei Mutina. Unterwerfung der Bojer (191).
182–181 Aemilius Paullus schlägt die Ligurer.
157–155 Feldzüge in Dalmatien.
122 Unterwerfung der keltischen Allobroger in Südgallien. Errichtung der Provinz Gallia Narbonensis.
129 Feldzug gegen Istrer und Japuden.
119–117 Feldzüge gegen die Dalmater.

**Rom in Spanien**
154–133 Erhebung der Lusitaner und der keltiberischen Stämme der Beller und Arevater.
147 Der Lusitaner Viriatus, Anführer der Aufständischen, schlägt 146 den Prätor Plautius, gewinnt Südspanien und wird 139 ermordet.
138–136 Unterwerfung der Lusitaner.
143–133 Numantinischer Krieg.
133 Eroberung von Numantia durch Scipio Aemilianus.

**Kriege im Osten**
170–168 Sechster Syrischer Krieg.
170–169 Angriff Antiochos' IV. auf Ägypten. Hilfsgesuch der Ptolemäer an Rom.
168 Neuer Angriff des Antiochos, Seesieg bei Zypern, Vormarsch bis Alexandria. Intervention der Römer, deren Gesandter die sofortige Beendigung des Krieges und den Abzug des Antiochos erzwingt.
167–160 Aufstand der Makkabäer gegen die Seleukiden. Schlachten von Emmaus (165), Beth-Sur (164), Beth-Zachariah (162), Adasa und Elasa (160).
153 Erhebung des von Attalos II. von Pergamon und von Rom unterstützten Usurpators Alexander Balas gegen den Seleukiden Demetrios I. Er fällt im Kampf um Alexandria (150).
145 Demetrios II. und Ptolemaios VI. siegen am Fluss Oinoparas bei Antiochia über Alexander Balas.
148 Makedonien wird nach einem Aufstand römische Provinz.
146 Erhebung des Achäischen Bundes.
146 Lucius Mummius siegt am Isthmos. Zerstörung von Korinth. Rom beherrscht nun ganz Griechenland.
133 Rom erbt das Pergamenische Reich von König Attalos III. Es besiegt den Thronprätendenten Aristonikos und richtet im Jahr 129 die Provinz Asia ein.

**Links:** *Mithridates der Große, König von Pontos.*
**Oben:** *Lucius Cornelius Sulla.*

**Lucius Cornelius Sulla** (138–78 v. Chr.)
Der zweite große römische Feldherr im frühen 1. Jahrhundert v. Chr. Der Streit mit Marius über den Oberbefehl im ersten Krieg gegen Mithridates führte dazu, dass er mit einer großen Armee nach Rom marschierte, um sich sein Recht zu erzwingen. Er besiegte Mithridates und setzte den Bürgerkrieg fort. Die Entscheidung fiel 82 in der Schlacht am Collinischen Tor. Sulla hatte nun als Diktator freie Hand. Nachdem er die Senatsherrschaft wiederhergestellt hatte, legte er die Diktatur 79 v. Chr. freiwillig nieder.

**Quintus Sertorius** (um 122–72 v. Chr.)
Römischer Offizier und Politiker, der sich mit Marius und Cinna verbündete. Zur Zeit der Schlacht am Collinischen Tor war er Statthalter in Spanien, wo er eine Gegenregierung bildete. Mit Lusitanern und aus Sullas Rom geflohenen Marianern widerstand er lange Zeit sogar Pompeius. 72 v. Chr. wurde er ermordet.

**Mithridates VI. der Große** (120–62 v. Chr.)
König von Pontos und Erzfeind Roms. 88 überfiel er Kappadokien, Bithynien und die römische Provinz Asia, wurde jedoch von Sulla geschlagen und vertrieben (84). Er besiegte Sullas Offizier Murena (83–82), drang erneut nach Bithynien ein (das 74 durch Erbschaft an Rom überging) und schloss einen Vertrag mit Sertorius, Roms Gegner in Spanien (75). Nun erhielt Lucullus den Oberbefehl im Krieg gegen Mithridates. Nach Anfangserfolgen meuterte das Heer, Lucullus wurde vom Senat zurückberufen. Erst Pompeius bezwang den König von Pontos.

**Links:** *Rekonstruktion einer römischen Riesenschleuder (Onager).*

**Erster Sizilischer Sklavenkrieg 135–132**
135 Sklavenaufstand unter dem Syrer Eunus und dem Kiliker Kleon. Niederlage des Prätors Plautius am Hypsaeus.
132 Eunus wird gefangen genommen, 20 000 Sklaven gekreuzigt.

**Kämpfe gegen die Kimbern und Teutonen 113–101**
113 Niederlage des Konsuls Carbo bei Noreia (Kärnten).
109 Schlacht im Rhônetal.
105 Schlacht bei Arausio.
102 Marius besiegt die Invasoren bei Aquae Sextiae und bei Vercellae (101).

**Jugurthinischer Krieg 112–105**
112 Kriegserklärung Roms an den Numiderkönig Jugurtha nach Tötung von Römern in Cirta.
110 Schlacht bei Calama.
109 Schlacht am Muthul.
105 Jugurtha wird ausgeliefert und in Rom hingerichtet (104).

**Zweiter Sizilischer Sklavenkrieg 104–101**
104 Aufstandsbewegung unter Salvius und Athenion greift nach Unteritalien über.
102 Erfolgloser Feldzug des Prätors Savilius.
101 Konsul Aquilius tötet Athenion.

**Kriege im Osten**
129 Niederlage und Tod Antiochos' VII. gegen die Parther, die Medien und Mesopotamien besetzen.
128–124 Bürgerkrieg in Ägypten.
105 Der Hohepriester Judas Aristobulos I. erklärt den jüdischen Staat für unabhängig (Makkabäerreich/Hasmonäerreich) und nimmt den Königstitel an.
103–76 Alexander Jannaios vergrößert das Makkabäerreich durch zahlreiche Eroberungen. Bürgerkrieg gegen die Pharisäer.
95–83 Seleukidischer Bruderkrieg.
83 Tigranes I. von Armenien erobert Kiliken und Nordsyrien.

**Bundesgenossenkrieg 91–88**
91 Erhebung der Bundesgenossen Roms. Ausrufung eines eigenen Staates.
90 Schlacht am Tolenos.
89 Schlacht am Fuciner See.
89 Schlacht bei Asculum.
89 Schlacht bei Pompeji.
88 Sulla marschiert nach Rom.
87 Rückeroberung Roms durch Marius und Cinna.

**Erster Mithridatischer Krieg 88–85**
88 Mithridates VI., König von Pontos, besetzt Bithynien und die Provinz Asia. Siege am Fluss Amnias und am Sangarius. Athen erhebt sich gegen Rom.
87–85 Sulla befehligt Operationen im Osten und stoppt den Siegeszug des Mithridates.
86 Sulla erobert Athen zurück. Siege bei Chaironaia und Orchomenos.
85 Die römische Flotte unter Lucullus unterwirft die Inseln der Ägäis.
85 Mithridates zum Frieden gezwungen.
83–81 Feldzug des Licinius Morena wegen Nichterfüllung des Friedens von Dardanos (Zweiter Mithridatischer Krieg).

**Sullanischer Krieg 83–82**
83 Sullas Rückkehr nach Italien. Sieg über die Popularen bei Capua.
82 Schlachten bei Faventia, Sacriportus und am Collinischen Tor. Sulla siegt über die Anhänger des Marius.
82–81 Pompeius kämpft gegen die Marianer in Sizilien und Afrika.
82–79 Diktatur Sullas.

**80–72 Sertorianischer Krieg**
80 Quintus Sertorius widersteht in Spanien dem sullanischen Statthalter Metellus und setzt mit Lusitanern und Keltiberern den Widerstand der Marianer fort.
77 Angriff des Lepidus auf Rom wird von Catulus abgewehrt. Pompeius schlägt Erhebungen in Oberitalien und Etrurien nieder.
76 Pompeius erhält die Befehlsgewalt zur Bekämpfung des Sertorius, wird von ihm bei Lauro geschlagen.
75 Pompeius wird am Fluss Sucro geschlagen. Unentschiedene Schlacht bei Sagunt.
72 Sertorius verliert seinen Rückhalt und wird ermordet.

*Oben:* Gnaeus Pompeius.

*Oben:* Gaius Julius Caesar.

**Pompeius (Gnaeus Pompeius Magnus, 106–48 v. Chr.)**
Herausragender römischer Feldherr zwischen Sulla und Caesar. Sein Aufstieg begann während des Bundesgenossenkriegs, in dem er unter seinem Vater Strabo kämpfte. Pompeius unterstützte Sulla (83–82), und war an der Niederschlagung des Lepidus-Aufstands (77) beteiligt. Er kämpfte in Spanien gegen Sertorius, kehrte nach dem Spartakus-Aufstand nach Italien zurück und wurde Konsul (70). Er säuberte das Mittelmeer von der Seeräuberplage (67), übernahm den Oberbefehl im letzten Mithridatischen Krieg und ordnete eigenmächtig die Verhältnisse im Osten. Nach Rom zurückgekehrt, bildete er mit Crassus und Caesar das erste Triumvirat (60), kämpfte im Bürgerkrieg (49–48) gegen Caesar und wurde von diesem bei Pharsalos (48) geschlagen. Pompeius floh nach Ägypten und wurde dort ermordet.

**Gaius Julius Caesar (100–44 v. Chr.)**
Als einer der größten Feldherren der Geschichte eroberte er Gallien, unternahm zwei Invasionen nach Britannien und schlug im Bürgerkrieg (49 bis 45) seine von Pompeius angeführten Gegner. Seine Alleinherrschaft als Diktator auf Lebenszeit bedeutete das Ende der Republik und den Beginn monarchischer Herrschaft, zu deren Begründer sein Großneffe Octavian (der spätere Kaiser Augustus) wurde. Mit Pompeius und Crassus bildete Caesar das erste Triumvirat (60), war Konsul und danach Statthalter der gallischen Provinzen diesseits und jenseits der Alpen. Von 58 bis 52 eroberte er ganz Gallien und unternahm auch zwei Invasionen in Britannien (55 und 54). Spannungen mit dem Senat und seinem ehemaligen Verbündeten Pompeius führten 49 zum Bürgerkrieg. Caesar marschierte nach Italien, überschritt den Rubico, schlug Pompeius in Spanien und trat ihm bei Dyrrhachium entgegen, ehe er ihn bei Pharsalos in Thessalien (48) endgültig besiegte. Er verfolgte Pompeius nach Ägypten und unterstützte dort Kleopatra im Kampf um den Thron. Auf dem Rückweg nach Rom schlug er bei Zama Pharnakes von Pontos („veni, vidi, vici"). Seine republikanischen Gegner warf er bei Thapsus in Afrika nieder, die letzten Anhänger des Pompeius bei Munda in Spanien (45). Zu einem geplanten Feldzug gegen die Parther kam es nicht mehr, da Caesar während der Vorbereitungen von Verschwörern ermordet wurde.

*Vercingetorix-Denkmal Napoleons III.*

**Seeräuberkriege**
78–75 Flottenzüge Roms gegen die Seeräuber an der Südküste Kleinasiens.
74–71 Marcus Antonius („Creticus") bekämpft die kretischen Seeräuber.
67 Pompeius erhält die Befehlsgewalt zur Bekämpfung der Seeräuber. In drei Monaten verdrängt er sie von West nach Ost. Seeschlacht an der Küste Kilikiens.

**Dritter Mithridatischer Krieg 74–64**
74 Angriff Mithridates' VI. auf Bithynien (durch Nikomedes IV. an Rom verebt). Konsul Aurelius Cotta wird bei Chalkedon geschlagen.
73 Lucullus zwingt Mithridates zur Aufgabe der Belagerung von Kyzikos.
72 Sieg des Lucullus bei Kabeira. Mithridates flieht zu Tigranes von Armenien.
69 Lucullus siegt bei Tigranocerta.
68 Erneuter Sieg am Fluss Arsanias.
67 Lucullus wird abberufen, Pontos von Mithridates zurückerobert.
66 Pompeius erhält den Oberbefehl gegen Mithridates und Tigranes, verbündet sich mit dem Partherkönig Phraates III. und schlägt Mithridates am Lykos in die Flucht.
63 Mithridates rüstet auf der Krim, begeht Selbstmord nach der Erhebung seines Sohnes Pharnakes.

**Dritter Sklavenkrieg 73–71**
73 Erhebung des thrakischen Sklaven und Gladiators Spartakus in Capua.
72 Die Sklaven unter Crixus werden am Berg Garganus geschlagen.
72 Spartakus siegt in Picenum und bei Mutina und fällt in Apulien (71).

**Eroberung Galliens durch Caesar 58–51**
58 Intervention Caesars auf ein Hilfsgesuch der Häduer. Die Helvetier werden am Arar und bei Bibracte, die Sueben unter Ariovist im Elsass geschlagen.
57 Unterwerfung der Belger durch Siege an der Axona und am Sabis (Sambre, Neuf-Mesnil).
56 Feldzug gegen die Küstenstämme in der Bretagne. Seeschlacht in der Bucht von Quiberon. Unterwerfung der Aquitanier.
55 Rheinübergang Caesars. Überfahrt nach Britannien.
54 Erhebung der Eburonen unter Ambiorix, der Sabinus besiegt.
53 Niederwerfung der Nervier, Senonen, Treverer und Eburonen.
52 Freiheitsbewegung des Vercingetorix.
52 Einnahme von Gergovia scheitert.
52 Belagerung von Alesia. Kapitulation des Vercingetorix.

**Partherfeldzug des Crassus 54–53**
54 Vorstoß nach Mesopotamien.
53 Niederlage und Tod des Crassus in der Schlacht bei Karrhai (Carrhae).

**Bürgerkrieg 49–46**
49 Nach Abberufung durch den Senat eröffnet Caesar den Bürgerkrieg durch bewaffneten Einfall in Italien.
49 Feldzug nach Spanien. Sieg über die Legaten des Pompeius bei Ilerda. Kapitulation von Massilia.

Caesar war militärisch kein Neuerer, sondern vortrefflicher Exponent der römischen Kriegsführung. Die bewegliche Kohorte ermöglichte schnelleres Taktieren als die alte Phalanx. Caesar riskierte viel, was bisweilen scheiterte und ihn zu langen, beschwerlichen Feldzügen verurteilte, bei denen der Spaten ebenso wichtig war wie das Schwert. Sein unbezwingbarer Wille – und die Ausdauer seiner Soldaten – brachten jedoch immer den Sieg.

***Ganz oben:*** *Originalgetreue Rekonstruktion römischer Verteidigungslinien, wie sie Caesar bei der Belagerung von Alesia anlegen ließ. Vor der Mauer, die durch Türme verstärkt wird, befinden sich mit Buschwerk getarnte und mit spitzen Pfählen versehene Gräben und Fallgruben – das antike Äquivalent zu den modernen Minenfeldern.*

***Oben:*** *Das Modell im Museum für Römische Zivilisation in Rom zeigt einen Belagerungsturm, dessen Zugbrücke herabgelassen wurde, damit die Angreifer den Verteidigungswall stürmen können. Die römischen Legionäre waren überaus geschickt im Umgang mit Holz und in der Lage, Feldlager, Belagerungsmaschinen, Katapulte, Brücken (wie jene von Caesar über den Rhein) und sogar Kriegsschiffe zu bauen.*

## SCHLACHT AN DER SAMBRE (NEUF-MESNIL) Juli 57 v. Chr.

Caesars Armee wird während der Eroberung Galliens von den Belgiern überfallen.

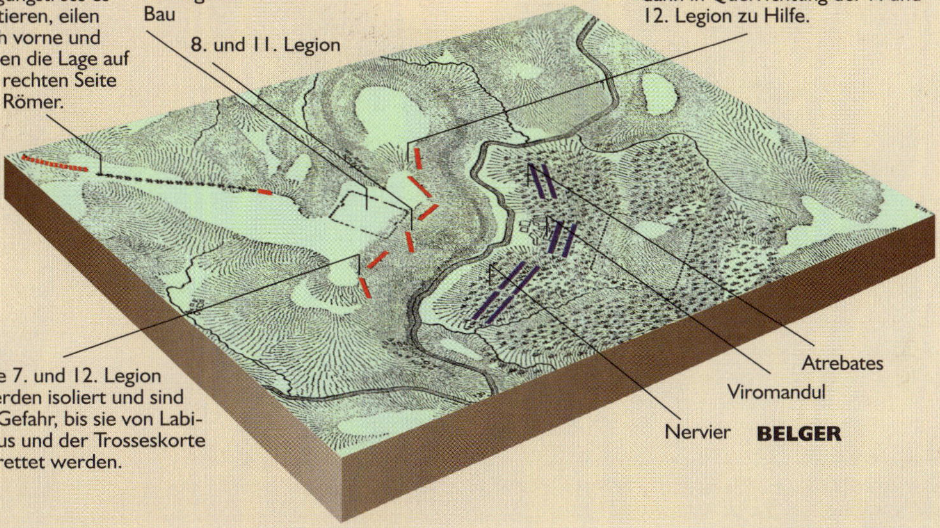


## SCHLACHT BEI PHARSALOS 29. Juni 48 v. Chr.

Bei Pharsalos (Thessalien) wird Pompeius von Caesar endgültig besiegt.

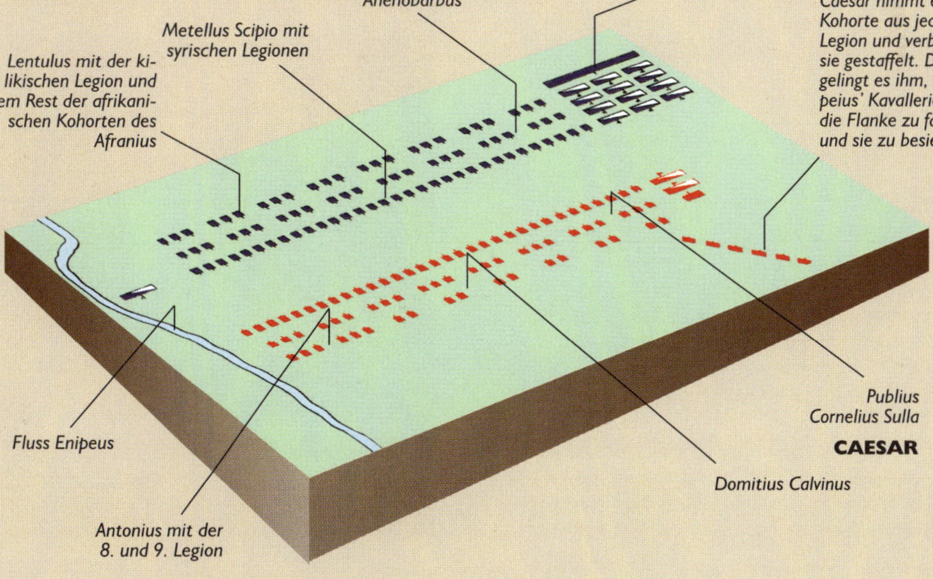

*Marcus Antonius.*

**Marcus Antonius (um 82–30 v. Chr.)**
Militärisch begabt und machthungrig, diente Mark Anton unter Caesar in Gallien und unterstützte ihn im Bürgerkrieg. Nach der Niederlage bei Mutina bildete er mit Octavian und Lepidus das 2. Triumvirat (43) und schlug bei Philippi (42) die Caesarmörder. Er teilte sich mit Octavian das Imperium und erhielt die östlichen Provinzen. Nach dem Bruch mit Octavian wurde er von diesem bei Actium (31) geschlagen und beging danach gemeinsam mit Kleopatra von Ägypten Selbstmord.

**Marcus Vipsanius Agrippa (um 63–12 v. Chr.)**
Freund, Schwiegersohn und Feldherr des Augustus. Befehligte als Admiral die Flotte bei Actium und zeichnete sich als Organisator aus.

**Augustus (Gaius Octavius/Octavian, 63 v. Chr.–14 n. Chr.)**
Caesars Erbe und der Begründer des römischen Kaisertums war mehr Staatsmann als Feldherr. Mit Antonius und Lepidus schloss er das zweite Triumvirat zur Neuordnung des Staates (43). Er unterdrückte die Erhebung des Lucius Antonius in Perusia (40), vernichtete die Seeherrschaft des Sextus Pompeius und besiegte Marcus Antonius bei Actium (31). Als Princeps war sein Ziel die Konsolidierung der Randgebiete des Reiches. Nach der völligen Unterwerfung der Iberischen Halbinsel wurde die nördliche Reichsgrenze bis zur Donau vorgeschoben, aber der Versuch, Germanien bis zur Elbe einzugliedern, scheiterte.

***Oben:** Augustus. **Unten:** Marcus Vipsanius Agrippa.*

49 Niederlage und Tod des Curius Curio am Bagradas in Afrika gegen die Pompeianer.
48 Überfahrt Caesars nach Epirus. Erfolgloser Stellungskrieg gegen Pompeius bei Dyrrhachium.
48 Schlacht bei Pharsalos. Trotz Durchbruchserfolg des Pompeius Sieg Caesars.
48–47 Alexandrinischer Krieg.
48 Caesar wird nach Verfolgung des Pompeius und Intervention im ptolemäischen Erbstreit in Alexandria eingeschlossen.
47 Pharnakes, Sohn Mithridates des Großen, besiegt Domitius und wird von Caesar in der Schlacht bei Zela geschlagen.
47 Meuterei von Caesars Truppen in Kampanien.
47–46 Afrikanischer Feldzug Caesars.
46 Schlachten bei Ruspina und Thapsus. Caesar besiegt die Pompeianer.
46–45 Letzter Spanienfeldzug Caesars.
45 Schlacht von Munda.
44 Ermordung Caesars.

**Zweites Triumvirat**

43 Mutinensischer Krieg. Antonius siegt bei Mutina über Pansa und wird von Hirtius und Ocatavian geschlagen.
43 Die Triumvirn Antonius, Octavian, Lepidus erhalten die Befehlsgewalt zur Bekämpfung der Caesarmörder.
42 Doppelschlacht bei Philippi. Cassius wird von Antonius, Octavian von Brutus geschlagen, drei Wochen später besiegt Antonius auch Brutus. Selbstmord der beiden Caesarmörder.
41–40 Perusinischer Krieg.
40 Einfall der Parther unter Pakoros nach Syrien und Kleinasien.
39 Die Parther werden durch Ventidius Bassus, Legat des Antonius, am Taurusgebirge geschlagen.
39 Erhebungen in Gallien werden durch Octavian und Agrippa niedergeworfen.
38 Ventidius Bassus besiegt die Parther bei Gindaros in Syrien.
38 Seeschlacht bei Cumae zwischen Octavian und Sextus Pompeius.
36 Seesiege Agrippas bei Mylae und Naulochos beenden die Blockade Roms durch Sextus Pompeius.
36 Feldzug des Antonius gegen die Parther. Vorstoß bis Medien, verlustreicher Rückzug.
35–33 Feldzüge Octavians in Illyricum.
34 Armenienfeldzug des Antonius.
31 Schlacht bei Actium zwischen Octavian und Antonius. Entscheidender Seesieg Agrippas über die Flotte der Kleopatra.
30 Alexandria wird von Octavian eingenommen. Selbstmord des Antonius und der Kleopatra.

**Principat des Octavian/Augustus**

29 Schließung des Janustempels in Rom als Zeichen des Friedenszustands.
27 Octavian erhält den Ehrennamen Augustus (der „Erhabene") und die Befehlsgewalt in Spanien, Gallien, Syrien, Ägypten mit stehendem Heer und Legaten als Statthaltern, die befriedeten Provinzen bleiben in der Verwaltung des Senats.
25–24 Aelius Gallus, Präfekt von Ägypten, dringt nach Südarabien vor.
24–23 Feldzug des Präfekten Petronius gegen das nubische Reich von Meroe.
24–19, 16–13 Kämpfe gegen Asturier und Kantabrer in Spanien.
17–14 Feldzüge im Alpenraum, an Rhein und Donau.
12–11 Tiberius unterwirft die Pannonier.
12–9 Feldzüge des Drusus in Germanien zwischen Rhein und Elbe.
8–6 Tiberius wird Oberbefehlshaber in Germanien.

*v. Chr.*

---

*n. Chr.*

**China**

9–23 Wang Mang begründet die Xin- oder Neue Dynastie. Als Lülin- und Chimei-Aufständische Chang'an stürmen, findet der Usurpator den Tod.
25–220 Östliche Han-Dynastie.
um 100 Eroberung Turkestans.

**Oben:** *Tiberius war Stiefsohn und Nachfolger des Augustus. Vor seinem Regierungsantritt zeichnete er sich als Feldherr in Germanien und Pannonien aus.*

**Oben:** *Am Ende des „Vierkaiserjahrs" (nach Galba, Otho und Vitellius) wurde Vespasian 69 n. Chr. römischer Kaiser. Seine Legionen, die in Palästina den jüdischen Aufstand niederwarfen, riefen ihn in Caesarea Maritima zum Kaiser aus, und er schlug Vitellius bei Cremona. Die Erhebung von Kaisern durch ihre Truppen wurde zur Zeit der „Soldatenkaiser" im 3. Jahrhundert üblich.*

**Oben:** *Bildnis des Trajan.*

**Trajan (Marcus Ulpius Traianus, reg. 98–117)** Der in Spanien geborene Trajan wurde durch sein ebenso maß- wie kraftvolles Kaisertum zum „optimus princeps". Als bewährter Offizier stieg er bis zum Konsulat empor und wurde 97 von Nerva zum Mitregenten bestellt. Seine Dakerfeldzüge sind an der Trajanssäule in Rom verewigt. Nach wiederholten Angriffen des Dakerkönigs Decebalus unterwarf Trajan in zwei Kriegen das dem heutigen Rumänien entsprechende Gebiet und machte es zur römischen Provinz, die nicht nur strategischen Wert, sondern auch reiche Gold- und Silbervorkommen besaß. Zugleich wurde das Nabatäerreich als Provinz Arabia in das Imperium eingegliedert. Der 114 eröffnete Partherkrieg führte den Kaiser nach großen Erfolgen an den Persischen Golf. Mit den neuen Provinzen Armenia, Assyria und Mesopotamia erreichte das Imperium seine größte Ausdehnung. Trajans Nachfolger Hadrian gab die Expansionspolitik wieder auf.

um 160 Querelen am Kaiserhof, Kämpfe rivalisierender Kriegsherren.
184 Massenaufstand der „Gelben Turbane".
220–265 Sanguo-Zeit, die Zeit der Drei Reiche: Wei (Norden), Shu (Südwesten), Wu (Südosten).

**Römisches Reich**
4 Thronwirren im Partherreich, parthische Gesandte bitten Augustus um Vermittlung.
5 Feldzug des Tiberius an die Elbe. Einrichtung der Provinz Germanien.
6 Ein Doppelangriff gegen das Markomannenreich Marbods in Böhmen wird infolge des Aufstands der Pannonier und Dalmater (6–9) abgebrochen.
9 Schlacht im Teutoburger Wald. Varus wird beim Rückmarsch zum Rhein von den Cheruskern unter Arminius und ihren Verbündeten überfallen. Vernichtung von drei Legionen, Selbstmord des Varus. Auflösung der Provinz Germanien.
14 Meuterei des Heers am Rhein und in Pannonien beim Regierungswechsel.
14–16 Wiederaufnahme der Feldzüge in Germanien durch Germanicus.
14 Krieg zwischen Arminius und Marbod.
17–24 Guerillakrieg des Numidiers Tacfarinas, der bei Auzia fällt.
21 Aufstände in Gallien unter dem Häduer Sacrovir und dem Treverer Florus.
34–35 Parthischer Angriff auf Armenien durch Vitellius abgewehrt.
43–49 Feldzug des Claudius mit vier Legionen unter Führung des Aulus Plautius nach Britannien. Einrichtung einer Provinz im Süden der Insel.
51 Die britischen Siluren unter Caractus werden geschlagen.
61 Erhebung der britischen Icener unter ihrer Königin Budicca durch Suetonius Paulinus niedergeworfen.
66–68 Jüdischer Aufstand. Vespasian erhält den Oberbefehl in Judaea.
68 Aufstandsbewegung in Gallien und anderen Provinzen gegen Nero, der Selbstmord begeht.
69 Vierkaiserjahr. Galba, Otho, Vitellius und Vespasian treten gegeneinander an. Niederlage Othos gegen Vitellius bei Bedriacum (Cremona). In einer weiteren Schlacht bei Bedriacum besiegen Vespasians Legionen Vitellius.
70 Eroberung Jerusalems durch Vespasians Sohn Titus.
71–74 Im Krieg gegen die Briganten in Britannien wird die Grenze nach Norden verschoben.
74 Unterwerfung des Neckarlands.
74–77 Unterwerfung der Siluren in Wales.
78–84 Feldzüge des Julius Agricola gegen die Kaledonier in Schottland. Am Mons Graupius besiegt er die Pikten unter Calgacus.
83 Feldzug Domitians gegen die Chatten. Unterwerfung der Wetterau.
86 Dakerfeldzug Domitians.
89–92 Feldzüge Domitians gegen die Markomannen, Quaden und Jazygen.
101–102 Erster Dakerkrieg. Trajans Sieg bei Tapae (101). Große Verluste und schwieriges Gelände behindern den Vormarsch.
102 Schlacht von Sarmizegetusa. Trajan besiegt König Decebalus.
105–106 Zweiter Dakerkrieg. In einer Großoffensive erobert Trajan ganz Dakien.
106 Zweite Schlacht von Sarmizegetusa. Dakien wird römische Provinz.
113–116 Trajan erobert Mesopotamien und Armenien.
115–117 Jüdischer Aufstand in der Kyrenaika, Ägypten und Palästina.
um 125 Bau des Hadrianswalls als Roms Nordgrenze in Britannien.
132–135 Bar-Kochba-Aufstand in Palästina.
134 Rückereroberung Jerusalems.
139–142 Unterwerfung der Briganten in Britannien durch Lollius Urbicus. Anlage eines Grenzwalls zwischen Firth of Clyde und Firth of Forth (Antoninuswall).
152 Aufstände in Ägypten und Mauretanien.
162–165 Partherkrieg des Lucius Verus.
166–175 Einbruch der Markomannen an der Donau, Vorstoß bis Oberitalien. Römische Offensiven jenseits der Donau unter Mark Aurel (an der Markussäule in Rom dargestellte Kämpfe).
170 Sarmaten stoßen durch Dakien nach Griechenland vor. Der Druck germanischer und anderer Völkerschaften an den Nordgrenzen nimmt dramatisch zu.

Lucius Septimius Severus.

**Lucius Septimius Severus (reg. 193–211)**
Der Gründer der Severerdynastie und geborene Libyer musste um den Thron kämpfen. Als Statthalter von Oberpannonien ließ er sich 193 in Carnutum zum Kaiser ausrufen, besiegte noch im selben Jahr Didius Julianus, 194 Pescennius Niger und 197 Clodius Albinus. Er wusste um die Bedeutung der Armee und zog sich die Feindschaft des Senats zu, als er Truppen in der Nähe der Hauptstadt stationierte. Im Partherkrieg stieß er bis Ktesiphon vor und machte Mesopotamien zur Provinz. 208 begab er sich nach Britannien und ging gegen die Kaledonier vor. Dabei kam er zur Einsicht, dass der Antoninuswall zu weit im Norden lag, und befahl die Erneuerung des Hadrianswalls. Als er in Eboracum (York, England) starb, hinterließ er das Reich seinem Sohn, dem Megalomanen Caracalla, der viele Erfolge des Vaters wieder zunichte machte.

***Links:** Schlachtszenen auf der Trajanssäule in Rom. Oben rechts ist die „Testudo"-Formation zu erkennen: Legionäre bilden aus ihren viereckigen Schilden ein schildkrötenartiges Schutzdach gegen Pfeile und andere Geschosse.*

***Rechts:** Soldaten der Prätorianergarde, der Leibgarde der römischen Kaiser. Sie wurden zu einem ausschlaggebenden Faktor in der Palastpolitik, als sie sich von Caligula und Nero abwandten und Galba und Pertinax ermordeten.*

175 Avidius Cassius sich in Syrien zum Kaiser ausgerufen. Ermordung des Usurpators.
178–180 Zweiter Markomannenkrieg.
184 Erstürmung des Antoninuswalls.
186 Aufstandsbewegung des Bandenführers Maternus in Gallien, Spanien und Italien.
186 Heeresmeuterei in Britannien durch Pertinax niedergeschlagen.
190 Pertinax wirft Aufstand in der Provinz Africa nieder.
192 Ermordung des Kaisers Commodus. Rivalen um den Thron werden von Septimius Severus ausgeschaltet.
193 Schlacht von Kyzikos.
194 Schlacht bei Issos.
194–195 Erster Partherkrieg des Septimius Severus.
195–197 Erhebung des Clodius Albinus in Britannien.

197 Schlacht bei Lugdunum (Lyon). Zerstörung der Stadt nach dem Sieg des Septimius Severus über Clodius Albinus.
197–199 Zweiter Partherkrieg des Septimius Severus.
208-212 Britannischer Krieg des Septimius Severus. Aufgabe Schottlands, Hadrianswall als Grenze.
213–214 Caracallas Alemannenfeldzug. Ausbau des rätischen Limes.
216–217 Partherkrieg Caracallas.
216 Caracallas Nachfolger Macrinus wird bei Nisibis geschlagen.
218 Schlacht von Antiochia. Ausschaltung des Macrinus.

**Indien**

um 50 Kujula Kadphises, Anführer der Yüetschi-Horde, erobert Nordindien.
um 50 bis um195 Shatavahana-Dynastie im Dekhan.
nach 100 Höhepunkt des Kuschanareichs unter Kanischka.
um 210 Pandya-König Nedunjeliyan erringt großen Sieg über Ceras.
um 250 Kuschana gerät in Abhängigkeit von den persischen Sassaniden.

**China**

um 280 Ephemere Reichseinigung unter der Westlichen Jin-Dynastie.
nach 300 Fragmentierung Nordchinas in 16 Reiche, laufend sich ablösende Herrscherhäuser im Süden. Barbareninvasionen und Bürgerkriege.
„Zeit der 16 Reiche" oder „Die Teilung Chinas durch die Fünf Barbaren". Fünf Barbarengruppen erobern China. Zwischen den Staaten in Nordchina herrscht fast ständig Krieg, sodass viele Menschen vor den barbarischen Invasoren im Norden nach Süden flüchten.
383 Tschien Tsin stößt nach Süden vor, wird aber zurückgewiesen. Südchinesische Dynastien der Östlichen Tsin, Sung, Qi, Liang, Tsch'en.
Ende 6. Jh. Yang Kien erobert den Süden, führt China zur Wiedervereinigung und gründet die Sui-Dynastie.

**Diokletian (Gaius Aurelius Valerius Diocletianus, reg. 284–305)**
Nach zwei Jahrzehnten kurzlebiger Kaiser stabilisierte und reformierte der in Dalmatien als Sohn einfacher Eltern geborene Diokletian das römische Regierungssystem. Angesichts der ständigen Kriege gegen die Barbaren und der Bedrohung durch Usurpatoren aus den verschiedenen Armeen in allen Teilen des Reiches, führte er die Tetrarchie (Vierherrschaft) ein. Zwei Augusti und zwei Caesares mit Adoptivnachfolge sollten das Imperium regieren. Das funktionierte nicht reibungslos, garantierte aber eine handlungsfähige Regierung, die eine umfassende Reichsreform ermöglichen sollte. Diokletian stellte die Disziplin in der Armee wieder her, vermehrte das stehende Heer und betraute lokale Verteidigungseinheiten mit der Sicherung der Grenzen in den verkleinerten Provinzen. Nach seiner Abdankung zog er sich nach Salonae (Split) zurück.

***Links oben:*** *Diokletian.*
***Oben:*** *Aurelianische Mauer Roms.*

**Zeit der Soldatenkaiser**

231–233 Feldzug des Severus Alexander gegen das sassanidische Persien.

234–235 Feldzug gegen die Alemannen. Heer meutert in Mainz. Maximinus Thrax wird Kaiser, Severus Alexander ermordet.

236–237 Maximin schlägt die Sarmaten und Daker an der Donau.

242–244 Perserkrieg Gordians III. Schapur I. wird bei Resaina geschlagen.

245–247 Donaufeldzug des Philippus Arabs.

249 Philippus Arabs fällt bei Verona im Kampf gegen Decius.

250–251 Feldzug des Decius gegen die Karpen und Goten. Niederlage bei Beroia.

251 Schlacht von Abrittus. Kaiser Decius fällt im Kampf gegen die Goten unter Knivo.

254 Einfall der Alemannen in Rätien. Vorstoß der Goten nach Makedonien.

255 Gallienus schlägt die Alemannen.

256 Valerian vertreibt die Perser aus Syrien.

259 Die Franken fallen in Gallien ein.

260 Schlacht bei Edessa. Valerian wird von Schapur I. geschlagen, der Kaiser gerät in persische Gefangenschaft.

260 Cassianus Latinius Postumus lässt sich in Köln zum Kaiser ausrufen. Gründung eines römischen Teilreichs in Gallien mit Britannien und Spanien (bis 275).

260 Odainathos, Stadtfürst von Palmyra, schlägt die Perser und nimmt den Königstitel an (Reich von Palmyra).

260 Gallienus schlägt die Alemannen nach ihrem Vorstoß bis Rom bei Mailand. Gegenkaiser Macrianus und Quietus.

um 263 Heeresreform des Gallienus. Aufstellung mobiler Verbände zum Einsatz in Grenzgebieten. Bildung eines Reiterheers.

262 Odainathos erobert mit Panzerreitern Mesopotamien von den Persern zurück und verfolgt Schapur I. bis Ktesiphon.

265 Zweiter Feldzug des Odaenathos gegen Ktesiphon. Gallienus erhebt ihn zum Mitkaiser (Augustus) für den Osten.

267 Gallienus schlägt die Goten.

268 Claudius II. schlägt die Alemannen am Gardasee, die Goten in der Schlacht bei Naissos (269).

270 Siege Aurelians über die Juthungen, Sarmaten und Wandalen.

271 Niederlage Aurelians bei Placentia, Sieg bei Ticinum. Befestigung Roms. Aufgabe Dakiens.

272–273 Unterwerfung des Reiches von Palmyra durch Aurelian. Schlachten bei Antiochia und Emesa.

273 Aurelian wirft in Ägypten den Aufstand des Firmius nieder und beseitigt in der Schlacht auf den Katalaunischen Feldern das gallische Sonderreich.

275 Aurelian wird auf einem Feldzug gegen die Perser ermordet. Claudius Tacitus, vom Senat zum Kaiser gewählt, schlägt die Goten in Kilikien und wird von Meuterern in Tyana getötet.

282–283 Carus schlägt die Sarmaten in Pannonien, zieht gegen die Perser und stirbt bei Ktesiphon.

283 Carinus besiegt bei Verona den Gegenkaiser Sabinus.

285 Carinus schlägt am Fluss Margus in Mösien Diokletian und wird von eigenen Soldaten ermordet.

286 Diokletian erhebt Maximinian zum Mitkaiser (Augustus) für den Westen, der darangeht, die Bauernaufstände (Bagauden) in Gallien niederzuschlagen und die an Rhein und Donau eingefallenen Germanenstämme zurückzuwerfen.

**Tetrarchie im Römischen Reich**

293 Einführung der „Vierherrschaft". Diokletians Prätorianerpräfekt Galerius in Nikomedia und Maximinians Prätorianerpräfekt Constantius Chlorus in Mailand werden von den Kaisern adoptiert und zu Nachfolgern (Caesares) erhoben. Teilung der Zuständigkeitsbereiche. Angestrebt ist die Stabilisierung der Reichsgrenze durch Vertreibung der Wanderstämme oder vertragliche Ansiedlung zum Grenzschutz (Föderaten).

296 Usurpator Allectus fällt bei Londinium gegen ein Invasionsheer des Constantius.

297 Galerius wird von den Persern bei Carrhae geschlagen.

298 Diokletian schlägt den Perserkönig Narses. Constantius besiegt die Alemannen bei Langres und Windisch.

***Oben:** Konstantin der Große in einer Kolossalstatue (links) und einem byzantinischen Mosaik, das ihn als christlichen Heiligen und Gründer von Konstantinopel darstellt.*

***Links:** Seit dem 3. Jahrhundert wurde der Einsatz von Kavallerie immer wichtiger, während die Infanterie der Legionen ihre einstige Bedeutung einbüßte. Das Relief der Trajanssäule zeigt Kataphrakten, schwere Reiterei mit gepanzerten Rossen.*

**Konstantin der Große (Flavius Valerius Constantinus, reg. 306–337)**

Der erste christliche Kaiser Roms kämpfte sechs Jahre lang im Westen um die Macht und schaltete dann 324 Licinius, den Augustus des Ostens, aus, um Alleinherrscher des Römischen Reiches zu werden. Er erkannte, dass Rom nicht mehr strategischer Mittelpunkt des Imperiums war, und machte Byzanz, das er in Konstantinopel umbenannte, zur neuen Hauptstadt. Der Legende nach veranlasste ihn eine Kreuzvision vor der Entscheidungsschlacht an der Milvischen Brücke zur Einführung der Kreuzfahne mit Monogramm Christi (labarum) im Heer. Nach dem Sieg glaubte Konstantin an die Überlegenheit des Christengottes und förderte seine Anhänger in jeder Weise.

**Von Konstantin bis Theodosius**

305 Abdankung Diokletians und Maximinians. Galerius und Constantius werden Augusti, Severus Caesar des Westens, Maximinus Daia Caesar im Osten.

306 Constantius stirbt in Eboracum (York). Konstantin, vom Heer seines Vaters zum Kaiser ausgerufen, durchbricht das Nachfolgesystem. In Rom wird Maxentius, Sohn Maximians, durch die Prätorianer und den Senat zum Kaiser erklärt.

307 Bürgerkrieg. Severus unterliegt Maxentius vor Rom und Ravenna.

308 Konferenz von Carnutum: Licinius wird an Stelle des Severus Augustus des Westens, Konstantin als Caesar anerkannt, Maxentius als Usurpator ignoriert.

311 Tod des Galerius. Maximinus Daia erhält Asien.

312 Nach Kämpfen gegen Franken und Alemannen fällt Konstantin in Oberitalien ein, nimmt Turin, Verona, schlägt Maxentius bei Saxa Rubra und in der Entscheidungsschlacht an der Milvischen Brücke. Maxentius ertrinkt auf der Flucht im Tiber.

313 Maximinus Daia wird von Licinius bei Tzirallum in Thrakien geschlagen und stirbt in Tarsos.

314 Licinius wird bei Ciballae in Pannonien von Konstantin geschlagen und tritt die Donauprovinzen außer Thrakien ab.

324 Konstantin schlägt Licinius bei Adrianopel in Thrakien und bei Chrysopolis am Bosporus. Seesieg seine Sohnes Crispus bei Kallipolis. Sicinius wird hingerichtet. Konstantin ist Alleinherrscher.

332 Sieg des Caesar Constantinus über die Goten nördlich der Donau. Sie übernehmen als Verbündete (foederati) gegen Jahreslieferungen den Grenzschutz.

338 Constantius II. führt Krieg mit Persien.

339 Constans schlägt die Sarmaten an der Donau.

340 Bürgerkrieg. Constantinus II. fordert von Constans die Unterordnung, unterliegt ihm bei Aquileia und fällt. Constans wird Herr der westlichen Reichshälfte.

342–343 Feldzüge des Constans gegen die Franken in Gallien, gegen Picten und Scoten in Britannien.

350 Magnentius, ein zum Heermeister des Constans aufgestiegener Offizier barbarischer Herkunft, lässt sich in Autun zum Kaiser ausrufen. Constans wird auf der Flucht ermordet, Magnentius in seinem Reichsteil anerkannt.

351 Schlacht bei Mursa in Pannonien. Magnentius wird von Constantius II. geschlagen, der durch seine Flotte Sizilien, Afrika und Spanien gewinnt.

353 Selbstmord des Magnentius in Lyon. Constantius II. ist Alleinherrscher.

357 Schlacht bei Argentorate (Straßburg). Julian, Vetter Constantius' II. und seit 355 Caesar für den Westen, schlägt die Alemannen unter Chnodomar. Kämpfe mit den Franken an der Maas.

358 Constantius II. schlägt die Quaden und Sarmaten an der Donau.

363 Perserfeldzug Julians bis Ktesiphon. Tödliche Verwundung bei einem Rückzugsgefecht. Der Gardepräfekt Jovian wird vom Heer zum Kaiser ausgerufen.

364 Valentinian, in Nicaea zum Augustus erhoben, bestellt seinen Bruder Valens zum Mitkaiser für den Osten.

365 Gegenkaiser Procopius wird von Valens bei Nakoleia in Phrygien geschlagen und hingerichtet.

366 Iovinus, Heermeister Valentinians in Gallien, schlägt die Alemannen bei Scarpina und auf den Katalaunischen Feldern.

367–369 Gotenkrieg des Valens.

371 Feldzug des Valentinian gegen die Alemannen.

um 375 Das Gotenreich in Südrussland wird von den Hunnen zerstört. Beginn der germanischen Völkerwanderung.

378 Gratian schlägt die Alemannen im Elsass.

378 Schlacht bei Adrianopel. Valens wird von den Goten unter Fritigern völlig geschlagen und fällt. Theodosius, der von Gratian zum Heermeister ernannt wurde, besiegt die Sarmaten an der Donau und wehrt die Angriffe der Goten auf Konstantinopel ab.

392 Stilicho, Heermeister des Theodosius, schlägt Goten, Alanen, Hunnen, Bastarner an der Donau.

394 Schlacht am Fluss Frigidus bei Aquileia.

*Theodosius I. der Große.*

**Theodosius I. der Große (reg. 379–395)**
Dem letzten Herrscher des geeinten Römischen Reiches gelang es, nach der katastrophalen Niederlage bei Adrianopel, bei der Kaiser Valens fiel, das Imperium zu retten. Er besiegte die beiden Usurpatoren Maximus und Eugenius und konnte vorübergehend den Konflikt mit Persien beenden. Mit seinen Söhnen endet die Reichseinheit. Arcadius wird Kaiser im Osten, Honorius im Westen.

**Flavius Stilicho (359–408)**
Als Sohn eines Vandalen im römischen Dienst geboren, wurde Stilicho Reichsfeldherr im Westen. Er trat den Goten unter Alarich in Griechenland entgegen und stoppte ihre Invasion in Italien. Nach den Schlachten bei Pollentia (402) und Verona (403) gelang es ihm, Alarich zum Abzug zu bewegen. 406 vernichtete er bei Florenz die unter Radagais eingefallenen Barbaren. Zwei Jahre später wurde er jedoch von Kaiser Honorius ermordet, sodass Italien führerlos und offen für weitere Invasionen zurückblieb. Die Folge war die erste Plünderung Roms seit 800 Jahren.

**Attila (reg. 434–453)**
Nach Beseitigung seines Bruders Bleda wurde Attila Alleinherrscher der Hunnen, berittener Nomaden aus Zentralasien, die nach der Vertreibung aus China in der südrussischen Steppe ein großes Reich gegründet hatten. Attilas Reiter terrorisierten die unterworfenen germanischen und sarmatischen Stämme und suchten römisches Gebiet heim. Ihre Einfälle waren gefürchtet, denn die Hunnen kehrten stets mit reicher Beute zurück, auch enormen Tributzahlungen Konstantinopels, dessen Mauern ihnen jedoch widerstanden. Für Städte wie Singidunum, Sirmium, Naissus, Serdica oder Aquileia gab es keine Rettung, die Donauprovinzen wurden weithin verwüstet. Ihre Niederlage Attilas im Jahr 451 rettete Gallien, aber er war noch immer in der Lage, Italien zu überfallen. Sein Tod beendete die Einheit der hunnischen Stämme und bannte die Bedrohung durch diese „Geißel Gottes".

**Flavius Aëtius (396–454)**
Als Reichsfeldherr Valentinians III. schlug Aëtius eine Reihe von Schlachten, um die weströmische Herrschaft gegen Westgoten, Franken und Burgunder zu behaupten. Das Burgunderreich von Worms vernichtete er mithilfe der Hunnen und siedelte die Überlebenden in der Sapaudia an. Mit dem Beistand der Westgoten konnte er in der Schlacht auf den Katalaunischen Feldern 451 Attilas Hunnen bezwingen. Drei Jahre danach wurde Aëtius unter dem Vorwurf des Hochverrats von seinem Kaiser eigenhändig niedergemacht.

***Links:** Attila an der Spitze seiner Hunnen. Ein Historiengemälde aus dem 19. Jahrhundert.*

**Oströmisches und Weströmisches Reich**

395 Erhebung der Westgoten unter Alarich nach Kündigung des Föderatenvertrags durch Arcadius.

395 Einfall der Westgoten in Griechenland. Stilicho tritt ihnen in Elis entgegen (397).

398 Eutropius verdrängt die in Kleinasien eingefallenen Hunnen nach Armenien.

401 Alarich zieht mit den Westgoten nach Oberitalien. Kämpfe Stilichos mit Vandalen und Alanen in Rätien.

402 Honorius verlegt seine Residenz von Mailand in das durch Sümpfe geschützte Ravenna. Stilicho zwingt Alarich zur Aufgabe der Belagerung Mailands und schlägt ihn bei Pollentia und Verona (403).

405 Ostgoten und Alanen unter Radagais überschreiten die Donau und ziehen über die Ostalpen nach Italien.

406/07 Vandalen, Sueben, Quaden und Alanen überqueren bei Mainz den zugefrorenen Rhein und fallen nach Gallien ein. Vorstöße der salischen Franken (Einnahme von Trier), Besetzung des linken Rheinufers von Köln bis Andernach durch die ripuarischen Franken, des Gebiets am Main durch die Burgunder.

407 Constantinus lässt sich in Britannien zum Kaiser ausrufen, zieht mit den letzten römischen Truppen nach Gallien, macht Arles zur Residenz und bekämpft die Germanen. Föderatenvertrag mit den Burgundern zur Sicherung der Rheingrenze.

408 Zweiter Einfall Alarichs in Italien. Belagerung Roms, Abzug nach Zahlung einer Kontribution durch den Senat auf Anraten Stilichos. Meuterei im Heer Stilichos. Sturz und Hinrichtung des Heermeisters.

408 Einfall der Hunnen über die Donau.

409 Alarich zieht erneut vor Rom, setzt den Stadtpräfekten Attalus als Gegenkaiser ein und wird sein Heermeister.

409 Vordringen der Sueben, Alanen, Vandalen nach Spanien, das sie durch Los unter sich aufteilen.

410 Dritter Zug Alarichs nach Italien. Eroberung und dreitägige Plünderung Roms. Tod Alarichs bei Cosenza vor dem geplanten Übergang nach Afrika.

411 Honorius lässt Constantinus in Arles belagern und nach der Übergabe hinrichten.

412 Abzug der Westgoten unter Athaulf nach Südgallien. Vertrag mit Honorius.

413 Athaulf besetzt Narbo, schlägt den Gegenkaiser Iovianus und lässt ihn hinrichten.

413 Heraclianus, Befehlshaber der Diözese Afrika, erhebt sich gegen Honorius und wird nach einem gescheiterten Flottenzug nach Italien in Karthago hingerichtet.

415 Abzug der Westgoten unter Valia nach Spanien, wo sie im Auftrag des Honorius die Vandalen und Alanen bekämpfen.

418 Ansiedlung der Westgoten in Aquitanien mit der Hauptstadt Tolosa (Toulouse).

421 Perserkrieg Ostroms. Unentschiedene Kämpfe in Armenien.

422 Einfall der Hunnen in Thrakien.

428 Aëtius wird Heermeister. Kämpfe gegen die Alemannen in Rätien und Noricum, gegen die Franken am Rhein.

429 Übergang der Vandalen unter Geiserich von Südspanien nach Nordafrika. Eroberung der römischen Provinzen (439 Einnahme Karthagos).

432 Galla Placidia macht Bonifatius anstelle des Aëtius zum Reichsfeldherrn. Aëtius zieht mit fränkischen Hilfstruppen gegen Bonifatius, wird bei Rimini geschlagen und flieht zu dem Hunnenkönig Ruas, mit dessen Unterstützung er seine Stellung als Heermeister wiedererlangt (433).

437 Aëtius vernichtet mithilfe der Hunnen das Burgunderreich unter Gundahar.

448 Aëtius schlägt die salischen Franken unter Chlodio.

451 Einfall der Hunnen in Gallien. Aëtius zwingt Attila in der Schlacht auf den Katalaunischen Feldern zum Rückzug. Ostgoten, Rugier, Skiren, Heruler, Quaden, Sarmaten, Alanen, Gepiden kämpfen auf der Seite der Hunnen, Westgoten (deren König Theoderich I. fällt), Burgunder, Franken, Thüringer, Sachsen auf der Seite des Aëtius.

452 Einfall der Hunnen in Oberitalien. Zerstörung von Aquileia, Mailand, Pavia.

445 Vandalen landen in Ostia und plündern

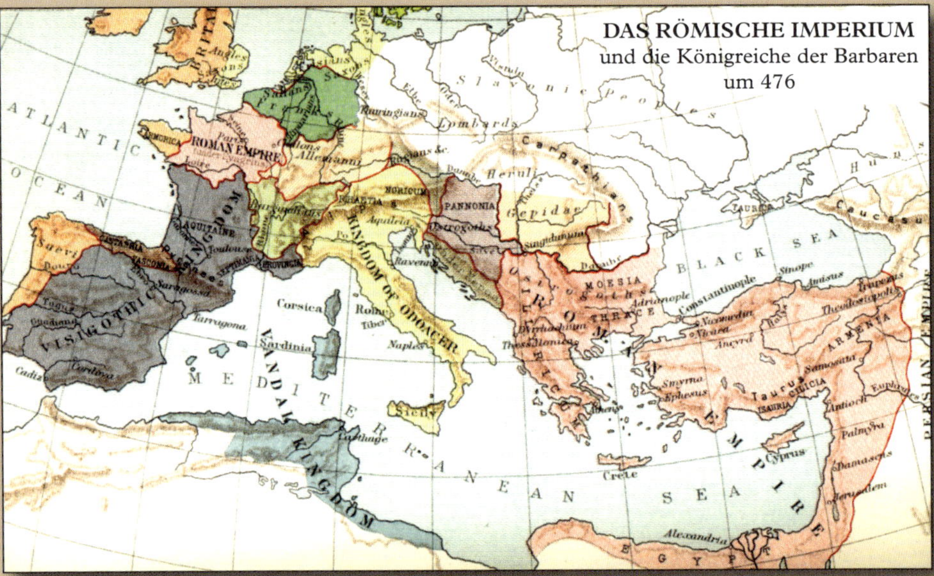

***Oben:** Die Invasionen von Barbarenvölkern in das Römische Reich führten zu Anarchie und Zerstörung. Auch in Kirchen „hausten sie wie die Vandalen". Das erst in der Französischen Revolution aufgekommene Wort „Vandalismus" bezieht sich auf die ostgermanischen Vandalen, die sich in Nordafrika festsetzten und von dort aus nach Rom zogen, um die Stadt zu plündern (455).*

***Unten:** Eurich, der Begründer der westgotischen Herrschaft in Spanien, nachdem Chlodwig 507 das Westgotenreich zwischen Loire und Pyrenäen erobert hatte.*

**Geiserich** (428–477)
König der Vandalen, der sein Volk aus Spanien nach Nordafrika führte, um dort ein Reich zu gründen. Von der Straße von Gibraltar aus eroberte er ein Gebiet, das etwa dem heutigen Tunesien entspricht. Nach der Einnahme Karthagos (439) wurde seine Herrschaft durch Westrom anerkannt. Als Einziger der Barbarenfürsten, die auf römischem Boden Königreiche errichteten, verschaffte er sich eine schlagkräftige Flotte, die das westliche Mittelmeer beherrschte. 455 kreuzte ein Geschwader vor der Tibermündung auf und plünderte Rom. Mehrere Versuche, die Seemacht der Vandalen zu vernichten, scheiterten. Sie erweiterten ihre Herrschaft auf die Balearen, Sardinien, Korsika und Sizilien (das später an das Ostgotenreich in Italien überging). Geiserichs Vandalenreich bestand bis 533, als Belisar Nordafrika für den byzantinischen Kaiser Justinian zurückeroberte.

**Eurich** (reg. 466–484)
Der Begründer der westgotischen Herrschaft in Spanien löste das Föderatenverhältnis, das sein Tolosanisches Reich (Hauptstadt Toulouse) mit Rom verbunden hatte. Bedroht von den Franken im Norden, den Burgundern im Osten und römischen Versuchen, erneut die Kontrolle über Gallien zu erlangen, ging Eurich in die Offensive. Bei Déols am Indre glückte ihm der Sieg über eine Koalition aus Römern unter Syagrius, Bretonen, Franken und Burgundern. 472–473 eroberten, sein Heer große Teil der Iberischen Halbinsel.

Rom, besetzen Korsika, Sardinien, die Balearen und Teile Siziliens.

456 Schlacht bei Placentia. Ricimer schlägt Avitus, der 455 in Gallien zum Kaiser erhoben worden war.

458 Kaiser Majoran erobert Lugdunum (Lyon) von den Burgundern zurück.

460 Seeschlacht bei Cartagena. Niederlage der Flotte Majorans gegen Geiserich.

463 Kämpfe des Heermeisters Aegidius in Gallien gegen die Westgoten. Unterstützung durch die Franken Childerichs.

468 Flottenzug unter Anthemius gegen das Vandalenreich. Vernichtung der kaiservor Karthago durch Geiserich.

469 Eurich besetzt Mérida und siegt bei Déols. Die Westgoten beherrschen Gallien bis zur Loire.

472 Bürgerkrieg in Italien. Ricimer erhebt sich gegen Anthemius, besetzt Rom und stellt den Gegenkaiser Olybrius auf. Tod des Anthemius, Ricimer und Olybrius.

475 Kaiser Nepos schließt Frieden mit Eurich und erkennt die Souveränität des Westgotenreichs in Gallien und Spanien an. Vertreibung des Nepos durch seinen Heermeister Orestes, der seinen Sohn Romulus zum Kaiser ausrufen lässt.

476 Der Skire Odoakar wird von seinen Truppen zum König von Italien ausgerufen, anerkennt die Oberhoheit Ostroms, das ihn zum Heermeister für Italien und Patricius ernennt. Orestes wird in Pavia belagert und in Placentia getötet, Romulus (Augustulus) in Ravenna entthront. Ende des weströmischen Kaisertums.

**Frankenreich**

486 Syagrius, Sohn und Nachfolger des 464 ermordeten Heermeisters Aegidius, wird bei Soissons von Chlodwig geschlagen. Er flieht zu dem Westgotenkönig Alarich II., wird ausgeliefert und hingerichtet. Das „Reich des Syagrius“ wird fränkisch.

496 Chlodwig besiegt bei Zülpich die Alemannen.

498 Krieg gegen die Westgoten.

500 Sieg über die Burgunder bei Dijon.

507 Schlacht bei Vouillé. Chlodwig besiegt mit burgundischer Hilfe Alarich II., der im

***Links:*** *Die Taufe Chlodwigs durch Remigius, den „Apostel der Franken", 496 in Reims. Der Frankenkönig soll in der Schlacht bei Tülpich gegen die Alemannen gelobt haben, sich taufen zu lassen.*

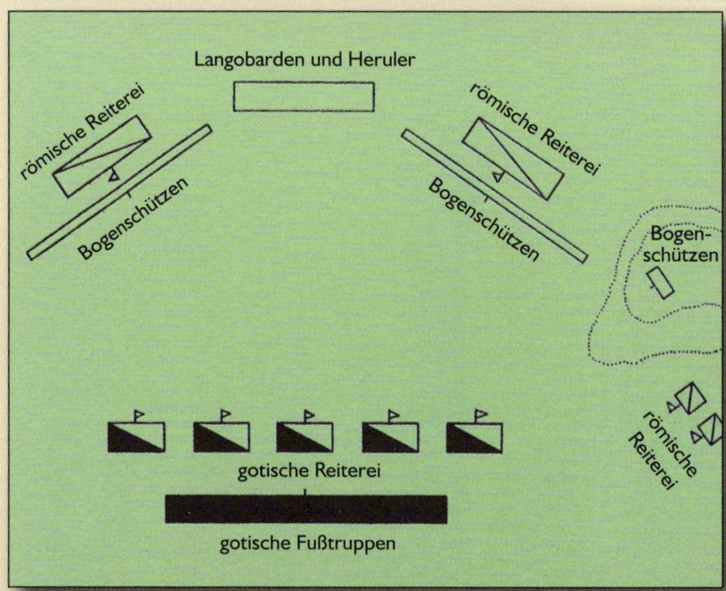


***Links:*** *Der Sieg des Byzantiners Narses über Totila in der Schlacht von Taginae (552) besiegelte den Untergang des Ostgotenreichs in Italien. Seine Truppenverteilung wurde mit jener Heinrichs V. bei Agincourt verglichen.*

**Chlodwig I. (reg. 481–511)**
Merowingischer Begründer des Frankenreichs. Unter seiner Führung drangen die Franken immer tiefer nach Gallien vor und schlugen bei Soissons 486 Syagrius, den letzten römischen Statthalter. Paris wurde anstelle von Tournai zur Hauptstadt. Nach seinem Sieg über die Alemannen (496) ließ sich Chlodwig vom hl. Remigius taufen und wurde katholisch, während die Burgunder und Goten sich zum Arianismus bekannten. Seinen Kampf gegen die Burgunder und Westgoten proklamierte er als Religionskrieg gegen die Arianer. Die Westgoten unter Alarich II. besiegte er bei Vouillé und nahm ihre Hauptstadt Toulouse zeitweise in Besitz. Chlodwig zählt zu den großen Gestalten der französischen Geschichte. Mit der Errichtung seines Frankenreiches schuf er die Grundlagen für die Macht des künftigen Karolingerreichs.

**Belisar (um 505–565)**
Größter Feldherr des Kaisers Justinian und legendäre Gestalt, die auch in der Literatur verewigt wurde (Prokop, Marmontel, Robert Graves u. a.). Nachdem er gegen Persien Krieg geführt hatte, warf Belisar den Nika-Aufstand in Konstantinopel nieder, der Justinian hinwegzufegen drohte. Unter seinem Befehl stand die Armee, die 533 das Vandalenreich zerstörte. Zwei Jahre später sollte er Italien von den Ostgoten zurückerobern. Nach raschem Siegeszug durch Unteritalien zog er 536 in Rom ein, bewährte sich 537-538 bei der Belagerung Roms durch die weit überlegenen Ostgoten und stieß dann nach Norden vor. Misstrauen und ein neuer Krieg mit den Persern bewogen Justinian 540 zur Rückberufung Belisars, aber 544–548 benötigte man ihn erneut als Generalissimus in Italien.

**Narses (um 490–574)**
Der in Armenien geborene Eunuch und Palastbeamte war der Feldherr, der Justinians Rückeroberung Italiens erfolgreich zu Ende führte. Beim Nika-Aufstand von 532 hatte sich Narses das Vertrauen des Kaisers erworben. Auf seinem ersten Feldzug in Italien kam es zu Differenzen mit Belisar. Nach dessen Abberufung kehrte Narses mit einer gut ausgerüsteten Armee zurück. Bei Tadinae schlug er die Ostgoten vernichtend (552) und brachte dann ganz Italien in seine Hand.

Kampf fällt, und erobert Südgallien mit Ausnahme Septimaniens.
523 Krieg der Söhne Chlodwigs gegen das Burgunderreich. König Sigismund wird samt Familie ermordet.
524 Schlacht von Vézeronce. Sigismunds Bruder und Nachfolger Godomar besiegt die Franken, Chlodomer fällt.
531 Theuderich schlägt die Thüringer unter Hermefried an der Unstrut und macht sie tributpflichtig.
532 Schlacht bei Autun. Godomar wird von Childebert und Chlothar vernichtend geschlagen. Burgund fällt an die Franken.

**Ostgotenreich**
488 Theoderich wird von Ostrom als Heermeister mit dem Krieg gegen Odoakar beauftragt. Abzug der Ostgoten und Rugier vom Balkan nach Italien.
489 Odoakar wird von Theoderich bei Verona geschlagen und in Ravenna belagert („Rabenschlacht").
493 Odoakar kapituliert vor Theoderich und wird von ihm eigenhändig getötet.
497 Ostrom erkennt Theoderich als Herrscher der Goten und Römer in Italien an.

**Rückeroberungen Justinians**
533 Ein „Ewiger Friede" beendet den Krieg zwischen Ostrom und Persien. Kaiser Justinian (527–565) eröffnet den Krieg gegen das Vandalenreich. Belisar, mit dem Oberbefehl betraut, landet mit 20 000 Mann und schlägt die Vandalen unter Gelimar.
532 Gelimar ergibt sich Belisar.
534 Amalaswintha, Tochter Theoderichs, wird ermordet. Justinian tritt als ihr Rächer auf. Belisar besetzt Sizilien (535) erobert Neapel und Rom (536), das von Witiges vergeblich belagert wird (537–538).
541 Die Ostgoten wählen Totila zum König, der große Teile Italiens zurückgewinnt und sich auch gegen Belisar behaupten kann.
550 Justinian entsendet Narses. Seesieg bei Sena Gallica macht die Erfolge von Totilas Flotte zunichte.
551 Totila fällt in der Schlacht bei Tadinae.
552 Oströmisches Heer erobert Südspanien zwischen Cartagena und Cádiz.

**Indien**

um 500 Auflösung des Guptareichs.
510 Schlacht von Airikina. Sieg der Weißen Hunnen. Plünderung von Prayaya (511).
um 525 Zusammenbruch der Herrschaft der Weißen Hunnen in Nordindien.
um 574–600 Simhavishnu Potaraja erneuert das Pallavareich, unterwirft die Chola und Pandya.
um 590 Das Hephalitenreich wird von den verbündeten Westtürken und Sassaniden zerschlagen.
606–647 Harshavardhana Pushabhuti von Thanesar dehnt sein Reich über ganz Nordindien aus. Sieg über Shashanka von Bengalen.
610–642 Pulakeshin II. festigt das Chalukyareich, erobert fast den ganzen Dekhan, wird von den Pallava in Badami belagert und getötet.

**China**

581 Durch einen Militärputsch an die Macht gekommen, begründet Yang Jian als Kaiser Wendi im wiedervereinten Norden die Sui-Dynastie 581–618).
589 Die Zerschlagung der Chen-Dynastie im Süden beendet die Spaltung im Reich der Mitte.
618 Kaiser Gaozu begründet die Tang-Dynastie. Der ehemalige Beamte und General der Sui muss in zehnjährigem Bürgerkrieg über 100 Rivalen niederringen.
627–649 Kaiser Tai-Tsung richtet autonome Militärdistrikte zur Grenzsicherung ein. China expandiert nach Zentralasien und nach Korea.
751 Schlacht am Fluss Talas. Araber besiegen Chinesen.
755–763 Shi-Revolte mithilfe uigurischer Truppen niedergeschlagen.

***Links:** Der Sassanidenkönig Chosrau II. unterwirft sich dem byzantinischen Kaiser Herakleios I.*

**Herakleios I. (reg. 610–641)**

Byzantinischer Kaiser, der nach einer Periode von Bürgerkriegen und Niederlagen das Reich wieder festigte. Nach einer Meuterei der Truppen und anarchischen Zuständen in der Hauptstadt übernahm er 610 die Herrschaft. Anfängliche Misserfolge in Syrien und Palästina wurden durch Feldzüge nach Armenien und Mesopotamien ausgeglichen, die zu Niederlage und Sturz des persischen Königs Chosrau II. führten. Herakleios reformierte die Armee, schuf Militärbezirke (Themen) unter einem Strategen, der sowohl militärische als auch zivile Gewalt ausübte, und durch die Ansiedlung von Soldaten Bauernmilizen (Stratioten), die zum Rückgrat der Reichsverteidigung wurden. Persien, der „ewige Gegner“ Ostroms, war zwar bezwungen, aber schon bald drohten neue Gefahren.

um 790 Tufanreich erobert Westprovinzen.
880 Huang Chao erobert an der Spitze von 600 000 Bauernsoldaten die Metropole Chang'an. Der Aufstand wird mithilfe türkischer Truppen niedergeworfen.
907–960 „Zeit der Fünf Dynastien", die alle durch einen Militärputsch an die Macht kommen.
960 Kuangyin, durch einen Militärputsch an die Macht gekommen, gründet als Kaiser Zaizu die Song-Dynastie (960-1279).
1119 Das Dschurdschen- oder Jinreich löscht das Kitan- oder Liaoreich aus und erobert China bis zum Huai-Fluss.

**Britannien**
um 450 Angeln, Sachsen und Jüten fallen in Britannien ein. Ihre Anführer Hengist und Horsa kämpfen für den britischen König Vortigern gegen die Pikten. Die Eindringlinge gründen dann sieben Reiche: Kent (Jüten); Northumbria, Mercia, East Anglia (Angeln); Essex, Sussex, Wessex (Sachsen). Die Briten verdrängen sie nach Wales, Schottland und nach der Bretagne.
um 490 Schlacht am Mount Badon (Mons Badiconus). Der legendäre König Arthur besiegt die Invasoren.
552 Schlacht von Old Sarum. Cynric besiegt die Briten.
577 Schlacht von Deorham. Ceawlin besiegt drei britische Könige.
633 Schlacht von Heathfield. Penda von Mercia und Cadwallon von Gwynedd schlagen und töten Edwin.
634 Schlacht von Heavenfield. Oswald von Northumbria besiegt Cadwallon.
642 Schlacht von Oswestry/Maserfield. Oswald wird von Penda geschlagen.
655 Schlacht von Winwaedsfield. Der Christ Oswy von Northumbria besiegt und tötet den Heiden Penda.
661 Die Angeln von Mercia besiegen die Sachsen.
675–704 Aethelred von Mercia. Northumbria wird in der Schlacht am Trent bezwungen.
757–796 Offa von Mercia wird König von ganz England. Nach ihm beginnt der Aufstieg von Wessex.

**Byzantinisches Reich**
568 Große Teile Italiens gehen an die Langobarden verloren. Einbrüche der Awaren und Slawen auf dem Balkan.
571 Erneut Krieg mit den Persern.
602 Der Mord an Kaiser Maurikios und die Erhebung des Hauptmanns Phokas zum Kaiser entfesseln einen Bürgerkrieg, den erst Herakleios, Exarch von Karthago, mit der Hinrichtung des Phokas beendet.
613 Die Perser schlagen die Byzantiner bei Antiochia, erobern Damaskus, Tarsos und Jerusalem (614).
619 Die Awaren plündern die Vorstädte Konstantinopels, während die Perser zur Eroberung Ägyptens antreten.
622 Herakleios bricht zu einem groß angelegten Feldzug auf, stößt nach Armenien durch, wo die Perser geschlagen werden.
626 Awaren und Slawen erscheinen vor Konstantinopel und schließen die Stadt ein, werden jedoch zu Land wie zur See zurückgeschlagen
627 Schlacht bei Ninive. Herakleios schlägt die Perser vernichtend und zieht in Ktesiphon ein. Das Sassanidenreich zerfällt.

**Frankenreich**
562 Sigbert I. schlägt in der Nähe von Regensburg die Awaren zurück.
567 Gliederung des Frankenreichs in Austrien, Neustrien, Burgund.
687 Schlacht von Tertry. Pippin der Ältere, Hausmeier von Austrien, schlägt Neustriens Hausmeier Berthar und tritt an die Spitze des Frankenreichs, wenn auch noch Theuderich III. die Krone trägt.
689 Pippin besiegt Radbod. Westfriesland kommt zum Frankenreich.
716 Karl Martell, Pippins Sohn, besiegt die Austrier bei Amblève und Vincy (717), die Burgunder bei Soissons (719).
721 Odo, Herzog von Aquitanien vertreibt die Araber von Toulouse.
732 Odo wird von den Arabern bei Bordeaux geschlagen. Von ihm zu Hilfe gerufen, tritt ihnen Karl Martell mit einem Reichsaufgebot zwischen Tours und Poitiers entgegen. Nach dem Verlust ihres Anführers ziehen die Araber ab.

**Karl Martell (um 688–741)**

Der fränkische Hausmeier Karl Martell siegte 732 in der Schlacht zwischen Tours und Poitiers (der genaue Schauplatz ist unbekannt) und wehrte damit den letzten größeren Versuch der Mauren ab, von Spanien aus weit ins Frankenreich vorzudringen. (Bei modernen Historikern sind Ausmaß und Bedeutung dieser Schlacht allerdings umstritten.) Karl erhielt daraufhin den Beinamen „Martell" (Hammer). Nach dem Bürgerkrieg, der beim Tod seines Vaters Pippin 714 ausbrach, hatte er die Kontrolle über die fränkischen Teilreiche übernommen und zog danach unermüdlich gegen Bayern, Burgund, Aquitanien und die Sachsen ins Feld. 737 befreite er Avignon von den Muslimen und vertrieb sie 739 vollends aus der Provence. Es gab zwar noch die Merowinger, aber sie waren zu Scheinkönigen geworden, die Macht lag in Karls Hand. Nach seinem Tod ging sie auf seine Söhne über, Karlmann übernahm Austrien, Pippin Neustrien. Karl Martell legte das Fundament, auf dem Karl der Große sein Reich errichten sollte.

***Oben:*** *Karl Martell in der Schlacht bei Tours und Poitiers.*

***Unten:*** *Muslimische Reiter (Kupferstich 16. Jh.).*

735 Die Franken unter Karl Martell unterwerfen Aquitanien und Südburgund.
743 Herzog Odilo von Bayern sucht die Frankenherrschaft abzuschütteln, wird aber von den Söhnen Karl Martells, Karlmann und Pippin, am Lech geschlagen.
746 Die aufsässigen Alemannen unterliegen Karlmann bei Cannstatt.
751 Pippin setzt mit Billigung des Papstes Zacharias den letzten Merowinger, Childerich III., ab und lässt sich selbst in Soissons zum König krönen.

**Langobardenreich**
586 Unter ihrem König Albuin setzen sich die Langobarden von den Awaren ab, denen sie Pannonien überlassen, und ziehen über die Ostalpen ins byzantinische Italien.
572 Eroberung von Pavia, das Albuin zur Hauptstadt macht.
590 König Authari hat sich der Franken unter Childebert II. zu erwehren, der sich mit dem Exarchat verbunden hat.
603 Agilulf nimmt Mantua und Cremona.
663 Grimwald I. wehrt den Angriff des Kaiser Constans II. ab.
738 Liutprand unterstützt Karl Martells Kampf gegen die Araber, die bei seinem Anrücken die Provence räumen.
742 Liutprand unterwirft die Herzöge von Spoleto und Benevent und greift Ravenna und Rom an.
751–753 Aistulf erobert Ravenna.
774 Karl der Große zwingt König Desiderius zur Abdankung.

**Arabisches Weltreich**
630 Mohammed nimmt Mekka ein. Der Islam siegt in Arabien.
634–644 Kalif Omar leitet die Eroberung Syriens, Ägyptens und Persiens ein.
635 Damaskus wird erobert und Sitz des Kalifen.
636 Sieg über die Byzantiner am Jarmuk.
637 Eroberung von Antiochia und Jerusalem.
640 Die Araber fallen über Mesopotamien in Armenien ein.
642 Schlacht von Nihawend.
646 Ägypten gelangt endgültig unter arabische Herrschaft.
649 Muawija lässt eine Flotte bauen und nimmt den Seekrieg gegen Byzanz auf.
651 Schlacht von Merw. Ende des Sassanidenreichs.
658 Ali, Vetter und Schwiegersohn des Propheten, siegt in der „Kamelschlacht" bei Basra, wird aber ermordet (661). Der Omaijade Muawija erlangt das Kalifat.
um 679 Im Osten werden Kabul, Buchara und Samarkand erobert.
680 Alis Sohn Hussein fällt im Kampf gegen den Kalifen Jazid.
692 Erstürmung Mekkas. Ende des Gegenkalifats.
708 Unter Musa ibn Nusair Abschluss der Eroberung Nordafrikas bis zum Atlantik.
705–715 Walid I. Höhepunkt omaijadischer Macht. Eroberung Transoxaniens, des Indusgebiets und Spaniens.
718 Erfolglose Belagerung Konstantinopels.
740 Schlacht bei Akoinon. Sieg Leons III. beendet Einfälle in Kleinasien.
747 Die Schiiten von Chorasan erheben sich unter dem Banner der Abbasiden gegen den Kalifen Marwan III.
749 Schlacht von Dschabalaq bei Isfahan. Die Abbasiden siegen und nehmen Kufa.
750 Schlacht am Zab. Marwan wird geschlagen und ermordet. Beginn des Abbasiden-Kalifats.
751 Die Abbasiden vernichten am Talas eine chinesische Expedition.
762 Bagdad wird neu gegründet und Hauptstadt der Abbasiden.
809 Tod des Kalifen Harun ar-Raschid. Durch Kämpfe unter seinen Söhnen droht der Zerfall des Reiches.

**Westgotenreich**
603–610 König Witterich unternimmt erfolglose Feldzüge gegen die oströmischen Besitzungen in Spanien.
610–612 Gundemar besiegt die Basken und bekämpft die Byzantiner.
621–632 Suinthila erobert die letzten byzantinischen Besitzungen.
649–672 Rekheswinth schlägt mithilfe der Basken einen Adelsaufstand nieder (753).
672–680 Wamba erfährt von der Rebellion Hilderichs, des Grafen von Nîmes (672),

**Karl der Große (reg. 768–814)**
Als eine herausragende Gestalt des Mittelalters hat Karl der Große seiner Zeit nicht allein politisch den Stempel aufgedrückt. Die Nachwelt erinnerte sich seiner mit staunender Bewunderung. Nachdem das Frankenreich in seiner Hand vereint war, führte er Krieg um Krieg, um sein Reich zu mehren. Am Weihnachtstag des Jahres 800 wurde er in Rom vom Papst zum Kaiser gekrönt. 774 hatte er bereits die Krone der Langobarden erworben. Um die noch heidnischen Sachsen zum Christentum zu bekehren, setzte er auch militärische Mittel ein. Seine Feldzüge sind zu zahlreich, um sie hier einzeln zu benennen. 778 überquerte er die Pyrenäen, ohne jedoch eine ständige Eroberung zu beabsichtigen. Das Gefecht von Roncesvalles beim Rückzug aus Spanien ist in die Rolandsage eingegangen. Spätere Unternehmungen gegen die Araber bezweckten die Errichtung einer Grenzmark. In drei Feldzügen wurde das gewaltige Awarenreich zerstört, ein folgenreiches Ereignis für den Balkanraum. Am längsten machten dem Frankenkönig die Sachsen zu schaffen, die erbitterten Widerstand leisteten, um ihre Unabhängigkeit zu bewahren.

***Unten:** Karl der Große nach einer Dürerzeichnung.*

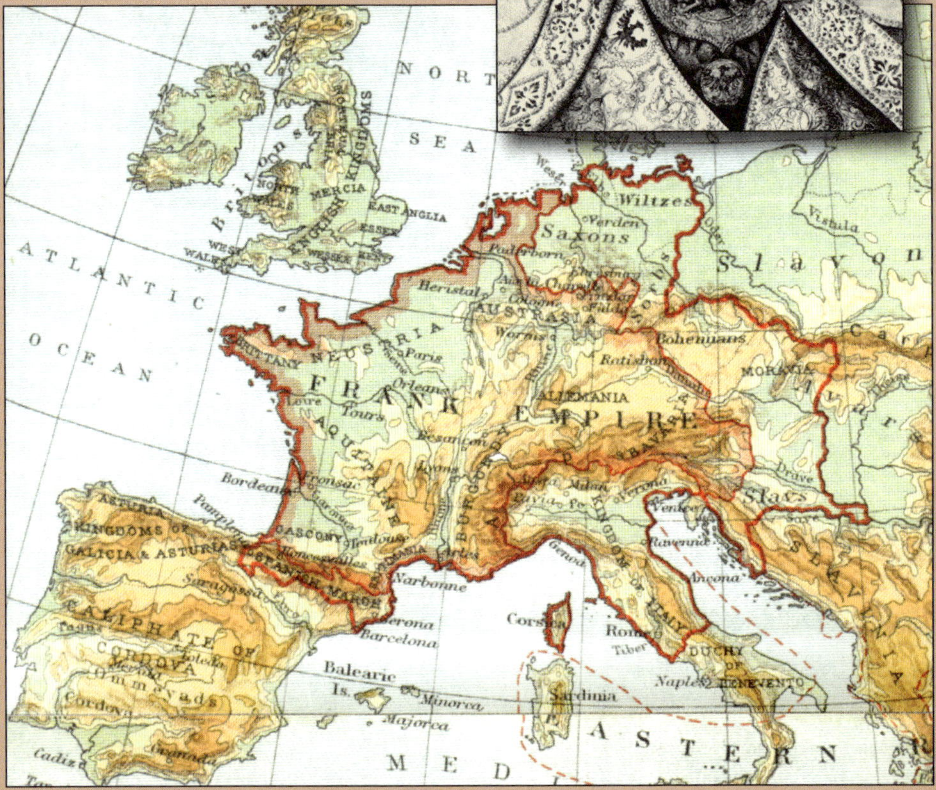

auf einem Feldzug gegen die Basken. Der zur Bekämpfung des Aufstands entsandte Herzog Paulus von Septimanien lässt sich seinerseits in Narbonne zum König krönen. Wamba zieht über die Pyrenäen und erobert die Stützpunkte der Aufständischen. Durch einen Anschlag Ervigs wird ihm die Herrschaft entrissen.

698–710 Witiza kann den Angriff einer byzantinischen Flotte zurückschlagen.

710 Eine Adelspartei widersetzt sich dem Erbrecht der Königsfamilie und erhebt Roderich auf den Thron.

711 Araber unter Führung von Tarik setzen über die Straße von Gibraltar und verwüsten das umliegende Land. Roderich zieht ihnen mit dem westgotischen Heer entgegen. In der Schlacht am Guadalete südlich von Arcos de la Frontera werden die Westgoten vernichtend geschlagen, Roderich fällt. Die arabische Eroberung trifft nur noch vereinzelt auf Widerstand.

712 Musa ibn Nusair, der Statthalter von Nordafrika, bringt Verstärkung und stößt im nächsten Jahr über die Pyrenäen nach Septimanien vor. Ende der Westgotenherrschaft in Spanien.

**Frankenreich**

754 Papst Stephan II. erscheint bei König Pippin (751–768), um Hilfe gegen den Langobardenkönig Aistulf zu erbitten. Pippin lässt sich den Titel „Patricius Romanorum" (Schutzherr der Römer) übertragen und zieht nach Italien gegen Aistulf, der sich, in Pavia belagert, unterwirft, aber nach Pippins Abzug wieder erhebt.

756 Aistulf rückt vor Rom und belagert Papst Stephan II. Pippin zieht noch einmal nach Italien. Aistulf muss die fränkische Oberhoheit anerkennen und das Exarchat von Ravenna und andere eroberte byzantinische Gebiete dem Papst übergeben.

758 Siegreicher Sachsenfeldzug Pippins.

759 Pippin erobert Narbonne, den letzten Waffenplatz der Araber in Septimanien, das dem Frankenreich einverleibt wird.

760 Pippin besiegt Herzog Waifar von Aquitanien, das dem Frankenreich einverleibt wird.

**Reich Karls des Großen**

768 Pippins Nachfolger werden seine Söhne Karlmann und Karl. Vor dem Ausbruch offener Auseinandersetzungen stirbt Karlmann. Karl übernimmt dessen Gebiete und vereint damit wieder das ganze Frankenreich unter einer Krone.

772 Karl zieht gegen die Sachsen und zerstört die sächsische Grenzfeste Eresburg und das Heiligtum Irminsul. Ein dreißigjähriger Kampf um die Unterwerfung und Christianisierung der Sachsen beginnt.

773 Auf die Hilferufe Papst Hadrians I. hin zieht Karl gegen den Langobardenkönig Desiderius. Er belagert ihn in Pavia, nimmt die Stadt und zwingt Desiderius zum Verzicht auf sein Königtum, das auf ihn selbst übergeht (774).

777 Die Sachsen fallen in Hessen ein und zerstören Fritzlar.

778 Karl nutzt die Wirren unter den Arabern in Spanien und erobert Pamplona, belagert Saragossa. Auf dem Rückmarsch fällt Roland, Markgraf der Bretagne, im Kampf gegen die Basken im Tal von Roncesvalles.

782 Die Sachsen unter Widukind vernichten die Truppen einer fränkischen Strafexpedition. Karl lässt in Verden an der Aller tausende sächsische Geiseln hinrichten.

789 Karl bekriegt die slawischen Liutizen.

791 Feldzug Karls gegen die Awaren.

796 Die Hauptburg der Awaren, der „Ring", wird von den Franken unter Karls Sohn Pippin zerstört, der Awarenschatz wird erbeutet.

801 Karls Sohn Ludwig beginnt Feldzug gegen die Araber in Spanien und erobert Barcelona, das Hauptstadt der Spanischen Mark wird.

806 Karl, der älteste Sohn des Kaisers, unterwirft die Wenden zwischen Saale und Elbe.

809 Nach Kämpfen mit den Dänen lässt Karl Itzehoe als Festung zur Sicherung des rechtselbischen Gebiets anlegen.

811 Friede mit den Dänen.

812 Vertrag von Aachen mit dem byzantinischen Kaiser Michael I. Venetien, Istrien, Dalmatien bleiben byzantinisch, Karl wird als Kaiser anerkannt.

**Krum, Khan der Bulgaren (reg. 802–814)**
Die Bulgaren konnten nach der Zerschlagung der awarischen Macht in Pannonien durch Karl den Großen das awarische Joch abschütteln, ihr Stammesfürst Krum wurde Herrscher eines Bulgarenreichs, das Gefahr für Byzanz heraufbeschwor. Unter Krum vernichteten sie 809 die byzantinische Feste Serdica (Sofia). Nikephoros I. stieß beim Gegenschlag tief ins Bulgarenreich hinein und zerstörte die Hauptstadt Pliska. Als er 811 erneut gegen die Bulgaren zog, wurde sein Heer niedergemacht, der Kaiser fiel. Krum besetzte Mesembria (812), brachte den Byzantinern unweit von Adrianopel (Edirne) eine weitere Niederlage bei (813) und erschien sogar vor Konstantinopel. Er starb im Jahr darauf, als er noch einmal Konstantinopel bedrohte.

**Mahmud, Sultan von Ghasna (reg. 999–1030)**
Im „Heiligen Krieg" hatten die Araber das Indusgebiet erobert (712–745). Mit dem türkischen Sultan von Ghasna (Westturkesten) drang erneut ein muslimischer Herrscher nach Indien vor. Seine insgesamt 17 Raubzüge (1001–1026) bewiesen die Überlegenheit der Kavallerie über die indischen Fußheere mit Elefanten. Selbst das große Aufgebot einer Konföderation von Hindustaaten war Mahmud nicht gewachsen. Die Ghasnawiden setzten sich im Pandschab (Lahore) fest.

**Oben:** *Mahmud von Ghasna (rechts im Bild).*

814 Nachfolger Karls des Großen wird der einzige ihn überlebende Sohn Ludwig I. der Fromme (814–840).
830 Adelsrebellion, der sich die Kaisersöhne Pippin und Ludwig anschließen.
833 Empörung der Kaisersöhne, hervorgerufen durch die Nachfolgeordnung. „Schlacht auf dem Lügenfeld" bei Colmar. Ludwig der Fromme wird gefangen genommen.
840 Bruderkrieg nach dem Tod Ludwigs des Frommen. Karl der Kahle und Ludwig „der Deutsche" beschwören in den „Straßburger Eiden" ihr Bündnis gegen Lothar (842), der in der Schlacht von Fontenoy entscheidend geschlagen wurde (841).
843 Vertrag von Verdun. Lothar erhält das Mittelreich von Friesland bis zur Küste der Provence und Italien mit der damit verbundenen Kaiserwürde, Karl der Kahle Westfranken, Ludwig der Deutsche Ostfranken. Ende der Reichseinheit, die nur unter Kaiser Karl III. dem Dicken noch einmal kurz wiederkehrt (882–887).

**Balkan/Byzanz**
809 Die Bulgaren unter Krum vernichten die Byzantinerfeste Serdica (Sofia). Beim Gegenschlag stößt Kaiser Nikephoros I. tief ins Bulgarenreich hinein.
811 Nikephoros I. zieht abermals gegen die Bulgaren. Sein Heer wird bei Adrianopel (Edirne) niedergemacht, der Kaiser fällt.
813 Erneute byzantinische Niederlage führt zum Sturz Michaels I. Krum belagert Adranopel und erscheint vor Konstaninopel.
814 Die Bulgaren stoßen abermals bis nach Konstantinopel vor. Mit ihrem neuen Khan Omurtag schließt Kaiser Leon V. einen dreißigjährigen Frieden.
821–823 Belagerung Konstantinopels durch den Gegenkaiser Thomas. Seine Truppen werden aufgerieben, als Khan Omurtag Michael II. zu Hilfe kommt.
896 Bulgarenzar Symeon (893–927) fällt zum zweiten Mal in byzantinisches Gebiet ein. Nach der schweren Niederlage bei Bulgarophygon muss Byzanz den Frieden mit jährlichen Zahlungen erkaufen.

**Spanien**

721/25 Der vor den arabischen Eroberern in den Norden geflohene Adlige Pelagius stellt sich an die Spitze des Widerstands der Asturier und besiegt bei Covadonga eine arabische Abteilung. Anfang des Königreichs Asturien.

755 Abd ar-Rachman, Emir von Córdoba, beendet Auseinandersetzungen zwischen den Eroberern und begründet die Dynastie der spanischen Omaijaden.

**Vorderer Orient und Nordafrika**

853–859 Byzantinische Flottenoperationen vor der ägyptischen Küste, Feldzüge gegen die Muslime bis an den Euphrat.

868 Ahmad ibn Tulun wird Statthalter der Abbassiden in Ägypten, macht sich unabhängig und begründet die Dynastie der Tuluniden.

873 Die Kämpfe um das Kalifat ermöglichen es Ja'qub as-Saffar, von afghanischem Boden aus seine Herrschaft auszudehnen. Er beendet das Regiment der Tahiriden in Chorasan.

903 Chorasan geht von den Saffariden an die Samaniden über.

905 Abbasiden erobern Ägypten zurück.

909–930 Dynastien der Rostaniden von Tahert, der Idrisiden von Fes und der Aghlabiden von Kairuan erliegen den Fatimiden.

962 Der türkische Heerführer Alpteqin hat Ghasna erobert und schafft sich hier eine vom Kalifat unabhängige Herrschaft.

969 Fatimiden erobern Ägypten.

961–969 Nikephoros Phokas gewinnt als Feldherr Kreta (961) und Aleppo (962) für Byzanz zurück, als Kaiser (963–969) Zypern und Kilikien.

969–976 Johannes I. Tzimiskes besiegt die Russen (971), macht Ostbulgarien zu einer byzantinischen Provinz (971), erobert Syrien (969 Antiochia) und Palästina.

976–1025 Basileios II. sichert die syrischen Eroberungen seiner Vorgänger und bezwingt das westbulgarische Reich Samuels.

983–1055 Bürgerkrieg im Reich der persischen Bujiden, die seit 945 in Bagdad residieren und das Abassiden-Kalifat politisch entmachtet haben.

999 Mahmud von Ghasna beseitigt die Samanidenherrschaft.

1032 Byzanz erobert Edessa.

1045 Byzanz gewinnt Armenien.

1050–1060 Almoraviden erobern Marokko.

1055 Die Seldschuken unter Tughril Beg, vom Kalifen al-Qai'm um Unterstützung gebeten, ziehen in Bagdad ein.

1060–1073 Bürgerkrieg in Ägypten.

1069 Seldschuken nehmen Damaskus.

1071 Schlacht bei Mantzikert: Die Seldschuken unter ihrem Sultan Alp Arslan vernichten das Heer des Kaisers Romanos IV.

1080 Sulaiman, ein Vetter Alp Arslans, hat Kleinasien in der Hand und begründet das Reich von Ikonion (Konya).

1092 Malik Schah, Herr des syrischen Seldschuken-Sultanats, stirbt. Der Nachfolgestreit führt zu Teilungen.

**Indien**

907 Parantaka I. etabliert die Macht der Cholas in Südindien.

972 Paramarakönig Siyaka II. plündert Manyakheta, die Hauptstadt der Rashtrakutas.

985–1014 Rajaraja I. erweitert die Macht des Cholareiches.

1000 Seezug zu den Malediven.

1017 Chola-Feldzug nach Sri Lanka.

1022 Expedition zum Ganges.

1023 Feldzug von Rajendra Chola.

1025 Mahmud von Ghasna ist bis weit über den Ganges nach Indien eingedrungen (1001 Schlacht von Peschawar). Gujarat wird besetzt (1025 Schlacht von Somnath, Zerstörung des Shivatempels).

**Italien**

840 Bari wird Sitz eines arabischen Emirats.

846 Araber landen in Ostia und plündern Rom.

870 Araber aus Süditalien besetzen Malta.

876 Bari gelangt wieder an Byzanz und wird Sitz eines Katapans.

876 Das byzantinische Syrakus wird nach langen Kämpfen von den Arabern erobert.

902 Araber erobern Taormina, den letzten Stützpunkt der Byzantiner auf Sizilien.

***Oben:*** *Mit ihren schnellen, hochseetauglichen Langschiffen konnten die Wikinger auf schiffbaren Flüssen auch weit ins Landesinnere eindringen, was den skandinavischen Händlern große strategische Vorteile verschaffte. Im 9.–11. Jahrhundert, der großen Zeit der skandinavischen Expansion, erwiesen sich die Wikinger mit ihren kombinierten Ruder- und Segelschiffen als großartige Navigatoren und erreichten als erste Europäer den amerikanischen Kontinent.*

***Links:*** *Alfred der Große.*

**Alfred der Große (reg. 871–899)**
König von Wessex, Gelehrter und energischer Verteidiger gegen die scheinbar unbesiegbaren Dänen. Trotz schwerer Rückschläge gelang es ihm schließlich, die Wikinger hinter eine Linie zwischen London und Chester zurückzudrängen. Er schuf eine schlagkräftige Armee und begann mit dem Bau einer Flotte. Der König ließ auch London erneut befestigen, das jahrhundertelang praktisch keine Rolle gespielt hatte.

**Wikinger / Waräger / Normannen**

793 Wikinger brandschatzen Lindisfarne.

834 Raubzüge in Friesland und im Loiregebiet.

845 Normannen plündern Paris und zerstören Hamburg.

851 Wikinger dringen auf der Themse bis London vor.

858 Askold und Dir gelangen auf dem Weg „von den Warägern zu den Griechen" nach Kiew.

865–867 Großer Wikingerüberfall auf England (870 Eroberung von Strathclyde).

880 Sachsenherzog Brun fällt bei der Abwehr dänischer Normannen.

882 Normannen in Köln, Aachen und Trier.

882 Oleg der Weise vereint Nowgorod und Kiew.

885–886 Normannen belagern Paris.

891 Schlacht bei Löwen. Arnulf besiegt die Normannen.

907 Oleg erscheint vor Konstantinopel, um Handelsprivilegien zu erzwingen.

911 Der Wikinger Rollo gründet das Herzogtum Normandie.

**Britannien**

825 Schlacht von Ellendune. Endgültiger Sieg Egberts von Wessex über Beornwulf, König von Mercia.

838 Schlacht von Hingston Down. Egbert schlägt eine Wikingerinvasion zurück.

869 Schlacht von Hoxne. East-Anglia erliegt den Wikingern.

871 Schlacht von Reading. Aethelred I. wird von den Wikingern geschlagen.

871 Alfred von Wessex unterliegt in den Schlachten von Wilton und Chippenham dem Wikinger Guthrum, behält jedoch in der Schlacht von Edington/Ethandun die Oberhand.

910 Schlacht von Tettenhall. Eduard der Ältere von Wessex schlägt die Dänen.

937 Schlacht von Brunanburgh. Athelstan von Wessex besiegt die verbündeten Wikinger, Schotten und keltischen Briten.

944 Edmund I. von Wessex annektiert York.

954 Schlacht von Stainmore. Eadred von Wessex besiegt und tötet den Wikinger Erik „Blutaxt".

991 Schlacht von Maldon. Olaf Triggvason schlägt den Grafen von Essex.

994 Olaf Triggvason und Sven Gabelbart führen ein Heer gegen die Angelsachsen. Olaf kehrt nach Norwegen zurück, um König zu werden, Sven wird König von Dänemark.

1013 Sven Gabelbart landet in Humber, vertreibt Aethelred.

1016 Svens Sohn Knut wird in der Schlacht von Pen Selwood von dem Thronprätendenten Edmund Ironside besiegt, setzt sich aber in der Schlacht von Ashingdon gegen ihn durch. Knut der Große wird in London als König anerkannt, ist nach dem Tod seines Bruders Harold auch König von Dänemark (1019) und unterwirft Norwegen (1029).

1066 Harold II., der Sohn des Earls Godwin, wird König. Wilhelm, Herzog der Normandie, macht ihm den Thron streitig.

**Otto I. der Große (reg. 936–973)**
Der Sohn und Nachfolger Heinrichs als deutscher (ostfränkischer) König musste 939 einen Aufstand der Herzöge niederschlagen. Sein Sieg auf dem Lechfeld über die Ungarn (955) beendete deren Einfälle, die mehr als ein halbes Jahrhundert lang weite Teile Europas terrorisiert hatten. 962 wurde Otto I. in Rom zum Kaiser gekrönt, nachdem er bereits 951 nach Italien gezogen und König der Langobarden geworden war. Im Osten trieb Otto der Große die Unterwerfung und Missionierung der Slawen jenseits der Elbe voran. Das Deutsche Reich verdankte ihm das Ende der äußeren Bedrohung und gefestigte Verhältnisse im Innern – die Grundlagen seiner Vormachtstellung im Abendland des Hochmittelalters.

**Sven Gabelbart (um 960–1014)**
Seinen Vater Harald Blauzahn vertrieb Sven vom Thron, als er eine Niederlage gegen Kaiser Otto II. erlitt. Es gelang ihm nicht nur, die dänische Herrschaft in Skandinavien auszudehnen, sondern auch, England zu erobern. Er gründete ein englisch-dänisches Reich, das sein Sohn Knut der Große zur Vollendung brachte.

**Boleslaw I. Chrobry (reg. 992–1025)**
Der erste König von Polen. Er sicherte dessen Vormachtstellung unter den Westslawen durch Unterwerfung von Pommern (996) und Krakau. Seine gegen das Reich und Böhmen gerichtete Interessenpolitik führte zu schweren Auseinandersetzungen mit Kaiser Heinrich II., die 1018 beigelegt wurden. Nach der Besetzung Kiews während der russischen Thronwirren ließ sich Boleslaw 1024 zum König krönen.

***Oben:*** *Normannische Krieger in der typischen Rüstung der Zeit, mit langer Kettenhalsberge, nach unten spitz zulaufendem Schild und dem charakteristischen konischen Helm mit verlängertem Nasenschutz.*

***Links:*** *Otto I. der Große.*

***Rechts:*** *Die Seeschlacht von Svelder. Sven Gabelbarts Sieg über König Olav Tryggvason von Norwegen.*

**Polen**

992–1025 Boleslaw I. Chobry („der Tapfere“) sichert Polens Vormachtstellung unter den Westslawen. Verweigert Kaiser Heinrich II. die Anerkennung. Kämpfe um Liutizenland, Mark Meißen und Böhmen.

**Ungarn**

897 Unter Arpad erobern die Magyaren die Tiefebene der Theiß und mittleren Donau.

906 Zerschlagung des Mährischen Reiches. Vorstoß in die pannonische Ostmark des Frankenreichs.

907 Schlacht von Pressburg. Vernichtung des bayrischen Heerbanns unter Markgraf Luitpold. Fortwährend Ungarneinfälle in die Länder nördlich und südlich der Alpen.

929 Schlappe der Ungarn an der Unstrut.

939 Sieg Heinrichs I. bei Riade.

955 Sieg Otto des Großen auf dem Lechfeld.

**Spanien**

920 Abd ar-Rahman III. besiegt das Heer der christlichen Königreiche León und Navarra.

939 Sieg Ramiros II. von León über das Kalifenheer in Alhandega.

971–1002 Kriegszüge Al-Mansurs. Eroberung von León, Compostela, Barcelona.

1031 Tod Hischams III. Bürgerkrieg. Das Kalifenreich löst sich in „Taifas“ auf.

**Deutsches Reich**

918 Konrad I. von Franken, nach dem Aussterben der ostfränkischen Karolinger zum König gewählt (911), wird im Kampf gegen den Bayernherzog Arnulf getötet.

919 Heinrich I. („der Vogler“) wird von den Franken und Sachsen zum König gewählt.

921 Unterwerfung des zum Gegenkönig erhobenen Arnulf von Bayern.

928–929 Kämpfe gegen die Slawen.

929 Heinrich I. erkauft für neun Jahre einen Waffenstillstand mit Ungarn, schafft Burgen zur Verteidigung und ein Reiterheer.

933 Sieg über die Ungarn bei Riade.

939 Aufstand der Herzöge gegen Otto den Großen.

953–954 Aufstand Liudolfs, Ottos Sohn und seit 950 Herzog von Schwaben, und Konrads des Roten, seit 944 Herzog von Lothringen.

955 Sieg Ottos über die Ungarn auf dem Lechfeld, an der Rechnitz über die Slawen.

966–972 Dritter Italienzug. Unentschiedene Kämpfe gegen die Byzantiner, die gegen Räumung ihres Besitzes das Kaisertum Ottos anerkennen.

982 Niederlage Ottos II. in Kalabrien gegen die Araber.

983 Slawenaufstand. Verlust der ostelbischen Gebiete.

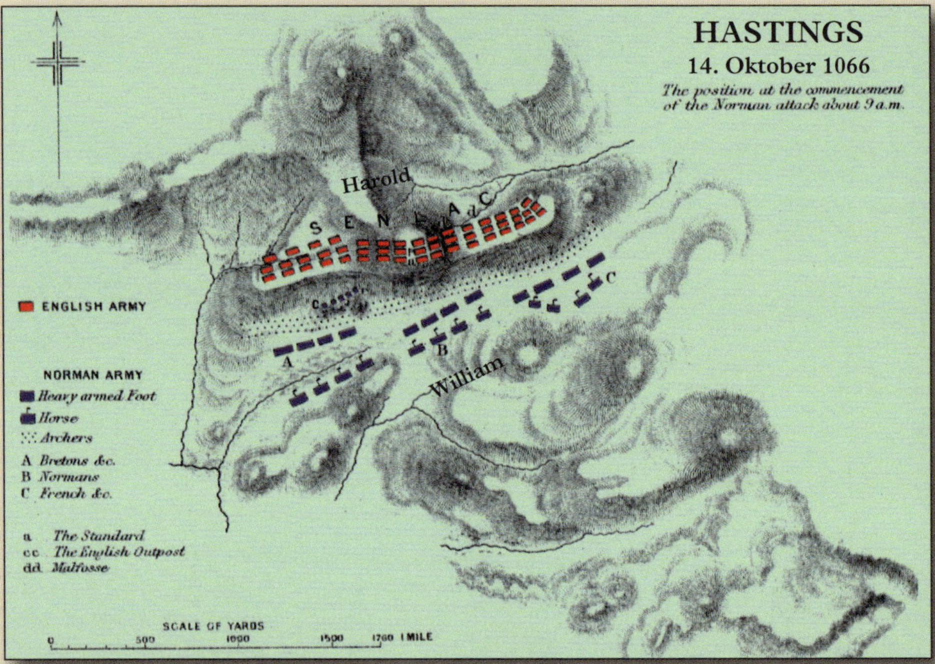


**Schlacht von Hastings**

**Kontext** Invasion der Normannen in England.

**Zeit** 14. Oktober 1066.

**Ort** In der Nähe von Hastings, East Sussex, an der englischen Südküste.

**Befehlshaber/Truppen** König Harold II. von England mit ca. 7500 Mann; Herzog Wilhelm von der Normandie mit ca. 7000 Mann.

**Ziele** Wilhelm kämpft für seinen Anspruch auf die englische Krone.

**Verluste** Engländer: ca. 2000 Mann, darunter auch König Harald II. und zwei seiner Brüder. Normannen: ca. 2000 Mann.

**Sieger** Normannen.

**Folgen** Wilhelm eroberte England und wurde zum König gekrönt.

***Links:*** *Normannische Ritter in der Schlacht von Hastings.*
***Unten:*** *Wilhelm der Eroberer. Details aus dem Teppich von Bayeux.*

**Basileios II. Bulgaroktonos** (reg. 976–1025)
Einer der größten Erobererkaiser von Byzanz. Er musste interne Gegner ausschalten (989), bevor er seine Politik der Expansion und Festigung byzantinischer Macht in Syrien und auf dem Balkan verfolgen konnte. Wie der Beiname „Bulgarentöter" andeutet, galt als sein größter Erfolg die Vernichtung des Bulgarenreichs des Zaren Symeon, das in langwierigen Kämpfen niedergerungen wurde (991–1014). Nach dem Sieg bei Ochrid, so heißt es, ließ er 14 000 bulgarische Gefangene blenden. Schon bald nach seinem Tod stand Byzanz wieder am Abgrund, bedroht von Normannen, Petschenegen, Ungarn und seldschukischen Türken.

**Robert Guiscard** (1015–1085)
Als Inbegriff eines Helden, dessen Ruhm die Zeiten überdauern sollte, war Robert „Schlaukopf" nicht nur ein gewaltiger Krieger, sondern klug, verschlagen und skrupellos genug, um sich ein enormes Herrschaftsgebiet zusammenzuraffen. In der Normandie als Sohn des kleinen Barons Tankred von Hauteville geboren, ging er – wie vorher schon seine Brüder Wilhelm, Drogo, Humphrey – 1047 nach Unteritalien, wo die andauernden Kämpfe zwischen Byzantinern, Langobarden, Arabern und Kaiserlichen Leuten ihres Schlages beste Aussichten boten. 1059 wurde er vom Papst zum Herzog von Apulien und Kalabrien erhoben. In zähem Ringen brachte er diese Gebiete in seine Hand. Noch ehe das vollbracht war, begann sein nach ihm angekommener Bruder Roger 1061 mit der Eroberung Siziliens. Ehrgeizig und tatendurstig bis zuletzt, starb er auf Kephalonia, gerade im Begriff, mit einer Flotte gegen Byzanz zu ziehen.

**Wilhelm I. der Eroberer** (1027–1087)
Wilhelm, seit 1035 Herzog der Normandie, hatte 1063 Maine und Vexin annektiert. 1066 landete er in England, um seinen Anspruch auf den englischen Thron geltend zu machen. Er schlug seinen Rivalen Harold II. bei Hastings und wurde am Weihnachtstag desselben Jahres in Westminster zum König gekrönt. Nach Sicherung seiner Eroberungen zog er 1072 gegen Malcolm II. von Schottland, der ihm in Abernethy den Vasalleneid leistete. 1081 folgte ein Vorstoß nach Wales, in seinem Todesjahr machte er noch den Versuch, inzwischen verlorene Gebiete auf dem Festland wiederzugewinnen.

**Normannen in Unteritalien und Sizilien**

1016 Melus engagiert normannische Söldner gegen die Byzantiner.

1018 Auf dem Schlachtfeld von Cannae wird Melus von dem Katapan Boiannes vernichtend geschlagen.

1022 Nach der erfolglosen Belagerung der apulischen Stadt Troja wirbt Kaiser Heinrich II. eine normannische Streitmacht an.

130 Der Normanne Rainulf wechselt mit seiner Schar von Pandulf, dem Fürsten von Capua, zu dessen Feind Sergius von Neapel, erhält von diesem Aversa zu eigen und geht dann wieder zu Pandulf über.

1035 Die Brüder Wilhelm, Drogo und Humphrey schließen sich Rainulfs Heer an.

1038 Kaiser Konrad II. belehnt Rainulf mit der Grafschaft Aversa.

1042 Nach der Einnahme von Melfi wird Wilhelm „Eisenarm" zum Führer aller Normannen in Apulien erkoren und ihm der Titel Graf verliehen.

1053 Robert Guiscard schlägt bei Civate ein von Leo IX. geführtes Heer und nimmt den Papst gefangen.

1059 Robert Guiscard wird von Nikolaus II. zum Herzog von Apulien und Kalabrien erhoben und schwört dem Papst den Lehnseid.

1061–1091 Roger erobert Sizilien.

1071 Robert Guiscard nimmt Bari und Brindisi ein. Der byzantinische Besitz ist endgültig in normannischen Händen.

1081 Robert Guiscard erobert Korfu und Dyrrhachion. Seine Normannen dringen bis nach Thessalien vor.

**Normannen in England**

1066 Schlacht bei Stamfordbridge. Harold II. von England besiegt Harald Hardrada, der norwegische König fällt.

1066 Schlacht von Hastings. Wilhelm, Herzog der Normandie, schlägt Harold II. und wird König von England.

1079–1080 Wilhelm der Eroberer führt Krieg gegen Schottland.

1106 Schlacht von Tinchebray. Heinrich I. besiegt seinen Bruder Robert Kurzhose. Die Normandie kommt wieder an die englische Krone.

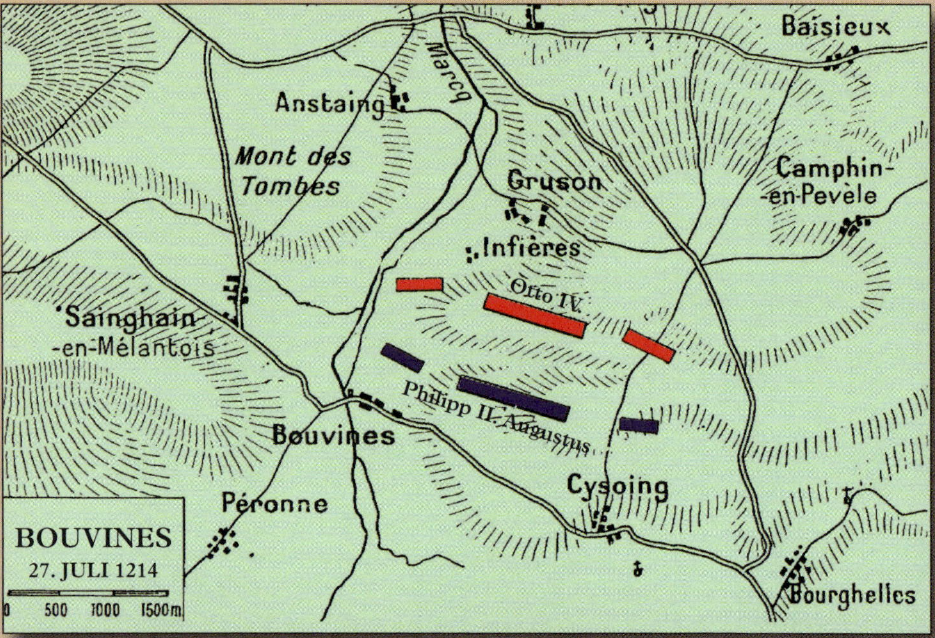


**Schlacht von Bouvines**

**Kontext** Französisch-Angevinische Kriege zwischen Philipp II. Augustus von Frankreich und Johann („ohne Land") von England.

**Zeit** 27. Juli 1214.

**Ort** Südöstlich von Lille, Frankreich.

**Befehlshaber/Truppen** Kaiser Otto IV. befehligt 15 000 bis 24 000 Mann, Philipp II. Augustus zwischen 10 000 und 22 000.

**Ziele** Um Gebiete zurückzugewinnen, die der französische König erobert hatte, rückte Johann von Süden heran, seine Verbündeten, darunter der Welfe Otto IV., stießen im Norden vor.

**Verluste** Alliierte: 170 Ritter und eine unbekannte Anzahl von Fußsoldaten; der Graf von Flandern wurde gefangen genommen. Frankreich: geringe Verluste.

**Sieger** Frankreich.

**Folgen** Philipp machte Englands Hoffnung auf Rückeroberungen nördlich der Loire zunichte. Otto IV. verlor sein Kaisertum an den Staufer Friedrich II.

**Richard I. Löwenherz (1157–1199)**
Das romantisch verklärte Musterbeispiel eines ritterlichen Helden. Der Dritte Kreuzzug war für ihn die Bühne glanzvoller Taten. Er besetzte Zypern, schlug bei Arsuf Saladin und schloss mit ihm einen dreijährigen Waffenstillstand. Auf dem Rückweg fiel Richard in die Hände Leopolds V., des Herzogs von Österreich, seit Akkon sein Erzfeind, der ihn Kaiser Heinrich VI. auslieferte. Gegen hohes Lösegeld und Lehnshuldigung kam er 1194 frei und musste nun seinen aufrührerischen Bruder Johann niederwerfen. Weniger glorreich als seine Abenteuer im Orient war sein Kampf gegen Philipp II. Augustus von Frankreich, der Richards Abwesenheit nutzte, um sich seiner französischen Besitzungen zu bemächtigen.

**Philipp II. Augustus (reg. 1180–1223)**
Machiavellist und militärischer Führer gleichermaßen, eroberte der französische König Gebiete des Angevinischen Reiches, während sein Gegner Richard Löwenherz am Kreuzzug teilnahm, von dem Philipp früher zurückkehrte. Richards Bruder Johann war ihm nicht gewachsen. Die Schlacht von Bouvines (1214) bestätigte den Aufstieg des französischen Königtums zur ersten Monarchie Europas.

*Richard-Löwenherz-Denkmal vor dem Parlamentsgebäude in London.*

*Siegel Philipps II. Augustus.*

**Frankeich**

1108–1137 Ludwig VI. unterwirft die unbotmäßigen Vasallen der Krondomäne.

1124 Angriff Kaiser Heinrichs V. als Verbündeter seines Schwiegervaters Heinrich I. von England.

1202 Philippe II. Augustus erobert die angevinischen Gebiete nördlich der Loire.

1212 Bündnis Philipps II. mit dem Staufer Friedrich II. gegen Johann I. von England, den Welfenkaiser Otto IV. und die Großen Flanderns.

1214 Schlacht von Bouvines: Philipp II. besiegt seine Gegner.

1209–1229 Albigenserkreuzzug in Südfrankreich. Das Kronland dehnt sich bis zum Mittelmeer aus.

1224 Ludwig VIII. nimmt den Engländern Poitou und Saintonge.

**Kreuzzüge**

***Erster Kreuzzug unter Gottfried von Bouillon 1095–1099***

1097 Einnahme von Nikaia und Sieg über den Sultan von Ikonion bei Dorylaion.

1098 Boemund erobert Antiochia.

1099 Erstürmung Jerusalems nach fünf Wochen Belagerung.

***Zweiter Kreuzzug, ausgelöst durch den Verlust Edessas 1147–1149***

1147 Niederlagen des deutschen Kreuzheers bei Doryleion und Laodikaia.

1148 Kaiser Konrad III. und Ludwig VII. von Frankreich treffen sich in Jerusalem. Züge gegen Askalon und Damaskus.

1187 Saladin besiegt die Kreuzritter bei Hattin und erobert Jerusalem und Akkon.

***Dritter Kreuzzug 1189–1192***

1190 Friedrich Barbarossa siegt bei Ikonion.

1191 Akkon wird durch Richard Löwenherz und Philipp II. Augustus zurückerobert.

1191 Schlacht von Arsuf. Richard I. von England besiegt Saladin.

***Vierter Kreuzzug 1202–1204***

1204 Kreuzfahrer erobern und plündern Konstantinopel. Errichtung des Lateinischen Kaisertums (bis 1261).

***Fünfter Kreuzzug 1228–1229***

Kaiser Friedrich II. erhält durch Vertrag vom Sultan Elkamil von Ägypten Jerusalem,

**Saladin (Salahad-Din, 1138–1193)**

Im Dienst des Zangidenfürsten Nurredin von Damaskus kämpfte Saladin gegen die Fatimiden, deren Nachfolge er als Sultan von Ägypten und Syrien antrat. Sein Herrschaftsgebiet umschloss die Kreuzfahrerstaaten, die erstmals mit einem geeinten Gegner unter einem großen Führer konfrontiert wurden. Ab 1169 ging Saladin zielstrebig gegen sie vor. Sein Sieg bei Hattin (1187) brach die Macht der Kreuzritter; Jerusalem und Akkon gingen verloren. Der Dritte Kreuzzug konnte zwar Akkon, nicht jedoch Jerusalem zurückerobern. In der Schlacht bei Arsuf (1191) gewann Richard Löwenherz die Oberhand über Saladin, der bei Freund und Feind hohes Ansehen genoss. Die von ihm gegründete Aijubiden-Dynastie bestand bis 1250. Bis heute genießt Saladin bei den Muslimen im Vorderen Oriet einen legendären Ruf.

**Ludwig IX. der Heilige (1215–1270)**

Der französische König gilt als einer der bedeutendsten Herrscher des Mittelalters. Er entsprach vollkommen dem Ideal eines christlichen Königs, denn er war ebenso fromm wie gerecht und dabei auch ein fähiger Feldherr. Er betrachtete es als seine Pflicht, für Jerusalem zu kämpfen, das beim Dritten Kreuzzug nicht zurückerobert worden war. Sein erster Kreuzzug sollte Ägypten, die Hauptmacht der Muslime, ausschalten und endete in einer Katastrophe. Der König und sein Heer gerieten in Gefangenschaft. Gegen hohes Lösegeld freigelassen, ließ er Akkon und andere Küstenplätze des Heiligen Landes befestigen, ehe er 1254 nach Frankreich zurückkehrte. 1270 wandte sich Ludwig IX. gegen Tunesien, wo er bei der Belagerung von Tunis mit großen Teilen seines Heeres an der Pest starb. 1297 wurde er heiliggesprochen.

*Oben: Das Kreuzzugsheer Ludwigs des Heiligen sticht von Aigues-Mortes aus in See.*

*Links: Ludwig der Heilige.*

Bethlehem und Nazareth.
1244 Eroberung Jerusalems durch Muslime.

***Sechster Kreuzzug 1248–1254***

1249 Ludwig IX. der Heilige nimmt Damiette.
1250 Schlacht von Mansura. Ludwig IX. wird geschlagen und gerät mit dem gesamten Heer in Gefangenschaft.

***1270–1272 Siebter Kreuzzug***

1270 Ludwig IX. fährt nach Tunis, wo er mit einem großen Teil seines Heeres umkommt.

### Vorderer Orient und Nordafrika

1140 Die Seldschuken unter Sandschar erleiden in Oxus von den Karachitai eine schwere Niederlage.
um 1140 Die Almohaden lösen die Almoraviden ab und festigen ihre Herrschaft im Maghreb.
1154 Nuredin erobert Damaskus.
1171 Saladin beseitigt die Fatimidenherrschaft in Ägypten, bemächtigt sich Syriens.
1176 Kaiser Manuel I. Komnenos führt ein großes Heer gegen Ikonion und erleidet eine vernichtende Niederlage.
1185 Die Normannen unter Wilhelm II. erobern Dyrrhachion, besetzen Korfu und Zakynthos, belagern Thessalonike, das sie erobern und ausplündern. Die Byzantiner schlagen die Normannen am Strymon.

### Indien

1175–1187 Ghoriden erobern Multan (1175), Peschawar (1179), Lahore (1186). Ende der Ghasnawiden-Dynastie.
1192 Schlacht von Tarain. Mohammed von Ghor besiegt Rajputs. Das Chauhanreich löst sich auf.
1206 Mohammed wird ermordet. Aybak, ein ehemaliger Sklave, revoltiert und begründet eine Dynastie, die bis 1290 im Sultanat von Delhi herrscht.

### Deutsches Reich

1033 Der Salier Konrad II. setzt in langwierigen Kämpfen seinen Erbanspruch auf Burgund durch, das als drittes Königreich (neben Deutschland und Italien) in das Reich eingegliedert wird.

*Waldemar II. der Sieger*

**Waldemar II. der Sieger (reg. 1202–1241)**
Mit dem Schwertbrüderorden kämpfte er für die Christianisierung des Baltikums und konnte in der Schlacht von Tallinn Estland erobern (1219). Außerdem brachte er Kurland, Pomerellen, Lauenburg und Norwegen in seine Hand. Von Kaiser Friedrich II. erlangte Waldemar die Oberherrschaft über das Land östlich der Elbe. Als er jedoch bei Graf Heinrich von Schwerin in Gefangenschaft geriet (1223–1225), gingen seine Eroberungen verloren. Der Versuch, sie wiederzugewinnen, scheiterte in der Schlacht bei Bornhöved (1227). Alle Hoffnungen auf die dänische Vorherrschaft in Norddeutschland wurden durch den Sieg der norddeutschen Fürsten und Lübecks zunichte gemacht, doch blieb Estland dem großen Dänenkönig erhalten.

***Links:** Denkmal des spanischen Nationalhelden Rodrigo Díaz, genannt El Cid, der die Heere Alfons' VI. von Kastilien zu Siegen über die Mauren führte. Nach einem Zerwürfnis mit dem König kämpfte er jedoch für den Emir von Saragossa.*

1041 Heinrich III. zieht vor Prag. Bretislaw von Böhmen unterwirft sich.
1041–1043 Heinrichs III. greift im ungarischen Thronstreit ein.
1044 Teilung Lothringens führt zum Dauerkonflikt zwischen Kaiser und Herzog Gottfried dem Bärtigen.
1075 Schlacht bei Homburg an der Unstrut. Heinrich IV. wirft Erhebung der Sachsen nieder.
1080 Schlacht an der Elster. Gegenkönig Rudolf von Rheinfelden wird besiegt und stirbt an einer Verwundung.
1083 Heinrich IV. nimmt Rom und besetzt die Leostadt. Robert Guiscard kommt Papst Gregor VII. zu Hilfe.
1104 Heinrich V. erhebt sich gegen seinen Vater.
1115 Lothar von Supplinburg schlägt kaiserliche Truppen am Welfesholz.

**Iberische Halbinsel**
1086 Einfall der Almoraviden aus Marokko zur Verteigung der maurischen Taifa-Reiche. Sieg bei Sagrajas.
1090 El Cid (Rodrigo Díaz) nimmt nach langem Kampf Valencia ein.
1096 Peter I. von Aragon erobert Huesca.
1102 Almoraviden nehmen Valencia.
1194 Portugal (Grafschaft um Porto) erkämpft Unabhängigkeit von Kastilien.
1118 Alfons I. von Aragón erobert Saragossa und siegt in der Schlacht von Cutanda.
1137 Vereinigung Aragóns mit Katalonien.
1139 Schlacht von Ourique. Alfons I. von Portugal siegt und erlangt den Königstitel.
1147 Alfons I. erobert Lissabon.
1147 Almohaden übernehmen von Marokko aus die Führung im islamischen Spanien.
1151 Vertrag von Tudilén zwischen Kastilien und Aragón legt die Grenzen der zukünftigen Reconquista-Zonen fest.
1185 Schlacht von Alarcos. Sieg der Almohaden über Alfons VIII. von Kastilien.
1212 Schlacht bei Navas de Tolosa. Die vereinigten christlichen Heere siegen über die Almohaden. Zusammenbruch des Almohadenreichs.
1229–1236 Eroberung der Balearen und von Valencia durch Jakob I. von Aragón.

1236 Ferdinand III. von Kastilien erobert Córdoba, Jaén (1246), Sevilla (1248), Cádiz (1250).

1238 Schlacht von Tavira. Portugal erreicht die südliche Küste.

1282 Peter III. von Aragón bemächtigt sich nach der Sizilianischen Vesper Siziliens.

**Nordeuropa**

1157 Schlacht von Viborg. Aufstiegs Dänemarks unter Waldemar I. dem Großen beginnt.

1160–1164 Waldemar I. unternimmt mit Heinrich dem Löwen Feldzüge gegen die Wenden. Eroberung Rügens (1168).

1184–1201 Herzog Waldemar von Schleswig, der Bruder Knuts IV. (1182–1102) erobert Pommern, Holstein, Lübeck und Hamburg.

1201–1230 Unterwerfung Livlands und Kurlands durch den Schwertbrüderorden.

1202–1241 Waldemar II. der Sieger erobert Norwegen, Lauenburg, Pomerellen, Estland und Kurland.

1226 Kaiser Friedrich II. beauftragt in der Goldenen Bulle von Rimini den Deutschen Orden mit der Eroberung des heidnischen Preußen.

1227 Schlacht bei Bornhöved. Waldemar II. wird von den norddeutschen Fürsten und von Lübeck geschlagen.

1236 Schlacht bei Saule. Niederlage der Schwertbrüder gegen Litauer.

1240 Alexander von Nowgorod besiegt an der Newa (daher sein Beiname „Newskij") die Schweden unter Birger Jarl.

1242 Schlacht auf dem (zugefrorenen) Peipus-See. Alexander Newskij schlägt ein Heer der Schwertbrüder.

1261–1264 Norweger erobern Grönland und Island.

**England**

1138 Schlacht am Standard. Schottischer Überfall auf Nordengland abgewehrt.

1139–1153 Bürgerkrieg zwischen König Stephan, Mathilde und ihrem Sohn Heinrich (dem späteren Heinrich II.).

1141 Schlacht von Lincoln. Stephan zeitweise gefangen gesetzt.

1154–1189 Heinrich II. König von England, das mit seinen französischen Kronlehen (Normandie und Bretagne von der Mutter; Anjou, Maine, Touraine vom Vater; Aquitanien mir Poitou, Guyenne und Gascogne von seiner Frau Eleonore) das Angevinische Reich.

1171 Beginn der Eroberung Irlands.

1173–1174 Aufstand der Söhne Heinrichs II.

1194–1199 Krieg zwischen Richard Löwenherz und Philipp II. Augustus.

1198 Schlachten von Courcelles und Vernon.

1203–1205 Philipp II. Augustus von Frankreich erobert die Normandie und Poitou.

1203–1204 Belagerung und Eroberung von Château Gaillard.

1213 Flandernfeldzug Johanns von England, der mit dem Grafen von Flandern und dem Welfenkaiser Otto IV. ein Bündnis gegen Philipp II. Augustus schließt.

1213 Schlacht von Damme. William von Salisbury schlägt Philipps Flotte und vereitelt dessen Plan einer Invasion Englands.

1214 Schlacht von Bouvines. Philipp besiegt die Alliierten.

1263–1265 Aufstand der Barone. Simon von Montfort rebelliert gegen Heinrich III.

1264 Schlacht von Lewes. Simon nimmt Heinrich und seinen Sohn Eduard (den künftigen Eduard I.) gefangen.

1265 Schlacht von Evesham. Endgültiger Sieg Eduards über die Barone.

1277–1284 Eduard I. erobert Wales.

**Rechts:** *Grab Heinrichs II. aus dem Haus Anjou-Plantagent, 1154–1189 König von England. Unter ihm erreichte das Angevinische Reich seine größte Ausdehnung.*

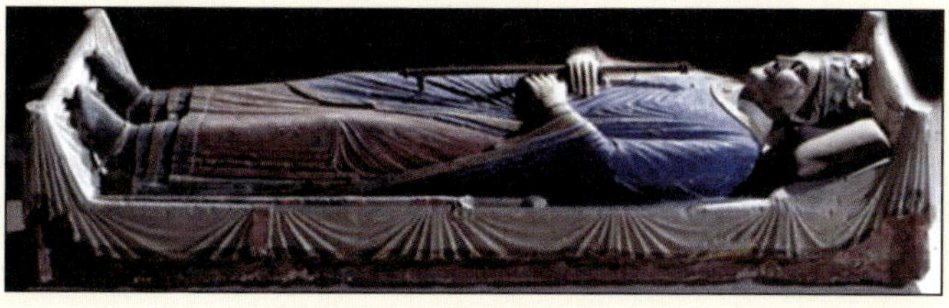

**Dschingis Khan (1206–1277)**
Nach Ausrottung seiner Rivalen auf einem Kurultai (Reichstag) aller mongolischen, türkischen und tatarischen Steppenvölker zum „höchsten Herrscher“ ausgerufen, begann Dschingis Khan einen beispiellosen Eroberungszug. Seine schnellen berittenen Bogenschützen erwiesen sich allen Gegnern überlegen. 1215 nahm er Peking ein und begann mit der Unterwerfung Chinas. 1219 folgte der Angriff auf das islamische Reich des Chorezm. Seine Nachfolger setzten die gewaltigen Eroberungen fort, schufen jedoch kein wirklich einiges Reich. Der Westen wurde vor dem mongolischen Völkersturms nur durch den plötzlichen Tod des Groß-Chans gerettet. Dennoch wurde das 13. Jahrhundert von den Mongolen beherrscht, deren Eroberungen sich vom Schwarzen Meer bis zum Pazifik und in den Ostseeraum erstreckten.

**Eduard I. (reg. 1272–1307)**
Einer der großen Kriegsherren unter Englands Königen. Bereits als Thronfolger der eigentliche Herrscher des Landes, tat er sich im Bürgerkrieg durch seinen Sieg bei Evesham (1265) hervor. In zwei Feldzügen eroberte er Wales (1277 und 1282) und ließ dort gewaltige Burgen bauen. Seine Kriege gegen die Schotten waren weniger erfolgreich. 1296 marschierte er in Schottland ein, aber in William Wallace und Robert Bruce traf er hier auf ebenbürtige Gegner. Eduard I. starb auf einem Feldzug in Schottland.

***Oben:** Friedrich I. Barbarossa (1152–1190). Seiner universalen Stellung als Kaiser entsprechend, trat er an die Spitze des Dritten Kreuzzugs. In Kleinasien ertrank er im Saleph. Um Barbarossa rankte sich schon bald eine Legende: Im Kyffhäuser, einem Berg im Harz, warte er auf seine Wiederkehr, um Deutschland wieder einig, stark und groß zu machen.*

***Links:** Dschingis Khan. **Unten:** Siegel Eduards I.*

**Deutsches Reich**

1142 Friede von Frankfurt beendet die Kämpfe um das Erbe Heinrichs des Löwen.
1154–1155 Erster Italienzug Friedrichs I. Barbarossa. Kaiserkrönung in Rom (1155).
1158–1162 Zweiter Italienzug Friedrichs I. Reichstag auf den Ronkalischen Feldern.
1163–1164 Dritter Italienzug. Bildung des Veroneser Städtebunds.
1166–1168 Vierter Italienzug. Sieg Rainalds von Dassel bei Tusculum. Eine Seuche zwingt zum Rückzug. Bildung der Lombardischen Liga, die sich mit dem Veroneser Bund vereint (Bundesfestung Alessandria).
1174–1178 Fünfter Italienzug. Vergebliche Belagerung Alessandrias.
1176 Schlacht von Legnano. Niederlage Barbarossas gegen den Lombardischen Städtebund. Friede von Venedig (1177).
1180–1181 Reichskrieg gegen Heinrich den Löwen.
1184–1186 Sechster Italienzug. Barbarossas Sohn Heinrich VI. wird in Mailand zum König von Italien gekrönt und mit Konstanze von Sizilien vermählt.
1187 Bündnis Friedrichs I. mit Philipp II. Augustus von Frankreich gegen Welfen und Plantagenets.
1191 Erster Italienzug Heinrichs VI. Kaiserkrönung in Rom. Belagerung von Neapel.
1194–1195 Zweiter Italienzug Heinrichs VI. Eroberung des Normannenreichs.
1198 Beginn der Thronkämpfe zwischen dem Staufer Philipp von Schwaben und dem Welfen Otto IV.
1214 Schlacht von Bouvines. Philipp II. Augustus besiegt Otto IV. Der Staufer Friedrich II. wird deutscher König und Kaiser.
1237 Schlacht von Cortenuova. Niederlage des Lombardischen Städtebunds.
1246 Innozenz IV. verkündet auf dem Konzil von Lyon die Absetzung Friedrichs II. Wahl eines Gegenkönigs (1246 Heinrich Raspe, 1247 Wilhelm von Holland).
1254 Konrad IV. stirbt nach Einnahme Neapels.

**Mongolenreich**

1205–1209 Dschingis Khans Heere unterwerfen das Reich Hsi-Hsia, die Aufmarschbasis gegen China.
1211–1215 Einfälle in das Reich Chin.
1215 Eroberung von Peking.
1219–1221 Vernichtung des Reiches der Chorezmier in Turkestan und Persien.
1220 Schlacht von Samarkand.
1221 Schlacht von Kandahar.
1223 Schlacht an der Kalka. Subutai umgeht das Kaspische Meer und vernichtet ein russisches Heer.
1229–1241 Groß-Khan Ügedai vollendet die Unterwerfung Nordchinas und Persiens.
1236–1255 Batü und Sübütai erobern den Westen. Vernichtung der Kama-Bulgaren (1235), Fall Kiews (1240), Einbruch in die Walachei und Polen.
1241 Schlacht bei Liegnitz. Niederlage eines deutsch-polnischen Ritterheers.
1241 Schlacht am Sajo-Fluss. Zusammenbruch Ungarns.
1243 Schlacht von Kösedag. Niederlage der Seldschuken.
1251 Batü gründet das Reich der Goldenen Horde in Russland (Reich Kiptschak).
1251–1265 Hülägü errichtet in Persien das Reich der Il-Khane.
1255 Zerstörung von Bagdad.
1260 Schlacht bei Ain Dschalud. Ägyptische Mamelucken besiegen ein Mongolenheer.
1274 Invasion Japans scheitert (wie vorher Angriffe auf Burma und Java).
1281 Zweite erfolglose Attacke auf Japan.
1285 Angriff Kublais auf Südchina.
1368 Zhu Yuangzhang, ein buddhistischer Mönch, hat sich an die Spitze der Rotturbane-Aufstandsbewegung gesetzt, vertreibt die Mongolen und gründet in Nanking die Ming-Dynastie.

**Vorderer Orient und Nordafrika**

1250 Die Mamelucken („Waffensklaven" türkischer Herkunft) töten den letzten Aijubiden-Sultan und werden Herren Ägyptens.
1258 Untergang Bagdads im Mongolensturm. Ende des Abbasiden-Kalifats.
1260 Schlacht von Ain Dschalut. Mamelucken besiegen Mongolen.
1261 Michael VIII. Palaiologos erobert Konstantinopel und setzt dem lateinischen Kaisertum ein Ende.

***Oben:** Die Mauern von Akkon. Die letzte Bastion der christlichen Kreuzfahrer im Heiligen Land fiel 1291 in die Hände der Mamelucken. Der Kampf zwischen Christen und Muslimen wurde auf den Inseln und an den Küsten des Mittelmeers fortgesetzt.*

***Links:** Berittener mongolischer Bogenschütze.*

**Baibars I.** (reg. 1260–1277)
„Waffensklave" und Begründer des Mamelucken-Sultanats von Ägypten und Syrien. Nachdem er 1249–1250 in Ägypten gegen Ludwig IX. und dessen Kreuzfahrer gekämpft und 1260 bei Ain Dschalut am Sieg über die Mongolen mitgewirkt hatte, riss er die Herrschaft an sich und begann einen Vernichtungsfeldzug gegen die verbliebenen Stützpunkte der Kreuzritter in Syrien. 1268 eroberte er Antiochia und 1271 die gewaltige Kreuzritterburg Krak des Chevaliers. Nach einem Waffenstillstand mit den Christen folgten Feldzüge gegen die Armenier (1266, 1275 und 1277). Nahezu unablässig stand Baibars im Kampf mit den Kreuzrittern und den Mongolen, gegen die er neunmal ins Feld zog. Er vereinte Syrien und Ägypten zu einem Staat, verfolgte eine kluge Außenpolitik und pflegte gute Beziehungen zu Byzanz. Baibars starb an Gift, das einem anderen zugedacht war.

1259 Schlacht von Pelagonia. Michael VIII. siegt über die Koalition zwischen Epirus und Sizilien.
1289 Mamelucken erobern Tripolis.
1291 Akkon, die letzte Kreuzfahrerbastion in Palästina, fällt an die Mamelucken.

**Königreich Sizilien**

1266 Schlacht von Benevent. Karl I. von Anjou schlägt König Manfred und erobert Unteritalien und Sizilien.
1268 Schlacht von Tagliacozzo. Karl besiegt Konradin, den Sohn König Konrads IV.
1271 Karl von Anjou erobert Durazzo, greift nach Albanien und Griechenland und bereitet einen Eroberungszug gegen Konstantinopel vor.
1282 Sizilianische Vesper: Aufstand gegen Karl von Anjou. Aragón gewinnt Sizilien, der Festlandsbesitz des Königreichs bleibt dem Haus Anjou.

**Frankreich**

1302 Sporenschlacht von Kortrijk (Courtrai). Ein Bürgeraufgebot schlägt erstmals ein Ritterheer.
1305 Flandern muss sich Philipp IV. von Frankreich unterwerfen, nachdem Eduard I. von England seine Unterstützung im Vertrag von Paris (1303) aufgegeben hat.

**Deutsches Reich**

1278 Schlacht auf dem Marchfeld. Rudolf I. von Habsburg schlägt Ottokar II. von Böhmen, der die Rückgabe seiner Reichslehen verweigert hat. Der König von Böhmen fällt. Belehnung der Söhne Rudolfs mit Österreich und Steiermark.
1298 Schlacht von Göllheim. Albrecht von Habsburg besiegt und tötet Adolf von Nassau und wird deutscher König.

**Indien**

1290–1320 Khalji-Dynastie im Sultanat von Delhi.
1296–1316 Aladin Khalji unterwirft Ranthambhor, Jalor, Chiforgarh, Malwa, die Yadava und Kakatiya, bricht den Widerstand der Rajputs und wehrt mongolische Einfälle in Nordwestindien ab.
1320–1414 Tughluq-Dynastie im Sultanat von Delhi.
1325–1351 Unter Muhammed ibn Tughluq, dem „Zweiten Alexander“, größte Ausdehnung des Sultanats. Eroberung Südindiens (Dekhan). Gleichzeitig beginnende Auflösung. Sezession der Sultanate M‘abar (Madurai) und Bahmani (1347).
um 1340 Das Hindu-Reich Vijayanagar (Siegesstadt) wird zum Widerstandszentrum gegen den Islam. Ständige Krieg gegen das Bahmanireich.
1370 Vijayanagar erobert Madurai.
1398 Delhi wird von Timur geplündert.

**Osmanisches Reich**

1301 Als Emir einer Kriegergemeinschaft im Dienst der Rum-Seldschuken erklärt sich Osman I. zum Sultan.
1326 Osman erobert Bursa, die erste Hauptstadt des Osmanischen Reiches.
um 1331 Einnahme von Nizäa (Iznik).
1337 Osmans Sohn Orhan vollendet mit der Einnahme von Nikomedia (Izmit) die Unterwerfung Bithyniens.
1354 Einnahme Ankaras. In Gallipoli (Gelibolu) gewinnen die Osmanen ihren ersten europäischen Besitz.
1361 Eroberung von Adrianopel (Edirne, seit 1365 osmanische Hauptstadt).
1363 Philippopel (Plovdiv) wird osmanisch.
1371 Schlacht an der Maritza. Osmanischer Sieg über die Serben.
1375 Osmanen erobern Nisch, Saloniki (1382), Sofia (1386).
1389 Schlacht auf dem Amselfeld (Kosovo Polje). Murat I. schlägt eine verbündete serbische, bosnische, bulgarische und albanische Streitmacht. Der Sultan wird getötet, Bayezit I. Yildirim („der Blitz“) sein Nachfolger.
1391–1392 Eingliederung der westanatolischen Emirate.
1395–1401 Belagerung Konstantinopels.
1396 Niederlage des Kreuzritterheers bei Nikopolis.
1402 Schlacht bei Ankara. Timur bringt den Osmanen eine Niederlage bei. Bayezit gerät in Gefangenschaft. Zerfall des Osmanenstaats.

**Links:** *Timur in einer persischen Miniatur. Von Gebieten in Zentralasien abgesehen, ging der größte Teil seiner Eroberungen den Nachfolgern verloren. Die Moguln in Indien führen ihre Ursprünge jedoch auf die Timuriden zurück. In China wurden die Mongolenherrscher der Yuan-Dynastie 1368 vertrieben, während der letzte Nachfolgerstaat der Goldenen Horde bis 1783 überlebte.*

**Timur (Tamerlan, Timur Lenk, 1336–1405)**
Der letzte Welteroberer der Mongolenära war ein Abenteurer aus Transoxanien, der von sich behauptete, ein Nachkomme des großen Dschingis Khan zu sein. Um 1370 hatte Timur Lenk („der Lahme“) begonnen, das nach dem Niedergang der Il-Khanate entstandene Machtvakuum dynamisch aufzufüllen. Über 30 Jahre lang verbreiteten seine berittenen Bogenschützen Angst und Schrecken – im Iran, gegen die Goldene Horde (1385 hielt er ein Jahr lang Moskau) und gegen die Mamelucken. 1401 eroberte er Damaskus und noch im selben Jahr Bagdad. 1398–1399 stieß er nach Indien vor und plünderte Delhi. 1402 schlug er die Osmanen bei Ankara und nahm Bayezid I. gefangen. Samarkand war seine prächtige Hauptstadt, die er jedoch angesichts der 35 Feldzüge, die er führte, nur selten sah. Sein Riesenreich regierte er meist vom Sattel oder vom Zelt aus.

**China**

1368 Sturz der Yuan-Dynastie durch den Ming-Kaiser Taizu. In der Folgezeit wiederholte Kriege gegen die Mongolen, die nicht entscheidend besiegt werden.

1392 Korea wird Vasallenstaat.

1405 Der dritte Ming-Kaiser Chengzu entsendet die erste von insgesamt sieben großen Flottenexpeditionen, die nach Südostasien und Indien, in den Persischen Golf und an die Küste Ostafrikas segeln.

1407 Annam wird unterworfen.

1421 Verlegung der Hauptstadt von Nanking nach Peking zur besseren Verteidigung der Nordgrenze.

1448 Große Aufstände in China.

1449 Angriff auf Mongolen scheitert. Der Kaiser gerät in Gefangenschaft. Verzicht auf Expansion, Rückkehr zur Defensivstrategie.

**Mongolenreich Timurs**

um 1360 Der angebliche Nachkomme Dschingis Khans, Timur Lenk (Tamerlan), erklärt sich zum Erneuerer des mongolischen Weltreichs. Von Tschagatai und Kiptschak als Groß-Khan anerkannt, unternimmt er von Samarkand aus in ununterbrochener Folge Eroberungszüge.

1370–1380 Eroberung von Chorezmien und Iran (1381–1388).

1391–1395 Timur unterwirft das Reich der Goldenen Horde mit Sarai.

1398–1399 Vorstoß nach Indien. Einnahme und Plünderung Delhis.

1402 Schlacht von Ankara. Timur schlägt die Osmanen unter Bayezid I.

**Schweiz**

1291 „Ewiger Bund" der drei Waldstätte Uri, Schwyz und Unterwalden zur Wahrung ihrer Freiheiten.

1315 Schlacht bei Morgarten. Angriff eines Ritterheers unter Leopold I. von Österreich wird abgeschlagen.

1353 Erweiterung der Eidgenossenschaft zum Bund der acht alten Orte.

1386 Schlacht von Sempach. Eidgenössisches Volksaufgebot siegt über das habsburgische Ritterheer.

1388 Schlacht bei Näfels. Erneuter Sieg im „Städtekrieg".

1415 Eroberung des Aargaus.

1422 Arbedo. Niederlage der Eidgenossen hemmt Beherrschung der Passstraßen.

1440–1446 „Alter Zürichkrieg". Konflikt zwischen Schwyz und Zürich, das sich mit Kaiser Friedrich III. verbindet.

**Mittel- und Nordeuropa**

1309 Erwerbung Pomerellens durch den Deutschen Orden und Behauptung gegen Polen.

1322 Schlacht bei Mühldorf/Inn. Ludwig IV. der Bayer besiegt seinen habsburgischen Rivalen. Gefangennahme Friedrichs des Schönen (Mitregent bis 1330).

1327–1328 Italienzug Ludwigs des Bayern.

1361–1370 Hansekrieg gegen Waldemar IV. Atterdag von Dänemark nach dessen Kriegszügen gegen Gotland und Öland.

1370 Schlacht bei Rudau. Niederlage der Litauer gegen den Deutschen Orden.

1377–1389 Süddeutscher Städtekrieg.

1377 Schlacht von Ulm. Der Schwäbische Städtebund schlägt Kaiser Karl IV.

1377 Schlacht von Reutlingen. Graf Eberhard von Württemberg unterliegt dem Schwäbischen Städtebund.

1381 Bildung des Süddeutschen Städtebunds durch schwäbisch-rheinischen Zusammenschluss (ab 1385 mit der Eidgenossenschaft verbündet).

1388 Schlacht bei Döffingen (und Worms). Das Fürstenheer besiegt den Süddeutschen Städtebund.

1398 Deutschordensritter vertreiben die Vitalienbrüder aus Gotland.

1402 Sieg Hamburgs über die Vitalienbrüder unter Klaus Störtebeker.

1410 Tannenberg. Wladislaw II. von Polen-Litauen besiegt den Deutschen Orden.

1419–1436 Hussitenkriege. Geführt von Jan Ziska und Andreas Prokop, schlägt das hussitische Volksheer fünf Angriffe von Reichsheeren ab.

1431 Niederlage Friedrichs von Brandenburg bei Taus.

1434 Schlacht bei Lipau. Utraquisten siegen über die radikalen Taboriten.

***Links:** Denkmal Roberts I. Bruce am Schauplatz seines großen Sieges bei Bannockburn.*

**Robert I. Bruce** (1274–1329)
Schottlands größter Kriegsheld, der die Unabhängigkeit von England errang. Ursprünglich anglonormannischer Herkunft, stand er jahrelang in den Diensten Eduards I. 1306 wurde er Führer der antienglischen Partei und ließ sich nach der Ermordung John Comyns zum König von Schottland ausrufen. Langwierige Kämpfe waren notwendig, bis er dies tatsächlich wurde. 1306 bei Methven und Dalry besiegt, musste er fliehen. 1314 erzielte er jedoch bei Bannockburn einen triumphalen Sieg über die Engländer unter dem schwachen Eduard II. Robert Bruce hatte aber noch weitere 14 Jahre lang zu kämpfen, bis England die schottische Unabhängigkeit schließlich anerkannte. Das Herz von Schottlands großem Helden wurde nach seinem Tod auf einer Pilgerfahrt ins Heilige Land gebracht und dort bestattet.

**Eduard III.** (1312–1377)
Die erste Hälfte der langen Regierungszeit Eduards III. war durch große Erfolge gekennzeichnet. 1333 nahm er bei Halidon Hill Revanche für Bannockburn an den Schotten. Streit mit dem französischen König über Herrschaftsrechte in der Gascogne führten 1337 zum Ausbruch des Hundertjährigen Krieges, in dessen erster Phase Eduard III. triumphierte. 1340 errang er bei Sluys einen glänzenden Sieg zur See, die französische Flotte wurde nahezu vollständig vernichtet. Auf den glorreichen Sieg von 1346 bei Crécy folgte die Eroberung von Calais. Während der großen Pestepidemie kam es nur zu sporadischen Aktionen in Frankreich und Schottland, bis zur Schlacht bei Poitiers (1356), in der der „Schwarze Prinz“ den französischen König gefangen nahm. Mit dem Frieden von Brétigny (1360) erreichte Eduards Herrschaft ihren Höhepunkt – ganz Aquitanien wurde ihm zuerkannt. Der Ausklang seiner langen Regierung war jedoch weniger glanzvoll, denn der König – in jungen Jahren das Idealbild eines Ritters – wurde schon früh senil. Eduard III. gründete 1344 den Hosenbandorden.

***Oben:** Edward III.*

***Links:** Die große Seeschlacht von Sluys, die den Hundertjährigen Krieg einleitete, fand am 24. Juni 1340 statt. Die englische Flotte Eduards III. zerstörte so gut wie alle französischen Schiffe. So wurde eine französische Invasion Englands verhindert – und der Hundertjährige Krieg fast vollständig auf französischem Boden ausgetragen.*

1434–1436 Volkserhebung unter Engelbrecht Engelbrechtsson in Schweden.
1454–1466 Krieg des Deutschen Ordens mit Polen, da sich die preußischen Städte Kasimir IV. unterstellen. Erstürmung der Marienburg (1457). Friede von Thorn (1466).
1471 Schlacht am Brunkberg. Schweden unter dem Reichsverweser Sten Sture besiegt die Dänen.

**Mittelmeer**
1284 Seeschlacht von Meloria. Genua schlägt Pisa und erobert Korsika.
1298 Schlacht von Curzola. Genueser besiegen Venezianer.
1323 Aragón erobert Sardinien und Mallorca (1343).
1323–1325 Krieg zwischen Pisa und Genua um Sardinien und Korsika.
1378–1380 Chioggia-Krieg zwischen Venedig und Genua.

**Schottischer Unabhängigkeitskrieg 1296–1346**
1296 Eduard I. dringt nach Schottland ein.
1297 Schlacht von Stirling Bridge. Wallace schlägt die Engländer.
1298 Schlacht von Falkirk. Wallace wird von Eduard besiegt.
1303 Eduard zieht erneut nach Schottland.
1305 Rebellion von Robert Bruce.
1306 Schlacht von Methven.
1307 Schlacht von Loudon Hill. Bruce besiegt Pembroke.
1314 Bruce erobert Stirling Castle, die stärkste englische Festung in Schottland.
1314 Schlacht von Bannockburn. Bruce schlägt Eduard II. endgültig.
1315–1318 Bruce stößt nach Irland vor.
1318 Bruce erobert Berwick.
1332 Schlacht von Dupplin Muir. Eduard Balliol bemächtigt sich der schottischen Krone und leistet Eduard III. von England Lehnsfolge.
1333 Schlacht von Halidon Hill. Douglas wird von Balliol besiegt.

**Iberische Halbinsel**
1340 Schlacht am Saladao. Alfons XI. von Kastilien schlägt den Sultan von Marokko.
1385 Aljubarrota. Sieg Johanns I. von Portugal in den Erbfolgekämpfen mit Kastilien.
1415 Portugal erobert Ceuta.
1474–1479 Kastilischer Erbfolgekrieg gegen Frankreich und Portugal, das in der Schlacht von Toro besiegt wird (1476).
1492 Ferdinand von Aragón und Isabella von Kastilien erobern Granada, das letzte maurische Reich auf spanischem Boden.

**Indien**
1414–1451 Sayyiden-Dynastie in Delhi.
1451–1526 Lodi-Dynastie.
1509–1530 Feldzüge von Krishna Deva Raya bringen das Reich von Vijayanagar auf den Höhepunkt seiner Macht.
1517–1526 Ibrahim Lodi erobert Gwalior, überwirft sich mit den Großen, wird vom Großmogul Babur besiegt und getötet.

**Hundertjähriger Krieg 1338–1453**
***1. Phase: Philipp VI. gegen Eduard III. 1337–1347***
1337 Französische Flotte greift Portsmouth, Southampton und Guernsey an.
1338 Eduard III. setzt nach Flandern über.
1340 Seeschlacht von Sluys. Zerstörung der französischen Flotte.
1346 Schlacht von Crécy. Eduard III. besiegt das Heer Philipps VI.
1346 Schlacht von Nevilles Cross. David II. von Schottland wird geschlagen.
1346–1347 Eduard III. erobert Calais und setzt dabei Artillerie ein.
1350 Schlacht von Winchelsea/Sandwich. Flotte Eduards III. besiegt die kastilische.
1350 Tod Philipps VI. von Valois. Sein Nachfolger wird Johann II. der Gute.

***2. Phase: Johann II. gegen Eduard III. 1351–1356***
1355 Kampagne Eduards III. im Artois. Der „Schwarze Prinz“ im Languedoc aktiv.
1356 Schlacht von Poitiers. Der „Schwarze Prinz“ besiegt Johann den Guten.
1360 Eduard III. rückt vor Paris. Friede von Brétigny.
1364 Schlacht von Cocherel. Du Guesclin schlägt Jean de Grailly. Auray gerät in englische Gefangenschaft.

Beim Hundertjährigen Krieg handelte es sich um eine Reihe von Kriegen zwischen den Königen von England und Frankreich, in denen der Herzog von Burgund als dritte Kraft ebenfalls eine tragende Rolle spielte. In der ersten Phase von 1337–1360 ging der Streit zunächst um das Herzogtum Guyenne. Erst 1340 erhob Eduard III. Anspruch auf die französische Krone. 1360 bis 1413 folgte ein Kleinkrieg, der den Gegner abnutzen sollte. 1413–1453 erneuerte Heinrich V. den englischen Anspruch auf die französische Krone. Sein früher Tod vereitelte die Verwirklichung seiner Pläne. Das Auftreten der Jeanne d'Arc, der Frontwechsel Burgunds sowie das Versagen Heinrichs VI. von England gaben den Ausschlag zugunsten der französischen Sache.

**Oben:** *Eduard III. führt sein Heer über die Somme.*

**Oben:** *Prinz Eduard bei Poitiers.*

**Heinrich V. (1387–1422)**
Der Stern des Helden Shakespeares leuchtete strahlend hell und verlosch dann sehr rasch. Heinrichs Erfolg bei Azincourt zählt mit Recht zu den großen Siegen des Mittelalters. Weniger bekannt sind seine nachfolgenden Operationen in Frankreich, die zum Friedensvertrag von Troyes und dazu führten, dass er die französische Krone erhalten sollte. In drei gut geplanten Feldzügen eroberte er die Normandie, starb jedoch, ehe er den französischen Thron besteigen konnte – nur zwei Monate vor seinem Schwiegervater, Karl VI. von Frankreich. Heinrich V. zeichnete sich durch großen Mut und die Entschlossenheit aus, auch scheinbar unmögliche Ziele zu erreichen.

**Links:** *Heinrich V. von England.*

***3. Phase: Karl V. gegen Eduard III. 1357–1375***

1367 Schlacht von Nájera. „Schwarzer Prinz" und Peter der Grausame von Kastilien schlagen du Guesclin und die Trasamara.

1370 Schlacht von Pontvallain. Du Guesclin stoppt englischen Vorstoß aus Calais.

1372 Du Guesclin und Clisson erobern die Bretagne.

1372 Schlacht von La Rochelle. Englische Flotte wird von Galeeren der Kastilier zerstört.

1376 Tod des „Schwarzen Prinzen". Poitou und Saintonge sind in französischer Hand.

1377 Tod Eduards III. Sein Nachfolger wird Richard II.

***4. Phase: Karl V. gegen Richard II. 1377–1380***

1378 Seesieg Jean de Viennes bei Cherbourg über Lancaster. Engländer erobern Cherbourg und Brest.

1380 Englische Offensive von Calais aus. Du Guesclin belagert und erobert Châteauneuf-de-Randon und findet dabei den Tod. Die französisch-kastilische Flotte wird von den Engländern vor der irischen Küste zerstört.

1380 Tod Karls V. Sein Nachfolger wird der geisteskranke Karl VI.

***5. Phase: Karl VI. gegen Richard II. 1382–1396***

1381 Waffenstillstand. Bauernaufstand in England (Wat Tyler).

1382 Schlacht von Roosbeke. Philipp der Kühne von Burgund schlägt das Aufgebot der flandrischen Städte unter Philipp van Artevelde.

1387 Schlacht von Margate. Engländer schlagen die französisch-kastilische Flotte.

1388 Schlacht von Otterburn. Schottische Truppen schlagen Henry Percy.

1394 Aufstand in Irland wird von Richard II. niedergeworfen.

1396 Waffenstillstand für 28 Jahre.

1399 Heinrichs IV. entthront Richard II.

***6. Phase: Karl VI. gegen Heinrich V. 1414–1422***

1405 Französische Truppen unterstützen Aufstand in Wales.

1406 Waliser von den Engländern geschlagen. Französische Offensiven gegen Guyenne und Calais gestoppt.

1407 Waffenstillstand. Beginn des Bürgerkriegs in Frankreich.

1415 Heinrich V. landet in Harfleur, belagert und erobert es.

1415 Schlacht von Azincourt. Heinrich V. schlägt die Franzosen.

1416 Schlacht von Harfleur. Französisch-genuesische Flotte wird besiegt.

1417 Zweiter Kriegszug Heinrichs V. nach Frankreich.

1418 Engländer erobern die Normandie.

1418–1419 Belagerung und Einnahme von Rouen. Burgunder dringen nach Paris vor.

1420 Friedensvertrag von Troyes. Heinrich V. nimmt Paris, das für 15 Jahre unter englischer Kontrolle bleibt.

1421 Dritter Feldzug Heinrichs V. nach Frankreich.

1421 Schlacht von Beaugé. Französisch-schottische Armee von den Engländern unter Clarence geschlagen.

1422 Waffenstillstand. Tod Heinrichs V. und Karls VI. in Paris.

**Oben:** *Krieger des Spätmittelalters zeigen eine Vielfalt von Helmen, Rüstungen und Waffen. Die im Hundertjährigen Krieg agierenden „großen Kompanien" rekrutierten sich zum guten Teil aus Söldnern.*

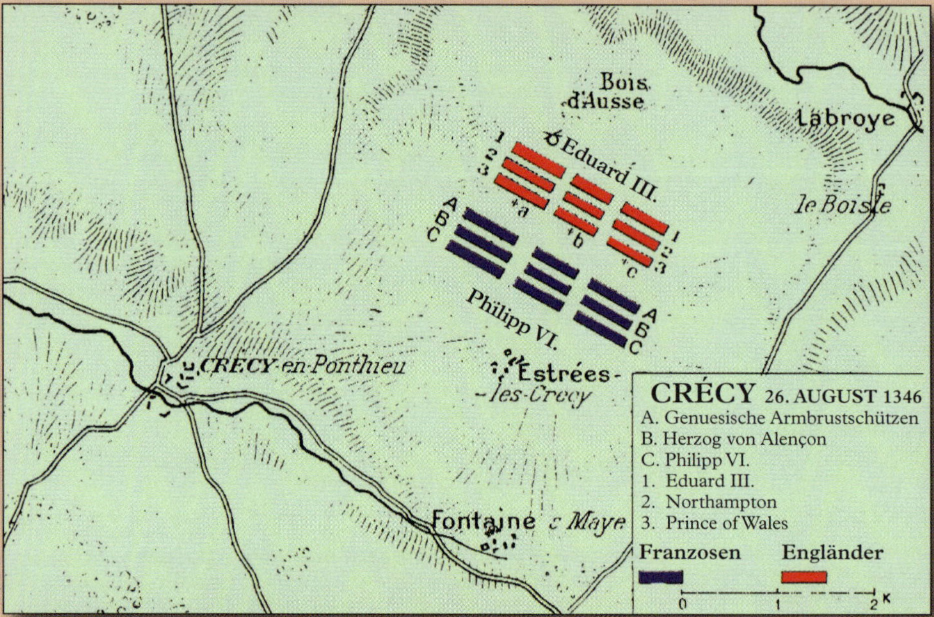
Bois d'Ausse
Labroye
Eduard III.
le Boisle
Philipp VI.
CRECY-en-Ponthieu
Estrées-les-Crecy
Fontaine s Maye
CRÉCY 26. AUGUST 1346
A. Genuesische Armbrustschützen
B. Herzog von Alençon
C. Philipp VI.
1. Eduard III.
2. Northampton
3. Prince of Wales
Franzosen
Engländer
0
1
2 K

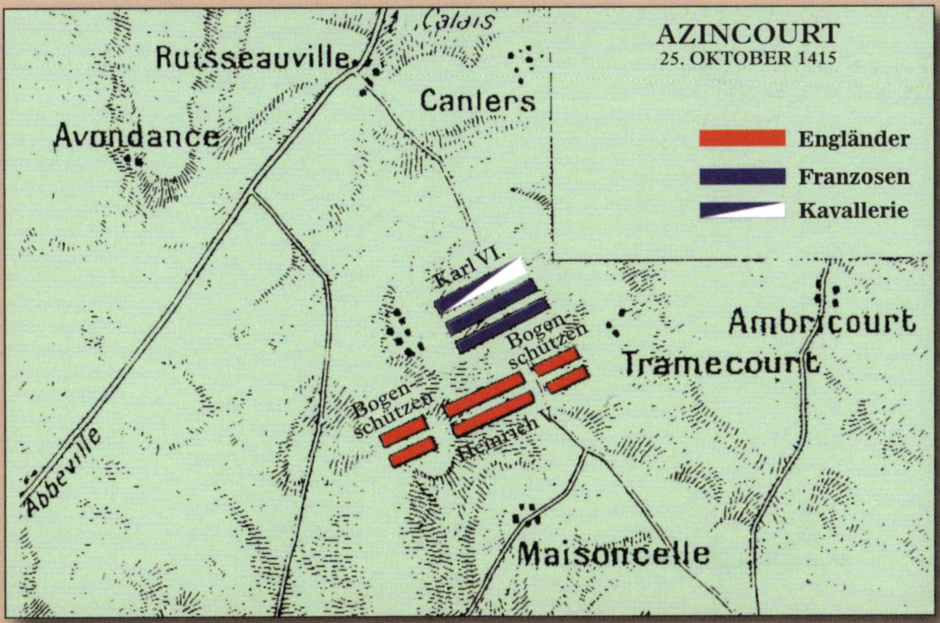


**Schlacht bei Crécy**

**Kontext** Hundertjähriger Krieg.

**Zeit** 26. August 1346.

**Ort** ca. 15 km nördlich von Abbeville, Nordfrankreich.

**Befehlshaber/Truppen** König Eduard III. von England befehligt ca. 9000 Mann, König Philipp VI. von Frankreich ca. 30 000.

**Ziele** Eduard III. wurde während eines Vorstoßes durch Nordfrankreich zu dieser Schlacht gezwungen, in der die Franzosen sein Heer vernichten wollten.

**Verluste** Engländer ca. 100. Franzosen über 1500 Edelleute und Ritter sowie rund 10 000 Fußsoldaten.

**Sieger** England.

**Folgen** Die französische Armee war vernichtet und Eduard III. konnte ungehindert nach Calais marschieren und es erobern.

***Links:*** *Artillerie bei Crécy. In dieser Schlacht wurde der Langbogen zur entscheidenden Waffe. Damit begann der Niedergang des gepanzerten Ritters. Crècy war aber auch eine der ersten Schlachten, in der Artilleriegeschütze zum Einsatz kamen.*

**Schlacht bei Azincourt**

**Kontext** Hundertjähriger Krieg.

**Zeit** 25. Oktober 1415.

**Ort** Etwa auf halbem Weg zwischen Abbeville und Calais in Nordfrankreich.

**Befehlshaber/Truppen** König Heinrich V. von England befehligt ca. 5700 Engländer. Im Heer König Karls VI. von Frankreich kämpfen ca. 25 000 Franzosen.

**Ziele** Französischer Versuch, die englische Invasion aufzuhalten und die Engländer auf dem Weg nach Calais zu vernichten.

**Verluste** Engländer: ca. 400, darunter auch der Herzog von York. Franzosen: rund 8000, darunter der Konnetabel (Oberbefehlshaber) von Frankreich, drei Herzöge, 90 Edelleute und über 1500 Ritter.

**Sieger** England.

**Folgen** Die Elite der französischen Armee war vernichtet. Heinrich V. ging nach Calais, anstatt den spektakulären Erfolg zu nutzen und nach Paris zu marschieren.

**Links:** *Jeanne d'Arc vor Orléans. Die „Jungfrau von Orléans" war ein Bauernmädchen aus Lothringen, das behauptete, Stimmen vernommen zu haben, die ihr die Befreiung Frankreichs von den Engländern befahlen. Tatsächlich trat mit ihrem Erscheinen ein Umschwung ein, und sie konnte den Dauphin Karl zur Krönung nach Reims führen. 1430 fiel sie in die Hände der Burgunder, die sie an die Engländer auslieferten. Der Hexerei beschuldigt, starb sie in Rouen auf dem Scheiterhaufen.*

**Links unten:** *Denkmal von Bertrand du Guesclin. Dem bretonischen Haudegen gelang es seit 1369, die Engländer auf wenige Stützpunkte zurückzudrängen.*

**Unten:** *Kriegsvolk des 14. Jahrhunderts.*

***7. Phase: Karl VII. gegen Heinrich VI. 1423–1453***

1423 Schlacht von Cravant. Bedford schlägt französisch-schottische Armee.
1424 Schlacht von Verneuil. Bedford schlägt französisch-schottische Armee.
1427 Schlacht von Montargis. Dunois schlägt Bedford und Warwick
1428 Salisbury belagert Orléans, das von Dunois verteidigt wird.
1429 Rouvray („The Herrings"). Falstolf wehrt französischen Angriff auf einen Nachschubkonvoi für die englischen Belagerer von Orléans ab.
1429 Belagerung von Orléans aufgehoben. Jeanne d'Arc führt die Franzosen zum Gegenangriff, der schnell an Dynamik gewinnt. Krönung des Dauphins in Reims als Karl VII.
1429 Festung Jargeau von den Franzosen erobert.
1429 Schlacht von Patay. Shrewsbury (Talbot) wird bei einem französichen Überraschungsangriff geschlagen.
1431 Der zehnjährige Heinrich VI. wird in Paris zum König von Frankreich gekrönt.

**Oben:** *Bei Castillon in Aquitanien fand 1453 die letzte Schlacht des Hundertjährigen Krieges statt.*

1436 Engländer verlassen Paris. Franzosen belagern Calais.
1441 Franzosen erobern Pontoise.
1444 Waffenstillstand von Tours.
1448 Wiederaufnahme des Krieges. Französische Offensive in der Normandie und Guyenne.
1449 Englische Garnison wird aus Rouen vertrieben.
1450 Schlachten bei Formigny und Clermont führen dazu, dass Caen und Cherbourg an die Franzosen fallen.
1453 Schlacht von Castillon. Shrewsbury, der eine Rebellion der Aquitanier gegen die Herrschaft der Franzosen mit einem Expeditionskorps unterstützt, wird geschlagen. Castillon, Bordeaux und ganz Aquitanien gehen wieder an Frankreich. Ende des Hundertjährigen Krieges. Den Engländern bleibt nur Calais, das sie bis 1558 halten können.

**Osmanisches Reich**

1402–1413 Bürgerkrieg der Söhne Bayezits.
1416 Seekrieg mit Venedig. Niederlage der osmanischen Flotte.
1422 Belagerung Konstantinopels durch Murat II.
1430–1432 Krieg gegen Venedig.
1435–144 Krieg mit Ungarn.
1440 Erfolglose Belagerung Belgrads.
1444 Varna. Murat II. schlägt ein Kreuzfahrerheer. Wladislaw III. Jagiello, König von Polen und (seit 1440) Ungarn, fällt.
1443–1467 Der Albaner Skanderbeg kämpft gegen die Osmanen.
1448 Schlacht auf dem Amselfeld. Niederlage des ungarischen Heeres unter Johann Hunyadi.
1453 Einnahme Konstantinopels durch Mehmet den Eroberer. Konstantin XII. Palaiologos fällt. Die Kaiserstadt am Bosporus wird Hauptstadt der Osmanen (Istanbul).
1456 Erfolglose Belagerung Belgrads.
1459 Einnahme von Semendria. Eingliederung Serbiens in das Osmanische Reich.
1460 Morea (Peloponnes) und Bosnien (1463) werden osmanisch.
1463–1479 Venezianisch-osmanischer Krieg.
1479 Venedig verliert Negroponte (Euböa).

*Mehmed II. der Eroberer.*

**Mehmed II. Fatih („der Eroberer“, 1432–1481)**
Der osmanische Sultan, der durch die Eroberung Konstantinopels 1453 das Schicksal von Byzanz besiegelte. In den beiden folgenden Jahrzehnten kämpfte er auf dem Balkan, brachte Morea, Albanien, Serbien und Bosnien, die Walachei und die Krim unter seine Botmäßigkeit. Kriege mit Venedig brachten ihm Negroponte und Gebiete Dalmatiens ein. 1473 wehrte er bei Otluk Beli einen Angriff der Turkmenen ab. Mit Otranto wurde 1480 ein Stützpunkt in Italien gewonnen. Doch gelang es seinen Truppen nicht, den Johannitern Rhodos zu entreissen. Unter Mehmed dem Eroberer wurde das Osmanische Reich endgültig zur Großmacht und er leitete sein Goldenes Zeitalter ein.

***Oben:** Eine belagerte Stadt unter Artilleriebeschuss. Buchillustration des 15. Jahrhunderts.*

***Links:** Vollrüstung aus dem 15. Jahrhundert. Damals hatte die Rüstung den Höhepunkt an Finesse erreicht, war aber nach Einführung der Feuerwaffen schon bald nicht mehr zeitgemäß.*

***Rechts:** Belagerung einer Burg in einer Illustration der Chronik von Jean Froissart. Es sind hier einige der wichtigsten Waffen der Zeit abgebildet wie Armbrust, Langbogen und frühe Geschütze. Die Armbrust war weniger treffsicher und besaß eine kürzere Reichweite als der Langbogen, aber Armbrustschützen konnten rascher ausgebildet werden und die Waffen waren im Nu schussbereit. Englische Langbogen erwiesen sich bei Crécy, Poitiers und Azincourt als schlachtentscheidend; es bedurfte jedoch jahrelanger Übung, bis ein Schütze effektiv eingesetzt werden konnte.*

1473 Schlacht bei Otluk Beli (Tercan). Vernichtende Niederlage Uzum Hazans durch Mehmed den Eroberer.
1480 Otranto in Süditalien wird vorübergehend besetzt.
1480 Erfolglose Belagerung von Rhodos.
1499–1502 Seekrieg gegen Venedig.

**England: Rosenkriege**
1455 Schlacht von St Albans (22. Mai). York, Salisbury und Warwick schlagen die königliche Armee. Somerset und Northumberland werden getötet.
1459 Schlacht von Blore Heath (23. September). Salisbury siegt für York bei Ludlow.
1460 Schlacht von Northampton (10. Juli). York schlägt Lancaster in die Flucht. Heinrich VI. wird gefangengesetzt.
1460 Schlacht von Wakefield (30. Dezember). Margaret besiegt York und Salisbury, die getötet werden.
1461 Mortimers Cross (2. Februar). Eduard, Herzog von York, besiegt Lancaster und wird zum König proklamiert.
1461 St Albans (17. Februar). Margaret und Somerset schlagen Warwick.
1461 Schlacht von Towton (29. März). Lancaster wird besiegt. Schwere Verluste. Eduard beherrscht England.
1464 Schlachten von Hedgley Moor (25. April) und Hexham (15. Mai). Montagu (Warwicks Bruder) besiegt Lancaster.
1665 Heinrich VI. wird gefangen genommen.
1468 Harlech, die letzte Bastion von Lancaster, fällt an York. Warwick und Eduards Bruder Clarence wechseln die Seiten.
1469 Schlacht von Edgecote Moor (26. Juli). Warwick schlägt Pembroke.
1470 Schlacht auf dem „Lose-Coat Field" (Stamford, 12. März). Rebellen überfallen Eduard, der sie aber schlagen kann.
1470 Heinrich VI. gelangt im September wieder auf dem Thron.
1471 Schlacht von Barnet (14. April). Warwick wird geschlagen und getötet.
1471 Tewkesbury (4. Mai). Eduard schlägt Lancaster und regiert als Eduard IV.
1483 Eduard IV. stirbt. Richard von Gloucester usurpiert den Thron als Richard III.
1485 Heinrich Tudor (Lancaster) landet am 7. August in Wales.
1485 Schlacht von Bosworth (22. August). Richard wird getötet und Heinrich VII. zum König ausgerufen.

**Karl V. (1500–1558)**
Habsburger, der als Herrscher die erste Hälfte des 16. Jahrhunderts dominierte. Sein umfangreiches Erbe – die österreichischen Erblande, die burgundischen Länder und die der spanischen Krone sowie das römisch-deutsche Kaisertum – verhalf ihm zu einem Reich von noch nie da gewesener Ausdehnung. Es umfasste Spanien und seine Kolonien in der Neuen Welt, große Teile Italiens, die Niederlande, die Freigrafschaft Burgund und das Deutsche Reich. Karl V. stand vor drei schwierigen Aufgaben: der Reformation und dem Kampf gegen den Protestantismus in Deutschland, der agressiven Expansionspolitik der Türken in Ungarn und im Mittelmeer sowie der Dauerfehde mit Franz I. von Frankreich, der sich von Habsburg umzingelt und bedroht sah. Um die nicht endenden Krisen zu bewältigen, war er ständig in Europa unterwegs. Seine Armeen schlugen die Franzosen 1525 bei Pavia und sicherten die spanische Hegemonie in Italien. 1547 besiegte er bei Mühlberg die protestantischen Reichsfürsten. Die Verantwortung für seine Länder und den Glauben seiner Untertanen lastete schwer auf dem Kaiser; ein so riesiges Reich war eine zu gewaltige Aufgabe für einen einzigen Herrscher. Er dankte 1556 ab und übergab seinem Sohn Philipp Spanien mit seinen Außenbesitzungen, seinem Bruder Ferdinand die Erblande und das Kaisertum.

***Oben:** Kaiser Karl V. in der Schlacht von Mühlberg (1547). Gemälde von Tizian.*

***Links:** Schlacht von Marignano.*

***Unten:** Schlacht von Pavia.*

1487 Schlacht von Stoke (16. Juni). Falscher „Eduard VI." (Lambert Simnel) geschlagen.
1403 Schlacht von Shrewsbury (21 Juli). Heinrich VII. wirft die Rebellion des Henry Percy (Hotspur) nieder.

**Burgund und die Schweiz**

1467–1477 Karl der Kühne, Herzog von Burgund, gewinnt England, Kastilien und Aragon gegen seinen erbittertsten Gegner Ludwig XI. von Frankreich. Sigmund von Österreich verpfändet ihm die habsburgischen Besitzungen im Elsass in der Hoffnung auf burgundische Hilfe gegen die Eidgenossen.
1474 Vergebliche Belagerung von Neuss.
1475 Eroberung Lothringens. Daraufhin drängt Bern zum Krieg.
1476 Grandson und Murten. Die Schweizer schlagen das burgundische Heer.
1477 Schlacht bei Nancy. Karl der Kühne fällt. Seine Erbtochter Maria heiratet Maximilian von Österreich, das burgundische Erbe fällt an Habsburg.
1479 Schlacht von Guinegate. Maximilian siegt über Ludwig IX.

1499 „Schwabenkrieg" Kaiser Maximilians I. gegen die Schweizer.

**Russland**

1349–1389 Dimitrij Donskoj. In Kämpfen gegen Twer und Rjasan erlangt der Großfürst von Moskau die Vorherrschaft.
1380 Schlacht bei Kulikowo am Don. Erster russischer Sieg über die Tataren (daher der Beiname „Donskoj").
1462–1505 Iwan III. der Große. „Sammeln der russischen Länder".
1478 Vernichtung der Republik Nowgorod.
1502 Erfolgloser Angriff auf Livland.

**Italien**

1498 Karl VIII. von Frankreich beansprucht als Erbe der Anjous das Königreich Neapel, marschiert in Italien ein und erobert noch im selben Jahr Neapel. Spanien und Habsburg zwingen ihn durch ihre Liga, der sich England und die italienischen Staaten anschließen, zum Rückzug.
1500 Ludwig XII. von Frankreich erneuert den Angriff, siegt mit Schweizer Hilfe bei Novara und besetzt Mailand.
1513 Niederlagen bei Guinegate und Novara. Ludwig XII. muss Mailand räumen.
1515 Schlacht bei Marignano. Franz I. von Frankreich schlägt die Schweizer und gewinnt das Herzogtum Mailand zurück.

**Reich Karls V.**

1520–1522 Aufstand der Communeros in Spanien.
1521–1526 Erster Krieg gegen Franz I.
1525 Schlacht bei Pavia. Sieg der Kaiserlichen. Der französische König gerät in Gefangenschaft und muss Mailand aufgeben. Friede von Madrid (1526).
1525 Bauernkrieg in Deutschland.
1526–1529 Zweiter Krieg mit Frankreich.
1527 Sacco di Roma. Das kaiserliche Heer plündert Rom.
1529 „Damenfriede" von Cambrai.
1529 Belagerung Wiens durch die Türken.
1535 Feldzug Karls V. gegen Chaireddin Barbarossa. Eroberung von Tunis.
1536 Französisch-türkisches Bündnis und dritter Krieg gegen Franz I.

**Babur (Sahir ed-din Mohammed, 1483–1530)** Begründer des Mogulreiches in Indien. Als Nachfahre der großen mongolischen Eroberer, eines Dschingis Khan und Timur, bestieg er 1494 den Thron des kleinen Königreichs Ferghana. Seine Ambitionen zielten auf die Eroberung von Samarkand (ehemals Timurs Hauptstadt), was ihm jedoch misslang. Sein Feldzug nach Indien war dagegen ein spektakulärer Erfolg. Unter Einsatz von Artillerie schlug er in der Schlacht bei Panipat 1526 Sultan Ibrahim Lodi, eroberte Dehli und Agra. Noch im selben Jahr besiegte er bei Khanua eine Konföderation von Rajputs. Seine Eroberungen reichten bis an die bengalische Grenze. Babur war kultiviert und gesellig, sportlich und redegewandt, auch ein begabter Dichter. Seine „Babur-nameh" wurde zum Klassiker.

***Links:*** *Babur, der Eroberer Nordindiens.*

**Oben:** *Galeerengefecht in der Schlacht von Lepanto (1571). Die Flotte der „Heiligen Liga" brach die Mittelmeerherrschaft der Osmanen.*

***Seeschlachten im 16. Jahrhundert***

*Hochseetaugliche Schiffe bekamen nun zunehmend die Form, die bis Mitte des 19. Jahrhunderts beibehalten werden sollte. Sie waren größer und robuster als die Nussschalen, mit denen Kolumbus und die frühen Entdecker über den Atlantik und den Indischen Ozean gesegelt waren. Das ermöglichte auch eine bessere Bewaffnung. Wie an Land wurden die Geschütze leistungsstärker, zuverlässiger und verfügten über eine größerer Reichweite. Im Mittelmeer blieb jedoch die manövrierfähige Galeere noch eine Zeitlang der wichtigste Schiffstyp.*

1541 Expedition gegen Algier schlägt fehl.
1542–1544 Vierter Krieg gegen Franz I. Das Reichsheer dringt gegen Paris vor. Friede von Crépy (1544).
1547 Schlacht von Mühlberg. Karl V. besiegt die protestantischen Fürsten.
1552–1556 Krieg mit Heinrich II. von Frankreich um Metz, Toul und Verdun.
1556–1559 Krieg Philipps II. (Nachfolger Karls in Spanien) gegen Frankreich mit Siegen bei St. Quentin und Gravelingen.

**Osmanisches Reich**

1501–1503 Krieg gegen Ungarn. 1514 Niederlage der persischen Safawiden bei Caldiran.
1516 Schlacht bei Mardsch Dabik. Niederlage der Mamelucken. Syrien osmanisch.
1517 Schlacht bei Rajdanija vor Kairo. Ägypten wird osmanisch.
1517 Belgrad wird den Ungarn genommen.
1522 Kapitulation der Johanniter auf Rhodos.
1526 Mohács. Das ungarische Heer vernichtend geschlagen, Ludwig II. Jagiello fällt.
1529 Erfolglose Belagerung Wiens.
1534–1535 Krieg gegen die Safawiden.
1538 Eroberung Südarabiens. Niederlage der venezianischen Flotte bei Preveza.
1141 Ofen wird eingenommen und Mittelungarn annektiert.
1547 Jemen größtenteils erobert.
1548–1550 Krieg mit den Safawiden.
1551–1553 Krieg gegen die Habsburger in Ungarn.
1553–1555 Krieg gegen die Safawiden.
1555–1574 Die nordafrikanischen „Barbareskenstaaten" werden osmanisch.
1565 Malteser wehren schweren Angriff ab.
1566 Ungarnfeldzug. Szigetvár wird erobert.
1569 Feldzug gegen die Russen zur Befreiung des Khanats Astrachan.
1570–1571 Eroberung Zyperns.
1571 Lepanto. Don Juan d`Austria vernichtet die osmanische Flotte.
1578–1590 Krieg gegen das safawidische Persien. Annexion Aserbeidschans (1585).
1589 Janitscharenaufstand in Konstantinopel.

**Indien**

1526 Babur schlägt in der Schlacht von Panipat Sultan Ibrahim Lodi von Delhi, bei Khanua die verbündeten Radjputs, erobert Nordindien und gründet das Mogulreich.
1535 Feldzug Humayans gegen Gujarat.
1539 Humayan unterliegt in der Schlacht von Chaunsa und bei Kanauj dem Usurpator Scher-Shah und geht ins Exil.
1555 Humayan kehrt auf den Thron zurück und erweitert sein Reich.
1556–1605 Akbar, größter Mogul-Herrscher.
1556 Schlacht von Panipat. Akbars Feldherr Bayram Han besiegt Hindu-Rebellen.

**Oben:** *Mönchssoldaten waren gefürchtete Kämpfer in der japanischen Kriegsführung des 11. und 12. Jahrhunderts.*

**Links:** *Toyotomi Hideyoshi führte den zweiten japanischen Eroberungszug nach Korea (1598).* **Oben:** *Japanische Schwertkämpfer.*

**Rechts:** *Samurai. Japans Kriegerkaste ist in etwa vergleichbar mit den abendländischen Rittern.* **Links:** *Die traditionelle Samurai-Rüstung war sehr komplex und bestand aus mit Schnüren verbundenen kleinen Schuppen.*

**Oben:** *Japanischer Krieger mit früher Feuerwaffe.*

1559–1601 Akbar unterwirft mit seinem Berufsheer Nordindien, Sind, Kandahar, Berar und Kaudesch.
1610–1629 Krieg mit Ahmadnagar.
1623 Schlacht von Balochpur.

**Japan**
1478–1615 Zeitalter der „kämpfenden Länder“ (Sengoko-Periode der „Ritter und Helden“). Die Damyo („großer Name“), lokale Kriegsherren, werden erbliche Fürsten, ihre Vasallen steigen in die Kriegerkaste der Samurai (Gefolgsmann) auf.
1561 Schlacht von Kawanakajima.
1573 Oda Nobunaga, der „japanische Attila“, bekämpft die Widersacher des Tenno, zieht in Kyoto ein und beseitigt den letzten Ashikaja-Shogun.
1582–1598 Hideyoshi Toyotomi, genialer Feldherr und Staatsmann, bricht die Daimyo-Herrschaft.
1591 Belagerung von Kunoe.
1592–1598 Feldzüge zur Unterwerfung Koreas.
1600 Schlacht von Sekigahara. Ieyasu Tokugawa besiegt Hideyori Toyotomi, sichert seine Macht durch die Ausrottung aller Toyotomi und errichtet das Tokugawa-Schogunat (bis 1867).
1637–1638 Aufstand von Shimbara. Vernichtung der Christen. Abschottung von der Außenwelt durch Schließung aller Häfen (bis 1854).

**Britische Inseln**
1513–1514 Englisch-schottischer Krieg.
1513 Schlacht von Flodden Field. Surrey schlägt Jakob IV. von Schottland.
1545 Schlacht im Ancram Moor. Schotten besiegen die englischen Invasoren.
1547 Schlacht von Pinkie. Somerset besiegt Arran, Regent von Schottland.
1588 Vernichtung der spanischen Armada, teils durch Artilleriegefechte im Kanal, teils durch Stürme.
1696–1597 Erneuter spanischer Angriff.
1598–1603 Tyrone-Aufstand in Irland. Landung eines spanischen Expeditionskorps. Tyrone wird in der Schlacht bei Kinsale von den Engländern geschlagen (1601).

*Oben:* Die Schlacht von Gravelines, Höhepunkt der Gefechte zwischen der Spanischen Armada und den Engländern 1588. Gemälde von Philippe-Jacques de Loutherbourgh.

**Moritz von Oranien (1567–1625)**
Der Sohn Wilhelms des Schweigers war einer der größten militärischen Neuerer seiner Zeit. Moritz von Oranien eroberte Sluys (1587), Breda (1590), Zutpen (1591), Nijmegen (1591) und besiegte die Spanier bei Turnhout (1597) und Nieuport (1600). Nachdem er als Statthalter von Holland und Seeland den Oberbefehl über Flotte und Landmacht der Vereinigten Provinzen übernommen hatte, reorganisierte und revitalisierte er die Streitkräfte der „Generalstaaten". Er führte das Bataillon (550 Mann) ein, um den spanischen Regimentern („Tercios") zu begegnen, bezahlte seine Truppen ordentlich und brachte ihnen durch regelmäßigen Drill eine bessere Disziplin bei. Seine wissenschaftlichen Belagerungsmethoden basierten auf mathematischen und ingenieurtechnischen Prinzipien – wichtig zu einer Zeit, in der Feuerwaffen und Artilleriegeschütze immer größere Bedeutung erlangten. Dass die Niederlande ihre Unabhängigkeit behaupten konnten, verdanken sie nicht zuletzt diesem genialen Taktiker und Organisator. Als der Krieg nach zwölfjährigem Waffenstillstand 1621 erneut ausbrach, war er weniger erfolgreich. Wenige Wochen bevor Breda wieder an die Spanier fiel, starb er.

*Moritz von Oranien.*

**Russland und Nordeuropa**

1550–1552 Iwan IV. Grozny (der „Schreckliche“) erobert Kasan und Astrachan.

1558–1582 Krieg um Livland mit Russland, Polen, Schweden und Dänemark als Kontrahenten.

1569 Union von Lublin. Von Russland, den Osmanen und Schweden bedroht, gibt seine Selbständigkeit auf und vereinigt sich mit Polen.

1571 Die Krimtataren fallen in Russland ein, Moskau wird niedergebrannt.

1598 Schlacht bei Stangebro. Sigismund Wasa, der die Kronen von Polen und Schweden vereinigt, wird besiegt und wegen seiner katholischen Politik vom schwedischen Reichstag abgesetzt.

1598 Reichsverweser Boris Godunow wird nach Ermordung des Zarensohns Dimitrij und dem Tod des letzten Rurikiden zum Zaren gewählt. Mit polnischer Hilfe tritt gegen ihn der „Falsche Dimitrij“ auf.

1605–1613 „Zeit der Wirren“ (Smuta) in Russland.

1605 Polnische Truppen besetzen Moskau.

1606–1607 Kosaken- und Bauernaufstände, durch die ein zweiter „Falscher Dimitrij“ aufsteigt.

1609 Mit schwedischer Hilfe kann sich die Bojarenpartei gegen den „Schelm von Tuschimo“ behaupten, doch beansprucht nun Polen die Zarenkrone.

1610 Sieg des Hetmanns Zolkiewski bei Kuschino und Besetzung Moskaus.

1611 Polen erobern Smolenks, Schweden greift in Russland ein.

1612 Nationale Erhebung vertreibt die Polen aus Moskau. Michael Romanow wird zum Zaren erhoben (1613).

1611–1613 Kalmarkrieg zwischen Dänemark und Schweden.

1617 Friede von Stolbowa zwischen Schweden und Russland, das den Zugang zur Ostsee verliert.

1621 Gustav II. Adolf erobert Livland.

1634 Polen stößt nach Russland vor.

1637 Donkosaken erobern Azow zeitweilig für Russland.

1672–1725 Peter I. der Große von Russland (Alleinherrscher seit 1689).

1689 Vertrag von Nertschinsk legt russisch-chinesischen Grenzkonflikt bei (Amurgrenze).

1696 Eroberung Azows gelingt.

1698–1699 Strelitzenrevolte.

1703 Zar Peter gründet St. Petersburg.

**Niederländischer Unabhängigkeitskrieg/ Englisch-Spanischer Konflikt**

1566 Philipp II. von Spanien überträgt Alba die „Befriedung“ der Niederlande.

1568 Wilhelm von Oranien übernimmt die Führung des Widerstandes.

1579 Union von Utrecht. Nordprovinzen spalten sich von Südprovinzen ab.

1584–1585 Rückeroberung Flanderns und Brabants durch Alexander Farnese. England unterstützt offen die Generalstaaten.

1585–1625 Feldzüge Moritz von Nassaus.

1587, 1596 Engländer überfallen Cádiz.

1588 Spanische Armada wird im Englischen Kanal und vor den Niederlanden besiegt.

1600 Schlacht von Nieuport.

1601–1604 Belagerung und Eroberung von Oostende. Sluys wird erobert.

1604 Spanier erobern Oostende.

1607 Schlacht bei Gibraltar. Seesieg der Niederländer über die Spanier.

1609 Zwölfjähriger Waffenstillstand.

1621 Wiederaufnahme des Unabhängigkeitskriegs.

1625 Eroberung von Breda durch die Spanier.

1625–1647 Feldzüge unter Friedrich-Heinrich von Oranien.

1626 Schlacht von Lütter und von Dessau.

1636 Eroberung von Breda.

1639 Schlacht bei Downs. Tromp schlägt zweite Spanische Armada.

**Frankreich**

1562–1598 Hugenottenkrieg.

1584–1589 Paris. „Krieg der drei Heinriche“.

1626–1630 Englisch-französischer Krieg.

1628 Einnahme von La Rochelle, des letzten Sicherheitsplatzes der Hugenotten.

1635 Frankreich greift in den Dreißigjährigen Krieg ein.

1648–1653 „Fronde“. Letzter Adelsaufstand.

1635–1659 Krieg mit Spanien, der die militärischen Kräfte Spaniens erschöpft.

Gustav II. Adolf.

**Gustav II. Adolf (1594–1632)**
Einer der großen Heerführer der Geschichte, der oft als „Vater der modernen Kriegsführung" bezeichnet wird. Der schwedische König schuf die erste wirklich „moderne" Armee, die zum Vorbild für alle anderen europäischen Mächte wurde. 1611 bestieg er den Thron und erließ 1621 die „Kriegsartikel", mit denen die Wehrpflicht für Bauern und ein System regionaler Regimenter eingeführt wurde. Gustav Adolf übernahm die lineare Taktik der Niederländer. Kürzere Piken (ca. 2,40 m) waren besser zu handhaben, und leichtere Musketen mit bereits vorgefüllten Patronen erhöhten die Feuerrate. Auch seine Artillerie wurde zu einem vitalen taktischen Faktor auf dem Schlachtfeld. Nach frühen Feldzügen im Ostseeraum, der Eroberung von Riga (1621) und der preußischen Häfen, griff er in den Dreißigjährigen Krieg ein. Breitenfeld (1631) markierte den Aufstieg Schwedens zur militärischen Großmacht. Als Gustav Adolf jedoch bereits im Jahr darauf bei Lützen im Reiterkampf fiel, sanken seine weitreichenden Pläne mit ihm ins Grab.

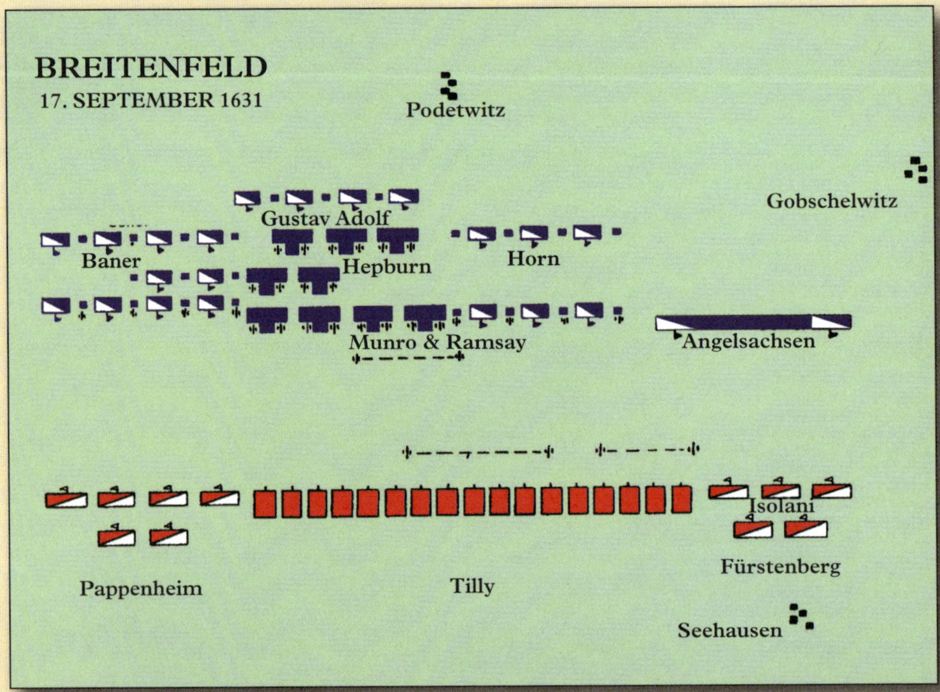

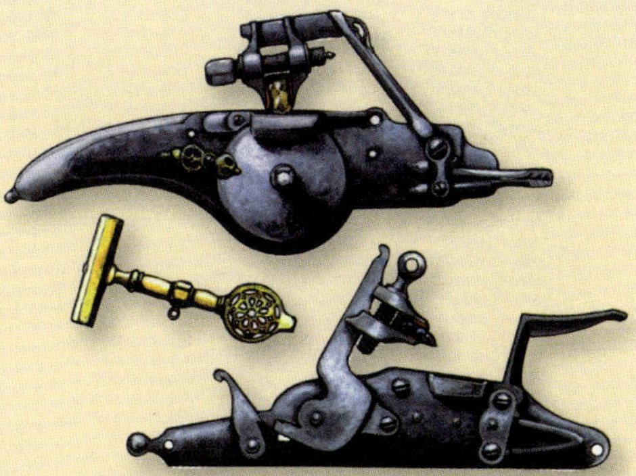

***Ganz oben:*** *Aus dem frühen 16. Jahrhundert stammt der Radschlossmechanismus, der nach demselben Prinzip wie ein mechanisches Feuerzeug funktionierte. Der Stein, der den Funken produzierte, war fest montiert, und ein Rädchen bewirkte die Entstehung des Funkens, der die Ladung zündete. Das Rädchen wurde durch ein Gehwerk gedreht, das mit einem Schlüssel aufgezogen werden musste.* ***Oben:*** *Das um 1683 aufgekommene Steinschloss entzündete die Ladung durch Funken, die dadurch entstanden, dass ein federbetriebener Hahn einen Feuerstein gegen eine vertikale Platte schlug.*

**Schlacht bei Breitenfeld**

**Kontext** Dreißigjähriger Krieg.

**Zeit** 17. September 1631.

**Ort** Wenige Kilometer nördlich von Leipzig.

**Befehlshaber/Truppenstärke** Protestantische Seite: Gustav Adolf und der Kurfürst von Sachsen befehligen 36 000–40 000 Schweden und Sachsen mit 60–70 Geschützen. Kaiserlich-katholische Seite: Tilly verfügt über 32 000 Mann und 30 Geschütze.

**Ziele** Eroberung Leipzigs durch die Protestanten.

**Verluste** Protestanten: 4000 Tote und Verwundete. Kaiserliche: 7000 Tote und Verwundete; 6000 Mann geraten in Gefangenschaft.

**Sieger** Protestanten.

**Folgen** Protestanten erobern Leipzig. Bei Breitenfeld zeigte Schweden sein Potential als militärische Großmacht.

1652 Schlacht von Nemours.
1652 Schlacht von Etampes.
1658 Turenne erobert Dünkirchen.
1659 Pyrenäenfrieden.

**1618–1648 Dreißigjähriger Krieg**

1618 Prager Fenstersturz. Böhmischer Aufstand gegen Ferdinand II. (seit 1617 König von Böhmen, 1619 Kaiser).

***Phase I: Böhmisch-Pfälzischer Krieg 1618–1623***

1620 Schlacht am Weißen Berg (bei Prag). Der „Winterkönig" Friedrich V. von der Pfalz, Haupt der protestantischen Union, wird vom Heer der katholischen Liga unter Tilly und Maximilian von Bayern geschlagen.

1621 Tilly stürmt Heidelberg und siegt bei Wimpfen über Georg Friedrich von Baden.

1623 Schlacht bei Stadtlohn. Tilly schlägt Christian von Braunschweig. Besetzung Westfalens und Niedersachsens.

***Phase II: Dänisch-Niedersächsischer Krieg 1625–1629***

1625 Christian IV. von Dänemark, Herzog von Holstein und „Oberster des niedersächsischen Reichskreises", greift in den Krieg ein.

1626 Schlacht an der Dessauer Brücke. Wallenstein schlägt Mansfeld und verfolgt ihn bis nach Ungarn.

1626 Lutter am Barenberg: Tilly siegt über Christian IV. und drängt ihn gemeinsam mit Wallenstein nach Jütland zurück.

1626 Wallenstein unterwirft Norddeutschland bis auf Stralsund.

1629 Friede von Lübeck. Restitutionsedikt.

***Phase III: Schwedischer Krieg 1630–1635***

1630 Gustav II. Adolf von Schweden landet auf Usedom zum Schutz der protestantischen Sache.

1631 Zerstörung Magdeburgs durch Tilly und Pappenheim.

1631 Schlacht bei Breitenfeld. Gustav Adolf vernichtet das kaiserliche Heer.

1632 Schlacht bei Rain am Lech. Tilly fällt.

1632 Schlacht von Lützen. Schwedischer Sieg über Wallenstein, aber Gustav Adolf wird tödlich verwundet.

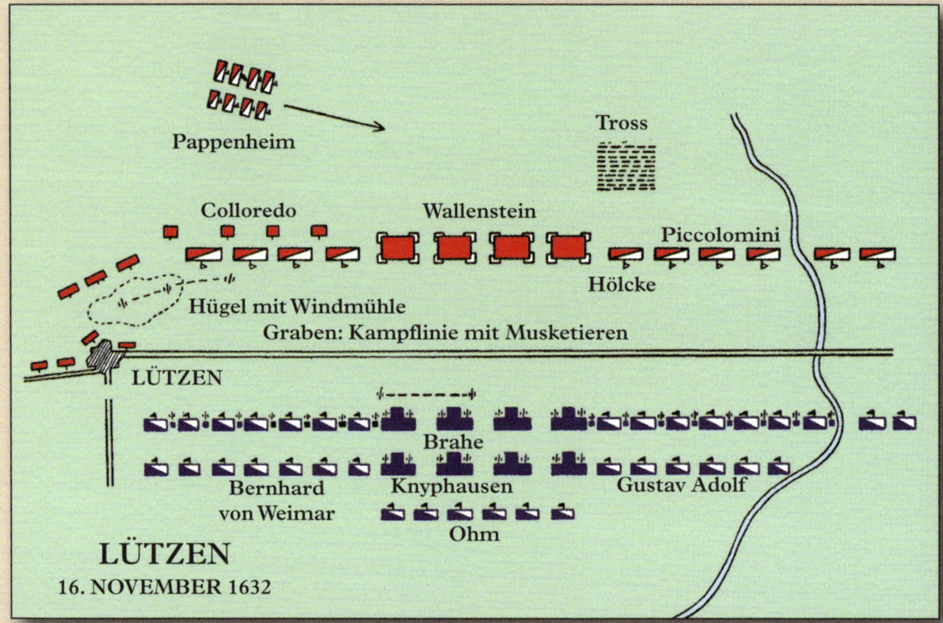


**Henri de la Tour d'Auvergne, Vicomte de Turenne** (1611–1675)
Frankreichs erfolgreichster Feldherr des 17. Jahrhunderts erlernte das Kriegshandwerk von seinem Onkel Moritz von Oranien und trat 1630 in den Dienst Ludwigs XIII. Er stieg bis zum Befehlshaber der französischen Armeen im Dreißigjährigen Krieg auf, eroberte das Roussillon, siegt in den Schlachten bei Freiburg (1644) und Zusmarshausen (1648), musste sich das Kommando aber häufig mit dem Großen Condé teilen. Während der „Fronde" hatte er jeweils auf der Seite von Condés Gegnern gekämpft. 1650 wurde Turenne bei Rethel geschlagen, stand aber bald wieder in Gunst bei Hofe. Im zweiten Fronde-Aufstand besiegte er Condé (1658), nachdem er einen großen Teil der Spanischen Niederlande erobert hatte. 1677 hatte er den Oberbefehl in den Kriegen gegen die Niederlande und führte auch den siegreichen Feldzug von 1675. Seine glorreiche Karriere wurde noch im selben Jahr durch eine Kanonenkugel beendet. Als Meister der Strategie und Taktik gilt Turenne als einer der großen Feldherrn der Geschichte. Er ruht im Invalidendom in Paris ganz in der Nähe von Napoleon.

*Turenne.*

**Louis II. de Bourbon, Prince de Condé, der Große Condé** (1621–1686)
Der größte Feldherr seiner Zeit neben Turenne stammte aus einer Seitenlinie der Bourbonen. Bereits mit 21 Jahren zeigte er sein Feldherrntalent in der Schlacht bei Rocroi (1643). Dieser größte

**Schlacht bei Lützen**

**Kontext** Dreißigjähriger Krieg, Phase III.

**Zeit** 16. November 1632.

**Ort** ca. 25 km südwestlich von Leipzig.

**Befehlshaber/Truppenstärke** Gustav Adolf kommandiert auf protestantischer Seite 16 000–19 000 Mann. Albrecht von Wallenstein für die Kaiserlichen 15 000–20 000 Infanteristen und 8 000–10 000 Kavalleristen.

**Ziele** Die Kaiserlichen wollten den Schweden die Verbindungslinien zur Ostsee abschneiden und den Kurfürsten von Sachsen zur Aufgabe der Allianz mit Schweden zwingen.

**Verluste** Protestanten: ca. 5000 Tote und Verwundete. Gustav Adolf wird tödlich verwundet. Kaiserliche: 6000 Tote und Verwundete.

**Sieger** Schweden.

**Folgen** Die Kaiserlichen hatten ihr Ziel nicht erreicht, aber der Tod des Schwedenkönigs und großen Feldherrn war ein unersetzlicher Verlust für die protestantische Sache.

französische Sieg seit einem Jahrhundert markierte das Ende der Überlegenheit der spanischen „Tercios“ und den Aufstieg der Militärmacht Frankreichs. Es folgten eine Reihe von Siegen gemeinsam mit Turenne, darunter bei Freiburg, Phillipsburg, Mainz und Nördlingen (1645). Condés Feldzüge in Flandern (1646) waren brillante Erfolge, ebenso wie der Sieg bei Lens (1648), nach einer Schlappe bei Lérida auf dem kurzen Spanienfeldzug im Jahr zuvor. Während des ersten Fronde-Aufstands (Fronde des Parlaments 1648–1649) stand er auf der Seite Mazarins, wandte sich dann jedoch gegen den Kardinal und wurde 1650 inhaftiert. Daraufhin initiierte er die zweiten Fronde („der Prinzen“), die das Regiment der Königinmutter Anna und Mazarins in größte Schwierigkeiten brachte. 1651 freigelassen, rebellierte er offen, bis seine Position nicht mehr haltbar war und er Frankreich verließ, um für Spanien zu kämpfen. 1658 wurde er bei Dünkirchen geschlagen. Im Jahr darauf kam es zur Aussöhnung mit Ludwig XIV. und er eroberte danach die Niederlande (1672). Zwei Jahre später stoppte Condé bei Seneffe den Vormarsch des Prinzen von Oranien. 1675 zog er sich zurück, dem selben Jahr, in dem sein Freund und Mitstreiter Turenne starb.

1634 Schlacht bei Nördlingen. Schweden verliert Süddeutschland.

1635 Friede von Prag. Verzicht Ferdinands II. auf Restitutionen.

***PHASE IV: FRANZÖSISCH-SCHWEDISCHER KRIEG 1635–1648***

1635 Frankreich tritt im Bündnis mit Bernhard von Weimar aktiv in den Krieg ein.

1636 Sieg der Schweden unter Banér bei Wittstock.

1638 Bernhard von Weimar erobert das Elsass.

1643 Schlacht von Rocroi. Vernichtende Niederlage der Spanier durch Condé.

1645 Turenne siegt bei Alerheim, die Schweden unter Torstenson bei Jankau.

1648 Schlacht von Zusmarshausen. Turenne und Wrangel schlagen Bayern und die Kaiserlichen.

1648 Condé besiegt bei Lens die Spanier.

1648 Westfälischer Friede (von Münster und Osnabrück) beendet den Dreißigjährigen und den Spanisch-Niederländischen Krieg.

*Der Große Condé.*

**Oliver Cromwell (1599–1658)**
Cromwell war eigentlich Politiker und Staatsmann und wurde erst durch die Umstände zum Feldherrn, wobei er sich als genialer Soldat erwies. Als Anhänger der radikalen Independenten sowie Parlamentsmitglied vor und während des Bürgerkriegs, stellte er sein eigenes Regiment geharnischter Reiter auf. Von seiner Sendung überzeugt, formte Cromwell seine „gottseligen Eisenseiten" („Ironsides") zur fanatischen Elitetruppe der Puritaner. Er diente als zweiter Befehlshaber in der Armee der Eastern Association. Unzufrieden mit der schlaffen Kriegsführung der militärischen Führer der Parlamentspartei, schuf er das Heer des „Neuen Modells", dessen Vizekommandeur er schon bald wurde. Bei Naseby entschied der Angriff seiner Reiterei den Sieg. Als unabhängiger Befehlshaber bewies er seine Qualitäten bei Preston, Dunbar (1650) und Worcester (1651). Mit seinem Feldzug in Irland (1649–1650) erwarb er sich durch die Massaker nach der Eroberung von Drogheda und Wexford allerdings einen üblen Ruf; neuere Geschichtsforschungen würden ihn freilich gerne davon freisprechen. Unbestritten ist jedoch, dass Cromwell die Verurteilung und Hinrichtung Karls I. befürwortete. Von 1653 bis zu seinem Tod war er „Lordprotektor" der Republik, aber in Wirklichkeit Militärdiktator. Oliver Cromwell war eine zentrale Figur der britischen Geschichte des 17. Jahrhunderts.

**Sir Thomas Fairfax (1612–1671)**
Als Oberkommandierender des Parlamentsheeres des „Neuen Modells" im Englischen Bürgerkrieg war der „Schwarze Tom" ein tapferer Kavallerist und tüchtiger Feldherr. Seine Lehrzeit im Kriegshandwerk absolvierte er 1629–1631 in den Niederlanden und 1640 kämpfte er in den Bischofskriegen in Newburn. In den ersten Jahren des Bürgerkriegs kommandierte er die Kavallerie unter seinem Vater in Yorkshire, nahm 1643 Leeds und Wakefield, wurde aber im Adwalton Moor geschlagen. Er hatte Anteil am Sieg von Winceby und belagerte 1644 York. In der Schlacht im Marston Moor kommandierte er den rechten Flügel des Heeres der „Rundköpfe". 1645 wurde Fairfax Oberbefehlshaber des Parlamentsheeres des „Neuen Modells", das bei Naseby und Langport siegte. Er säuberte den royalistischen Westen und nahm 1646 die Royalistenhochburg Oxford. Im Zweiten Bürgerkrieg vernichtete er die Royalisten bei Maidstone und Colchester (1648). Eigentlich gemäßigt und ohne den politischen Ehrgeiz vieler anderer militärischen Führer, gab er sein erfolgreiches Kommando schon bald wieder auf und zog sich 1651 zurück. Thomas Fairfax steht zwar in Cromwells Schatten, aber die militärische Partnerschaft der beiden Führer war entscheidend für den Sieg der „Rundköpfe".

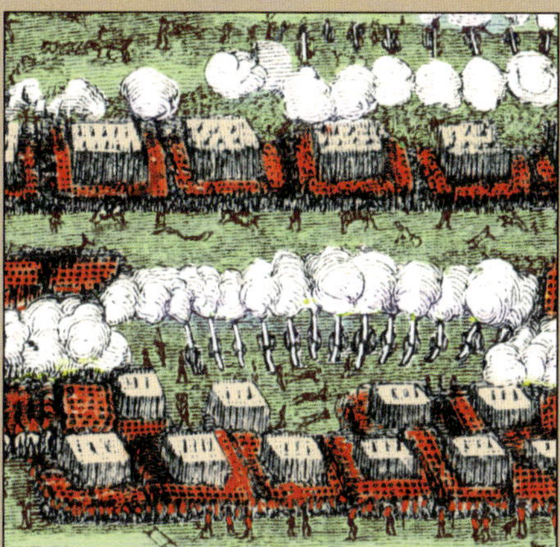

***Ganz oben:*** *Musketier mit einer Vorderlader-Luntenschlossmuskete, die beim Abfeuern auf einer Auflage ruhte. Es dauerte, bis man eine solche Waffe abfeuern konnte, so dass die Musketiere von Pikenieren vor der Kavallerie geschützt wurden.*

***Oben:*** *Vedute einer Schlacht im 17. Jahrhundert. Man sieht Artillerie, die auf vorrückende Karrees feuert. Bei Kontakt stieß die Infanterie mit den Piken vor, und es kam zum Kampf Mann gegen Mann. Die Kavallerie an den Flanken suchte die gegnerische niederzukämpfen, um dann die Infanterie von der Flanke oder von hinten her anzugreifen.*

**Polen**

1609 Eingreifen in die Moskauer Wirren.
1617–1629 Krieg mit Schweden.
1620–1621 Krieg gegen die Osmanen um das Fürstentum Moldau.
1643 Vorstoß nach Russland.
1648 Schlacht von Zolte Wody. Kosaken erobern Lemberg.
1651 Schlacht von Beresteszko. Erneut polnische Niederlage.
1654–1669 Krieg gegen Schweden. Krakau und Dünaburg werden besetzt.
1656 Schlacht bei Warschau. Schweden siegen mit Hilfe Brandenburgs.
1667 Kosakenaufstand.
1672–1676 Krieg gegen die Türken.
1673 Schlacht von Khoczoim in Bessarabien. Johann Sobieski siegt, doch die Westukraine nebst Podolien wird türkisch.

**Indien**

1609 Holland verdrängt die Portugiesen aus Ceylon.
1615 Seeschlacht bei Surat.
1628 Sha Jahan besteigt nach dem üblichen Bruderkrieg den Thron und dehnt das Mogulreich im Dekhan aus, dessen Sultane Vasallen der Großmoguls werden.
1639 England (Ostindische Kompanie) setzt sich in Madras fest (1661 in Bombay, 1696 in Kalkutta).
1649–1653 Krieg mit den Safawiden.
1675 Hindu-Aufstände.
1691 Größte Ausdehnung des Mogulreiches nach Eroberung Kandahars, Kabuls und des Dekhans durch Aurangzeb.

**Englische Bürgerkriege**

***ERSTER BÜRGERKRIEG 1642–1646***

1642 König Karl I. setzt am 22. August seine Standarte in Nottingham: Kriegsbeginn.
1642 Schlacht von Powick Bridge (23. September). Rupert besiegt Parlamentspartei.
1642 Schlacht von Edgehill (23. Oktober). Der König schlägt den Earl of Essex.
1642 König macht Oxford zu seiner Hauptstadt (29. Oktober).
1642 Turnham Green (13. November). Royalisten aus London vertrieben.

***Oben:** Pfalzgraf Rupert in der Schlacht im Marston Moor. Sein Hund Boye (Mitte) kam dabei ums Leben.*

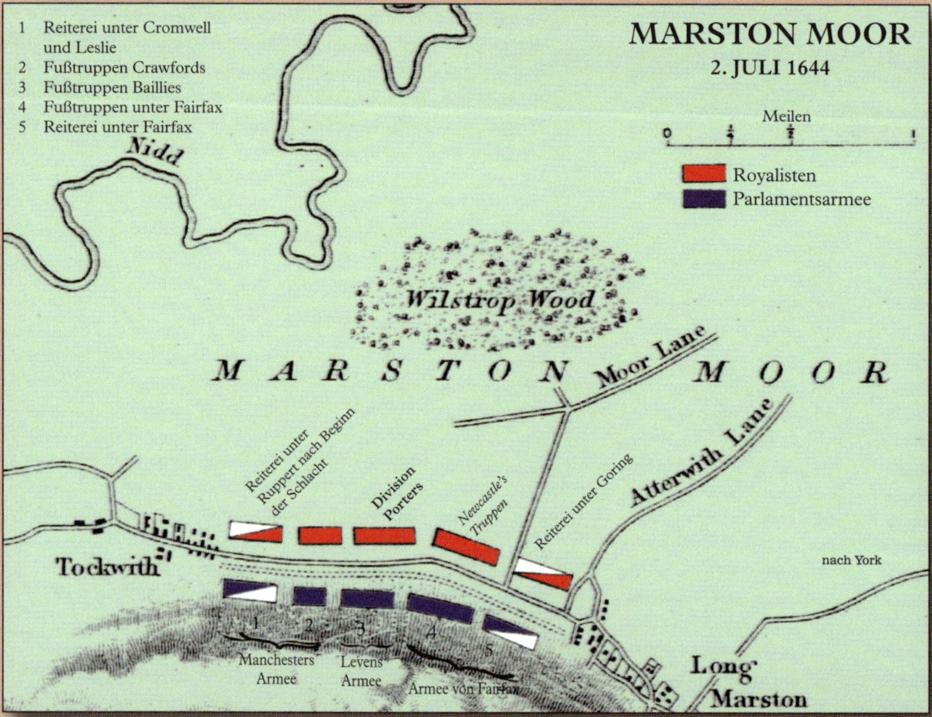

1643 Schlacht von Braddock Down (19. Januar). Hopton vertreibt Parlamentspartei aus Cornwall.
1643 Schlacht von Hopton Heath (19. März). Royalistisches Northampton besiegt Gell und Brereton.
1643 Schlacht von Ripple Field (13. April). Prinz Moritz besiegt Waller.
1643 Schlacht von Launceston (23. April). Hopton vetreibt Parlamentsarmee aus Chudleigh.
1643 Schlacht von Sourton Down (25. April). Chudleigh schlägt Hopton.
1643 Schlacht von Grantham(13. Mai). Cromwell besiegt Cavendish.
1643 Schlacht von Stratton (16. Mai). Hopton schlägt Stamford und den Südwesten für den König.
1643 Sir Thomas Fairfax erobert Wakefield (21. Mai).
1643 Schlacht von Chalgrove Field (18. Juni). Rupert besiegt Parlamentsarmee.

**Schlacht im Marston Moor**

**Kontext** Englischer Bürgerkrieg.

**Zeit** 2. Juli 1644.

**Ort** 10 Kilometer westlich von York, England.

**Befehlshaber/Truppenstärke** Royalisten: Pfalzgraf Rupert und Marquis von Newcastle kommandieren ca. 11 000 Fußsoldaten und 6000 Reiter. Parlamentspartei/Schotten: Fairfax, Manchester und Leven befehligen die Truppen Yorkshires, der Eastern Association und Schottlands mit 12 200 Infanteristen, 1000 Dragonern und 8000 Kavalleristen.

**Ziele** Nach dem Entsatz von York suchte Pfalzgraf Rupert eine Entscheidungsschlacht.

**Verluste** Unbekannt, aber man schätzt ca. 3000 Royalisten und ca. 2000 Alliierte.

**Sieger** Parlamentspartei/Schotten.

**Folgen** Der Norden war für den König endgültig verloren, York kapitulierte am 16. Juli. Pfalzgraf Rupert hatte seinen brillanten Erfolg beim Entsatz von York durch eine unnötige Schlacht zunichte gemacht. Bei Fortdauer der Belagerung hätten die Alliierten Truppen ihre Aktion wahrscheinlich abgebrochen.

1643 Schlacht von Adwalton Moor (29. Juni). Fairfaxes unterliegt Newcastles Royalisten.
1643 Schlacht von Lansdown (5. Juli). Hopton schlägt Waller.
1643 Schlacht von Roundway Down (13. Juli). Hopton und Prinz Moritz vernichten Wallers Armee.
1643 Bristol fällt an Rupert (26. Juli).
1643 Schlacht von Gainsborough (27. Juli). Cromwell besiegt Cavendish.
1643 Schlacht von Newbury (20. September). Der König kann Essex' Rückkehr nach London nicht verhindern.
1643 Heilige Liga und Convenant zwischen Parlamentspartei und Schotten unterzeichnet (25. September).
1643 Schlacht von Winceby (11. Oktober). Eastern Association besiegt Royalisten, die nach Süden vordringen.
1644 Schlacht von Nantwich (25. Januar). Fairfax schlägt Byron.
1644 Rupert bringt Entsatz in das belagerte Newark (21. März).
1644 Schlacht von Cheriton/Alresford (29. März). Waller schlägt Forth und Hopton.
1644 Rupert nimmt Stockport, Bolton und Liverpool und marschiert zum Entsatz von York (25. Mai bis 11. Juni).
1644 Schlacht von Cropredy Bridge (29. Juni). König schlägt Waller.
1644 Schlacht im Marston Moor (2. Juli). Schotten (Leven), Manchester und Fairfax schlagen Rupert und Newcastle. Wendepunkt: der Norden ist für den König endgültig verloren. York fällt am 16. Juli.
1644 Schlacht von Castle Dore (31. August). König vernichtet Armee von Essex.
1644 Schlacht von Tippermuir (1. September). Montrose schlägt Elgins Covenanters.
1644 Schlacht von Aberdeen (13. September). Montrose schlägt Covenanters.
1644 Schlacht von Newbury (27. Oktober). König wehrt Manchester und Waller ab.
1645 Schlacht von Inverlochy (2. Februar). Montrose besiegt Campbells.
1645 (April) Bildung des Parlamentsheeres des „Neuen Modells“ unter Fairfax und Cromwell als Kommandeur der Reiterei.

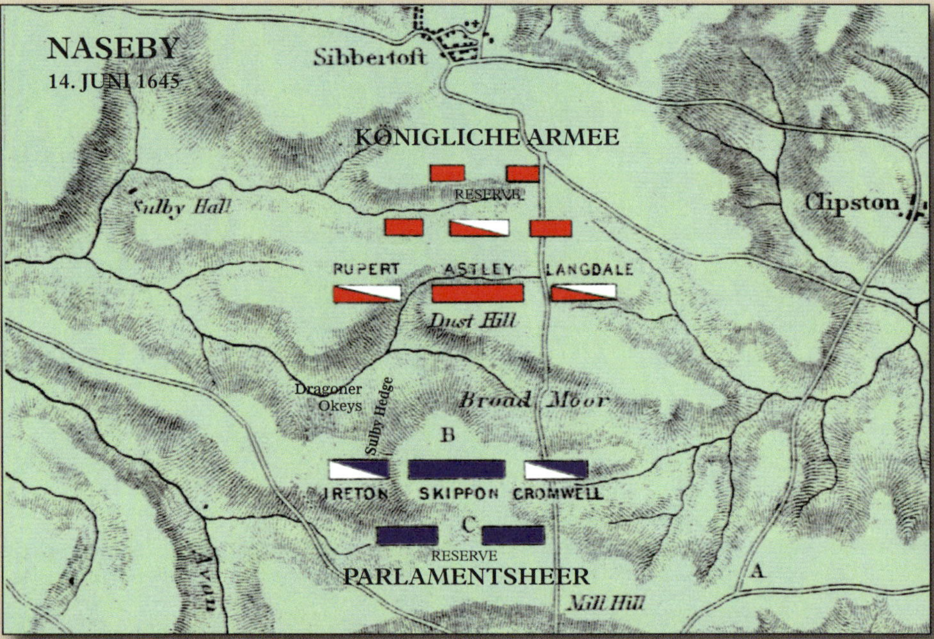


**Pfalzgraf Rupert, Herzog von Cumberland (1619–1682)**

Bei Ausbruch des Englischen Bürgerkriegs schloss sich der dritte Sohn des „Winterkönigs" Friedrich von der Pfalz und der Elisabeth Stuart seinem Onkel Karl I. an. Rupert führte die Kavallerie der Royalisten bei Edgehill und First Newbury, eroberte 1643 Bristol und leitete im Jahr darauf einen außergewöhnlich erfolgreichen Feldzug im Norden. Als er nach dem grandiosen Entsatz von York jedoch leichtsinnig eine unnötige Schlacht im Marston Moor wagte und unterlag, ging dem König der Norden verloren. Bei den anderen Kommandeuren der royalistischen Armee fanden die Entscheidungen des Oberbefehlshaber oft wenig Zustimmung, sodass eine effektive Koordination nicht möglich war. 1645 eroberte Rupert Leicester, wurde jedoch bei Naseby geschlagen und übergab danach Bristol, sehr zum Missfallen des Königs. 1649–1652 führte er eine kleine Schwadron royalistischer Freibeuter gegen das neue Regime, wurde aber unermüdlich von Blake verfolgt. Nach der Restauration diente er als Admiral unter Albemarle und dem Herzog von York im Englisch-Niederländischen Seekrieg und kämpfte bei Southwold Bay (1665) und North Foreland (1667).

***Oben:*** *Beim Ausbruch des Bürgerkriegs war Pfalzgraf Rupert 24 Jahre alt.*

***Rechts:*** *Cromwells glorreiche „Ironsides" grüßen ihren General nach der Schlacht von Naseby.*

**Schlacht von Naseby**

**Kontext** Englischer Bürgerkrieg.

**Zeit** 14. Juni 1645.

**Ort** ca. 15 km südwestlich von Market Harborough, in den englischen Midlands.

**Befehlshaber/Truppenstärke** König Karl I. kommandiert 4000 Infanteristen und 5000 Kavalleristen. Sir Thomas Fairfax kommandiert die neue Modellarmee des Parlaments, die aus 7000 Fußsoldaten und 6000 Reitern besteht.

**Ziele** Die Parlamentspartei wollte die endgültige Entscheidung und ein schnelles Ende des Krieges herbeiführen.

**Verluste** Royalisten: 6000 Tote/Verwundete/Gefangene. Parlamentspartei: Unter 1000 Tote/Verwundete.

**Sieger** Parlamentspartei.

**Folgen** Mit dieser Niederlage der letzten größeren Armee des Königs war die Sache der Royalisten in den Midlands verloren. Damit war die entscheidende Schlacht des Englischen Bürgerkriegs geschlagen.

1645 Schlacht von Auldearn (9. Mai). Montrose besiegt Hurrys Covenanter.

1645 Naseby (14. Juni). Fairfax und Cromwell schlagen den König endgültig und zerstören seine letzte bedeutende Feldarmee.

1645 Schlacht von Alford (2. Juli). Montrose besiegt Baillies Covenanter.

1645 Schlacht von Langport (10. Juli). Fairfax schlägt Goring.

1645 Schlacht von Colby Moor (1. August). Laugharne besiegt die Royalisten von Pembrokeshire.

1645 Rupert übergibt Bristol (10. September).

1645 Schlacht von Philiphaugh (13. September). Montrose unterliegt.

1645 Rowton Heath (24. September). Royalisten bei Chester geschlagen.

1646 Astley ergibt sich am 12. März mit der letzten Armee der Royalisten bei Stow-in-the-Wold.

1647 Schlacht von Dunganhill (8. August). Jones (Parlament) schlägt die Iren.

**Links:** *Gefecht von Kriegsschiffen des 17. Jahrhunderts. Die Schiffsbautechnik änderte sich nur wenig, bis Dampfkraft, Geschütze mit gezogenem Rohr und Panzerung den Seekrieg im 19. Jahrhundert revolutionierten. Die Taktik in den Englisch-Holländischen Seekriegen konzentrierte sich auf den Angriff in Linien, und dieses System wurde bis zum Ende des 18. Jahrhunderts beibehalten, als britische Admirale begannen, aggressivere und weniger konventionelle Methoden anzuwenden*

**Unten:** *Robert Blake.*
**Rechts:** *Michiel de Ruyter.*

**Robert Blake (1599–1657)**
Einer der größten englischen Admirale. Im Bürgerkrieg kämpfte Blake auf der Seite des Parlaments bei der Verteidigung von Bristol, Lyme Regis und Taunton. Die Parlamentspartei machte ihn 1644 zum Oberbefehlshaber zur See. In dieser Funktion jagte und zerstörte er 1650 die Flotte der Royalisten unter Rupert, sodass die Rückeroberung Jerseys und der Scilly-Inseln gelang. Im Ersten Englisch-Holländischen Seekrieg schlug er Tromp vor Dover (1625) und Kentish Knock (1652), verlor vor Dungeness, siegte aber vor Portland (1653). 1655 kämpfte Blake gegen die Piraten aus den Barbareskenstaaten. Im Winter 1656/57 legte er eine Blockade vor Spanien und unternahm im folgenden Jahr einen Überfall auf Santa Cruz (Kanaren). Ein wichtiger Beitrag zur neuen britischen Kriegsmarine waren seine „Fighting Instructions“ von 1653, die für den Flottenkampf von grundlegender Bedeutung wurden. Damals begann der Aufstieg der britischen Kriegsflotte zu einer militärischen Größe von internationalem Rang.

**Michiel Adrianszoon de Ruyter (1607–1676)**
Der größte Admiral der Niederlande, dessen Seesiege gegen England viel zum Prestige der Niederlande beitrugen. Nachdem de Ruyter im Ersten Englisch-Holländischen Seekrieg unter Tromp gedient hatte, kämpfte er im Ersten

***Zweiter Bürgerkrieg 1648***

1648 Schlacht von Preston. Cromwell schlägt Royalisten und Schotten.

1648 Colchester ergibt sich am 28. August.

1649 Karl I. wird am 30. Januar hingerichtet.

***1649 Irischer Feldzug***

1649 Rathmines (2. August). Ormondes Royalisten vor Dublin zurückgeworfen.

1649 Drogheda und Wexford werden von September bis Dezember belagert und von Cromwells Armee erobert.

***Dritter Bürgerkrieg 1650–1651***

1650 Schlacht von Carbisdale (27. April). Montroses Royalisten besiegt.

1650 Dunbar (3. September). Cromwell schlägt die schottischen Covenanter.

1651 Worcester (3. September). Cromwell schlägt Armee Karls II.

Nordischen Krieg für Dänemark und schlug die Schweden 1659 bei Nyborg. Dann war er vor der Küste Guineas und in der Karibik im Einsatz, ehe er im Zweiten Englisch-Holländischen Krieg große Flotteneinsätze führte, darunter die Viertageschlacht 1666. Im Jahr darauf zerstörte er bei Medway einen großen Teil der englischen Flotte und brachte das Flaggschiff in seine Gewalt. Die größten Schlachten schlug de Ruyter jedoch im Dritten Englisch-Holländischen Krieg (1672–1674), als er bei Sole Bay (1672), Oostende (1623) und Kidjuin (1673) siegte. Danach wurde er vor Sizilien tödlich verwundet.

## Englisch-Holländische Seekriege

***Erster Englisch-Holländischer Krieg 1652–1654***

1652 Schlacht von Kentish Knock. Blake besiegt de With.

1652 Schlacht von Dungeness. Tromp besiegt Blake.

1653 Schlacht von Portland/Beachy Head. Unentschieden.

1653 Schlacht von Gabbard/North Foreland/Nieuport. Monck und Deane schlagen Tromp und de Ruyter.

1653 Schlacht von Texel. Monck besiegt Tromp, der getötet wird.

***Zweiter Englisch-Holländischer Krieg 1665–1667***

1665 Schlacht von Sole Bay/Lowestoft. Herzog von York schlägt Opdam.

1666 Viertagesgefecht/Straße von Dover. De Ruyter und Tromp jr. schlagen Albemarle und Rupert.

1666 Schlacht von North Foreland (II). Albemarle besiegt de Ruyter.

***Dritter Englisch-Holländischer Krieg 1672–1674***

1672 Schlacht von Southwold. De Ruyter schlägt York und d'Estrées.

1673 Schlacht an der Schooneveld Bank. De Ruyter besiegt Rupert und d'Estrées.

1673 Schlacht von Texel/Camperdown. De Ruyter besiegt Rupert und d'Estrées.

## Kriege Ludwig XIV. von Frankreich

***Phase I: Devolutionskrieg gegen Spanien 1667–1668***

1667 Ludwig XIV. erhebt Anspruch auf Brabant. Einmarsch in den spanischen Niederlanden.

1668 Condé erobert die habsburgische Franche-Comté.

1668 Friede von Aachen, erzwungen durch die Trippelallianz England, Holland und Schweden.

1670 Besetzung Lothringens. Herzog Karl von Lothringen geht ins Wiener Exil.

***Phase II: Krieg gegen Holland 1672–1678***

1672 Einfall in Holland. Wilhelm III. von Oranien wird zum Generalstatthalter auf Lebenszeit gewählt. Landesverteidigung durch Öffnung der Dämme.

**John Churchill, Herzog von Marlborough (1650–1722)**

Der britische Feldherr errang im Spanischen Erbfolgekrieg eine Reihe bedeutender Siege, die den Expansionsdrang Ludwigs XIV. von Frankreich eindämmten. 1685 kämpfte er während des Monmouth-Aufstands bei Sedgemoor, verließ 1688 jedoch Jakob II. und akzeptierte Wilhelm von Oranien als König von England. Er diente in Irland und Flandern, ehe er Generalkapitän der alliierten Armeen in Flandern wurde und an die Spitze der von Wilhelm gebildeten Koalition gegen die französische Aggression trat. In zehn Feldzügen bewies er sein Können als Stratege, Taktiker und Logistiker, aber auch als Diplomat. Seine größten Siege waren Höchstädt (1704), Ramillies (1706), Oudenarde (1708) und Malplaquet (1709). Mit einem Herzogtum und dem Blenheim Palace in Oxfordshire belohnt, zog sich Marlborough 1711 zurück, als ein politischer Richtungswechsel seine Stellung am Hof untergraben hatte.

***Links:** John Churchill, Herzog von Marlborough und Vorfahr Winston Churchills, der eine Biografie des großen Feldherren schrieb.*

1673 Antifranzösische Allianz unter Führung Österreichs.
1674 Schlachten von Sinzheim und Ladenburg. Turenne schlägt die Kaiserlichen.
1675 Schlachten von Mülhausen, Colmar, Türkheim. Turenne schlägt erneut die Kaiserlichen und erzwingt die Räuming des Elsass.
1675 Sasbach. Turenne wird getötet.
1675 Schlacht von Fehrbellin. Friedrich Wilhelm von Brandenburg, der Große Kurfürst, schlägt die Schweden.
1678 Friede von Nimwegen.

***Phase III: Reunionskriege 1679–1684***

1681 Annexion der Reichsstadt Straßburg. Haager Allianz der Niederlande, Schwedens, Spaniens und des Reiches.
1684 Besetzung Luxemburgs.
1684 Französische Flotte beschießt Genua.
1684 Regensburger Stillstand. Gebunden durch den Türkenvorstoß, erkennen Kaiser und Reich die Reunionen an.

***Phase IV: Pfälzischer Krieg 1688-1697***

1688 Ludwig XIV. erhebt für seine Schwägerin Elisabeth Charlotte von der Pfalz Erbansprüche und lässt die Kupfalz besetzen.
1689 Bildung der Großen Allianz zwischen Kaiser, Reich, Generalstaaten, England, Spanien und Savoyen.
1689 Invasion der Niederlande.
1690–1693 Feldzug ins Piemont. Schlachten von Staffarda und Marsaglia.
1692 Schlacht von Steinkirk. Niederlage Wilhelms von Oranien.
1692 Seeschlacht von La Hogue. Nach den Seesiegen von Bantry Bay und Beachy Head wird die neue französische Flotte unter Tourville von Russell besiegt.
1693 Schlacht von Neerwinden. Niederlage Wilhelms von Oranien.
1697 Friede von Rijswijk.

***Phase V: Spanischer Erbfolgekrieg 1702–1713***

1700 Tod Karls II., des letzten spanischen Habsburgers, der auf Betreiben Ludwigs XIV. dessen Enkel Philipp von Anjou als Gesamterben eingesetzt hat. Erzherzog Karl ist Prätendent einer habsburgischen Sekundogenitur für Spanien und seine Kolonien.
1701 Große Allianz von Haag zwischen Großbritannien, Österreich, Preußen, Hannover, Portugal, dem Reich (1702) und Savoyen (1703). Verbündete Ludwigs XIV. sind die Wittelsbacher.
1701 Französicher Einmarsch in den spanischen Niederlanden.
1701 Prinz Eugen von Savoyen siegt an der italienischen Front bei Carpi und Chiari.
1702 Schlacht von Friedlingen.
1703 Camisarden-Aufstand der Hugenotten in den Cevennen beginnt.
1704 Schlacht von Höchstädt/Blindheim. Sieg Marlboroughs und des Prinzen Eugen. Bayern fällt an die Alliierten.
1704 England nimmt Gibraltar.
1706 Schlacht von Ramillies. Allianz gewinnt die Niederlande.
1706 Schlacht von Turin. Sieg des Prinzen Eugen und seines Vetters Victor Amadeus von Savoyen.
1707 Schlacht von Almanza.
1708 Schlacht von Oudenarde. Invasion der Alliierten in Frankreich.
1708 Sardinien britischer Stützpunkt bis 1714, Menorca bis 1783.
1709 Schlacht von Malplaquet. Pyrrhussieg für Marlborough macht Invasion der Alliierten in Frankreich unmöglich.
1710 Schlacht von Lérida. Philipp V. wird geschlagen.
1710 Schlachten von Brihuega, Villaviciosa. Allianz unterliegt. Spanien fällt endgültig an die Bourbonen.
1711 Friede von Szataníar. Beilegung des ungarischen Aufstands.
1711 Politische Wendung des Krieges. Sturz der Whig-Regierung und Rückberufung Marlboroughs. Tod Kaiser Josephs I., sein Bruder Karl wird Nachfolger und die Verbindung Spanien-Österreich steht bevor.
1712 Schlacht von Denain. Villars gelingt Frankreichs einziger großer Sieg.
1713 Friede von Utrecht zwischen Frankreich und den Seemächten. Teilung Spaniens: Hauptland und Kolonien an den Bourbonen Philipp V., Nebenlande an Habsburg, Sizilien an Savoyen.
1714 Friede von Rastatt und Baden. Kaiser und Reich erkennen die Neuordnung an.

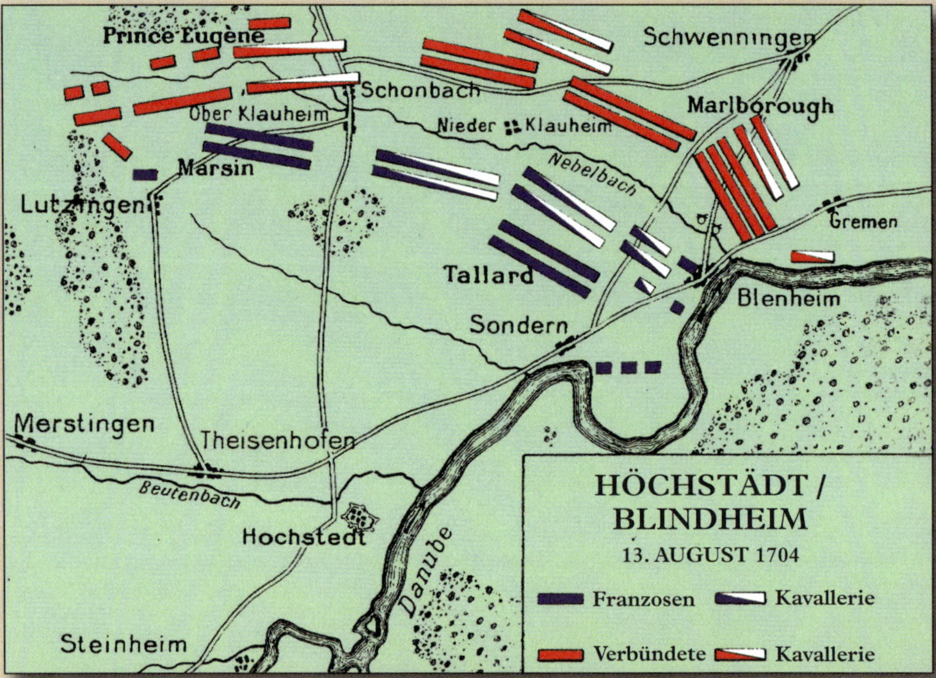
Prince Eugène
Schonbach
Schwenningen
Ober Klauheim
Nieder Klauheim
Marlborough
Marsin
Nebelbach
Lutzingen
Gremen
Tallard
Blenheim
Sondern
Merstingen
Theisenhofen
Beutenbach
Hochstedt
Danube
Steinheim
HÖCHSTÄDT / BLINDHEIM
13. AUGUST 1704
Franzosen
Kavallerie
Verbündete
Kavallerie

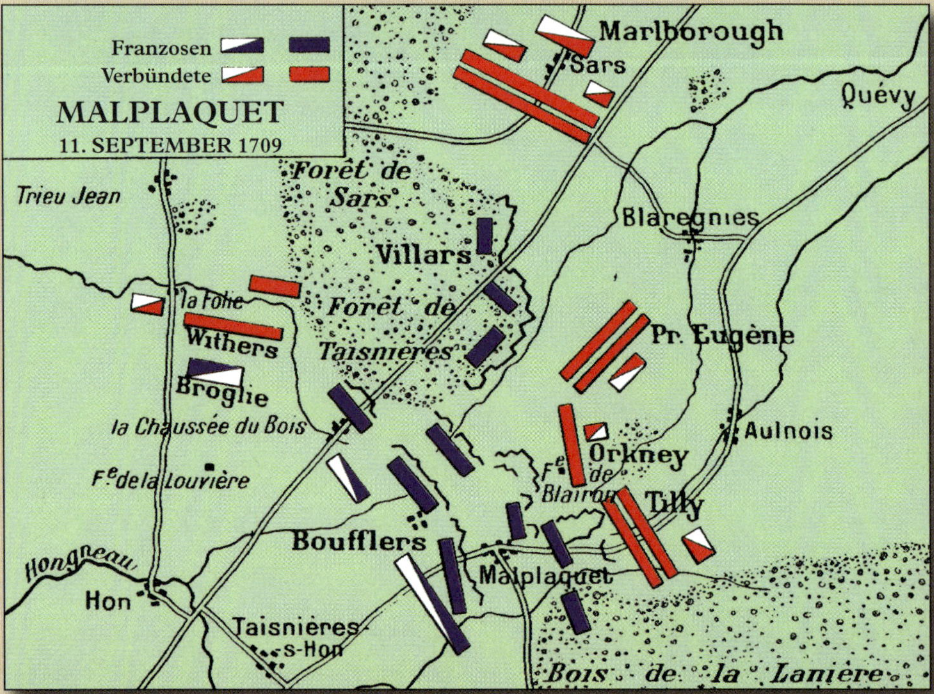
Franzosen
Verbündete
MALPLAQUET
11. SEPTEMBER 1709
Marlborough
Sars
Quévy
Forêt de Sars
Trieu Jean
Blaregnies
Villars
la Folie
Forêt de Taisnières
Withers
Pr. Eugène
Broglie
la Chaussée du Bois
Aulnois
Orkney
Fe de Blairon
Fe de la Louvière
Tilly
Boufflers
Hongneau
Malplaquet
Hon
Taisnières-s-Hon
Bois de la Lanière

**Schlacht bei Höchstädt/Blindheim**

**Kontext** Spanischer Erbfolgekrieg.

**Zeit** 13. August 1704.

**Ort** Blindheim (engl. Blenheim), Dorf in der Nähe von Höchstädt, ca. 15 km westlich von Donauwörth.

**Befehlshaber/Truppenstärke** Der Herzog vom Marlborough und Prinz Eugen von Savoyen befehligten 52 000 Mann und verfügten über 60 Geschütze. Graf Camille de Tallard kommandierte 56 000 Franzosen und hatte 90 Geschütze.

**Ziele** Die Alliierten wollen den Stillstand am Kriegschauplatz an der Donau durchbrechen und die Bedrohung Wiens durch die Franzosen beenden.

**Verluste** Alliierte: 12 000 Tote/Verwundete. Franzosen: 20 000 Tote/Verwundete und 14 000 in Gefangenschaft.

**Sieger** Alliierte.

**Folgen** Wien war gerettet, und die Initiative ging an die Alliierten über, die Bayern besetzten und einen Siegeszug antraten.

**Schlacht von Malplaquet**

**Kontext** Spanischer Erbfolgekrieg.

**Zeit** 11. September 1709.

**Ort** ca. 15 km südlich von Mons.

**Befehlshaber/Truppenstärke** Der Herzog von Marlborough und Prinz Eugen von Savoyen kommandieren eine 110 000 Mann starke alliierte Armee mit 100 Geschützen. Herzog Claude de Villars und Louis de Boufflers befehligen auf französischer Seite 80 000 Mann mit 60 Geschützen.

**Ziele** Die Alliierten wollten Mons erobern, die letzte französische Armee vernichten und nach Paris marschieren, um den Krieg zu beenden.

**Verluste** Alliierte: 6500 Tote, 14 000 Verwundete. Franzosen: 4500 Tote und 8000 Verwundete.

**Sieger** Alliierte.

**Folgen** Die Franzosen waren zwar besiegt, aber die Alliierten hatten einen Pyrrhussieg errungen. Malplaquet war die blutigste Schlacht des Jahrhunderts. Ein weiterer Vormarsch der Alliierten noch im selben Jahr wurde unmöglich.

*Rechts:* Der Bildteppich in Blenheim Palace zeigt Marlborough bei der Befehlserteilung in der Schlacht von Malplaquet, der vierten und letzten seiner großen Schlachten. Er wollte die letzte französische Armee auf dem Schlachtfeld schlagen, aber die französischen Feldmarschälle Villars und Bouler hielten eine hervorragende Position. Die Schlacht war überaus blutig, und obwohl Marlborough technisch gesiegt hatte, zogen sich die Franzosen wohlgeordnet zurück. Die schweren Verluste bewirkten einen Umschwung der öffentlichen Meinung in England, der Ruf nach Frieden wurde immer lauter.

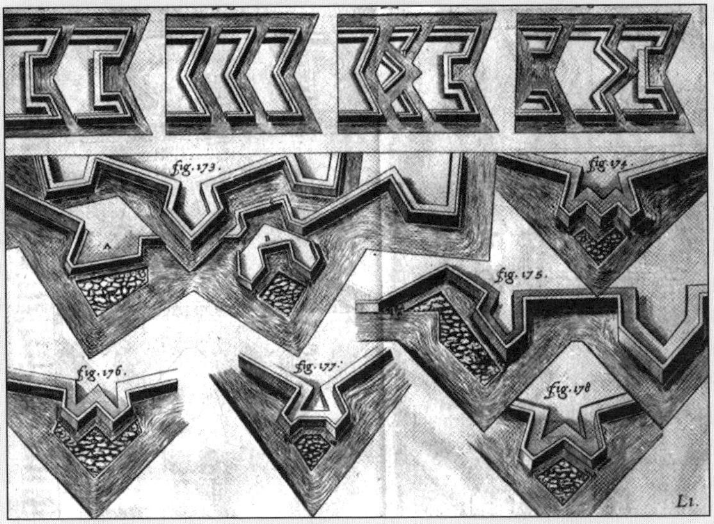


***Links:*** *Entwürfe für Außenwerke aus der Mitte des 17. Jahrhunderts mit verschiedenen Bastionsformen. Während das Bollwerk als Stützpunkt gedacht war, um auf die Angreifer zu feuern und ihnen zwischen den Bastionen in die Flanke zu fallen, war es selbst anfällig dafür, isoliert und erobert zu werden. Gezeigt werden verschiedene Möglichkeiten, ein Außenwerk so anzulegen, dass es im Falle der Eroberung weitere Verteidigungslinien gibt.*

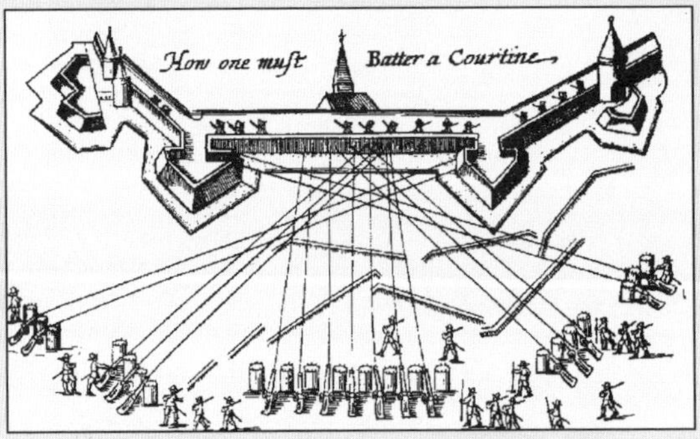


***Links:*** *Die Illustration aus einem Handbuch von 1639 zeigt, wie wichtig das Bollwerk ist, wenn bei der Belagerung Artillerie zum Einsatz kommt. Der Raum zwischen den Bollwerken (Courtine) wird durch Kreuzfeuer von den Wällen geschützt. Wenn es den Angreifern gelingt, den Wall zu nehmen, kann dessen schmaler „Hals" mit einer weiteren Verteidigungslinie relativ leicht isoliert werden.*

***Links:*** *Ein Mörser in einem Handbuch aus dem 17. Jahrhundert. Mörser waren kurze, nach oben gerichtete Geschütze, die die Projektile in einer hohen Flugbahn über die gegnerischen Verteidigungslinien schossen. Weniger zielsicher als eine Kanone, waren sie nichtsdestoweniger zerstörerisch und konnten Teile der Verteidigungslinien erreichen, die außerhalb der Reichweite normaler Geschütze lagen. Kleine, leichte und tragbare Infanteriemörser sind bis heute im Einsatz.*

**Amerika**

1664 Englischer Angriff auf Neu-Niederland, das im Frieden von Breda (1667) englisch wird.
1711–12 Tuscarora-Krieg.
1702–1713 „Königin-Annas-Krieg" (Spanischer Erbfolgekrieg in Europa).
1711 Französische Expedition nimmt Rio de Janeiro.
1713 Großbritannien erhält im Frieden von Utrecht Neufundland und Neuschottland.
1715–1728 Yamassee-Krieg.
1718–1720 Krieg der Viererallianz.
1721–1725 Revolution in Paraguay.
1740–1748 „König-Georgs-Krieg" (Österreichischer Erbfolgekrieg in Europa).

**Osmanisches Reich**

1606 Friede von Zsitvatorok. Ende des „Langen Krieges" mit Österreich (seit 1593).
1697–1609 Celali-Aufstand in Anatolien.
1612 Friedensschluss mit den persischen Safawiden.
1620–1621 Krieg gegen Polen.
1623–1639 Krieg mit Persien. Rückeroberung von Mossul (1629) und Bagdad (1638).
1633–1635 Aufstand des libanesischen Drusenemirs Fachreddin.
1645–1670 Krieg gegen Venedig.
1656 Venedigs Seesieg bei den Dardanellen.
1658 Köprülü Mehmet Pascha verwüstet Siebenbürgen.
1658–1659 Celali-Aufstand in Anatolien.
1663–1664 Feldzug gegen Habsburg.
1664 Schlacht von St. Gotthardt an der Raab. Sieg der Kaiserlichen unter Montecuccoli. Friede von Eisenburg (Varvár).
1669 Eroberung von Kandia auf Kreta. Friedensschluss mit Venedig.
1672 Krieg gegen Polen. Westukraine nebst Podolien werden osmanisch.
1678–1681 Krieg gegen Russland um das ukrainische Gebiet westliche des Dnjepr.
1683 Osmanischer Feldzug gegen Wien.
1683 Schlacht von Petronell. Kara Mustafa besiegt Karl IV. von Lothringen. Sechzigtägige Belagerung von Wien.
1683 Schlacht am Kahlenberg. Johann Sobieski und Karl von Lothringen bringen dem Belagerungsheer eine vernichtende Niederlage bei.
1684 Bildung einer Heiligen Liga gegen die Osmanen (Papst, Habsburg, Venedig, Polen, Malteser).
1686 Eroberung von Ofen durch die Kaiserlichen. Venedig nimmt Morea (Peloponnes), Athen, Stützpunkte in Dalmatien.
1687 Nach der schweren Niederlage auf dem Schlachtfeld von Mohács gehen der osmanische Besitz in Ungarn und das Vasallenfürstentum Siebenbürgen an Habsburg verloren. Habsburgischer Vormarsch in Serbien.
1687 Russischer Angriff auf das Khanat der Krim.
1690 Osmanen erobern Serbien und Siebenbürgen zurück.
1691 Schlacht von Slankemen. Sieg des Markgrafen Ludwig von Baden („Türkenlouis").
1696 Zar Peter I. erobert Asow.
1697 Schlacht bei Zenta. Prinz Eugen von Savoyen besiegt des osmanische Heer.
1699 Friede von Karlowitz.
1711 Schlacht am Pruth. Osmanen besiegen das russische Heer und erobern Asow zurück.
1715 Venedig verliert den Peloponnes.
1716 Schlacht von Peterwardein. Sieg des Prinzen Eugen von Savoyen.
1718 Friede von Passarowitz mit Habsburg.
1724–1736 Kriege mit Persien.
1736–1739 Krieg gegen Russland, das Asow zurückerobert.
1737–1739 Krieg mit Österreich.
1739 Friede von Belgrad mit Habsburg und Russland.
1743–1746 Krieg mit Nadir Schah von Persien.

**Indien**

1738–1739 Persische Invasion in Indien.
1744–1748 Erster Karnatischer Krieg.
1746 Schlacht von Madras.
1748 Schlacht von Pondicherry. Beginn der britisch-französischen Kolonialkämpfe.
1749–1754 Zweiter Karnatischer Krieg.
1751 Schlacht von Arcot.

**Karl XII.** (1682–1728)
Ebenso wie Napoleons Schicksal entschied sich auch das Karls XII. in Russland. Als brillanter Taktiker führte er Schweden im ersten Jahrzehnt des 18. Jahrhunderts zu einer Reihe von Siegen. Als 1700 der Große Nordische Krieg ausbrach, griff eine dänisch-sächsisch-polnisch-russische Koalition Schwedens Besitzungen an der Ostsee und in Norddeutschland an. Im Alter von 19 Jahren brachte Karl den Russen bei Narwa (1700) eine vernichtende Niederlage bei. Seine Generäle hatten bereits Dänemark ausgeschaltet. Nach den Siegen bei Riga (1702) über August den Starken und bei Kliszów über das polnische Heer waren alle Gegner überwunden. Doch der russische Zar wollte sich noch nicht geschlagen geben. 1707 stieß Karl gegen ihn vor, gewann die Schlacht bei Holowczyn und drang immer tiefer in das endlose Land ein. 1709 traf seine durch den langen Feldzug abgekämpfte Armee schließlich bei Poltawa auf die zahlenmäßig weit überlegenen Truppen Peters des Großen und wurde vernichtet. Karl XII. floh in die Türkei, wo er fünf Jahre lang blieb, ehe er inkognito über Siebenbürgen wieder nach Schweden zurückkehrte und den Kampf sofort von neuem aufnahm. Es war jedoch zu spät. 1718 starb der König an einer Kopfwunde bei der Belagerung von Frederikshald. Schwedens Status als Großmacht ging mit ihm unter. Er war ein brillanter Taktiker, aber kein Logistiker, zudem ruhelos, impulsiv und verfügte über wenig strategisches Gespür.

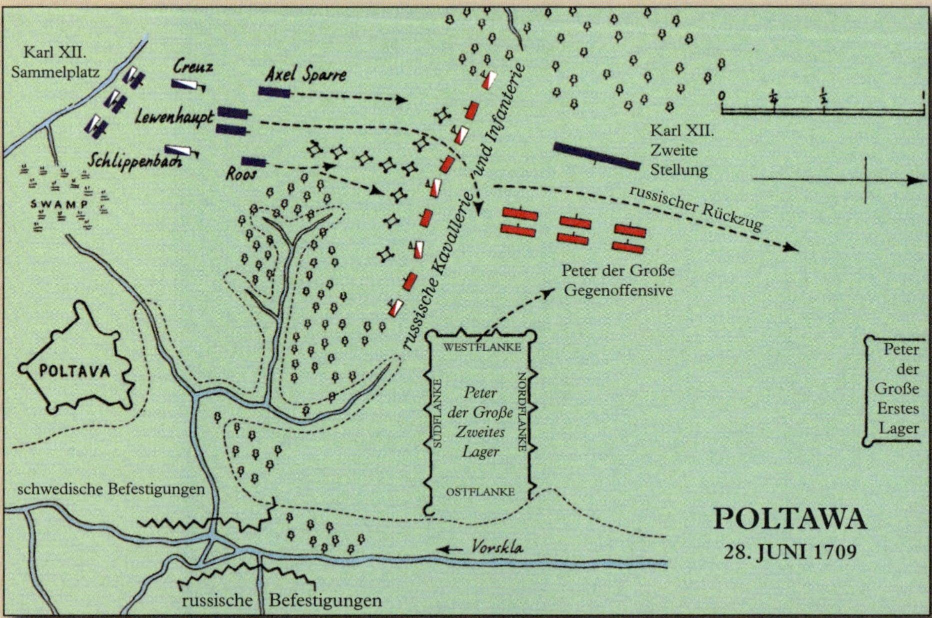

**Nordischer Krieg 1654–1660**

1654 Karl X. Gustav von Schweden, der „nordische Alexander“ (aus dem wittelsbachischen Haus Pfalz-Zweibrücken) überfällt das durch den Saporoger Kosakenaufstand und durch einen russischen Angriff geschwächte Polen Johan II. Kasimir.

1656 Geheimabkommen von Marienburg. Brandenburg und Schweden vereinbaren Teilung Polens.

1656 Besetzung Krakaus und Dünaburgs. Schwedischer Sieg bei Warschau mit Hilfe Brandenburgs.

1657 Schwedischer Angriff auf Dänemark.

1658 Dänemark verliert Südschweden im Frieden von Roskilde.

1659 Karl X. Gustav von Schweden belagert Kopenhagen, muss sich aber dem Druck von England und Holland beugen.

1660 Friede von Oliva.

1675 Schlacht von Fehrbellin. Friedrich Wilhelm von Brandenburg, der Große Kurfürst, besiegt die Schweden nach einem Einfall infolge französischer Subsidien.

**Schlacht von Poltawa**

**Kontext** Großer Nordischer Krieg.

**Zeit** 28. Juni 1709.

**Ort** Ukraine, ca.135 km südwestlich von Charkow.

**Befehlshaber/Truppenstärke** Peter der Große von Russland kommandierte 42 000 Mann herkömmlicher Truppen sowie eine Sondertruppe aus 35 000 Mann. Karl XII. von Schweden befehligte 12 000 Mann.

**Ziele** Am Ende von Nachschublinien, die bestenfalls spärlich waren, belagerte Karl XII. Poltawa, musste sich dann aber der heranrückenden Armee Peters des Großen stellen.

**Verluste** Russen: 1300 Tote/Verwundete. Schweden: 7000 Tote, 2600 in Gefangenschaft.

**Sieger** Russland.

**Folgen** Poltawa besiegelte das Ende der schwedischen Großmachtstellung. Russland erschien als militärische Macht auf der europäischen Bühne.

1675–1679 Neuerlicher schwedischer Angriff auf Dänemark.

1677 Dänischer Sieg in der Kjöge-Bucht.

1679 Friede von Lund. Eingreifen Ludwigs XIV. verhindert schwedische Verluste.

**Großer Nordischer Krieg 1700–1721**

1699 Allianz Peters des Großen mit Sachsen-Polen unter August dem Starken und Dänemark gegen Karl XII. von Schweden.

1700 Schweden landen mit britisch-holländischer Flottenhilfe auf Seeland und schlagen die Dänen. Friede von Travendal.

1700 Schlacht von Narwa. Karl XII. schlägt das Heer Peters des Großen.

1702 Schlacht bei Riga. Karl XII. besiegt sächsisch-russisches Heer.

1702 Schlacht von Kliszow. Karl XII. schlägt polnisches Heer.

1703–1704 Peter der Große erobert Schlüsselburg (Nöteborg), Iwanograd und Narwa zurück (1703 Gründung Petersburgs).

1706 Fraustadt. Schwedischer Sieg.

1706 Karl XII. besetzt Polen und Sachsen.

1707 Diktatfriede von Altranstädt. August der Starke muss auf Polen verzichten. Marlborough sucht Karl XII. auf und hält ihn davon ab, Frankreich im Spanischen Erbfolgekrieg zu unterstützen.

1707–1709 Russlandfeldzug Karls XII.

1708 Holowczyn. Schwedischer Sieg.

1709 Schlacht von Poltawa endet mit der Kapitulation bei Perwolotschina als totale schwedische Niederlage.

1711 Schlacht am Pruth. Peter der Große erreicht für sein umzingeltes Heer freien Abzug gegen die Übergabe von Asow.

1713–1720 Konzentrische Angriffe auf die schwedischen Besitzungen an Nord- und Ostsee.

1713 Schlacht von Gadebusch. Schweden siegen über die Dänen, werden aber bei Tönning zur Kapitulation gezwungen.

1713 Preußen erobert Vorpommern, Hannover Bremen und Verden.

1714 Finnland von Russland besetzt.

1719–1720 Russische Invasion Schwedens.

1719–1721 Friedensschlüsse zu Stockholm, Frederiksborg und Nystad.

**Moritz von Sachsen (1696–1750)**
Für seine Schriften ebenso bekannt wie für seine Taten, kämpfte der natürliche Sohn Augusts des Starken als Marschall von Frankreich im Österreichischen Erbfolgekrieg. In der Schlacht bei Fontenoy schlug er die Armee der Alliierten (Niederländer, Briten, Österreicher). Dieser Sieg brachte große Teile der ehemals Spanischen, seit 1713 Österreichischen Niederlande in seine Hand. 1745 nahm er Tournai, 1746 Brüssel und zwei Jahre später Maastricht. Seine Schrift „Mes Rêveries“ (1732) war die modernste militärtheoretische Abhandlung ihrer Zeit. Sie forderte Verantwortung der Offiziere sowie Uniformität in Ausbildung und Training und befürwortete den verstärkten Einsatz leichter Infanterie sowie eine Truppenformation, die das napoleonische Armeekorps vorwegnahm.

***Links:** Moritz von Sachsen.*

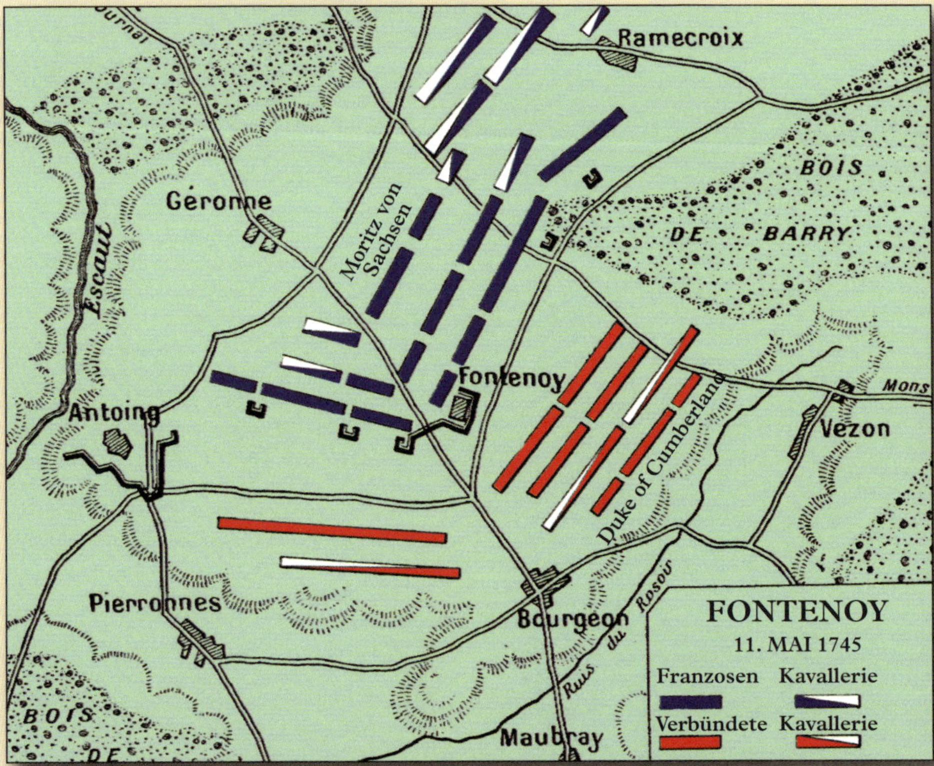

1715 Belagerung von Stralsund.
1719 Karl besetzt Norwegen und wird bei der Belagerung von Fredriksten getötet.
1721 Frieden von Nystad beendet den Großen Nordischen Krieg.

**Britische Inseln**
1679 Aufstand der schottischen Covenanter.
1679 Schlacht von Bothwell Bridge. Covenanter-Aufstand niedergeworfen.
1685 Monmouth-Rebellion
1685 Schlacht von Sedgemoor. Prätendent Monmouth geschlagen und gefangen genommen.
1688 „Glorious Revolution".
1688–1692 Feldzüge Wilhelm III. von Oranien gegen die katholischen „Jakobiten".
1689 Schlacht von Killiecrankie. Highlander überfallen Regierungstruppen.
1689 Schlacht von Dunkeld.
1690 Schlacht am Boyne-Fluss. Endgültiger Sieg Wilhelms III. über Jakob II.
1691 Aughrim. Irische Rebellen zerstreut.
1692 Schlacht von Glencoe. Kapitulation von Limerick
1715 Jakobiten-Aufstand
1715 Preston. Rebellen vernichtet.
1745–1746 Jakobiten-Aufstand
1745 Schlacht von Prestonpans. Karl Eduard Stuart vernichtet Regierungstruppen.

**Schlacht von Fontenoy**

**Kontext** Österreichischer Erbfolgekrieg.

**Zeit** 11. Mai 1745.

**Ort** ca. 8 km östlich von Tournai, Belgien.

**Befehlshaber/Truppenstärke** Der Herzog von Cumberland hatte 53 000 Mann mit 80 Geschützen, Moritz von Sachsen 52 000 Mann und 70 Geschütze.

**Ziele** Cumberland wollte die französische Belagerung von Tournai durchbrechen.

**Verluste** Briten: 7500. Franzosen: 7200.

**Sieger** Franzosen.

**Folgen** Franzosen eroberten Tournai und den größten Teil der Österreichischen Niederlande.

1746 Schlacht von Falkirk. Murray führt die Jakobiten zu ihrem letzten Sieg.
1746 Schlacht von Culloden. Prätendent „Bonnie Prince Charlie" wird vom Herzog von Cumberland endgültig besiegt.

**Österreich**
1716–1718 Dritter Türkenkrieg.
1716 Schlacht von Peterwardein. Sieg des Prinzen Eugen.
1717 Prinz Eugen erobert Belgrad.
1718 Friede von Passarowitz. Größte Ausdehnung des Habsburger Reiches.
1733–1738 Polnischer Erbfolgekrieg. Angriff der Bourbonenstaaten auf die habsburgischen Länder.
1734 Schlacht von Parma.
1734 Schlacht von Guastalla. Niederlage gegen französisch-savoyische Armee.
1734 Schlacht bei Bitonto. Spanischer Sieg.
1735 Vorfriede von Wien.
1737–1739 Vierter Türkenkrieg.
1739 Schlacht von Grocka. Niederlage gegen osmanische Armee.
1739 Friede von Belgrad. Territorialverluste auf dem Balkan.

**Österreichischer Erbfolgekrieg 1740–1748**
1695–1696 Russen erobern Azow.
1698–1699 Strelitzenaufstand in Russland.
(Siehe Großer Nordischer Krieg!)
1740 Einmarsch Friedrichs II. von Preußen in Schlesien.
1741 Schlacht von Mollwitz. Preußen schlagen Österreicher.
1741 Schlacht bei Chotuzitz. Friedrich II. schlägt österreichische Armee.
1743 Schlacht von Dettingen am Main. Sieg der „pragmatischen Armee" (englische, holländische und österreichische Kontingente) unter Georg II. von England über die Franzosen.
1743 Schlacht bei Camposanto. Graf Traun siegt über die Spanier.
1745 Schlacht von Fontenoy (11. Mai). Marschall Moritz von Sachsen besiegt Cumberlands alliierte Armee.
1745 Hohenfriedberg (4. Juni). Friedrich II. besiegt Österreicher und Sachsen.

**Friedrich II. der Große** (1712–1786)
Unter Friedrich II., einem der bedeutendsten Feldherrn der Geschichte, stieg Preußen zur großen Militärmacht auf. Nach einer harten Jugend unter einem strengen Vater, dem „Soldatenkönig", erbte Friedrich einen bestens organisierten Militärstaat. 1740 eroberte er Schlesien, und in den Kriegen zur Verteidigung seiner Beute zeigte sich Preußens neue aggressive Haltung. Die größten Schlachten im Siebenjährigen Krieg schlug er 1757 bei Roßbach und Leuthen. 1759 brachte ihn jedoch eine Allianz von Russland, Schweden und Österreich an den Rand des Abgrunds. Dass Preußen sich halten konnte, verdankte es Friedrichs Beweglichkeit und Kampfstärke und seinem unbezwingbaren Genie. Der Einfluss Friedrichs des Großen auf die Kriegsführung war enorm. Für ihn ruhte sie auf vier Säulen: harte Disziplin, damit der einzelne Soldat wie ein Automat funktionierte; höchste Beachtung vorbereitender Logistik; absoluter Vorrang der Offensive; schließlich Berücksichtigung der „Praktikabilität" eines Befehls auf dem Schlachtfeld. Gleichzeitig war dieser Kriegsherr aber auch ein Intellektueller, das Musterbeispiel eines Herrscher der Aufklärung, Freund Voltaires und ein begabter Musiker.

***Oben:*** *König Friedrich II. der Große von Preußen.*

***Rechts:*** *Szene aus der Schlacht von Mollwitz 1741, in der Friedrich II. Schlesien für Preußen sicherte. Es war seine erste Schlacht, und Friedrich machte ebenso Fehler wie seine Gegner. Tatsächlich gewann sein General Schwerin die Schlacht für ihn.*

1745 Soor (30. September). Friedrich II. schlägt Angriff der Österreicher zurück.
1745 Kesselsdorf (25. Dezember). Preußisches Heer bringt den Sachsen eine empfindliche Niederlage bei.
1746 Piacenza. Sieg der Österreicher.
1747 Schlacht von Laffeldt. Moritz von Sachsen besiegt die Alliierten.
1748 Friede von Aachen.

**Siebenjähriger Krieg 1756–1763**

1756 Frankreich und Österreich schließen im Vertrag von Versailles ein Offensivbündnis, dem Russland, Sachsen, Schweden und das Reich (ohne Hannover, Hessen-Kassel, Braunschweig) beitreten.
1756 Friedrich II. kommt der gemeinsamen Aktion durch einen Präventivschlag zuvor und fällt in Sachsen ein.
1756 Schlacht bei Lobositz. Friedrich II. wehrt eine österreichische Armee ab, die Sachsen Entsatz bringen soll.
1757 Schlacht bei Prag (6. Mai).
1757 Schlacht bei Kolin (18. Juni). Der österreichische Feldmarschall Leopold von Daun schlägt Friedrichs Armee.
1757 Roßbach (5. November). Friedrich II. besiegt Franzosen und Reichstruppen.
1757 Leuthen (5. Dezember). Friedrich II. schlägt die Österreicher.
1758 Schlacht von Zorndorf. Friedrich II. schlägt russische Armee.

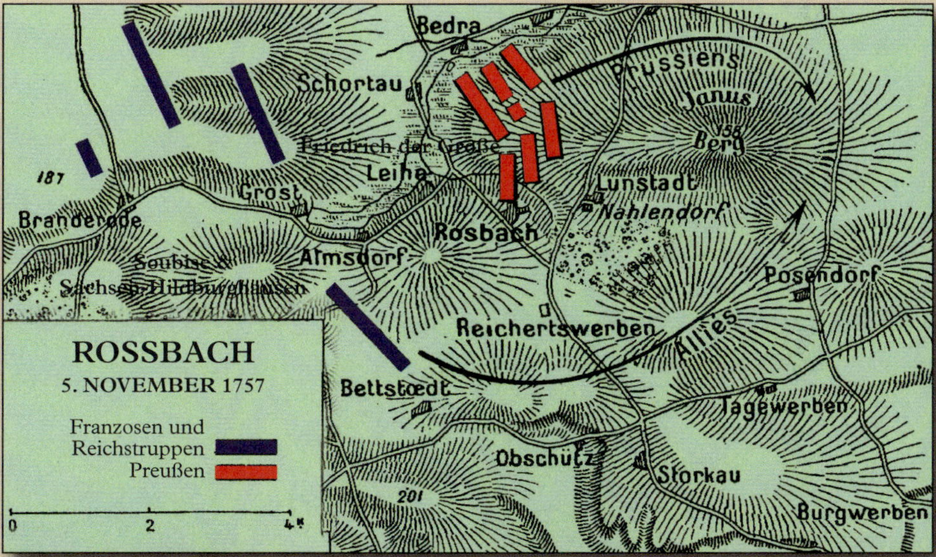


**Schlacht bei Roßbach**

**Kontext** Siebenjähriger Krieg.

**Zeit** 5. November 1757.

**Ort** ca. 40 km südwestlich von Leipzig.

**Befehlshaber/Truppenstärke** Friedrich der Große kommandierte 21 000 – 22 000 Preußen. Marschall Charles de Soubise und Joseph von Sachsen-Hildburghausen befehligten Franzosen und Reichstruppen in einer Stärke von 41 000 Mann.

**Ziele** Die alliierte Armee sollte einen von mehreren konzentrisch geführten Vorstößen auf Preußen unternehmen.

**Verluste** Preußen: 550 Tote. Alliierte: 3500 Tote; 5000 Mann in Gefangenschaft.

**Sieger** Preußen.

**Folgen** Dieser brillante Sieg ermöglichte es Friedrich II., auch anderen Gegnern Preußens entgegenzutreten, und war die Gewähr dafür, dass weiterhin englische Subsidien flossen.

**Robert, Lord Clive of Plassey (1725–1774)**
Der Begründer der britischen Macht in Indien begann als Angestellter der Ostindischen Kompanie. 1747 startete er seine unglaubliche militärische und politische Karriere. Im Zweiten Karnatischen Krieg (1751–1753) nahm er an zahlreichem Expeditionen gegen die Inder und die Franzosen teil. Die Verteidigung von Arcot, die den Briten die Kontrolle über Karnata verschaffte, machte ihn berühmt. Sein bengalischer Feldzug 1757 war eine Reaktion auf die Einnahme Kalkuttas durch Nawab Siraj-ud-Daula. Clive führte die Rückeroberung der Stadt und schlug Nawab bei Plassey, ein Sieg über eine enorme Übermacht, der seine Willenskraft und Nervenstärke unter Beweis stellte. Bis die britischen Macht in Indien gefestigt war, sollten noch viele Jahre vergehen, aber Clives großer Sieg hatte die Grundlagen dafür geschaffen. Auch danach spielte er noch eine bedeutende Rolle bei der Ausdehnung und Organisation der britischen Herrschaft in Indien.

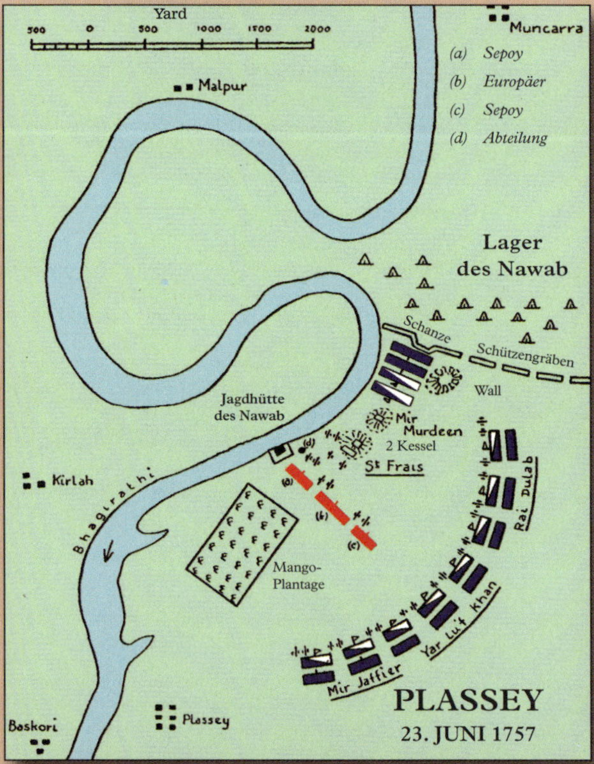


***Links oben:** Clive-Denkmal in Westminster.*

***Unten:** Das einzige Gebäude auf dem Schlachtfeld war das Jagdhaus des Nawab. Vom Dach aus beobachtet Clive die Position des Feindes.*

1758 Hochkirch (14. Oktober). Feldmarschall Daun besiegt den Preußenkönig.
1759 Schlacht von Minden. Ferdinand von Braunschweig schlägt die Franzosen.
1759 Kunersdorf (17. August). Vernichtende Niederlage Friedrichs II. durch Österreicher und Russen.
1760 Warburg. Engländer und Preußen besiegen die Franzosen.
1760 Siege Friedrichs II. über die Österreicher bei Liegnitz (15. August) und Torgau (3. November).
1763 Friede zu Hubertusburg.

**Britisch-Französischer Kolonialkrieg 1754–1763**

***Nordamerika***

1757 Britischer Vorstoß zum Ohio-Tal.
1759 Britischer Vorstoß zum Lorenzstrom. Einnahme Quebecs.
1763 Pontiac-Aufstand.

***Indien***

1757 Clive erobert Kalkutta, gewinnt die Schlacht von Plassey und sichert den Briten die Kontrolle über Bengalen. Frankreich geht fast ganz Südindien außer Madras verloren.

**Schlacht von Plassey**

**Kontext** Siebenjähriger Krieg.

**Zeit** 23. Juni 1757.

**Ort** am Ufer des Flusses Baggiruttee, Zentralbengalen.

**Befehlshaber/Truppenstärke** Colonel Robert Clive führt ca. 3000 britische und indische Truppen mit acht Kanonen und ein/zwei Haubitzen. Nawab Suraj-ud-Daula verfügt über 35 000 bis 40 000 bengalische Fußsoldaten, 18 000 berittene Pathanen sowie 50 Kanone.

**Ziele** Um den britischen Einfluss in Bengalen zu beenden, will der Nawab die anglo-indischen Verschanzungen überrennen.

**Verluste** Gering. Anglo-indische Seite: ca. 22 Tote, 50 Verwundete. Bengalen: ca. 500 Tote.

**Sieger** Briten.

**Folgen** Clives Sieg brachte Bengalen fest in britische Hand und trug wesentlich zur Etablierung britischer Macht in Indien bei.

1763 Friede von Paris. Großbritannien gewinnt Kanada, Louisiana, Kap Breton und Senegambien von Frankreich, Florida von Spanien.

**Europa**

1735–1737 Spanisch-Portugiesischer Krieg
1768–1774 Russisch-Türkischer Krieg.
1770 Schlacht bei Cesme. Sieg der russischen Ostseeflotte über die osmanische vor der kleinasiatischen Küste.
1768 Polnischer Bürgerkrieg.
1772 Erste Teilung Polens.
1783 Annexion der Krim durch Russland.
1776–1777 Spanisch-Portugiesischer Krieg.
1787–1792 Russisch-Türkischer Krieg.
1793 Zweite Teilung Polens.
1794 Volkserhebung in Polen von preußischen und russischen Truppen niedergeschlagen.
1795 Dritte Teilung Polens.

**Indien**

1766–1769 Erster Mysore-Krieg.
1771 Mysore-Marathen-Krieg.
1779–1782 Erster Marathen-Krieg.
1780–1783 Zweiter Mysore-Krieg.
1789–1792 Dritter Mysore-Krieg.
1799 Vierter Mysore-Krieg.
1799 General Wellesley erobert Seringapatam und beendet den dritten Konflikt mit Tipu Sahib.
1803–1805 Zweiter Marathen-Krieg.
1803 Schlacht von Assaye. Wellesley siegt Marathen gegen eine riesige Übermacht.
1817–1818 Dritter Marathen-Krieg.

**Amerikanischer Unabhängigkeitskrieg 1775–1786**

1775 Zusammenstoß zwischen amerikanischen Milizen und britischen Truppen in Lexington.
1775 Schlacht von Bunker Hill. Briten Gage/Howe besiegen Amerikaner.
1775 Schlacht von Quebec. Britischer Sieg unter Carleton.
1776 Bei Long Island und White Plains besiegt Howe die Amerikaner.
1776 Schlacht am Delaware bei Trenton. George Washington schlägt die Briten.

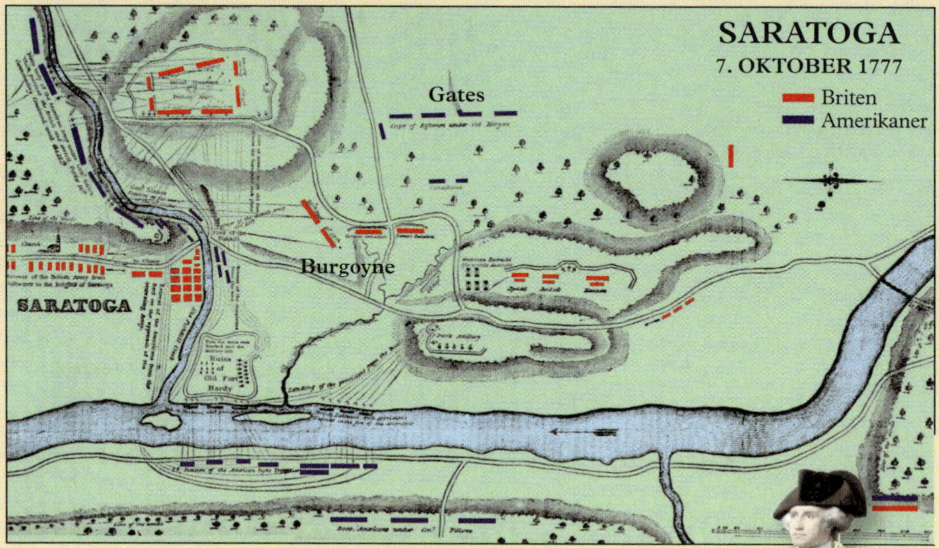


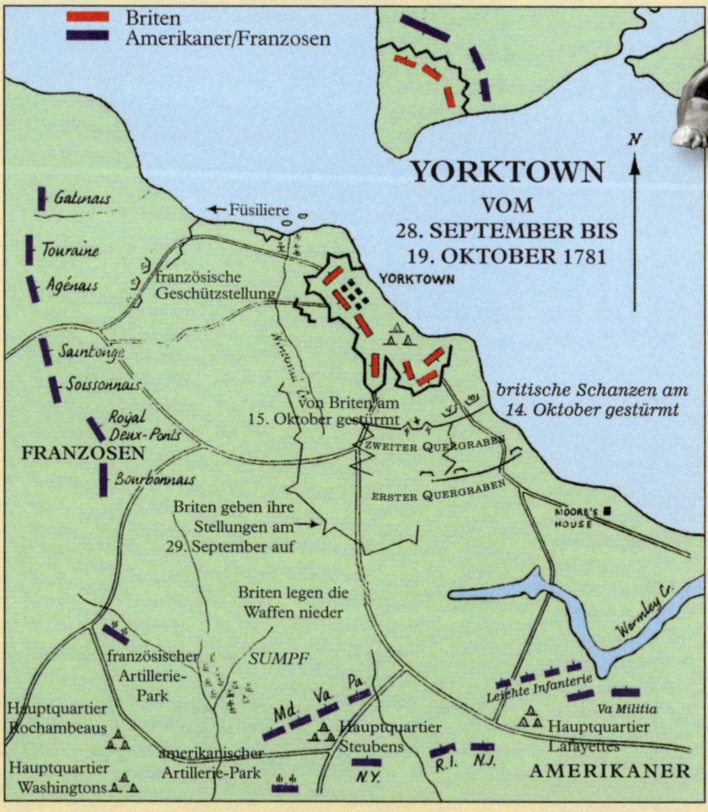

**Oben:** *George Washington (1732–1799) baute eine schlagkräftige Armee auf und führte die Amerikaner zur Unabhängigkeit. Keiner der ganz großen Heerführer, war er doch erfolgreich mit seinen französischen und deutschen Freiwilligen. Er wurde zum ersten Präsidenten der Vereinigten Staaten gewählt.*

**Schlacht bei Saratoga**

**Kontext** Amerikanischer Unabhängigkeitskrieg.

**Zeit** 7. Oktober 1777.

**Ort** Staat New York.

**Befehlshaber/Truppenstärke** General Horatio Gates befehligte 11 000 Amerikaner, General John Burgoyne 6000 Briten.

**Ziele** Burgoyne versuchte, die Linien der gut ausgerüsteten Amerikaner zu durchbrechen, um sich zu befreien.

**Verluste** Briten ca. 1000 Amerikaner ca. 150.

**Sieger** Amerikaner.

**Folgen** Wendepunkt des Krieges. Die britischen Operationen im Norden kamen zum Stillstand. Die amerikanische Unabhängigkeit begann internationale Anerkennung zu finden.

**Belagerung von Yorktown**

**Kontext** Amerikanischer Unabhängigkeitskrieg.

**Zeit** 28. September bis 19. Oktober 1781.

**Ort** Ostvirginia, ca. 20 km südöstlich von Williamsburg über dem York River.

**Befehlshaber/Truppenstärke** General George Washington mit 16 000 Amerikanern, darunter Milizen und die französischen Truppen von General Jean-Baptiste, Comte de Rochambeau. General Charles, Earl Cornwallis kommandiert 7500 Briten, Deutsche und königstreue amerikanische Truppen.

**Ziele** Washington war durch Virginia marschiert, um britische Schwachstellen zu finden und zu nutzen. Cornwallis versuchte, an einem Hafen eine befestigte Stellung zu beziehen, wo er auf dem Seeweg mit Nachschub versorgt werden konnte. Die Royal Navy hatte jedoch inzwischen ihre Vorherrschaft auf See an die Franzosen verloren.

**Verluste** Leicht.

**Sieger** Amerikaner.

**Folgen** Der Verlust von Yorktown war der Todesstoß für die britische Herrschaft in Amerika. Angesichts der hohen Kosten war die britische Öffentlichkeit gegen eine Fortsetzung des Krieges.

1777 Schlacht von Princeton. Washington schlägt die Briten.
1777 Schlacht von Brandywine. Howe besiegt die Amerikaner.
1777 Schlacht von Germantown. Howe besiegt die Amerikaner.
1777 Saratoga – Freemans Farm und Bemis Heights. Gates schlägt die Briten.
1781 Schlacht am Guildford Court House. Cornwallis besiegt Amerikaner.
1779–1783 Belagerung von Gibraltar. Eliott besiegt Franzosen/Spanier.
1779 Savannah. Prevost schlägt Amerikaner.
1780 Schlacht von Charleston. Clinton besiegt Amerikaner.
1780 Waxaws. Briten und Königstreue (Loyalisten) besiegen Amerikaner.
1780 Schlacht von Camden. Cornwallis schlägt Amerikaner.
1789 Schlacht am Kings Mountain. Königstreue werden besiegt.
1781 Cowpens. Morgan schlägt Briten.
1781 Yorktown. Washington und der Franzose Jean-Baptiste de Rochambeau siegen. Briten kapitulieren.
1781 Oberstleutnant Alexander Stewart schlägt bei Eutaw Springs die Amerikaner.

**Französische Revolutionskriege und Napoleonische Kriege 1792–1815**

***Erster Koalitionskrieg 1792–1798***

1792 Kanonade von Valmy (20. September). Rückzug der verbündeten Preußen und Österreich. Die französische Republik überlebt.
1792 Jemappes (6. November). General Dumouriez siegt und erobert Belgien.
1793 Schlacht bei Neerwinden (17. und 18. März). Österreicher schlagen Dumouriez und rücken wieder in Belgien ein.
1793 Belagerung von Toulon (27. August bis 19. Dezember). Royalisten hatten mit britischer Unterstützung zur See die Garnison genommen.
1793 Wattignies (15. und 16. Oktober). Jourdan schlägt die Österreicher.
1794 Schlacht von Fleurus (26. Juni). Jourdan schlägt erneut die Österreicher und bringt Belgien in seine Hand.
1795 Sonderfriede von Basel mit Preußen.

**George Brydges Rodney (1719–1792)**
Einer der besten Admirale der Royal Navy im 18. Jahrhundert. Rodney war 1747 bei Hawkes Sieg von Ushant dabei und kämpfte überaus erfolgreich im Siebenjährigen Krieg. Im Amerikanischen Unabhängigkeitskrieg gewann er die Schlacht bei Kap St. Vincent, kämpfte unentschieden vor Martinique und eroberte die Insel St. Eustasius. Seinen größten Sieg errang Rodney 1782 vor den Saintes-Inseln in einer für das Schicksal britischer Herrschaft entscheidenden Phase. Am Ausgang des Krieges konnte er zwar nichts ändern, wohl aber die französische Bedrohung der britischen Besitzungen auf den Westindischen Inseln abwenden.

***Links:*** *Rodney.*

***Unten:*** *„Die Schlacht im Mondlicht" vor Kap St. Vincent am 16. Januar 1780 zeigt die Explosion der Santo Domingo. Im Vordergrund ist Rodneys Flaggschiff Sandwich zu erkennen.*

**Napoleon I. (Napoleone Bonaparte) (1769–1821)**

Der größte Feldherr der Neuzeit, dessen Name ein ganzes Zeitalter prägte. Zu Beginn der Französischen Revolution Leutnant der Artillerie, zeichnete er sich 1793 als Artilleriekommandant bei der Belagerung von Toulon erstmals aus. Drei Jahre später bereits General, begann er mit der Realisierung spektakulärer Feldzüge: 1796–1797 Italien, 1798–1799 Ägypten, 1800 erneut Italien, 1805 und 1806 Österreich und Preußen (Siege bei Austerlitz und Jena) und 1807 Ostpreußen (Siege bei Eylau und Friedland über die Russen).1799 kam er durch den Staatsstreich vom 18. Brumaire an die Macht und wurde Erster Konsul; fünf Jahre später krönte er sich selbst zum Kaiser der Franzosen. 1807 stand er wohl im Zenit seiner Laufbahn. Der Krieg auf der Pyrenäenhalbinsel seit 1808 wurde jedoch zur schweren Belastung für die französische Staatskasse, und die gekrönten Häupter Europas, die von seinen britischen Erzfeinden stets ermutigt und oft finanziert wurden, konnten sich niemals mit seiner Herrschaft über Europa abfinden. 1809 wurde der Krieg gegen Österreich bei Wagram zu einem siegreichen Ende gebracht. 1812 begann er einen Krieg, der den Zaren zur erneuten Beteiligung an der Kontinentalsperre zwingen sollte. Das Ergebnis war der gewaltige Russlandfeldzug mit seinem katastrophalen Ende. Danach befand sich Napoleon nur noch in der Defensive gegen einen immer größer werdenden Kreis von Gegnern. 1813 verlor er in der Völkerschlacht bei Leipzig die Kontrolle über Deutschland. Trotz eines brillanten Feldzugs gegen eine riesige Übermacht wurde Napoleon 1814 besiegt und zur Abdankung gezwungen. Ein Jahr später kehrte er aus seinem Exil auf Elba zurück, um seine letzte Niederlage bei Waterloo zu erleben. Seine Erinnerungen, die er in den Jahren seiner Verbannung auf St. Helena niedergeschrieben hat, trugen das Ihre zum Napoleon-Mythos bei. Ohne Zweifel war Napoleon ein genialer Soldat und Politiker, dessen Einfluss auf die Kriegsführung bis heute wirkt. Er war jedoch kein großer Neuerer, sondern zeigte vielmehr, wie Kriege geführt werden sollten – schnell und entschlossen. Beim Studium seiner Schlachten und Feldzüge tritt sein großer Geist zutage, der einer unberechenbaren und dramatischen Folge von Ereignissen seinen Willen aufgezwungen hat. Exzessiver Ehrgeiz und die Unfähigkeit, die Grenzen des Möglichen zu erkennen, waren sein Verhängnis.

**Horatio Nelson, Baron Nelson of the Nile (1758–1805)**

Nelson – für manche der größte Admiral aller Zeiten – war schon zu Lebzeiten ein berühmter Seeheld. Sein Tod in der Stunde des Sieges bei Trafalgar machte ihn vollends zur Legende. 1770 trat Nelson in die Royal Navy ein und kämpfte im Amerikanischen Unabhängigkeitskrieg vor den Westindischen Inseln. In der Schlacht bei Kap St. Vincent (1797) spielte er eine entscheidende Rolle. Die Reihe seiner großen Siege begann 1798 am Nil (bei Abukir), wo er Bonapartes Invasionsflotte für den Ägyptenfeldzug zerstörte. 1801 bei Kopenhagen handelte er gegen den Befehl seines Vorgesetzten und errang einen weiteren wichtigen Sieg. 1805 schlug er bei Trafalgar die französisch-spanische Flotte und sicherte damit den Briten für ein Jahrhundert die Vorherrschaft auf See. Während seiner Laufbahn wurde Nelson zweimal schwer verwundet; auf Korsika verlor er das rechte Auge und vor Teneriffa den rechten Arm (1797). Individuelle Sein Einfluss auf die Royal Navy lässt sich kaum überschätzen.

***Oben:** Nelson.*

***Ganz oben, rechts:** Während Linienschiffe patrouillierten und an den großen Seeschlachten teilnahmen, führten Fregatten und kleinere Kriegsschiffe Einzelaktionen durch, um die britischen Handelsschiffe vor französischen Überfällen zu schützen.*

***Rechts:** Schlacht bei Trafalgar.*

1796 Schlachten von Würzburg (24. August) und Amberg (3. November). Erzherzog Karl hält die Armee Jourdan auf.

***Erster Italienfeldzug Bonapartes 1796–1797***

1796 Lodi (10. Mai). Österreicher werden aus der Lombardei verdrängt. Festung Mantua wird von Wurmser verteidigt.

1796 Schwere Niederlagen der österreichischen Entsatzarmeen bei Castiglione, Bassano und Arcole (15. bis 17. November) und Rivoli (4. Januar ).

1797 Schlacht bei Rivoli (14. Januar). Bonaparte vereitelt letzten Entsatzversuch von Mantua.

1797 Vorfriede von Leoben (18. April). Friede von Campo Formio (17. Oktober).

***Ägyptenfeldzug Bonapartes 1798–1801***

1798 Schlacht bei den Pyramiden (21. Juli). Bonaparte schlägt das Mameluckenheer.

1799 Schlacht bei Abukir (25. Juli). Nelson zerstört Bonapartes Flotte.

1801 Alexandria (21. März). Französische Garnison von britischem Expeditionskorps unter Abercromby besiegt.

***Zweiter Koalitionskrieg 1798–1800***

1798 Anfangserfolge der Verbündeten. Erzherzog Karl besiegt Jourdan bei Ostrach und Stockach, Massena bei Zürich. In Italien unterstützt eine russische Armee unter Suworow die Österreicher. (15. August). Napoleon führt seine Armee über die Alpen heran.

1800 Marengo (14. Juni). Napoleon besiegt die Österreicher unter Medas.

1800 Schlacht bei Hohenlinden (3. Dezember). Moreau schlägt die Österreicher in Bayern.

1801 Friede von Lunéville.

***Dritter Koalitionskrieg 1805–1806***

1805 Kapitulation von Ulm. Von Napoleon umgangen, muss sich General Mack mit seiner Armee ergeben. Besetzung Wiens (13. November).

1805 Schlacht bei Trafalgar. Nelson schlägt die französisch-spanische Flotte.

Die Napoleonische Kriege setzten zum Teil Konflikte fort, die mit der Französischen Revolution begonnen hatten, dienten aber auch dem ehrgeizigen Vorhaben des Kaisers, ein Imperium aufzubauen und Europa zu beherrschen. Eine Folge von Koalitionen stellte sich ihm entgegen, angetrieben von der unversöhnlichen Feindschaft Großbritanniens. Bisweilen kämpften fast alle europäischen Nationen gegen Napoleon, und der Krieg wurde auch auf den Weltmeeren ausgetragen. Nach einer Reihe glänzender Siege auf dem Schlachtfeld stand Napoleon 1807 auf dem Höhepunkt seiner Laufbahn. Danach zehrte der zermürbende Krieg auf der Iberischen Halbinsel die französischen Mittel auf, während die Briten nach Trafalgar die Weltmeere beherrschten. Der Russlandfeldzug von 1812 führte schließlich zwangsläufig zu Napoleons Untergang.

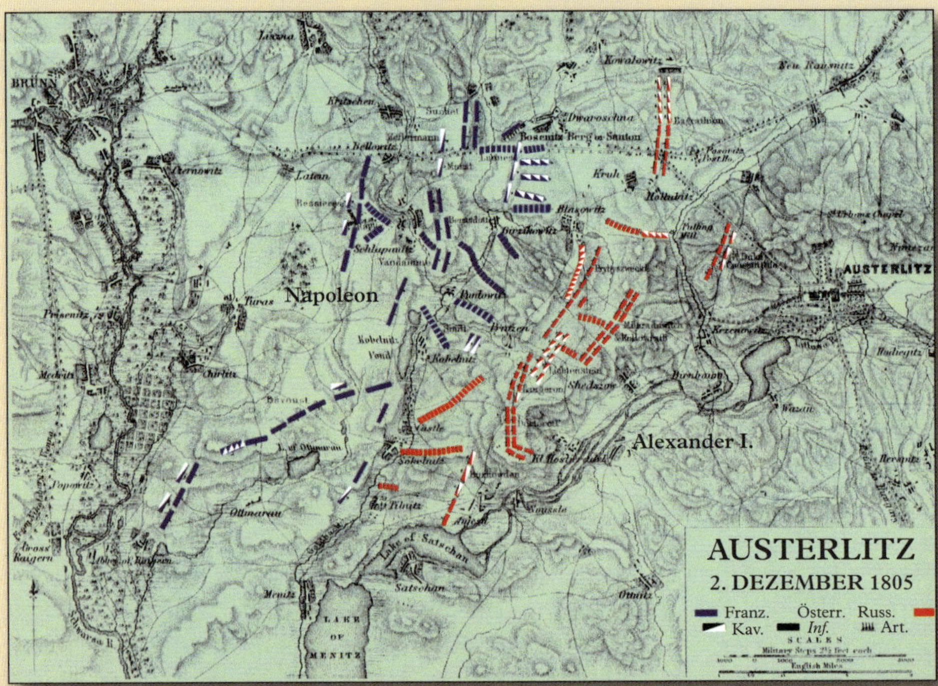

***Oben:** Napoleon in der siegreichen Schlacht von Wagram, 1809.*

***Links:** Dreikaiserschlacht bei Austerlitz. Unter den Augen Napoleons tauchen die französischen Truppen mit der Sonne aus dem Winternebel auf und durchstoßen das Zentrum der alliierte Armee.*

**Schlacht bei Austerlitz (Dreikaiserschlacht)**

**Kontext** Dritter Koalitionskrieg gegen Napoleon.

**Zeit** 2. Dezember 1805.

**Ort** Südmähren, 16 km südöstlich von Brünn.

**Befehlshaber/Truppenstärke** Der französische Kaiser Napoleon verfügte über 50 000 Infanteristen, 15 000 Kavalleristen und 282 Geschütze. Zar Alexander I. von Russland und Kaiser Franz I. von Österreich führten 70 000 Infanteristen, 16 500 Kavalleristen und 252 Geschützen die Schlacht.

**Ziele** Beide Seiten suchten eine Entscheidung.

**Verluste** Franzosen: ca. 10 000 Tote und Verwundete. Verbündete: 16 000 Tote und Verwundete, 20 000 Mann geraten in Gefangenschaft, 186 Geschütze gehen verloren.

**Sieger** Franzosen.

**Folgen** Austerlitz gilt allgemein als Napoleons beste Schlacht. Österreich scheidet aus der Dritten Koalition aus. Gründung des Rheinbundes unter dem Protektorat Napoleons.

1805 Dreikaiserschlacht von Austerlitz (2. Dezember). Glänzender Sieg Napoleons über Russen und Österreicher.

1805 Friede von Preßburg (25. Dezember).

***Vierter Koalitionskrieg 1806–1807***

1806 Doppelschlacht von Jena und Auerstadt. Zusammenbruch Preußens.

1807 Schlacht von Preußisch-Eylau (Februar). Scharnhorst verhindert die Ausnutzung des französischen Sieges.

1807 Friedland (Juni). Russische Niederlage.

1807 Friede von Tilsit (Juli).

***Fünfter Koalitionskrieg 1809***

1809 Volkskrieg in Tirol unter der Führung von Andra Hofer.

1809 Schlacht von Aspern und Esslingen (21. und 22. Mai). Napoleon erleidet durch die Österreicher seine erste Niederlage.

1809 Schlacht von Wagram (5. und 6. Juli). Napoleon besiegt Erzherzog Karl.

1809 Friede von Schönbrunn (14. Oktober).

***Erhebung in Spanien 1807–1814***

1807 Junot erobert Portugal.

1808 Bailén (19. Juli). Kapitulation eines französichen Korps von 23 000 Mann.

1808 Schlacht von Vimiero (21. August). Britisches Expeditionskorps unter Wellesley (dem späteren Wellington) besiegt Junot.

1808–1809 Napoleon selbst greift mit 300 000 Mann ein. Madrid wird besetzt, Saragossa erobert.

1809 Moores Nachhutgefecht bei La Coruña (16. Januar) ermöglicht Evakuierung der britischen Hilfsarmee.

1809 Talavera (27. Juli). Wellesley besiegt die französische Armee unter Victor.

1809 Wellesley (jetzt Wellington) schlägt Massenas bei Busaco zurück.

1811 Fuentes de Oñoro. Wellington wehrt Massenas Angriff auf Lissabon an der Festungslinie von Torres Vedras ab (3.–5. Mai) und siegt bei Albuera (16. Mai).

1812 Wellington belagert und erobert Cuidad Rodrigo (7.–9. Januar) und Badajoz (16. März bis 6. April).

1812 Salamanca (22. Juli). Wellington öffnet den Weg nach Madrid.

1813 Schlacht bei Vitoria (21. Juni). Wellington besiegt König Joseph (Bonaparte) und Marschall Jourdan.

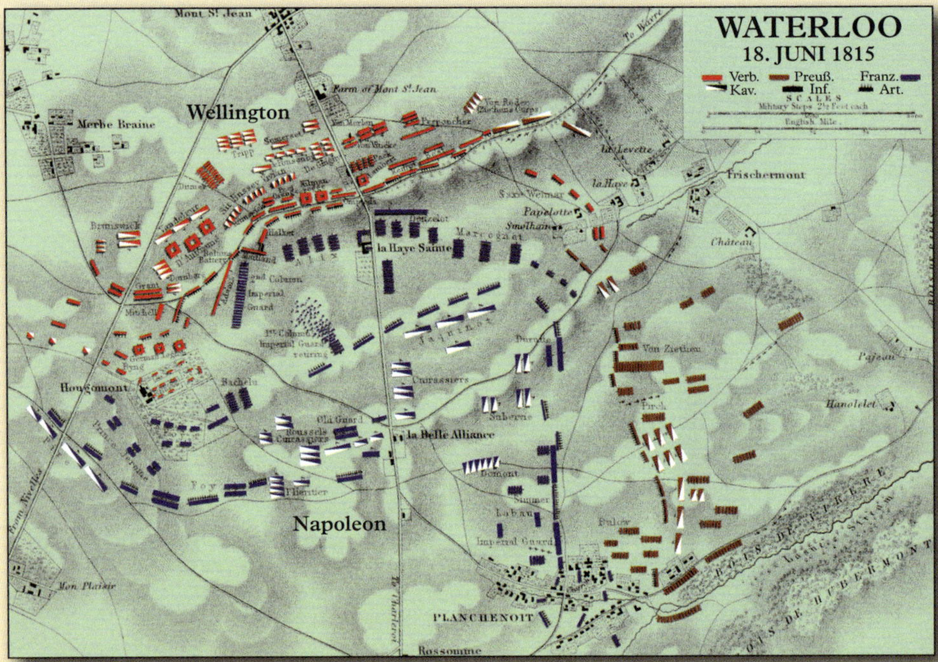


**Arthur Wellesley, Herzog von Wellington (1769–1852)**

Der Sieger des Krieges auf der Iberischen Halbinsel – der „Eiserne Herzog“ – war mehr als der „Sepoy-General“, wie ihn Napoleon abfällig nannte. Mit Siegen bei Assay und Argaum machte er sich im Maratha-Krieg in Indien einen Namen. 1807 nahm er an dem Angriff auf Kopenhagen teil und schlug Junot bei Vimiero in Portugal. Ab 1809 führte er fünf Jahre lang Krieg, um die Franzosen von der Iberischen Halbinsel zu vertreiben. 1809 besiegte er Jourdan bei Talavera. Massenas Armee schlug er 1810 in Unterzahl bei Busaco, bevor er sich wieder hinter seine Befestigungslinien von Torres Vedras nördlich von Lissabon zurückzog. Die Franzosen konnten sie dann zwar überwinden, wurden aber am Ende doch zum Rückzug gezwungen. In einer Reihe von Siegen – Oñoro (1811), Salamanca (1812) und Vitoria (1813) – drängte Wellington die Franzosen über die Pyrenäen zurück und besiegte sie endgültig bei Toulouse (1814). Trotz dieser gewaltigen Leistung gilt er vor allem als der Sieger von Waterloo (1815), wo Napoleons „Hundert Tage“ zu Ende gingen. Sein Ruhm verbreitete sich damals über ganz Europa. Weniger erfolgreich war er als britischer Premierminister (1828–1830). Sein Widerstand gegen die Modernisierung der Armee trug zu den Mängeln bei, die im Krimkrieg offenbar wurden. In den Napoleonischen Kriegen erwies er sich jedoch als der größte britische Feldherr seit Marlborough. Geduld, ein Auge für das Terrain und die Fähigkeit, die Truppen in Linie einzusetzen, um angreifende Kolonnen zu zerstören, waren Leitlinien seiner Strategie.

***Rechts:** Wellington.*

**Schlacht von Waterloo**

**Kontext** Napoleons „Herrschaft der Hundert Tage".

**Zeit** 18. Juni 1815.

**Ort** ca. 25 km südlich von Brüssel.

**Befehlshaber/Truppenstärke** Napoleon kommandierte die französische Nordarmee (ca. 72 000 Mann, 236 Geschütze). Der Herzog von Wellington befehligte die alliierte (britisch-niederländische) Armee (ca. 82 000 Infanteristen, 14 500 Kavalleristen und 204 Geschütze), später verstärkt durch 50 000 Preußen unter Marschall Blücher.

**Ziele** Napoleons Ziel war es, Wellingtons Armee zu vernichten, den Weg nach Brüssel zu öffnen und die gegnerische Koalition zu sprengen.

**Verluste** 42 000 Tote, Verwundete und Vermisste. Alliierte: 15 000 Tote, Verwundete und Vermisste. Preußen: 7000.

**Sieger** Alliierte.

**Folgen** Endgültige Niederlage Napoleons.

***Oben:** Schwere Reiter der Briten greifen bei Waterloo französische Kürassiere an.*

***Napoleons Russlandfeldzug 1812***

1812 Die „Große Armee" überschreitet im Juni den Njemen. Nach Siegen bei Smolensk (August) und Borodino (September) wird Moskau besetzt. Der Brand Moskaus und Nachschubschwierigkeiten zwingen zum Rückzug im russischen Winter.

***Befreiungskriege 1813–1815***

1813 Schlacht bei Dresden (26. und 27. August. Abwehrsieg Napoleons über die von Schwarzenberg geführte Böhmische Armee, doch unterliegen seine Generäle bei Großbeeren und Katzbach.

1813 Schlacht bei Kulm (29. und 30. August). Korps Vandamme von Schwarzenberg vernichtet.

1813 Völkerschlacht bei Leipzig (14., 16.–18. Oktober). Napoleon wird von den Armeen Österreichs, Russlands, Preußens und Schwedens besiegt.

1813 Schlacht bei Hanau (30 Oktober).

1814 Frankreichfeldzug. Den Siegen der Verbündeten bei Bar-sur-Aube (27. Februar) und Laon (9. und 10. März) folgt der entscheidende Schlag von Arcis-sur-Aube (20. und 21. März). Wellington schlägt Marschall Soult bei Toulouse (10. April). Napoleon wird von der Armee zur Abdankung gezwungen.

1815 Die Spannungen auf dem Wiener Kongress verführen Napoleon zur Rückkehr von Elba.

1815 Schlacht bei Waterloo (18. Juni 1815). Blücher wird bei Ligny geschlagen, vereinigt seine Truppen aber noch rechtzeitig mit der Armee Wellingtons. Das letzte napoleonische Heer wird vernichtet.

## Englisch-Amerikanischer Krieg 1812–1814

1812 Präsident James Madison lässt sich zur Eroberung Kanadas verleiten. Britische Küstenüberfälle. Erfolgreiche Seegefechte der jungen US Navy.

1813 Cryslers Farm (11. November). Zweite US-Invasion in Kanada abgewehrt.

1814 Chippewa (5. Juli). US-Sieg an der kanadischen Grenze.

1814 Lundys Lane (25. Juli). US-Invasion Ontarios abgewehrt.

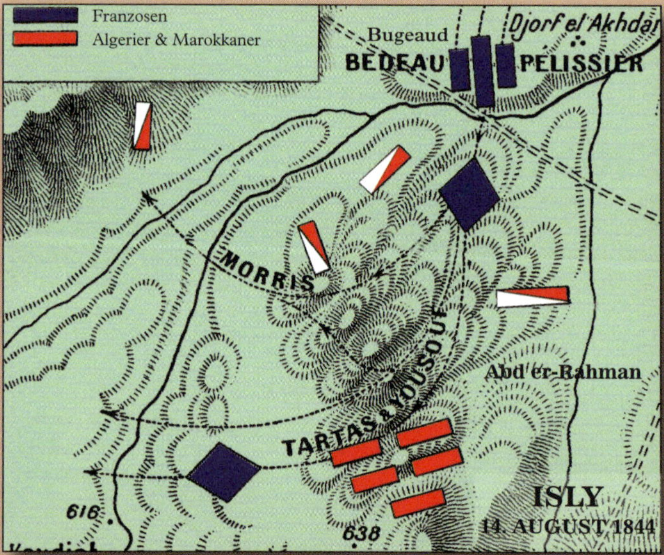

**Ganz oben:** *Napoleon III. in der Schlacht von Solferino.*

**Oben:** *Giuseppe Garibaldi (1807–1882), italienischer Freiheitskämpfer, der zum Nationalhelden wurde.*

**Schlacht am Isly**

**Kontext** Eroberung Algeriens durch die Franzosen.

**Zeit** 14. August 1844.

**Ort** Ostmarokko.

**Befehlshaber/Truppenstärke** Marschall Bugeaud kommandierte 8000 französische Infanteristen und Kavalleristen. Der algerische Anführer, Emir Abd el-Kader, befehligte bis zu 40 000 Algerier und Marokkaner.

**Ziele** Eroberung Inneralgeriens durch die Franzosen. Der Abd el-Kader wurde über die Grenze nach Marokko getrieben, wo Sultan Abd er-Rahman sich ihm anschloss.

**Verluste** Franzosen: unbekannt. Algerier und Marokkaner 1500.

**Sieger** Franzosen.

**Folgen** Frankreich erringt die vollständige Kontrolle über Algerien. Abd el-Kader kapituliert drei Jahre später.

1814 Bladensburg (24. August). Briten kämpfen sich den Weg nach Washington frei und zerstören die Stadt.
1814 „Ewiger Friede" von Gent.
1815 New Orleans (8. Januar). General Jackson wehrt Packenhams Briten ab.

**Europa**
1804–1813 Serbischer Aufstand.
1815–1817 Serbischer Aufstand.
1806–1812 Russisch-Türkischer Krieg.
1820 Neapolitanische Revolution.
1821 Sardischer Aufstand.
1821–1823 Russisch-Persischer Krieg.
1821–1828 Griechischer Unabhängigkeitskrieg.
1821 Schlacht von Navarino.
1823 Französische Intervention in Spanien.
1825–1829 Russisch-Persischer Krieg.
1830 Juli-Revolution in Frankreich.
1830–1832 Polnischer Aufstand.
1831 Russisch-Türkischer Krieg.
1833–1839 Erster Karlistenkrieg in Spanien.
1848–1849 Ungarischer Freiheitskrieg.
1859 Schlacht von Magenta (4. Juni). Mac Mahons Französisch-Piemontesische Armee schlägt die Österreicher.
1859 Schlacht von Solferino (24. Juni). Napoleon III. und Victor Emmanuel II. besiegen die Österreicher.

**Vorderer Orient und Nordafrika**
1804–1813 Russisch-Persischer Krieg.
1806–1812 Russisch-Türkischer Krieg.
1807 Britische Invasion Ägyptens scheitert. Schlacht von Rosetta.
1811–1818 Ägyptischer Krieg gegen die Wahhabiten.
1815–1816 Krieg der USA und Hollands gegen Algier.
1816 Persische Invasion Afghanistans.
1820–1823 Russisch-Persischer Krieg.
1825–1829 Russisch-Persischer Krieg.
1830 Besetzung von Algier durch Frankreich. Gründung der Fremdenlegion (1831).
1831 Russisch-Türkischer Krieg.
1832–1833 Erster Türkisch-Ägyptischer Krieg.
1836–1838 Persische Invasion Afghanistans.
1839–1842 Britisch-Afghanischer Krieg. Schlachte von Ghanzi (1839) und Jellalabad (1842).
1839–1847 Russen erobern Khiva.
1839–1842 Zweiter Türkisch-Ägyptischer Krieg.
1844 Schlacht am Isly (14. August). Marschall Bugeaud besiegt die algerisch-marokkanische Armee unter Abd el-Kader.

**Südostasien**
1810–1811 Britische Expedition nach Indonesien.
1812 Siamesische Invasion Kambodschas.
1819 Burmesen erobern Assam.
1823–1826 Erster Britisch-Burmesischer Krieg.
1825–1830 Großer Javanischer Krieg.
1826–1827 Krieg zwischen Siam und Laos.
1831–1834 Siamesische Invasion in Kambodscha.
1841–1845 Siamesisch-Vietnamesischer Krieg.
1852–1853 Zweiter Britisch-Burmesischer Krieg.

**Indien**
1843 Briten erobern Sind.
1843 Schlacht von Meeanee (17. Februar). Napier besiegt die Amir von Sind.
1845–1849 Krieg der Briten gegen die Sikhs.
1845 Schlachten von Mudki (18. Dezember) und Ferozeshah (21.–22. Dezember). Die Briten unter Gough schlagen die Sikhs.
1846 Schlacht von Aliwal (28. Januar). Smith vernichtet Sikh-Armee.
1846 Schlacht von Sobraon (10. Februar). Gough schlägt Sikhs.
1849 Schlacht von Chilianwallah (13. Januar). Sikhs wehren die Briten ab.
1849 Schlacht von Gujerat (21. Februar). Gough besiegt Sikhs und Afghanen. Briten annektieren Pandschab.

**Afrika**
1806 Briten erobern Kapstadt.
1806–1807 Aschanti erobern die Goldküste. 1807 Briten besetzen Alexandria.
1807 Briten erobern St. Louis (Senegal) von den Franzosen.
1818–1819 Zulu-Bürgerkrieg.

**Simon Bolívar, El Libertador** (1783–1830)
Der Protagonist der Unabhängigkeitskriege und Nationalheld Lateinamerikas entstammte einer vornehmen venezolanischen Kreolenfamilie. Begeistert von den Idealen der Französischen Revolution gelobte er 1805, seine Heimat zu befreien. Er nahm an Mirandas unglücklichem ersten Versuch teil und wurde dann zum Führer der Bewegung. Die ersten Jahre waren nicht sehr erfolgreich, 1816 begann jedoch ein zweijähriger Feldzug, der zur Unabhängigkeit Venezuelas führte. Dann stieß er nach Kolumbien und Ecuador vor, um die neue Nation „Gran Colombia“ zu schaffen. Es folgte ein zweijähriger Kampf in Peru und Bolivien. 1824 ergaben sich die Spanier seinem Stabschef Sucre. Sein Werk war nun vollendet. Es folgten politische Querelen, die durch sein autoritäres Regiment aufgeputscht wurden. Sie ließen schon die Bürgerkriege ahnen, die Südamerika erschüttern sollten.

***Links oben:*** *Krieg zwischen den USA und Mexiko – eine Aktion während der Eroberung von Monterrey durch General Zachary Taylor 1846. Sie ermöglichte den weiteren Vormarsch der US-Truppen in den Süden Mexikos.*

***Links außen:*** *Die Schlacht von Churubuscu fand (wie Contreras) am 20. August 1847 statt. Sie gehörte zu den Aktionen, mit denen die Amerikaner den Vorstoß nach Mexiko-Stadt erreichen wollten.*

***Links:*** *General Winfield Scott (1786–1866), der Sieger von Contreras und Churubusco. Durch den Einsatz seiner überlegenen Artillerie und Flankenangriffe hatten die Amerikaner nur ein Zehntel der Verluste der mexikanischen Verteidiger. Ein amerikanischer Held, der trotz aller Anfeindungen im Bürgerkrieg der föderalen Sache diente, obwohl er aus Virginia stammte.*

1820–1839 Ägypten erobert den Sudan.
1824–1831 Erster Krieg der Briten gegen die Aschanti.
1830–1848 Frankreich erobert Algerien.
1832–1833 Türkisch-Ägyptischer Krieg.
1838 Schlacht zwischen Buren und Zulus am Blood River.
1839–1841 Türkisch-Ägyptischer Krieg.
1856 Zulu-Bürgerkrieg.
1858–1868 Kapkriege.
1859–1860 Spanisch-Marokkanischer Krieg.
1862–1864 Krieg zwischen Transvaal und dem Oranje-Freistaat.

**Amerika**
1806–1807 Inoffizielle britische Expeditionen nach Buenos Aires und Montevideo.
1811 Krieg der USA gegen die Indianer.
1811–1825 Lateinamerikanische Unabhängigkeitskriege.
1818 Erster Seminolenkrieg der USA.
1818 US-Invasion in Florida.
1823 Monroe Doktrin verbietet europäische Einmischung in Amerika.
1835–1836 Texanischer Unabhängigkeitskrieg.
1836 Belagerung von Alamo und Schlacht von San Jacinto.
1825–1828 Krieg zwischen Brasilien und Argentinien.
1827–1829 Peruanischer Krieg.
1829 Spanisches Engagement in Mexiko.
1832 Krieg der USA gegen die Indianer.
1835–1843 Zweiter Seminolenkrieg der USA.
1836–1839 Peruanisch-Bolivianischer Krieg.
1838–1839 Französische Expedition nach Mexiko.
1841 Peruanische Invasion in Bolivien.
1843–1852 Krieg zwischen Argentinien und Uruguay.

**Krieg zwischen den USA und Mexiko 1846–1848**
1846 Monterrey (10.–24. September). Taylor besiegt die Mexikaner.
1847 Schlacht von Buena Vista (22.–23. Februar). Taylor schlägt Mexikaner.
1847 Schlacht von Molino del Rey (8. September). Scott besiegt Mexikaner.

***Links:** Der Angriff der schweren Brigade in der Schlacht von Balaklawa am 25. Oktober 1854. Eine überaus erfolgreiche Aktion in großem Gegensatz zum berühmteren Angriff der leichten Brigade. Scarletts Kavallerie schlug rund 2000 Russen in die Flucht, wobei die Verluste der Briten bei 78 Mann lagen.*

***Links:** Der zweite Angriff des Garderegiments in der Schlacht von Inkerman. In der dritten bedeutenden Schlacht im Krimkrieg bei Inkerman wurde bei dichtem Nebel gekämpft. Die Verbündeten vereitelten den entschlossenen Versuch der Russen, die Belagerung von Sewastopol zu durchbrechen.*

1847 Schlacht von Chapultepec (13. September). Scott erobert die Festung, stößt nach Mexiko-Stadt vor und schlägt Santana bei Contreras/Churubusco.
1849–1851 Lopez besetzt Kuba.
1850–1898 Kriege der USA gegen die Indianer.

**Frankreichs mexikanische Expedition**
1878–1861 Mexikanischer Bürgerkrieg.
1862 Franzosen erobern Puebla (5. Mai), stoßen nach Mexiko-Stadt vor und machen Maximilian I. zum Kaiser.
1867 Einnahme von Queretaro durch die Republikaner. Maximilian wird auf Befehl von Benito Juárez erschossen.

**Ostasien**
1839–1842 Erster britisch-chinesischer „Opiumkrieg".
1850–1864 Taiping-Rebellion in China. Einer der blutigsten Bürgerkriege der Geschichte (20–30 Millionen Opfer).
1856–1860 Zweiter britisch-chinesischer „Opiumkrieg".
1860 Schlacht von Taku Forts (21. August). Britisch-französische Streitkräfte unter Grant und Cousin-Montauban erstürmen Festungen und rücken nach Peking vor.
1863–1864 Europäer bombardieren Kagoshima und Shimonoseki.
1863–1868 Bürgerkrieg in Japan.

**Krimkrieg 1853–1855**
1854 Schlacht am Al'ma (20. September). Britisch-französisch-türkische Allianz besiegt die Russen und rückt vor, um Sewastopol zu belagern.
1854–1855 Belagerung von Sewastopol.
1854 Schlacht von Balaklawa (25. Oktober). Briten unter Raglan besiegen die Russen. Heldenhafter Angriff der leichten Brigade im „Tal des Todes" scheitert.
1854 Schlacht von Inkerman (5. November). Raglans britische und französische Truppen schlagen die Russen zurück.
1854–1855 Sewastopol. Die Briten unter Raglan und Canroberts Franzosen belagern die Festung fast ein Jahr lang, bis sie die Russen zur Aufgabe zwingen (8. Sept.).

Der größte Krieg zwischen den Napoleonischen Kriegen und dem Ersten Weltkrieg war der Amerikanische Bürgerkrieg. Er forderte rund 600 000 Tote. Die beiden Kontrahenten konnten ungleicher nicht sein: Der weithin industrialisierte Norden (Union) mit einer Bevölkerung von ca. 23 Millionen und der von Agrar- und Plantagenwirtschaft geprägte Süden (Konföderierte) mit 9 Millionen. Der Krieg wurde an zwei Fronten geführt. Im Osten erwies sich Robert E. Lee mit der Armee von Nordvirginia einer ganzen Reihe von Unions-Generalen mehr als ebenbürtig. Im Westen konnte die Union nach der Eroberung von Vicksburg den Süden spalten und mit „Shermans Marsch zum Meer" ins Herz der erschöpften Konföderation vorstoßen.

**Links:** *„Stonewall" Jackson.*
**Unten:** *Robert E. Lee.*

**Oben:** *Die Schlacht von Cross Keys am 8. Juni 1862 von den Unionsstellungen aus gesehen. Es war die vorletzte Aktion in Jacksons brillantem Shenandoah-Valley-Feldzug.*

**Thomas „Stonewall" Jackson (1824–1863)**
Der fähigste von Lees Generalen. Sein Beiname („Steinmauer") geht auf die Hartnäckigkeit zurück, mit der er sich in der ersten Schlacht des Amerikanischen Bürgerkriegs (1861 am Bull Run) verteidigte. Mit Robert E. Lee in der Armee von Nordvirginia als Partner war Jackson nicht zu schlagen. Er spielte eine wichtige Rolle in der zweiten Schlacht am Bull Run (1862), bei Antietam (1862), Fredericksburg (1862) und Chancellorsville (1863). Sein Meisterstück, der Shenandoah-Valley-Feldzug im Sommer 1862, ist ein Musterbeispiel der Kriegskunst. Jackson wurde bei Chancellorsville versehentlich von seinen eigenen Leuten getötet.

**Robert E. Lee (1807–1870)**
Legendärer Oberbefehlshaber der Konföderiertenarmee im Amerikanischen Bürgerkrieg. Lee war vielleicht der größte Soldat seit Napoleon. Er diente im Mexikanischen Krieg und warf 1859 John Browns Erhebung in Harpers Ferry nieder. Bei Ausbruch des Bürgerkriegs zum Oberbefehlshaber der Armee von Virginia ernannt, wurde er im März 1865 zum Oberkommandierenden der gesamten Südstaatenarmee. Er organisierte die berühmte „Armee von Nordvirginia" und führte sie zu einer ganzen Reihe von Erfolgen, etwa in den „Siebentageschlachten", am Bull Run, bei Fredericksburg (alle 1862) und bei Chancellorsville (1863). Später, bei Petersburg und Richmond, musste er sich gegen eine riesige Übermacht verteidigen.

***Unten:** Der nördliche Sektor des Schlachtfelds von Antietam mit Blick auf die Roulette Farm. Unionstruppen rücken von rechts her vor.*

**Amerikanischer Bürgerkrieg 1861–1865 (Sezessionskrieg)**

1861 Fort Sumter (12.–14. April). Bombardierung und Eroberung des Forts durch Beauregards Konföderierte macht den Krieg zwischen Norden und Süden unvermeidbar.

1861 Schlacht am Bull Run (21. Juli). Erste große Schlacht des Sezessionskriegs und erster Einsatz der Eisenbahn zum Truppentransport. Johnstons und Beauregards Konföderierte können den Sieg nicht nutzen.

1862 Schlacht von Fort Donelson (6.–16. Februar). Grant erzielt den ersten bedeutenden Unionssieg.

1862 Schlacht von Shiloh (Pittsburg Landing, 6. und 7. April). Grant besiegt die Konföderierten und leitet die strategische Initiative der Union im Westen ein.

1862 Schlacht von Seven Pines (Fair Oaks, 31. Mai – 1. Juni).

1862 Schlacht von Port Republic (9. Juni). Jackson besiegt die Unionsarmee und tritt in Lees Armee ein.

1862 „Siebentageschlachten" (25. Juni – 1. Juli). Lee erzwingt den Rückzug der Konföderierten.

1862 Schlacht am Cedar Mountain (9. August). Unentschieden, ermöglicht aber den Konföderierten, weiter nach Norden vorzustoßen.

1862 Zweite Schlacht am Bull Run (28.–30. August). Lee besiegt die Unionsarmee.

1862 Schlacht von Harpers Ferry (13.–15. September). Jackson besiegt Unionsgarnison.

1862 Schlacht von Antietam (Sharpsburg, 17. September). Obwohl Lee einen taktischen Sieg für die Konföderierten erzielt, zwingen ihn seine Verluste, die Invasion des Nordens aufzugeben.

1862 Schlacht von Corinth (3. und 4. Oktober). Rosecrans (Union) wehrt die Konföderierten ab.

1862 Schlacht von Perryville (8. Oktober).

1862 Schlacht von Fredericksburg (13. Dezember). Lee besiegt die Unionsarmee.

1862/63 Schlacht am Stones River (Murfreesboro, 31. Dezember – 2. Januar).

**Links oben:** *Infanterie der Konföderierten in Aktion. Die Truppen Kobbs und Kershaws hinter dem Wall von Fredericksburg (1862).*

**Links unten:** *Wildes Schlachtgetümmel und erbitterte Mann-gegen-Mann-Kämpfe bei Spotsylvania (1864), nach Wilderness das zweite Aufeinandertreffen von Lee und Grant.*

**Rechts oben:** *16. April 1863. Porters Flottille unter Vicksburg, wo sie die Batterien der Konföderierten unbeschadet passiert hat. Die Eroberung von Vicksburg durch die Nordstaaten, spaltete den Süden in zwei Bereiche.*

**Rechts:** *Hookers Unionstruppen beim Angriff auf den zerklüfteten Hängen der Lookout Montains in der Schlacht von Chattanooga (1863), Grants letztem Sieg vor der Ernennung zum Oberbefehlshaber der Unionsarmee.*

**Oben:** *Drei Befehlshaber der Unionsarmee von Potomac (von links nach rechts): Ambrose Everett Burnside, besiegt in Fredericksburg; Joseph Hooker, besiegt in Chancellorsville; George Gordon Meade, Sieger von Gettysburg. Ganz rechts: William Tecumseh Sherman, Offizier und Freund Grants, dessen „Marsch zum Meer" im November/Dezember 1864 die südliche „Zange" der finalen Unionsstrategie bildete und Grants Vormarsch zur Konföderierten-Hauptstadt Richmond ergänzte.*

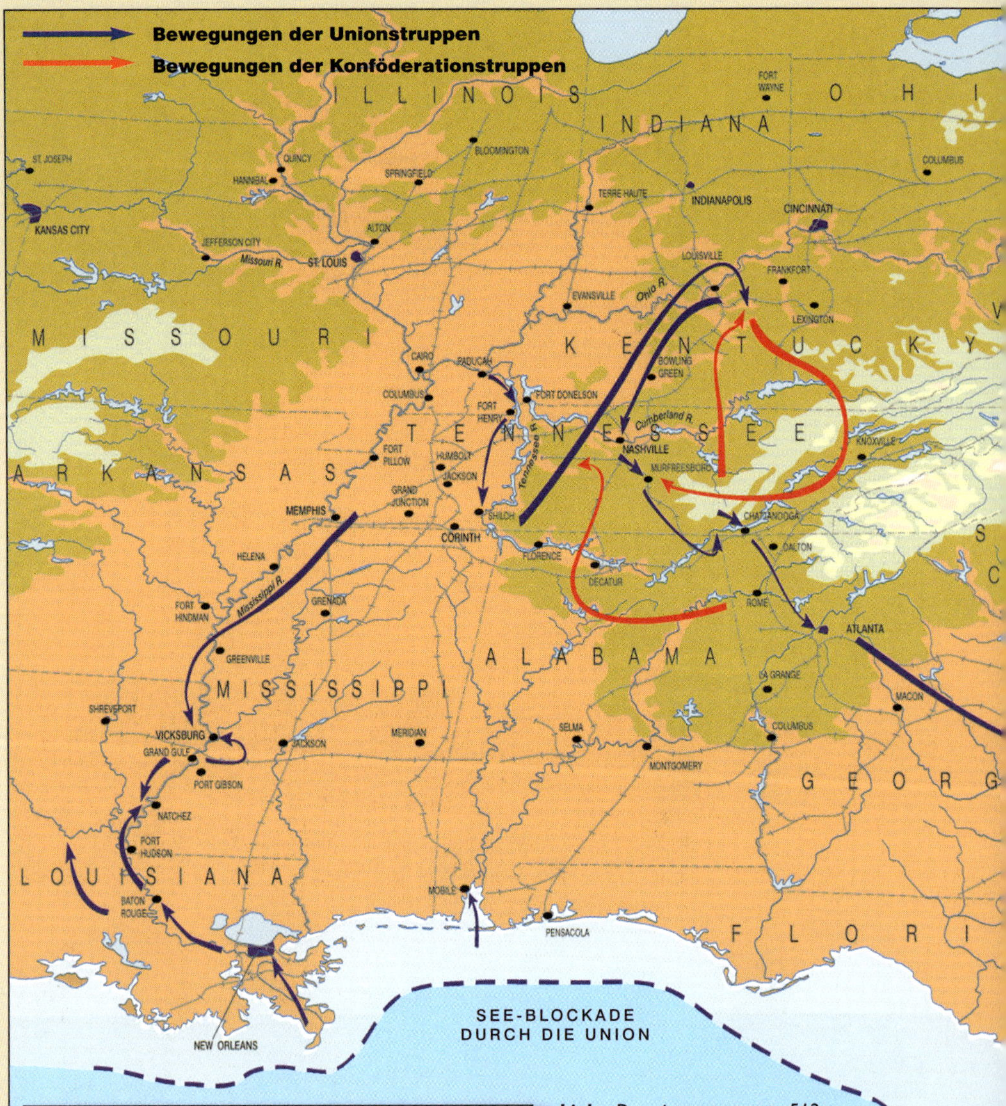

***Links:*** *Das eisengepanzerte 512-t-Kanonenboot Cairo war mit sechs 42-Pfündern, drei 20,32-cm-Geschützen und einer 12-Pfünder Haubitze ausgestattet. Als Teil der „Brownwater Navy" der Union (im Unterschied zur hochseetauglichen „Bluewater Navy") ermöglichten solche Schiffe für Truppentransport und Nachschub auf Flüssen den Vorstoß über den Mississippi und Vicksburg, der die Konföderation in zwei Teile aufspaltete.*

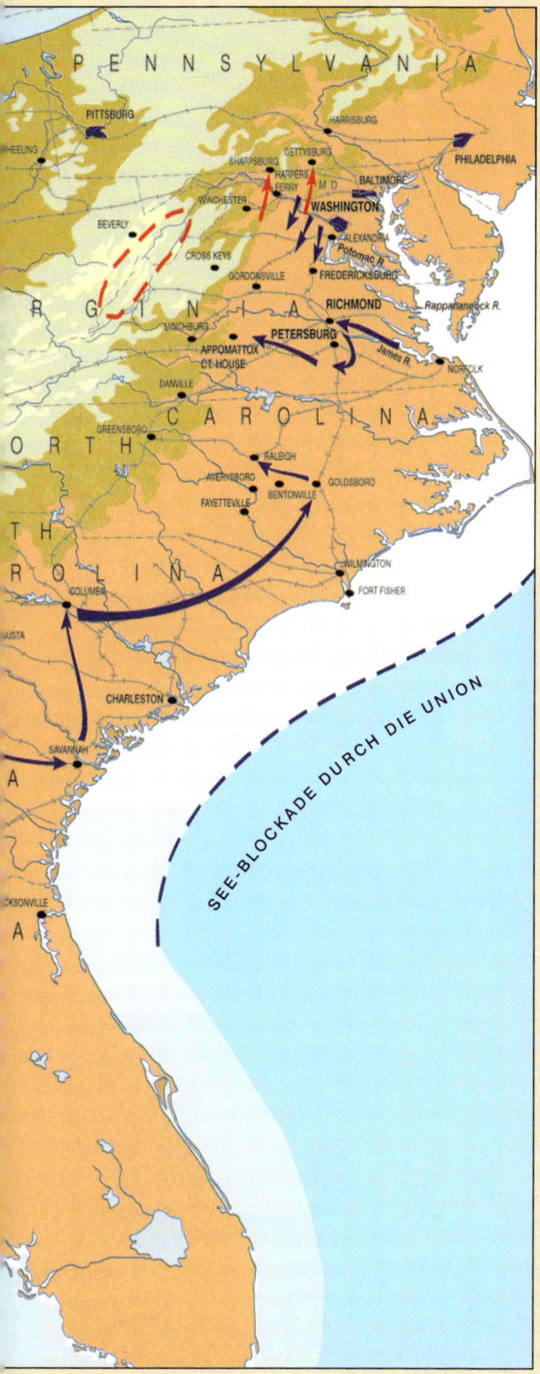

**Ulysses S. Grant** (1822–1885)
Der größte General des Nordens im Amerikanischen Bürgerkrieg. Er hatte im Krieg gegen Mexiko gekämpft und diente nun am westlichen Kriegsschauplatz, wo er 1862 Fort Donelson einnahm. Er siegte 1862 bei Shiloh und eroberte nach einem langen Feldzug 1863 Vicksburg. Im März 1864 wurde er Oberkommandierender aller Unionsarmeen. Er entwickelte die zum Sieg führende Strategie des Nordens. Entscheidende Vorstöße erfolgten im Westen, während Grant Lees Armee nach Petersburg und Richmond zurückdrängte. Die Fronten kamen dabei fast zum Stehen (wie später im 1. Weltkrieg). Am 9. April 1865 nahm Grant die Kapitulation des Konföderiertengenerals bei Appomattox Court House entgegen. 1869 bis 1877 amtierte er als 18. Präsident der USA.

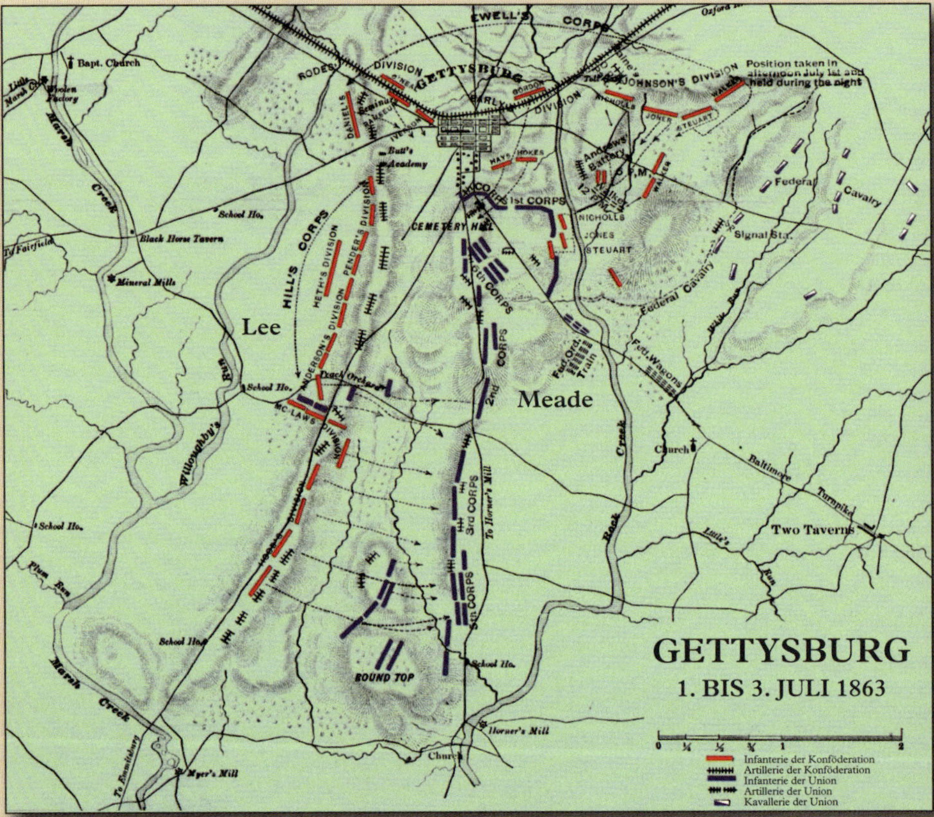
GETTYSBURG
1. BIS 3. JULI 1863
Lee
Meade
Infanterie der Konföderation
Artillerie der Konföderation
Infanterie der Union
Artillerie der Union
Kavallerie der Union
CEMETERY HILL
ROUND TOP
HILL'S CORPS
EWELL'S CORPS
JOHNSON'S DIVISION
Position taken in afternoon July 1st and held during the night
Federal Cavalry
Two Taverns
Baltimore Turnpike
Rock Creek
Marsh Creek
Willoughby's Run
Black Horse Tavern
Mineral Mills
Peach Orchard
School Ho.
Church

**Schlacht von Gettysburg**

**Kontext** Amerikanischer Bürgerkrieg.

**Zeit** 1.–3. Juli 1863.

**Ort** Knotenpunkt in Südpennsylvania.

**Befehlshaber/Truppenstärke** George Meade kommandiert die Potomac-Unionsarmee (ca. 95 000 Mann). Robert E. Lee führt die Nordvirgina-Armee der Konföderierten (ca. 75 000).

**Ziele** Um den Krieg nach Norden zu tragen, wollte Lee der Potomac-Armee, die bereitstand, ihn aufzuhalten, eine entscheidende Niederlage beibringen.

**Verluste** Union: ca. 3000 Tote, ca. 15 000 Verwundete, ca. 500 Vermisste. Konföderierte: ca. 4000 Tote, ca. 19 000 Verwundete, ca. 5000 Vermisste.

**Sieger** Union.

**Folgen** Lee wurde durch unersetzbare Verluste gestoppt. Von nun an befand sich der Süden vollständig in der Defensive. Zusammen mit dem Fall von Vicksburg am nächsten Tag war die Schlacht von Gettysburg der Wendepunkt des Krieges.

***Oben:*** *Geschützbatterie der Union bei Gettysburg, der Schlacht, die Lees zweite Invasion des Nordens beendete.*

***Links:*** *Die Schlacht von Gettysburg in einer zeitgenössischen Darstellung.*

1863 Schlacht von Chancellorsville (1.– 5. Mai). Lee schlägt die Unionsarmee und bereitet die zweite Invasion des Nordens vor.

1863 Schlacht von Vicksburg (19. Mai – 4. Juli). Grant nimmt die Festung ein und teilt das Gebiet der Konföderierten in zwei Hälften.

1863 Schlacht von Brandy Station (9. Juni). Lee siegt über Unionsarmee, aber nicht entscheidend.

1863 Schlacht von Gettysburg (1.–3. Juli). Unionsarmee unter Meade schlägt Lees Invasionstruppen, die schwere Verluste erleiden.

1863 Schlacht von Chickamauga (18.–20. September). Bragg erringt taktischen Sieg über die Union.

1863 Schlacht von Chattanooga (24. –25. November). Union durchbricht den Belagerungsring der Konföderierten.

1864 Schlacht von Wilderness (5.–6. Mai). Unionskommandant Grant stoppt die Konföderierten und marschiert nach Richmond.

1864 Schlacht von Spotsylvania Court House (8.–18. Mai). Grant besiegt Konföderierte.

1864 Schlacht von Cold Harbor (31. Mai – 3. Juni). Lee wehrt Unionsangriff ab.

1864 Schlacht von Petersburg (15.–18. Juni). Konföderierte verhindern Eroberung der Stadt.

1864 Schlacht von Atlanta (20. Juli – 31. August). Sherman (Union) erobert die Stadt.

1864 Schlacht von Savannah (9.–21. Dezember). Sherman erobert die Stadt.

1864 Schlacht von Nashville (15.–16. Dezember). Thomas besiegt die Konföderierten endgültig.

1865 Schlacht von Five Forks (1. April). Grants Unionskavallerie unter Sheridan schlägt die Konföderierten und zwingt Lee zum Rückzug.

1865 Schlacht bei Appomattox Court House (9. April). Lee kapituliert mit seinen letzten Truppen. Ende des Krieges.

1866 Fetterman-Massaker (21. Dezember). Sioux, geführt von Red Cloud und Crazy Horse vernichten Armeetrain-Eskorte am Powder River.

***Oben:** Angriff des preußischen Dragoner-Garderegiments Nr. 1 bei Mars-la-Tour/Vionville am 16. August 1870.*
***Unten:** Nach dem Fall von Paris marschieren die deutschen Truppen am 1. März 1871 in Paris ein – eine Szene, die sich 1940 wiederholen sollte.*

**Helmuth von Moltke (1800–1891)**
Architekt der preußischen Siege gegen Dänemark (1864), Österreich (1866) und Frankreich (1870/71). Nachdem er in der preußischen Militärmission in der Türkei gedient hatte (1832 bis 1839), wurde er 1858 Chef des preußischen Generalstabs. Er erkannte als Erster die Bedeutung der Eisenbahn für den Transport von Truppen sowie Munition und reorganisierte die preußische Armee und ihren Generalstab, sodass sie zum Vorbild für alle anderen westlichen Armeen wurden. Seine Größe basiert weniger auf seinen Siegen auf dem Schlachtfeld als vielmehr darauf, dass er den Militärapparat schuf, der Deutschland vereinte und im Ersten Weltkrieg zum Einsatz kam.

1876 Schlacht am Little Big Horn (25.–26. Juni). Sitting Bull und Crazy Horse besiegen die US-Kavallerie und töten Colonel Custer.

### Europa

1863–1864 Aufstand in Polen.

1864 Deutsch-Dänischer Krieg. Erstürmung der Düppeler Schanzen durch preußische und österreichische Truppen.

***Preußisch-Österreichischer Krieg 1866***

24. Juni 1866 Zweite Schlacht bei Custozza. Erzherzog Albert besiegt die Armee des mit Preußen verbündeten Königreichs Italien.

3. Juli 1866 Schlacht bei Königgrätz (Sadowa). Preußen besiegt Österreich und wird zur beherrschenden Macht in Mitteleuropa.

20 Juli 1866 Seeschlacht bei Lissa. Die österreichisch-ungarische Flotte unter Admiral von Tegethoff besiegt die italienische Flotte.

### Deutsch-Französischer Krieg 1870/71

6. August 1870 Schlacht bei Wörth. Kronprinz Friedrich Wilhelm (Preußen) besiegt die Franzosen.

16. August 1870 Schlacht bei Mars-la-Tour.

18. August 1870 Schlacht von Gravelotte-St. Privat. Moltke zwingt die Franzosen zum endgültigen Rückzug.

1. September 1870 Schlacht bei Sedan. Moltke erobert die Stadt. Napoleon III. von Frankreich gerät in Gefangenschaft und die Dritte Republik ersetzt das Zweite Französische Kaiserreich.

20. September 1870 – 28. Januar 1871 Belagerung von Paris. Moltke zwingt die Stadt zur Kapitulation und beendet den Deutsch-Französischen Krieg.

1870–1875 Zweiter Karlistenkrieg in Spanien.

### Indien und Afghanistan

***Die Meuterei der Sepoys gegen die britische Herrschaft 1857–1858***

8. Juni – 20. September 1857 Schlacht von Delhi. Wilsons britisch-indische Truppen erobern die Stadt zurück.

1. Juli – 19. November 1857 Schlacht von Lucknow. Briten/Inder durchbrechen die Belagerung der Garnison durch die Rebellen.

6. Dezember 1857 Schlacht von Cawnpore. An einem Wendepunkt für den Aufstand schlägt Campbell die Rebellen vernichtend.

17.–20. Juni 1858 Schlacht von Gwalior. Rose besiegt die indischen Rebellen in der letzten großen Schlacht der Meuterei.

***Zweiter Britisch-Afghanischer Krieg 1878–1880***

27. Juli 1880 Schlacht von Maiwand. Ayub Khan vernichtet britische Brigade. Die Überlebenden ziehen sich nach Kandahar zurück.

1. September 1880 Schlacht von Kandahar. Roberts gelingt der Entsatz der belagerten Garnison; er besiegt Ayub Khan und bringt Abdur Rahman Khan auf den Thron.

### Südostasien

1858–1861 Franzosen erobern Indochina.

1882–1883 Französisch-Vietnamesischer Krieg.

1873–1877 Krieg zwischen Siam und Laos.

1885 Dritter Burmakrieg der Briten.

### China, Japan, Korea

1866 Französische Expedition nach Korea.

1875–1876 Japanischer Einfall in Korea.

1877 Satsuma-Aufstand in Japan.

1882–1885 Chinesische und japanische Expeditionen nach Korea.

***Französisch-Chinesischer Krieg 1883–1885***

14.–16. Dezember 1883 Schlacht von Son-Tai. Franzosen erobern eine von den Chinesen besetzte Festung.

1894–1895 Chinesisch-Japanischer Krieg.

***Boxeraufstand in China 1900***

20. Juni – 14. August 1900 Schlacht um Peking. Internationale Entsatztruppen durchbrechen die Belagerung.

### Balkan

***Russisch-Türkischer Krieg 1877–1878***

19. Juli – 10. Dezember 1877 Plevna. Krudener (Russland) besiegt die Türken.

**Sir Garnet (später Lord Wolseley, 1833–1913)** Der größte britische General in den Kolonialkriegen des 19. Jahrhunderts. Er kämpfte im Zweiten Burmakrieg, im Krimkrieg und bei der Meuterei in Indien, wo er die Sehkraft eines Auges verlor. 1870 führte er die Red-River-Expedition in Kanada, 1873 den Aschanti-Feldzug und 1875 den Feldzug in Natal. Er übernahm das Kommando in der Endphase des britischen Krieges gegen die Zulu von 1879 und führte 1882 die Eroberung von Ägypten, wo er die Schlacht von Tel-el-Kebir gewann. Zwei Jahre später stand er an der Spitze der misslungenen Rettungsmission nach Khartum. Er reformierte die britischen Armee und bereitete sie so auf Konflikte wie den Zweiten Burenkrieg und den Ersten Weltkrieg vor.

***Oben:** Sir Garnet Wolseley.*

***Links oben:** Angeführt von der Highland Brigade, überwältigten die Briten die ägyptischen Nationalisten 1882 bei Tel-el-Kebir und erlangten die Kontrolle über das Land.*

***Links:** Britische Artillerie greift bei Tel-el-Kebir über die Abwehrwälle der ägyptischen Linien an.*

**Tschaka (Shaka) kaSenzagakhona (um 1787 bis 1828)**
Der Gründer des Zulureiches im 19. Jahrhundert. 1816 übernahm er als Usurpator die Herrschaft über die Zulu und führte Eroberungskriege mit einer Armee, die er zur stärksten Afrikas gemacht hatte. Regimenter aus gleichaltrigen Wehrpflichtigen, Drill, Disziplin und Mobilität waren zusammen mit Überraschungstaktiken Elemente von Tschakas Militärsystem, seine bevorzugte Strategie das Einkreisen in der Angriffsformation „impondo zankomo" („Hörner des Tieres"). In nur einem Jahrzehnt eroberte er den größten Teil Natals und des heutigen Zululands. Zu seinen wichtigsten Schlachten gehören KwaGqoki (1816), wo er dem Angriff einer Ndwande-Übermacht standhielt, Mhlatuze, wo die Ndwande entscheidend geschlagen und der letzte Rivale um die Zulu-Herrschaft eliminiert wurde, sowie die Schlacht von Dolowane (1826), die das Königreich der Ndwande endgültig vernichtete. 1828 wurde Tschaka von seinen Halbbrüdern ermordet. Er hinterließ einen mächtigen und stolzen Militärstaat, der mit den Schlachten von 1879 Geschichte schreiben sollte.

17.–18. November 1877 Schlacht von Kars. Melikoff erobert die Festung in einem Überraschungsangriff für Russland.
1885–1886 Serbisch-Bulgarischer Krieg.
1896–1897 Griechisch-Türkischer Krieg.

**Afrika**

***Britisch-Abessinischer Krieg 1867–1868***
31. April 1868 Schlacht von Aroghee. Napiers britisch-indische Truppen besiegen die Abessinier und setzen dabei erstmals Hinterladergewehre ein.
1868–1872 Abessinischer Bürgerkrieg.
1873–1874 Zweiter Aschanti-Krieg der Briten.
1873–1879 Ägyptisch-Abessinischer Krieg.

***Krieg der Briten gegen die Zulu 1879***
22. Januar 1879 Schlacht von Isandhlwana. Ntshingwayo und Mavumengwana überfallen das britische Lager und erleiden schwere Verluste.
22.–23. Januar 1879 Schlacht von Rorkes Drift. Chard befehligt eine kleine britische Truppe, die wiederholte Angriffe abwehrt, bis sie am nächsten Tag von Chelmsford Entsatz erhält.
29. März 1879 Schlacht von Kambula. Wood (Briten) wehrt Zuluangriff ab.
4. Juli 1879 Schlacht von Ulundi. Chelmsford vernichtet eine zahlenmäßig weit überlegene Zuluarmee.

***Erster Burenkrieg 1880–1881***
28. Januar 1881 Schlacht von Laings Nek. Jouberts Buren schlagen Briten.
27. Februar 1881 Schlacht von Majuba Hill. Jouberts Sieg führt zum Waffenstillstand.
1881 Franzosen besetzen Tunis.

***Britisch-Ägyptischer Krieg 1882***
11. Juli 1882 Bombardierung Alexandrias.
13. September 1882 Schlacht von Tel-el-Kebir. Wolseley besiegt Ägypter und begründet die britische Herrschaft in Ägypten.
1883–1884 Zulu-Bürgerkrieg.
1883–1889 Mahdiaufstand und Krieg mit Abessinien.

***Erster Sudanfeldzug der Briten***
29. Februar 1884 Zweite Schlacht von El Teb. Graham besiegt Mahdiarmee.
12. März 1884 – 26. Januar 1885 Belagerung von Khartum und Tod General Gordons.

**Links:** *Derwisch-Scharfschützen feuern auf das britische Raddampfer-Kanonenboot* Fateh, *das David Beatty befehligte. Er führte die Briten später in der Seeschlacht vor dem Skagerrak. Zehn solcher Kanonenboote wurden für den „Flusskrieg" auf dem Nil gebaut, ein jedes gepanzert und mit Schnellfeuerwaffen ausgerüstet, darunter Maxim-MGs, Nordenfeldts, Sechspfünder und Zwölfpfünder.*

**Unten:** *Die Schlacht von Omdurman in einer Darstellung aus den* Illustrated London News. *Kanonenboote unterstützten die Infanterie am Ufer bei der Abwehr des massiven Angriffs der Mahdiarmee.*

**Oben:** *Sir Herbert Kitchener führte die angloägyptischen Streitkräfte, die 1898 den Sudan zurückeroberten, und war später Oberbefehlshaber der britischen Streitkräfte in Südafrika und Indien. Nach dem Omdurman-Feldzug trat er bei Faschoda Marchands einer französischen Expedition entgegen. Die Konfrontation führte zum britisch-französischen Abkommen über die Einflussbereiche in Afrika.*

Mahdi Mohammed Ahmeds Rebellen erobern die Stadt, töten die Besatzung und zwingen die angloägyptischen Streitkräfte zum Rückzug aus dem Sudan.

13. März 1884 Schlacht von Tamai. Graham besiegt die Mahdianhänger, kann ihre Armee jedoch nicht vernichten.

17. Januar 1885 Schlacht von Abu Klea. Britische Kolonne auf dem Weg zur Befreiung Khartums wehrt Derwischangriff ab.

19. Januar 1885 Schlacht von Abu Kru. Britische Kolonne wehrt erneute Derwischattacken ab.

1888–1890 Aufstand in Deutsch-Ostafrika.

21. Dezember 1893 Schlacht von Agordat. Arimondi führt Italiener zum Sieg über die Mahdiarmee.

1893 Mashona-Matabele Krieg.

1893–1896 Dritter und Vierter Aschanti-Krieg der Briten.

1895–1896 Franzosen erobern Madagaskar.

***Italienischer Abessinienkrieg 1895–1896***

1. März 1896 Schlacht von Adua. Kaiser Menelik von Abessinien schlägt die italienischen Kolonialtruppen und erringt die Unabhängigkeit.

***Angloägyptische Rückeroberung des Sudans 1896–1898***

8. April 1898 Schlacht am Atbara. Kitchener befehligt den angloägyptischen Vernichtungsfeldzug gegen die Mahdiarmee und rückt weiter in Richtung Mahdi-Hauptstadt Omdurman vor.

2. September 1898 Schlacht von Omdurman. Kitcheners angloägyptische Streitkräfte vernichten die Derwischarmee und beenden den Mahdiaufstand.

1897 Briten erobern Nigeria.

1897–1901 Aufstand in Uganda.

## Amerika

1863 Krieg zwischen Kolumbien und Ecuador.

1864–1866 Krieg Spaniens gegen Peru und dann gegen Chile.

1864–1870 Lopez-Krieg.

1869–1870 Kanada: erste Rielrebellion.

1876–1877 Krieg der USA gegen die Sioux und Nord-Cheyenne.

1876 Schlacht am Little Big Horn.

**Oben:** *Das US-Schlachtschiff* Maine *bei der Einfahrt in den Hafen von Havanna (Kuba), wo es in der Nacht des 15. Februar 1898 explodierte – ein willkommener Anlass für die USA, Spanien den Krieg zu erklären. Die Ursache der Explosion ist ungeklärt.*

**Rechts:** *Oberst Theodore Roosevelt (der spätere 26. Präsident der USA) und seine Rough Rider auf dem Hügel, den sie in der Schlacht von San Juan eroberten.*

**Unten:** *Infanterie aus Oregon beim Abfeuern.*

**Rechts unten:** *Schlacht in der Bucht von Manila.*

1885 Kanada: zweite Rielrebellion.
1890–1891 Krieg der USA gegen Süddakota.
1895–1898 Revolution auf Kuba.

***Spanisch-Amerikanischer Krieg 1898***

15. Februar 1898 Explosion des US-Schlachtschiffs Maine in Havanna wird zum Anlass für den Kriegsausbruch.
1. Mai 1898 Dewey führt die US-Flotte in die Bucht von Manila/Philippinen und zerstört die Spanische Flotte.
Juni 1898 US-Invasion auf Kuba.
1. Juli 1898 Schlacht von San Juan. Amerikaner unter Shafter erobert Hügelpositionen bei Santiago de Cuba.
3. Juli 1898 Schlacht von Santiago de Cuba. Spanisches Karibikgeschwader vernichtet.
13. August 1898 USA erobern Manila.
1901 Kolumbianischer Bürgerkrieg.
1903 Revolution in Panama.
1906–1909 US-Intervention in Kuba.
1907 Nicaragua-Honduras-Krieg.
1909–1911 Bürgerkrieg in Honduras.
1910–1917 Mexikanische Revolution.
1912 Bürgerkrieg in Nicaragua.
1912 US-Intervention in Kuba.

**Pazifischer Raum**

1879–1883 Pazifikkrieg.
1899–1902 Aufstand auf den Philippinen.

**Zweiter Burenkrieg 1899–1902**

13. Oktober 1899 – 17. Mai 1900 Mafeking. Baden-Powell widersteht Belagerung.
15. Oktober 1899 – 15. Februar 1900 Kimberley. Briten durchbrechen Belagerung.
2. November 1899 – 28. Februar 1900 Belagerung von Ladysmith.
28. November 1899 Schlacht am Modder River. Britische Streitkräfte begegnen den Buren mit neuen, nicht linearen Taktiken.
10. Dezember 1899 Schlacht von Stormberg. Olivier besiegt Briten.
10.–11. Dezember 1899 Magersfontein. Cronje/De La Rey besiegen Briten.
15. Dezember 1899 Schlacht von Colenso. Botha besiegt Briten.
19.–24. Januar 1900 Schlacht von Spion Kop. Botha wehrt Briten ab.
18.–27. Februar 1900 Schlacht von Paardeberg. Roberts schlägt Buren. Nach dem Eintreffen von immer mehr Verstärkung

*Die Offensiven der Buren zu Beginn des Krieges führten zur Belagerung von Ladysmith, Kimberley und Mafeking sowie zu Schlachten, die von den Briten zum Entsatz dieser Orte geschlagen wurden.*

***Ganz oben:*** *Robert Baden-Powell (1857–1941), der berühmte Verteidiger von Mafeking und spätere Gründer der britischen Pfadfinder-Bewegung.*

***Rechts darunter:*** *Feldmarschall Lord Roberts (1832–1914) kommandierte die britischen Truppen in Südafrika, brachte Entsatz für Kimberley und rückte dann bis Pretoria vor. Der populäre „Bobs" hatte beim Aufstand in Indien gekämpft und sich auch im Zweiten Afghanischen Krieg ausgezeichnet.*

***Oben links:*** *Britische Truppen am 20. Oktober 1899 in der Schlacht bei Farquhars Farm, in der Jouberts Burenarmee Sir George Whites britische Armee abwehrte. Diese musste zurückweichen und wurde dann in Ladysmith belagert.*

***Links außen:*** *Die mit modernsten Mausergewehren ausgerüsteten Buren waren den Briten waffentechnisch überlegen.*

***Links:*** *„Attacke!" – ein britischer Kavallerist bläst zum Angriff.*

Der Russisch-Japanische Krieg, der erste große Konflikt des 20. Jahrhunderts, demonstrierte die neue Art der industrialisierten Kriegsführung und markierte den Aufstieg Japans zur Großmacht. Am Fluss Yalu besiegte zum ersten Mal eine asiatische Armee mit westlicher Taktik und Bewaffnung eine europäische. Die großen Schlachten (Yalu, Liaoyang, Shaho und Mukden) wurden an langen Fronten geschlagen (75 km bei Mukden). Es waren Zermürbungs- und Abnutzungskämpfe wie dann im Ersten Weltkrieg. Auf See traten Torpedos und Minen erstmals in Erscheinung, und den Japanern gelang eine Blockade der russischen Schiffe bei Port Arthur und Wladiwostok, die deren Ausbruchsversuch aus dem Gelben Meer vereitelte. Die lange Fahrt des russischen Ostseegeschwaders endete bei Tsushima, der größten Seeschlacht seit Trafalgar.

**Oben:** *Großadmiral Heihachiro Togo, Sieger der Seeschlachten im Gelben Meer und bei Tsushima, an Bord seines Flaggschiffs* Mikasa.

**Oben links:** *Russische Artillerie in der Schlacht von Liaoyang (1904), der ersten großen Landschlacht des Krieges. Sie endete unentschieden, obwohl sich die Russen zurückzogen.*

**Links:** *Der Hafen von Port Arthur wurde von den Japanern von Mai 1904 bis zur Kapitulation am 2. Januar 1905 belagert.*

sind die Briten nicht mehr zu schlagen. Die Buren nehmen den Guerillakampf auf, müssen sich aber schließlich ergeben.

1904 Hottentottenaufstand in Südwestafrika.

1907 Zuluaufstand in Südafrika.

**Russisch-Japanischer Krieg 1904–1905**

8. Februar 1904 Japanischer Torpedobootangriff auf die russische Flotte in Port Arthur.

10. August 1904 Schlacht im Gelben Meer. Japaner verhindern Ausbruch der russischen Flotte aus Port Arthur.

30. April – 1. Mai 1904 Schlacht am Yalu. Oyama besiegt die Russen und führt die japanische Invasion der Mandschurei.

5. Mai 1904 Landung und Vormarsch der apaner zur Belagerung von Port Arthur.

25. August – 3. September 1904 Schlacht von Liaoyang. Oyama zwingt die Russen zum Rückzug.

5.–17. Oktober 1904 Schlacht am Shaho mit unentschiedenem Ausgang an einer über 60 km langen Front.

21. Februar – 10. März 1905 Schlacht von Mukden. Oyama sucht die Russen entscheidend zu schlagen, kann jedoch nur einen Rückzug erzwingen.

27. Mai 1905 Seeschlacht von Tsushima. Nach langer Anfahrt wird die russische Ostseeflotte vernichtet. In den Friedensverhandlungen verpflichtet sich Russland zur Räumung der Mandschurei. Japan steigt zur Großmacht auf.

**Niedergang des Osmanischen Reiches**

1911–1912 Italiener erobern Tripolis und die Kyrenaika und besetzen den Dodekanes.

**Erster und Zweiter Balkankrieg 1912–1913**

Balkanliga (Serbien, Griechenland, Bulgarien, Montenegro) entreißt dem Osmanischen Reich den größten Teil seines europäischen Territoriums.

**Erster Weltkrieg 1914–1918**

***Erster Weltkrieg: Westfront***

August 1914 Grenzschlachten. Die deutschen Truppen stoßen nach dem modifizierten Schlieffenplan vor.

Im Ersten Weltkrieg, einem der beiden großen Konflikte des 20. Jahrhunderts, starben fast acht Millionen Soldaten sowie eine unbekannte Anzahl von Zivilisten. Es war der erste wirklich „moderne" Krieg, ausgetragen mit einer Reihe entsetzlicher neuer Waffen, die die Kriegsführung revolutionierten. Maschinengewehre und Artilleriegeschütze beherrschten die Schlachtfelder, und auch Flugzeuge begannen eine Rolle zu spielen. Giftgas erhöhte den Schrecken des Stellungskriegs, in dem die Bedingungen für die Soldaten unmenschlich wurden. Auf See hatte das Schlachtschiff noch nicht den Höhepunkt seiner Entwicklung erreicht, da tauchten über und unter Wasser neue Bedrohungen auf, die seinen Stern schon bald wieder sinken ließen – Flugzeuge, U-Boote und Minen.

***Links:** Ein typischer britischer „Tank" aus dem Ersten Weltkrieg war der Mark IV. Die Aufnahme von 1917 zeigt die Female-Version mit MG-Bewaffnung. Die Male-Version hatte in beiden Geschützplattformen ein Sechs-Pfünder-Geschütz. Auch wenn sie noch langsam und verwundbar waren, trugen diese frühen Panzer dazu bei, die Stagnation des Stellungskriegs zu überwinden.*

**Rechts:** *Französischer Frontsoldat (Poilu) von 1916.*

**Unten:** *Zweimanntank vom Typ Renault FT-17, der erste einsatzfähige Panzer mit drehbarem Geschützturm.*

**Links:** *Maxim-MG. Dem ersten automatischen MG fielen Millionen Soldaten zum Opfer. Von dem Amerikaner Hiram Maxim um 1883 erfunden und schon bald weltweit eingesetzt, feuerte das Maxim-MG kontinuierlich, solange der Abzug betätigt wurde und Munition im Gurt war. Das hier gezeigte Exemplar stammt aus der Zeit des Ersten Weltkriegs.*

**Unten:** *Österreichische Haubitze.*

5.–10. September 1914 Schlacht an der Marne. Britisch-französische Armeen bringen deutschen Vormarsch zum Stehen.

13.–27. September 1914 Erste Schlacht an der Aisne.

September – Oktober 1914 „Wettlauf zum Meer“. Schließen der „offenen Flanke“ und Beginn des Stellungskriegs an der Westfront (Schützengräben vom Ärmelkanal bis an die Schweizer Grenze).

18. Oktober – 30. November 1914 Erste Schlacht bei Ypern.

22. April 22 – 25. Mai 1915 Zweite Schlacht bei Ypern.

21. Februar – 18. Dezember 1916 Schlacht bei Verdun. Den Deutschen gelingt es trotz wiederholter massiver Angriffe nicht, Verdun zu erobern; riesige Verluste.

1. Juli – 18. November 1916 Schlacht an der Somme. Größere britische/französische Offensive führt zu massiven Verlusten.

9.–15. April 1917 Schlacht von Arras.

16. April – 9. Mai 1917 Zweite Schlacht an der Aisne.

7.–14. Juni 1917 Schlacht von Messines.

August – November 1917 Dritte Schlacht bei Ypern (Passchendaele).

20. November – 3. Dezember 1917 Schlacht von Cambrai. Der erste massive Einsatz von Panzerfahrzeugen durch die Briten ist erfolgreich, wird aber nicht weitergeführt.

21. März – 5. April 1918 „Kaiserschlacht“. Deutsche Offensive an der Westfront („Operation Michael“) gegen die Briten an der Somme scheitert vor dem Durchbruch.

9.–29. April 1918 Deutsche Offensive von Lys („Georgette“).

27. Mai – 4. Juni 1918 Deutsche Offensive an der Aisne („Blücher“).

9.–14. Juni 1918 Deutsche Offensive von Matz/Montdidier („Gneisenau“).

15.–17. Juli 1918 Deutsche Offensiven an der Marne und bei Reims („Friedensturm“). Große Territorialgewinne, aber Erschöpfung der deutschen Truppen.

18. Juli – 11. November 1918 Alliierte Offensiven der „Hundert Tage“ führen zum Waffenstillstand.

Juli – August 1918 Frontreduzierung an der Marne.

**Erich Ludendorff** (1865–1937)
Der verantwortliche Stratege für die deutsche Kriegsführung in der letzten Phase des Ersten Weltkriegs war bei Kriegsausbruch 1914 Oberquartiermeister bei der 2. Armee im Westen. Kurz darauf wurde er Hindenburgs Generalstabschef der 8. Armee an der Ostfront. Ludendorffs Triumph bei Tannenberg brachte seinem Vorgesetzten großen Ruhm, und die beiden Kommandeure standen bis 1916 weiterhin gemeinsam an der Ostfront. Aufgrund der gescheiterten deutschen Angriffe auf Verdun wurden beide im August 1916 an die Westfront versetzt, wo Hindenburg die Oberste Heeresleitung übernahm. Wie schon zuvor, war es jedoch Ludendorff, der die Entscheidungen traf. Schließlich wagte er alles und startete im März 1918 eine große Offensive im Westen. Trotz anfänglicher Erfolge waren die deutschen Kräfte bis zum Herbst erschöpft, und die letzte Siegeshoffnung der Mittelmächte hatte sich zerschlagen. Nach dem Krieg förderte Ludendorff die „Dolchstoßlegende“ als Erklärung für die deutsche Niederlage und war von 1924–1928 Reichstagsabgeordneter der Nationalsozialistischen Freiheitspartei. Mit den Jahren wurden seine Ansichten immer exzentrischer. So schrieb er 1935 (in einer makabren Verdrehung der Worte von Clausewitz), der Frieden sei lediglich eine Unterbrechung des natürlichen Zustands, nämlich des Krieges.

**Douglas, 1st Earl Haig** (1861–1928)
Der Oberkommandierende der britischen Landstreitkräfte im Ersten Weltkrieg kämpfte im Omdurman-Feldzug 1898 und im Burenkrieg 1899–1902. Bei Ausbruch des Ersten Weltkriegs befehligte er das 1. Korps, bevor er 1915 Oberkommandierender der Ersten Armee und Ende desselben Jahres der Britischen Expeditionsstreitkräfte wurde. Im letzten Kriegsjahr arbeitete er gut mit Foch zusammen. Angesichts der verheerenden Verluste, die er speziell in den Offensiven an der Somme erlitten hatte, waren die Meinungen über ihn lange Zeit kontrovers. Diese Offensiven sollten die Franzosen vor Verdun entlasten. Kritisiert wurde vor allem die Tatsache, dass Haig sie auch noch fortsetzen ließ, nachdem sie sich als gescheitert erwiesen hatten. Sein Tagesbefehl an die Truppen während der deutschen Offensive von 1918 ist berühmt geworden: „Mit dem Rücken zur Wand und im Glauben an die Rechtmäßigkeit unserer Sache muss jeder von uns kämpfen bis zum Ende ...“ In jüngster Zeit haben die Historiker Haigs Führung neu bewertet und begonnen, ihn in einem günstigeren Licht zu sehen. Mehr und mehr kommt man zu der Ansicht, er habe die britische Armee 1918 zu einer hervorragend trainierten und ausgerüsteten Siegertruppe gemacht.

**Ferdinand Foch** (1851–1929)
Oberbefehlshaber aller alliierten Truppen seit März 1918. Foch war Artillerist, wirkte vor dem Krieg als Kommandeur der Kriegsakademie sowie Dozent für taktische Kriegsführung und verfasste eine Reihe von Schriften über Theorie und Praxis der Kriegsführung. 1914 kommandierte er das 20. Korps in Nancy und trug mit seiner Beharrlichkeit zum „Wunder an der Marne“ bei. Nachdem er zwei Jahre lang die Heeresgruppe Nord befehligt hatte, wurde er Chef des Armeegeneralstabs und Mitglied des Obersten Kriegsrats. Er plädierte für einen gemeinsamen Oberbefehl, wurde aber erst gehört, als die deutsche Frühjahrsoffensive von 1918 begann. Am 26. März ernannte man ihn zum Oberbefehlshaber der alliierten Armeen, um diese an der Westfront zu koordinieren. In einer gigantischen Schlacht des Willens gegen Ludendorff reagierte er auf

***Links:** Alte und neue Zeit – französische Kavalleristen beobachten einen Doppeldecker. Während die Rolle des Flugzeugs im Verlauf des Krieges immer wichtiger werden sollte, war die Zeit von Kavallerieangriffen vorbei.*

die deutschen Offensiven, bis diese in der Champagne verpufften. Nun war es an den Alliierten, einen Gegenangriff zu starten, und sie rückten vor, bis es 1918 zur Unterzeichnung des Waffenstillstands kam. Foch, der den Konflikt nach einem praktisch vierjährigen Stellungskrieg zu einem siegreichen Ende brachte, war der größte französische General des 20. Jahrhunderts.

***Unten:** Von links nach rechts: Der deutsche Kaiser Wilhelm II; Erich Ludendorff, Architekt der großen deutschen Offensiven von 1918; Sir Douglas Haig, Befehlshaber der britischen Expeditionskorps in Frankreich und Belgien; der französische Marschall Foch, der Oberbefehlshaber der alliierten Streitkräfte an der Westfront; Generalfeldmarschall Hindenburg, Befehlshaber der deutschen Truppen an der Westfront bei Kriegsende; General Pershing, Kommandeur der US-Truppen in Europa.*

August – September 1918 Frontreduzierung bei Amiens.

August – September 1918 Räumung von Lys.

12. – 16. September 1918 Offensive von St. Mihiel.

**ERSTER WELTKRIEG: OSTFRONT**

26.–30. August 1914 Schlacht bei Tannenberg. Hindenburg und Ludendorff verhindern russische Eroberung Ostpreußens.

23. August – 26. September 1914 Kämpfe in Galizien.

9.–14. September 1914 Erste Schlacht an den Masurischen Seen.

September – Oktober 1914 Operationen in Südwestpolen.

11.–25. November 1914 Schlacht bei Lodz.

7.–22. Februar 1915 Zweite Schlacht an den Masurischen Seen.

2. Juni – 27. Mai 1915 Gorlice-Tarnow.

Juli – September 1915 Russischer Rückzug.

März 1916 Operationen am Narotsch-See.

Juni – August 1916 Brusilow-Offensive.

August – September 1916 Rumänien-Offensive schaltet Rumänien aus (Dezember).

März 1917 Russische „Februarrevolution".

Juli 1917 Zweite Brusilow-Offensive.

1.–5. September 1917 Riga-Operation.

Dezember 1917 Waffenstillstand mit Russland.

**ERSTER WELTKRIEG: ITALIENISCHE FRONT**

Juni – Juli 1915 Erste Schlacht am Isonzo.

Juli – September 1915 Zweite Schlacht am Isonzo.

Oktober – November 1915 Dritte Schlacht am Isonzo.

November 1915 Vierte Isonzo-Schlacht.

März 1916 Fünfte Isonzo-Schlacht.

15. Mai – 17. Juni 1916 Asiago-Offensive.

August 1916 Sechste Isonzo-Schlacht.

September 1916 Siebte Isonzo-Schlacht.

Oktober 1916 Achte Schlacht am Isonzo.

November 1916 Neunte Isonzo-Schlacht.

Mai – Juni 1917 Zehnte Schlacht am Isonzo.

August – September 1917 Elfte Schlacht am Isonzo.

24. Oktober – 7. November 1917 Schlacht von Caporetto.

15.–22. Juni 1918 Schlacht am Piave.

24. Oktober – 4. November 1918 Schlacht von Vittorio Veneto.

Im Ersten Weltkrieg erlebte das Schlachtschiff seine Blütezeit. In den Jahren vor Kriegsausbruch wurde die Stärke einer Nation an der Anzahl ihrer Kriegsschiffe gemessen, Programme zu ihrem Bau erschienen als politische Notwendigkeit.
Als Mitte des 19. Jahrhunderts die Dampfkraft das Segel ablöste und Geschütze mit gezogenem Rohr den Vorderlader ersetzten, verwandelte sich auch der alte Holzrumpf in einen Panzer aus Eisen. Der Amerikanische Bürgerkrieg zeigte diesen Trend am spektakulärsten in der Schlacht von Hampton Roads, der Begegnung von *USS Monitor* und *CSS Virginia* (Merrimack), als die eisengepanzerten Schiffe sich gegenseitig zerschossen und Kriegsschiffe aus Holz schlagartig veraltet waren. Ende des 19. Jahrhunderts bestand das typische Schlachtschiff ganz aus Stahl, verfügte über kohlenbefeuerte Maschinen, vier 30,48-cm-Geschütze in drehbaren Gefechtstürmen und eine Vielzahl kleinerer Geschütze. Die Seeschlacht von Tsushima 1905 lieferte den Konstrukteuren viel Stoff zum Nachdenken, speziell die Tatsache, dass Schlachten nun über weitaus größere Distanzen geführt werden konnten, als man vorher geglaubt hatte – die Japaner eröffneten das Feuer in über 6 km Entfernung. Die *Dreadnought*, die am 10. Februar 1906 vom Stapel lief, sorgte für eine Revolution im Kriegsschiffbau. Sie deklassierte alle anderen Kriegsschiffe – ihre Hauptbewaffnung bestand aus zehn 30,48-cm-Geschützen (mit einer Reichweite

**Links:** Dreadnought.

**Rechts:** *Das US-Kriegsschiff* Michigan *lief 1908 vom Stapel und hatte acht Geschütze vom Kaliber 30,48 cm. Gittermasten waren typisch für US-Schiffe.*

**Unten:** *Das Erste und Zweite Deutsche Kampfgeschwader vor dem Ersten Weltkrieg in Kiel. Im Vordergrund Schlachtschiffe der* Helgoland-*Klasse.*

von ca. 18 km), und die Dampfturbinen sorgten für eine Geschwindigkeit von 21 Knoten. Kurz vor dem Ersten Weltkrieg wurden die Schiffe der *Dreadnought*-Klasse noch größer und schneller, mit Geschützen von einem Kaliber bis zu 38,10 oder sogar 40,64 cm. In Kampfgeschwadern eingesetzt, waren sie die Protagonisten in der Seeschlacht vor dem Skagerrak im Mai 1916, der letzten großen Seeschlacht, die nur mit Schiffen über Wasser geführt wurde. Nach dem Ersten Weltkrieg reduzierten U-Boote, Minen, Torpedos und Flugzeuge die Bedeutung der Schlachtschiffe, aber auch im Zweiten Weltkrieg verzichtete man nicht auf sie als Schwerartillerie-Unterstützung bei Amphibienlandungen.

***Erster Weltkrieg: Serbien/Saloniki***

August 1914 Österreichische Invasion Serbiens.

September 1914 Zweite Invasion in Serbien.

November – Dezember 1914 Dritte Invasion.

Oktober – November 1915 Vierte Invasion.

Oktober 1915 Saloniki-Front eröffnet.

November 1916 Fall von Monastir.

September 1918 Letzte Offensive der Alliierten.

***Erster Weltkrieg: Gallipoli***

November 1914 Bombardierung der Dardanellen.

Februar – März 1915 Gescheiterter Flottenangriff der Alliierten auf die Dardanellen.

April – Mai 1915 Landung bei Gallipoli.

August 1915 Landung in der Suvla-Bucht.

Dezember 1915 – Januar 1916 Evakuierung der Gallipoli-Expeditionstruppen.

***Erster Weltkrieg: Mesopotamien-Front***

November – Dezember 1914 Landung der Alliierten in Mesopotamien.

Januar – Juli 1915 Alliierter Vormarsch.

September 1915 Erste Schlacht von Kut.

22.–25. November 1915 Schlacht von Ktesiphon.

8. Dezember 1915 – 29. April 1916 Belagerung und Fall von Kut.

September 1916 – Februar 1917 Zweiter britischer Vorstoß nach Mesopotamien.

Februar 1917 Zweite Schlacht von Kut.

März 1917 Briten erobern Bagdad.

***Erster Weltkrieg: Palästina-Front***

Januar 1915 Türkischer Angriff auf den Suezkanal.

März 1917 Erste Schlacht von Gaza.

April 1917 Zweite Schlacht von Gaza.

Oktober – November 1917 Dritte Schlacht von Gaza.

18. September – 31. Oktober 1918 Schlacht von Megiddo. Nach Allenbys Sieg Fall von Damaskus und Aleppo.

***Erster Weltkrieg: Seeschlachten***

1. November 1914 Seeschlacht bei Coronel. Britisches Geschwader besiegt.

28. August 1914 Erstes Seegefecht vor Helgoland.

8. Dezember 1914 Seeschlacht bei den Falklandinseln.

24. Januar 1915 Seeschlacht an der Dogger-Bank.

31. Mai – 1. Juni 1916 Seeschlacht vor dem Skagerrak. Unentschiedener Ausgang der gewaltigen Schlacht zwischen britischer und deutscher Kriegsflotte.

1917 Zweites Seegefecht vor Helgoland.

***Erster Weltkrieg: afrikanischer Kriegsschauplatz***

Juni 1915 – Januar 1916 Alliierte Operationen gegen die Deutschen in Kamerun.

August 1915 Engländer und Franzosen erobern das deutsche Togoland.

September 1916 Alliierte erobern Dar-es-Salaam in Deutsch-Ostafrika.

**Europa**

1916 Osteraufstand in Irland.

1917–1920 Russischer Bürgerkrieg.

1919–1922 Griechisch-Türkischer Krieg.

1919–1922 Russisch-Polnischer Krieg.

August 1920 Warschau. Pilsudski besiegt die Rote Armee („Wunder an der Weichsel").

**Amerika**

1914 Intervention der USA in Veracruz.

1915 Intervention der USA in Haiti.

1916 Der Mexikaner Pancho Villa überfällt die USA.

1916 US-Intervention in der Dominikanischen Republik.

1917 Kubanische Revolution.

1918–1919 Haitianische Revolte gegen die USA.

1921 Konflikt zwischen Panama und Costa Rica.

1921–1929 Streit um Tacha-Arica zwischen Chile und Peru.

1925 Bürgerkrieg in Nicaragua. US-Intervention (bis 1933).

1929 Grenzkonflikte zwischen Bolivien und Paraguay.

1932–1935 Chaco-Krieg zwischen Bolivien und Paraguay.

1937 Grenzkonflikte zwischen Haiti und der Dominikanischen Republik.

**Fernost**

1921 Bürgerkrieg in China.

1924 Intervention der Briten in Shanghai.

1931–1932 Chinesisch-Japanischer Krieg um die Mandschurei.

***Chinesisch-Japanischer Krieg 1937–1945***

April 1938 Schlacht von Taierchwang. General Li Tsung-jen besiegt Japaner.

**Mittlerer Osten**

1919 Dritter Afghanistankrieg der Briten.

1920 Invasion der UdSSR in Persien.

***Links oben:*** *Für massive Bombardements brachten beide Seiten im Ersten Weltkrieg schwere Artillerie zum Einsatz.*

***Links unten:*** *Britische Offiziere im Schützengraben an der Saloniki-Front.*

***Rechts:*** *Manfred von Richthofen, das deutsche Fliegerass, mit einem Dreidecker vom Typ Fokker Dr I. Der „Rote Baron" erzielte 80 Luftsiege, ehe er am 21. April 1918 selbst abgeschossen wurde und dabei ums Leben kam.*

Kurz vor der Mitte des 20. Jahrhunderts kam es zum bis dato größten Krieg der Menschheitsgeschichte, mit dem zusätzlichen Horror des „industrialisierten" Massenmords an Millionen von Juden und anderen Minderheiten. Bombenangriffe auf Städte brachten die Zivilbevölkerung in die Frontlinie des „totalen Krieges". Während die unumschränkte Herrschaft der Luftstreitkräfte begann, deutsche U-Boote zum Schrecken der Alliierten wurden und Panzer die Schlachtfelder beherrschten, brachte der letzte Akt des Krieges die scheinbar ultimative Waffe: die Atombombe.

**Oben:** *Adolf Hitler (links) und Benito Mussolini (rechts). Adolf Hitler (1889–1945), Reichskanzler seit 1933 und Führer der NSDAP, machte sich nach Hindenburgs Tod 1934 zum Alleinherrscher über Deutschland. Er begann den Zweiten Weltkrieg – in dem er fast ganz Westeuropa und einen großen Teil des europäischen Russlands eroberte – und ist verantwortlich für den Tod von vielen Millionen unschuldiger Opfer sowie den Holocaust von rund sieben Millionen Juden, Sinti und Roma. Benito Mussolini (1883–1945), faschistischer Führer („Duce") Italiens seit 1922 und wichtiges Mitglied in Hitlers „Achse". Bei seinem Kriegseintritt standen die Italiener nicht einhellig hinter ihm, und er wurde 1943 entmachtet. Mussolini war nach mehr und mehr in die Abhängigkeit Hitlers und der Deutschen geraten.*

**Links oben:** *Deutsche Truppen während der Eroberung Polens, dem ersten Feldzug des Zweiten Weltkriegs. Die Behälter am Gurt enthalten Gasmasken, die auch von den Westalliierten zu Beginn des Konflikts mitgeführt wurden – denn jede Seite fürchtete einen Giftgasangriff der anderen wie im Ersten Weltkrieg. Dazur kam es diesmal jedoch nicht.*

**Links:** *Deutscher Panzer vom Typ Mark IV, einer der Hauptstützen der deutschen Wehrmacht gegen Mitte und Ende des Krieges. Der kühne Einsatz der deutschen Panzer als Angriffsspitze in Blitzkrieg-Offensiven sorgte im Frankreichfeldzug und später dann auch gegen Russland bei den Alliierten für Überraschung und Verwirrung.*

1928 Meuterei der afghanischen Armee.
1934 Saudi-Arabien greift den Jemen an.
1920–1922 Irischer Unabhängigkeitskrieg und Zweiter Bürgerkrieg.

**Europa**

1936–1939 Spanischer Bürgerkrieg.
1939–1940, 1941–1945 Russisch-Finnischer Krieg.

## *ZWEITER WELTKRIEG 1939–1945*

### *ZWEITER WELTKRIEG: POLENFELDZUG 1939*

1. September – 6. Oktober 1939 Deutscher Einmarsch in Polen (erster Blitzkrieg) führt zum Krieg gegen England und Frankreich.

### *ZWEITER WELTKRIEG: RUSSISCH-FINNISCHER KRIEG 1939-1940*

30. November 1939 – 8. Januar 1940 Schlacht von Suomussalmi. Finnen vernichten zwei sowjetische Divisionen.
30. November 1939 – 13. Februar 1940 Mannerheim-Linie. Russen erkämpfen sich den Weg über den Karelischen Isthmus.

### *ZWEITER WELTKRIEG: SKANDINAVIENFELDZUG 1940*

9. April – 8. Juni 1940 Deutsche Invasion in Dänemark und Norwegen. Britisch-französische Gegeninvasion in Norwegen abgewehrt (Narvik, Namsos).

### *ZWEITER WELTKRIEG: WESTFELDZUG 1940*

10. Mai – 22. Juni 1940 Frankreich, Belgien und Holland. In einem Blitzkrieg vertreiben dei Deutschen die Briten vom europäischen Kontinent und erobern Holland, Belgien und Frankreich.
21. Mai 1940 Arras. Britischer Gegenangriff.
26. Mai – 4. Juni 1940 Dünkirchen. Evakuierung der britischen Expeditionstruppen.
19. August 1942 Dieppe. Amphibienlandung von vorwiegend kanadischen Truppen.

### *ZWEITER WELTKRIEG: LUFTOPERATIONEN IN EUROPA*

10. Juli – 15. September 1940 Luftschlacht um England. Deutsche Luftwaffe kann die Lufthoheit über den Britischen Inseln nicht erringen.
7. September 1940 –10./11. Mai 1941 Deutsche Luftangriffe auf London. Gescheiterter Versuch, die Briten durch Bombenangriffe zur Kapitulation zu zwingen.

**Erwin Rommel (1891–1944)**
Der „Wüstenfuchs", Meister der beweglichen Kriegsführung und charismatischer Truppenkommandeur. Rommel wurde bereits im Ersten Weltkrieg mit Preußens höchstem Orden Pour le Mérite ausgezeichnet. Er machte sich auf dem Westfeldzug als Befehlshaber der 7. Panzerdivision einen Namen (1940) Im Jahr darauf wurde er mit dem Kommando über das deutsche Afrikakorps betraut, um die italienische Stellung in Nordafrika zu stärken. Das Afrikakorps vertrieb die Briten aus der Kyrenaika und wehrte mehrere Gegenangriffe erfolgreich ab. Als Rommel Verstärkung erhielt, konnte er im Januar 1942 nach einer heldenhaften Schlacht bei Gazala Tobruk erobern und die Briten bis nach Ägypten verfolgen. Im November wurde er jedoch bei El Alamein von Montgomerys überlegenen Kräften geschlagen. Dann übernahm er die Heeresgruppe Tunis und wirkte an der aussichtslosen Schlacht um Tunesien mit. Nachdem er eine Heeresgruppe in Norditalien befehligt hatte, kam er nach dem Verlust Italiens an der Küste Nordwestfrankreichs zum Einsatz. In der Schlacht in der Normandie bei einem Luftangriff schwer verwundet (17. Juli), wurde er, kaum genesen, als angeblicher Mitwisser der Verschwörung vom 20. Juli im Herbst 1944 von Hitler zum Selbstmord gezwungen.

**Sir Bernard Montgomery, 1st Viscount Montgomery (1887–1976)**
Wichtigster und berühmtester britischer General des Zweiten Weltkriegs. 1939 befehligte er die 3. Division der britischen Expeditionstruppen und erlebte nach Dünkirchen einen raschen Aufstieg. Im August 1942 wurde ihm das Kommando der 8. Armee übertragen, mit der er der siegreichen Armee Rommels an der ägyptischen Grenze gegenübertrat. Er schlug Rommel bei El Alamein und führte die 8. Armee in einem Siegeszug über Tunesien und Sizilien nach

**Oben:** *Alliierte Truppen, mit dem Ziel Tunesien, landeten ungehindert im Westen Nordafrikas (Operation „Torch"), während Montgomerys britische 8. Armee vom Osten her gegen Rommel vorrückte.*
**Rechts:** *Rommel (oben) und Montgomery (unten).*

Italien. Im Dezember 1943 ernannte ihn Eisenhower zum Kommandeur der Landstreitkräfte für die Operation „Overlord“. Während des Normandie-Feldzugs kritisierte man ihn wegen der mühsamen Eroberung von Caen, und bei den nachfolgenden Operationen in den Niederlanden war er für die gescheiterte Luftoperation von Arnheim verantwortlich. Mit seiner exzentrischen Art und provozierenden Offenheit sorgte er bei anderen Kommandeuren, speziell der US-Verbündeten, immer wieder für Aufregung. Bei der Invasion in Deutschland plädierte er für die Strategie einer schmalen Front, was Eisenhower jedoch zurückwies. Montgomery nahm die Kapitulation der deutschen Wehrmacht in Nordwestdeutschland entgegen. Montgomery war sehr kommunikativ und hatte die Fähigkeit, seinen Männern Vertrauen einzuflößen. Aufgrund seines egozentrischen Charakters war er als Koalitionsgeneral allerdings nur begrenzt geeignet.

ab 7./8. November 1941 Strategische Bombardierungen deutscher Städten, Industrieanlagen etc. durch Royal Air Force und (später) US Air Force: 30./31. Mai 1942 Köln Erster 1000-Bomber-Angriff; 5./6. März – 9./10. Juli 1943 Schlacht an der Ruhr; 16./17. Mai 1943 Dambuster-Angriff; 24. Juli – 3. August 1943 Hamburg; 17. August US Air Force: Schweinfurt; 18./19. November 1943 bis 24./25. März 1944 Berlin; 13./14. Februar 1945 Dresden.

**_Zweiter Weltkrieg: Feldzüge in Nordafrika, am Mittelmeer und in Nahost_**

Dezember 1940 – Februar 1941 O'Connors zerstört italienische Truppen in Nordafrika.

Juni 1940 – Mai 1943 Belagerung von Malta. Luftangriffe, von See her unterstützt.

6.–8. April 1941 Deutsch-italienische Invasion in Jugoslawien und Griechenland.

20. Mai – 1. Juni 1941 Kreta. Deutsche Luftlandeoperation.

24. März – 25. April 1941 Erste Offensive Rommels.

18. November – 7. Dezember 1941 Operation „Crusader“. Briten vertreiben Rommel aus der Kyrenaika.

26. Mai – 21. Juni 1942 Gazala. Rommel schlägt britische 8. Armee, nimmt Tobruk.

1.–27. Juli 1942 Erste Schlacht von El Alamein. 8. Armee wehrt Rommel ab.

30. August – 2. September 1942 Alam Halfa. Angriff Rommels mit unentschiedenem Ausgang.

23. Oktober – 4. November 1942 Zweite Schlacht von El Alamein. Sieg Montgomerys, Rommel weicht nach Tunesien zurück.

8. November 1942 Operation „Torch“: Britisch-amerikanische Amphibienlandungen in Marokko und Algerien.

14.–22. Februar 1943 Kasserine-Pass. Rommel wehrt das 2. US-Korps in Tunesien ab.

6. März 1943 Medenine. Rommel wird abgewehrt.

20.–27. März 1943 Mareth-Linie. Montgomery zwingt Rommel zum Rückzug.

**_Zweiter Weltkrieg: Sizilien-/Italienfeldzug_**

10. Juli 1943 Die Alliierten landen auf Sizilien und nehmen am 17. August Messina.

3. und 9. September 1943 Invasion der Alliierten in Süditalien.

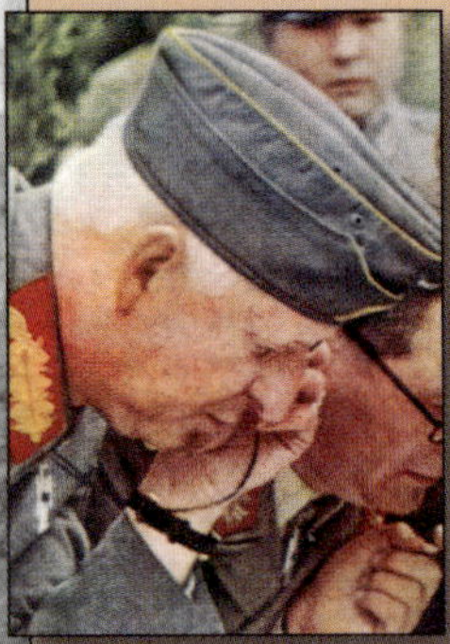

**Ganz oben:** *Von Manstein.*

**Oben:** *Schukow.*

**Links:** *Truppen der 6. Deutschen Armee vor Stalingrad.*

**Unten links:** *Russischer T-34-Panzer mit einem 85-mm-Geschütz. Trotz der technischen Überlegenheit deutscher Panzermodelle galt der schnelle und robuste T-34 als bester Allroundpanzer des Krieges. Er wurde in so hoher Stückzahl gebaut, dass die deutschen Panzerverbände ihm nicht mehr gewachsen waren.*

**Erich von Manstein (1887–1973)**
Der Sohn eines preußischen Adligen gilt als einer der fähigsten deutschen Generale des Zweiten Weltkriegs. Nachdem er im Ersten Weltkrieg verwundet worden war, diente er als Stabsoffizier. Er war von Rundstedts Stabschef im Polenfeldzug 1939. Seine Ideen für den Feldzug im Westen wurden von Hitler – trotz Opposition des Oberkommandierenden von Brauchitsch und des Stabschefs General Halder – übernommen. Der Frankreichfeldzug, bei dem von Manstein das 38. Korps befehligte, war ein militärischer Triumph. In Russland schlug seine 11. Armee die Sowjets auf der Krim. Bei Stalingrad wäre es ihm fast gelungen, die dort eingekesselte 6. Armee zu befreien. Dann kommandierte er die Heeresgruppe Süd bei einem Gegenangriff und konnte sich bei Charkow behaupten. Nach der deutschen Niederlage in der Schlacht von Kursk 1943 führte er seine Truppen bei einer Reihe von Defensivkämpfen, während die Wehrmacht von den Russen zurückgedrängt wurde. Seit März 1944 hatte er Hitlers Gunst verloren und erhielt kein weiteres Kommando mehr.

**Georgij Konstantinowitsch Schukow (1896–1974)**
Der Bauernsohn diente im Ersten Weltkrieg in der zaristischen Armee, ehe er in die Rote Armee eintrat. Als Kommandeur der sowjetischen Truppen in der Mongolei besiegte er die japanische Kwantung-Armee. 1941 wurde er zum Generalstabschef der Roten Armee ernannt. Erst im Osten von Moskau stationiert, musste er das Kommando in Leningrad übernehmen. Dann kehrte er jedoch nach Moskau zurück, wo ihm am 6. Dezember 1941 ein Gegenangriff gegen die Deutschen gelang, mit dem er Moskau rettete. Danach spielte er eine wichtige Rolle bei der deutschen Niederlage von Stalingrad. Der Sieg bei Kursk fiel in die sowjetische Sommeroffensive, wo er die 1. und 2. Ukrainische Front auf ihrem Vormarsch nach Westen koordinierte. Schukow übernahm persönlich das Kommando über die 1. Ukrainische Front, als ihr Kommandant im Februar 1944 verwundet wurde. Er wirkte auch bei der Koordination der Sommeroffensive 1944 mit, in der die Sowjets die deutsche Heeresgruppe Mitte besiegten. Im November wurde er Oberbefehlshaber der 1. Weißrussischen Front und stieß nach Berlin vor, wo er am 8. Mai 1945 die deutsche Kapitulation entgegennahm und zum berühmtesten Sowjetmarschall wurde.

9.–17. September 1943 Schlacht am Brückenkopf von Salerno.
12. Oktober – 14. November 1943 Volturno. Kämpfe an der deutschen Verteidigungslinie südlich von Rom.
17. Januar – 22. Mai 1944 Schlacht um Monte Cassino, einer Barriere für den Vormarsch der Alliierten nach Rom.
22. Januar – 23. Mai 1944 Landung der Alliierten in Anzio. Verzweifelte Abwehrkämpfe.
4. Juni 1944 Alliierte in Rom.
30. August – 28. Oktober 1944 Alliierte durchbrechen die letzte deutsche Verteidigungslinie in Italien.

***Zweiter Weltkrieg: Ostfront***

22. Juni 1941 „Unternehmen Barbarossa“. Deutscher Überfall auf die UdSSR.
17. Juli – 5. August 1941 Kesselschlacht von Smolensk.
1. September 1941 – 27. Januar 1944 Belagerung von Leningrad.
9.–26. September 1941 Schlacht von Kiew. Einkesselung starker sowjetischer Kräfte.
5.–20. Oktober 1941 Kesselschlacht von Vyazma-Briansk.
8. Oktober 1941 – 30. April 1942 Schlacht um Moskau. Einnahme scheitert. Frontzentrum stabilisiert sich, während die deutsche Hauptmacht sich nach Süden bewegt.
29. Oktober 1941 – 3. Juli 1942 Sewastopol. Manstein sichert die Krim.
28. June 1942 Deutsche Offensive in Richtung Kaukasus und zum unteren Don.
10. August 1942 Sechste Deutsche Armee erreicht Stalingrad.
15. August 1942 Deutsche stoßen zum Kaukasus vor.
19. August 1942 – 2. Februar 1943 Stalingrad. Sechste Deutsche Armee wird eingeschlossen und muss nach schweren Kämpfen kapitulieren. Kriegswende an der Ostfront.
16. Februar – 15. März 1943 Charkow. Gegenoffensive Mansteins.
5.–17. Juli 1943 Kursk. Letzte größere deutsche Offensive an der Ostfront, wahrscheinlich die größte Panzerschlacht aller Zeiten.

*Links:* Der US-amerikanische M-4 Sherman-Panzer war der von den USA meistproduzierte und von den Westalliierten am häufigsten eingesetzte Panzer des Zweiten Weltkriegs. Der abgebildete Sherman ist mit einer 105-mm-Haubitze ausgerüstet.

**Dwight David Eisenhower (1890–1969)**
Im Alter von 28 Jahren erhielt der populäre Texaner im Ersten Weltkrieg die Aufgabe, die ersten Panzerkorps der US-Armee aufzustellen. 1942 entsandte ihn Washington nach Großbritannien, um dort den US-Stab zu leiten. Eisenhower war eine gute Wahl für die Harmonie im Hauptquartier der Alliierten. Im November 1942 befehligte er die Invasion von Französisch-Nordafrika. Der Beförderung zum Viersternegeneral im Februar 1943 folgte im September die Ernennung zum Oberbefehlshaber für das Operationsgebiet Mittelmeer und im Januar 1944 die zum Oberkommandierenden der alliierten Expeditionstruppen für die Invasion in Europa. Eisenhower war kein kämpfender General wie Patton oder Bradley, sondern nach Meinung Präsident Roosevelts der beste Politiker unter den militärischen Befehlshabern – und genau das war für diese Aufgabe erforderlich. Er bestand auf der Strategie einer „breiten Front" anstatt der von Montgomery und Patton geforderten „schmalen Front". Mit starken, tiefen Vorstößen in das deutsche Territorium bis nach Berlin hätte Letztere den Krieg vielleicht früher beendet,

*Oben:* Der Krieg im Nordatlantik war ein harter Kampf zwischen deutschen U-Booten und Konvois der Alliierten, die Nachschub an Verpflegung, Ausrüstung und Truppen über den Ozean nach Großbritannien transportierten. Am Ende triumphierten Technik und Taktik der Alliierten zur U-Boot-Abwehr.

*Unten:* Die großen deutschen Schiffe waren lange Zeit in den europäischen Häfen blockiert, führten aber dennoch Angriffe auf Schiffe der Alliierten durch. Die Bismarck konnte zwar kein einziges Handelsschiff versenken, schickte aber mit der HMS Hood das größte Schlachtschiff der Briten auf den Meeresgrund.

**Oben:** *Eisenhower.*
**Rechts:** *Patton.*

während die Strategie der breiten Front die langsamere, aber weniger riskante Option war. Eisenhower galt sowohl bei den Briten als auch bei den Amerikanern als Kriegsheld und wurde später zweimal zum US-Präsidenten gewählt.

**George Smith Patton jr.** (1885–1945)
Amerikas bester Panzergeneral war eine charismatische und kraftvolle, aber auch kontroverse Persönlichkeit. Er trat 1909 in die US-Kavallerie ein und vertrat sein Land 1912 bei den Olympischen Spielen. Durch und durch Kavallerist, erkannte er sofort die Bedeutung der Panzerwaffe und wurde zum vehementen Befürworter der Panzerkriegsführung, zu deren besten Exponenten er aufstieg. Nach den „Torch"-Landungen, befehligte er die westliche Spezialtruppe in Nordafrika und dann das 2. US-Korps. Als Kommandeur der 7. US-Armee unternahm er auf Sizilien einen dramatischen und nicht geplanten Vorstoß nach Palermo und Messina. Als Kommandeur der 3. US-Armee führte er die rechte Flanke beim Ausbruch vom Brückenkopf Normandie und rückte mit spektakulärer Geschwindigkeit durch Frankreich vor. Sein Angriff auf die südliche Flanke der Deutschen in der Ardennenoffensive war brillant, und im März 1945 überquerte seine Armee den Rhein bei Mainz und Oppenheim. Die 3. Armee rückte dann rasch durch Süddeutschland vor und beendete den Krieg in der Tschechoslowakei. Patton war bisweilen unberechenbar und wankelmütig, doch seine Erfolge auf dem Schlachtfeld sprechen für sich. Er starb im Dezember 1945 nach einem Verkehrsunfall.

22. Juni – 27. August 1944 Sowjetische „Dampfwalze" befreit Weißrussland.
1. August – 2. Oktober 1944 Warschauer Aufstand der polnischen Untergrundarmee.
16. April – 2. Mai 1945 Berlin. Schukow and Konjew führen die sowjetische Eroberung von Berlin. Selbstmord Hitlers am 30. April.

***Zweiter Weltkrieg: Atlantik und Mittelmeer***

13. Dezember 1939 Flussschlacht auf dem Río de la Plata. Britisches Kreuzergeschwader begegnet der deutschen *Graf Spee*, die flüchtet.
9. April 1940 Schlacht bei Narvik. Deutsche Zerstörer von der Royal Navy vernichtet.
11./12. November 1940 Taranto. Überfall der Royal Navy zerstört einen Teil der italienischen Flotte.
28. März 1941 Schlacht am Kap Matapan. Cunninghams Flotte besiegt Italiener.
21.–27. Mai 1941 Das deutsche Schlachtschiff Bismarck versenkt den britischen Schlachtkreuzer Hood (24. Mai), bevor es selbst von der Royal Navy versenkt wird.
1.–5. Juli 1942 Zerstörung des Eismeerkonvois PQ17.
31. Dezember 1942 Schlacht in der Barentssee. Deutscher Angriff auf einen Eismeerkonvoi abgewiesen.
26. Dezember 1943 Schlacht am Nordkap. Deutscher Schlachtkreuzer *Scharnhorst* versenkt.

***Zweiter Weltkrieg: der Westen – Nordfrankreich 1944***

6. Juni 1944 „D-Day". Montgomery leitet Landung der Alliierten in der Normandie.
6. Juni – 25. Juli 1944 Caen. Alliierte durchbrechen die deutsche Stellung bei Avranches.
13.–21. August 1944 Vernichtung der deutschen Panzerverbände in der „Hölle von Falaise" nach dem „Cobra"-Ausbruch an der rechten Flanke der Alliierten.
25. August 1944 Die Alliierten in Paris.
17.–25. September 1944 Arnheim. Gescheiterter Versuch der Alliierten, die deutschen Verteidigungslinien in den Niederlanden zu durchbrechen.
16. Dezember 1944 – 16. Januar 1945

***Links außen:*** *Admiral Yamamoto.*

***Links, Mitte:*** *General MacArthur.*

***Links:*** *Admiral Chester Nimitz (1885–1966) übernahm nach Pearl Harbor die Pazifikflotte der USA und führte dann als Pacific Ocean Command die US-Landetruppen über den Pazific nach Japan.*

***Links:*** *Die „Großen Drei" (von links nach rechts): der britische Premierminister Winston S. Churchill, US-Präsident Franklin D. Roosevelt und der sowjetische Diktator Josef W. Stalin auf der Konferenz von Jalta im Februar 1945.*

***Unten:*** *US-Marines während der Schlacht bei Okinawa, der letzten großen Schlacht im Pazifik.*

**Isoroku Yamamoto** (1884–1943)
Der Mann, der den Überfall auf Pearl Harbor plante und ausführte. Yamamoto diente im Russisch-Japanischen Krieg und verlor in der Schlacht von Tsuhima zwei Finger der linken Hand. In der Zwischenkriegszeit studierte er in Boston Englisch. Obwohl ihn die US Navy nicht sehr beeindruckte, erkannte er sehr wohl die Stärke Amerikas. Nach seiner Rückkehr wurde er zum Militärflugexperten, der im Flugzeugträger die wichtigste Waffe der Marine sah, weit vor dem Schlachtschiff, das er für die moderne Kriegsführung für ebenso nützlich hielt wie ein Samurai-Schwert. Yamamoto war jedoch kein Kriegstreiber, sondern widersetzte sich der Aggressionspolitik seines Landes. Als Kommandant der kombinierten japanischen Flotte sah er Japans einzige Chance im Kriegsfall in einem Präventivschlag gegen die US-Flotte. Diesen plante und realisierte er mit großem Erfolg. Einige Siege folgte bis zu den Katastrophen von Midway und Guadalcanal, die er persönlich befehligte. Er kam am 18. April 1943 ums Leben, als sein Flugzeug von US-Jägern abgeschossen wurde, die durch den geknackten Code seines Flugplans gewarnt waren.

**Douglas MacArthur** (1880–1964)
Einer der umstrittensten US-Generale. Er graduierte mit den besten Bewertungen, die in Westpoint bis dahin vergeben wurden, und beendete den Ersten Weltkrieg als hochdekorierter Brigadier. Ab 1930 Generalsstabschef des US-Heeres und seit 1935 Militärberater auf den Philippinen, trat er 1937 in den Ruhestand. Im Juli 1941 wurde er reaktiviert und Oberbefehlshaber der US-Streitkräfte in Fernost, rechtzeitig, um vom japanischen Überfall im Dezember des Jahres überrascht zu werden. Er zog sich nach Bataan und Corregidor zurück und erhielt den Befehl zum Abzug, wobei er das berühmte Versprechen gab: „Ich komme wieder." Im April 1942 kommandierte er den Südwestpazifikraum und begann eine Insel-zu-Insel-Offensive, mit der die USArmy auf die Philippinen zurückkehrte. Im September 1945 nahm MacArthur die Kapitulation der Japaner an Bord der *USS Missouri* in der Bucht von Tokio entgegen. Als Oberkommandierender der alliierten Streitkräfte in Japan betrieb er dessen Demokratisierung. 1950 erhielt er den Oberbefehl der UN-Truppen in Korea, vereitelte den nordkoreanischen Vormarsch, führte eine spektakuläre Landung in Inchon durch und stieß nach Nordkorea vor.

Schlacht von Bulge (Ardennen). Letzte deutsche Gegenoffensive scheitert.
7.–31. März 1945 Rheinüberquerung. Die Alliierten stoßen nach Deutschland vor.

***Zweiter Weltkrieg: Pazifik***

7. Dezember 1941 Japanischer Überfall auf den US-Flottenstützpunkt Pearl Harbor.
22. Dezember 1941 – 10. Mai 1942 Japaner erobern die Philippinen.
27.–28. Februar 1942 Schlacht in der Javasee. Japaner vernichten Kreuzer-/Zerstörer-Geschwader der Alliierten in Niederländisch-Ostindien.
4.–8. Mai 1942 Schlacht im Korallenmeer. Taktischer Sieg Japans.
4.–7. Juni 1942 Schlacht bei den Midway-Inseln. Erste Niederlage der Japaner und Schwächung durch Verlust mehrerer Flugzeugträger.
7. August 1942 – 7. Februar 1943 Luft-, Land- und Seeschlacht von Guadalcanal. Dem zweiten Wendepunkt im Pazifik folgen US-Amphibienlandungen und Insel-zu-Insel-Eroberungen.
20.–23. November 1943 Tarawa.
1.–4. Februar 1944 Kwajalein.
17.–23. Februar 1944 Eniwetok.
15. Juni – 9. Juli1944 Saipan.
21. Juli – 10. August 1944 Guam.
24.–31. Juli 1944 Tinian.
15. September – 25. November 1944 Peleliu.
19. Februar – 16. März 1945 Iwo Jima.
1. April – 22. Juni 1945 Okinawa.
19.–20. Juni 1944 Schlacht in der Philippinischen See (Große Marianen, Turkey Shoot) bricht das Rückgrat der japanischen Flugzeugträgerflotte.
20. Oktober – 25. Dezember 1944 Leyte. Größte Schlacht in der Marinegeschichte. USA ersticken letzte größere Offensive der japanischen Flotte und sichern Landung auf den Philippinen.
3. Februar – 4. März 1945 Schlacht um Manila.
9.–17. August 1945 Sowjetische Invasion und Eroberung der Mandschurei von den Japanern.
6. und 9. August 1945 US-Atombombenabwurf auf Hiroshima und Nagasaki.

Im Koreakrieg kamen Waffen des Zweiten Weltkriegs zum Einsatz, jedoch verbessert und weiterentwickelt. Neu war der massive Einsatz von Düsenflugzeugen, sodass erstmals Luftgefechte zwischen Jets stattfanden.

**Oben:** Ein 150-mm-Geschütz mit Selbstfahrlafette, bedient von Angehörigen der Utah National Guard.

**Unten:** US-amerikanische M-46-Panzer im harten koreanischen Winter.

**Rechts oben:** US F-80 „Shooting Stars" bei der Rückkehr von Luftunterstützungsoperationen.

**Rechts Mitte:** Die Evakuierung Verwundeter per Hubschrauber zu einem mobilen Armeehospital (MASH) ist ein Fortschritt bei der Rettung von Leben.

**Rechts unten:** GIs in Erdlöchern beim Schusswechsel mit kommunistischen Truppen am Naktong-Fluss nördlich von Taegu.

***Zweiter Weltkrieg: Südostasien***

8. Dezember 1941– 15. Februar 1941 Japaner erobern Malaysia.

10. Dezember 1941 Japaner versenken britische Force Z (Schlachtschiff *Prince of Wales* und Schlachtkreuzer *Repulse*).

8.–15. Februar 1942 Singapur kapituliert. Schlimmste britische Niederlage seit dem 18. Jahrhundert.

Februar/März – August 1944 Chindit-Überfälle hinter den japanischen Linien.

29. März – 22. Juni 1944 Schlacht von Imphal/Kohima. Slims 14. Armee wehrt japanischen Invasionsversuch in Indien ab.

19. November 1944 Slim startet alliierte Offensiven nach Zentralburma.

27. Januar 1945 Britische und chinesische Offensive vereinen sich.

20. März 1945 Mandalay von den Alliierten gesichert.

3. Mai 1945 Rangoon gesichert.

**Europa**

1946 Griechischer Bürgerkrieg.

1954–1949 Zypernkrise.

1956 Ungarnsaufstand.

1968 „Prager Frühling" in der CSSR. Einmarsch von Truppen des Warschauer Paktes.

**Chinesischer Bürgerkrieg 1945–1949**

1949 Kommunistische Großoffensive auf Südchina. Proklamation der Volksrepublik China. Regierung und Armee der KMT fliehen nach Formosa (Taiwan).

**Koreakrieg 1950–1953**

Seit 1945 war Korea aufgrund der Besatzung durch die UdSSR und USA in einen nördlichen und einen südlichen Teil gespalten.

25. Juni 1950 Nordkoreanische Invasion in Südkorea führt zur militärischen Intervention der UN.

August 1950 Die Truppen Südkoreas und der UN sitzen am „Pusan-Perimeter" im Süden der Halbinsel fest.

15. September 1950 Eine UN-Offensive und Amphibienlandungen bei Inchon starten den Gegenangriff. Ende Oktober besetzen die UN-Truppen fast ganz Nordkorea.

***Links:*** *Die US-Mittelstreckenrakete Jupiter mit einer Reichweite von 2400 km kam von 1961–1963 zum Einsatz.*

***Unten:*** *Moderne U-Boote, solche mit konventionellem (Diesel/Elektro) wie die Atomantrieb, haben alle das typische tropfenförmige Gehäuse. Das Foto zeigt das Atom-U-Boot USS Asheville. Die moderne U-Boot-Flotte US-Marine besitzt ausschließlich Atomantrieb.*

***Rechts:*** *Eine US-amerikanische U-Boot-Rakete vom Typ UGM-96A Trident T wird vom Atom-U-Boot USS Nevada (SSBN-733) abgeschossen. Das strategische Raketen-U-Boot kann bis zu acht Atomsprengköpfe mit einer Reichweite von über 7200 km aufnehmen.*

24. November 1950 China tritt ohne Vorwarnung in den Krieg ein und drängt die UN-Truppen zurück nach Süden.

22.–30. April 1951 Schlacht am Imjin. Britische, belgische und US-amerikanische Truppen zwingen die Chinesen zum Rückzug, erleiden dabei aber sehr hohe Verluste (40 Prozent).

Mitte 1951 haben sich die Linien wieder dort stabilisiert, wo sie sich 1950 bei Kriegsbeginn befunden hatten. Der Kommandeur der UN-Truppen, General MacArthur, empfiehlt einen Angriff auf China, wird aber von US-Präsident Truman zurückbeordert.

16.–18. April 1953 Schlacht von Pork Chop Hill. Trudeau (US/UN) vertreibt Chinesen.

27. Juli 1953 Die Verhandlungen enden mit einem Waffenstillstand; weiterhin Kriegszustand zwischen Nord- und Südkorea.

**Kalter Krieg 1947/48 bis 1989/90**

Nach Ende des Zweiten Weltkriegs sind Deutschland und Österreich von den Siegermächten besetzt. Das von den Nazis „befreite“ Osteuropa gerät in den sowjetischen Einflussbereich. Kommunistische Regimes werden etabliert, und Europa wird durch einen (wie Churchill sagte) „Eisernen Vorhang“ geteilt. Es kommt zu wachsenden Spannungen zwischen der UdSSR und dem Westen. Berlin ist geteilt, und West-Berlin liegt als demokratische Insel inmitten des Ostblocks.

1948–1953 Höhepunkt des Kalten Krieges.

1949 Bildung der NATO (North Atlantic Treaty Organization) aus den meisten europäischen Demokratien und den beiden Staaten Nordamerikas.

1949 UdSSR wird Atommacht.

1949 Berliner Luftbrücke. UdSSR sperrt Zufahrtswege nach West-Berlin; die Stadt wird vom Westen aus der Luft versorgt.

1955 UdSSR gründet Warschauer Pakt. Interkontinentalraketen sind wichtigstes Abschreckungsmittel der Supermächte, die sich gegenseitig mit Zerstörung bedrohen. Bomberflotten und später mit Raketen bestückte atombetriebene U-Boote sind in ständiger Einsatzbereitschaft.

*Seit dem Zweiten Weltkrieg beruht die weltweite Militärpräsenz der USA vor allem auf ihren riesigen atombetriebenen Flugzeugträgern.*

***Links:*** *Eine F-4 Phantom an Bord der USS Saratoga, 1964.*

***Unten:*** *Der atombetriebene Flugzeugträger USS Nimitz. Mit ihren 100 000 BRT können solche Schiffe fast 100 Kampfflugzeuge aufnehmen.*

***Rechts:*** *Auch die britische Royal Navy setzte die Luftstreitkräfte der Marine an weit entfernten Kriegsschauplätzen ein – etwa im Falklandkrieg von 1982. Auf dem Flugzeugträger sind Sea-Harrier-Senkrechtstarter stationiert.*

1962 Kuba-Krise. US-Spionageflugzeuge entdecken sowjetische Raketen auf Kuba. Die Welt befindet sich am Rand eines Atomkriegs. Blockade Kubas durch US-Navy, bis die UdSSR die Stellungen abzieht.

Angesichts der Pattsituation in der nuklearen Rüstung wie der Stationierung konventioneller Waffen auf beiden Seiten des „Eisernen Vorhangs", wird der ideologische und politische Konflikt durch „Stellvertreterkriege" in der Dritten Welt ausgetragen.

In den 1980er-Jahren wird es für die UdSSR zunehmend schwieriger, beim Rüstungswettlauf mitzuhalten, da die USA den Rivalen immer weiter hinter sich lassen und neue Technologien entwickeln (Stealth-Flugzeuge, „Star Wars"-Raketenabwehrsystem). Die Intervention in Afghanistan erschwert die Situation für die UdSSR. Michail Gorbatschow reformiert durch „Perestroika" das sowjetische System.

1989/90 Zusammenbruch der kommunistischen Regime im europäischen Ostblock und deutsche Wiedervereinigung.

**Amerika**

1945–1965 Bürgerkrieg in Kolumbien.

1947–1949 Bürgerkrieg und Aufruhr in Paraguay.

1948 Bürgerkrieg in Costa Rica und Intervention Nicaraguas.

1951–1955 Grenzstreitigkeiten zwischen Ecuador und Peru.

1952–1959 Kubanische Revolution.

1953 Britische Intervention in Guyana.

1955 Invasion Nicaraguas in Costa Rica.

1956–1958 Unruhen auf Haiti.

1959 Von Kuba geführte Invasion der Dominikanischen Republik abgewehrt.

1960–1965 Kommunistischer Aufstand in Brasilien.

1961 Kuba: US-Invasion in der „Schweinebucht" abgewehrt.

1964 Krise in Britisch Guyana.

1965 Bürgerkrieg mit US-Intervention in der Dominikanischen Republik.

1979–1991 Bürgerkrieg in El Salvador.

***Falkland-Krieg 1982***

27.–28. Mai 1982 Goose Green. Jones/Keeble erobern die argentinischen Garnisonen.

**Links oben:** *Ein T-55 der kroatischen Armee mit 12,7-mm-MG.*

**Links Mitte:** *US-Infanteriekampffahrzeug M2.*

**Rechts oben:** *Der von den USA gebaute M-60-Panzer war das Rückgrat der US-Panzerstreitkräfte in den 1960er- und 70er-Jahren. Dieser israelische M-60 wurde mit reaktiver Hightech aufgerüstet.*

**Rechts Mitte:** *Der britische Saladin-Kampfwagen aus den frühen 1960er-Jahren mit 76 mm Hauptgeschütz.*

**Unten:** *Marinepanzer Typ M1A1 Abrams während der Operation „Enduring Freedom“.*

11.–14. Juni 1982 Schlacht von Port Stanley. Moores britische Streitkräfte besiegen Argentinien und befreien den Hafen.
25.–27. Oktober 1983 Grenada. Metcalfs US-Task Force und karibische Ersatzeinheiten schlagen Grenada/Kuba.
1979–1989 Bürgerkrieg in Nicaragua.
1989 US-Invasion in Panama.
1994 US-Intervention auf Haiti.

**Naher Osten**

***ISRAELISCHER UNABHÄNGIGKEITSKRIEG 1948–1949***

***SUESKRISE UND ARABISCH-ISRAELISCHER KRIEG 1956***

29. Oktober – 5. November 1956 Schlacht von Sinai. Dayan erreicht alle israelischen Ziele, besiegt die ägyptische Armee und erobert die Sinai-Halbinsel.
5.–7. November 1956 Schlacht um Sues. Britisch-französische Alliierte unter Stockwell rücken vor, um die Kontrolle über den verstaatlichten Sueskanal zu übernehmen, bis die UN einen Waffenstillstand fordern.

***ARABISCH-ISRAELISCHER „SECHSTAGEKRIEG" 1967***

5.–8. Juni Schlacht von Sinai. Israelis unter Gavisch vernichten die ägyptische Armee und bauen eine Verteidigungslinie am Sueskanal auf.
7. Juni Israelis erobern Jerusalem.
9.–10. Juni Schlacht um die Golanhöhen. Elazar (Israel) besiegt Syrer und erobert die Golanhöhen.

***ARABISCH-ISRAELISCHER OKTOBERKRIEG („JOM-KIPPUR-KRIEG") 1973***

6.–8. Oktober Schlacht am Sueskanal. Unter Ali und Shazli überqueren die Ägypter den Kanal, um Sinai zurückzuerobern. Israelis drängen sie zurück, bis die USA und UdSSR eine Waffenstillstandsresolution der UN erreichen.
6.–10. Oktober Schlacht um die Golanhöhen. Hofi (Israel) schlägt Syrer zurück.

**Südostasien**

1948–1960 Krise in Malaysia.

***INDOCHINAKRIEG 1946–1954***

20. November 1953 – 7. Mai 1954 Schlacht

**Oben:** *In Vietnam wurden die Mehrzweckhubschrauber UH-1 Iroquois „Huey" so häufig zum Transport von US-Truppen eingesetzt, dass sie zu einem Sinnbild dieses Krieges wurden.*

**Rechts:** *In der Nähe des Luftstützpunkts Da Nang führt ein US-Marine einen Vietcong ab.*

**Ganz rechts**: *General Võ Nguyên Giáp (geb. 1912), führender Kopf der nordvietnamesischen Strategie.*

General Võ Nguyên Giáp (geb. 1912)
Der vietnamesische General und Staatsmann Giáp trat 1931 aus Opposition gegen die französische Herrschaft in Indochina in die kommunistische Partei ein. In den 1930er-Jahren war er Lehrer und Journalist und ein begeisterter Leser von militärgeschichtlichen Werken, speziell über Napoleon und Sun Tzu. Im Indochinakrieg (1946–1954) kämpfte er gegen die Franzosen und im Vietnamkrieg (1960–1975) gegen die USA und ihre Verbündeten. Seinen größten Sieg erzielte er in der Schlacht von Dien Bien Phu 1954, die zum Rückzug der Franzosen aus Vietnam führte. Im Vietnamkrieg erwies sich die Tet-Offensive von 1968 zwar als militärischer Misserfolg für Giáp, aber auch als moralische Niederlage für die USA.

von Dien Bien Phu. Giáps Viet Minh erobern französische Basis und zwingen die Franzosen, die Unabhängigkeit Vietnams anzuerkennen.

1953 Vietnamesische Invasion in Laos.

1955 Vietnamesischer Bürgerkrieg.

***Vietnamkrieg 1961–1975***

1964 Zwischenfall im Golf von Tonkin.

19. Oktober – 26. November 1965 Schlacht im la-Drang-Tal. Kinnards US-Truppen bringen den Nordvietnamesen und dem Vietcong schwere Verluste bei.

18. August 1966 Schlacht von Long Tan. Australier unter Jackson erringen überraschenden Sieg über den Vietcong.

22. Februar – 14. Mai 1967 Operation „Junction City". Unter Westmoreland bereiten die Truppen der USA und Südvietnam den Kommunisten eine schwere Niederlage. Die Vietcong müssen nach Kambodscha zurückweichen, behaupten aber, sie hätten die US-Truppen vernichtet.

19.–23. November 1967 Schlacht von Dak To (Hügel 875). Nordvietnamesen lenken die amerikanische Aufmerksamkeit von Südvietnam ab, indem sie einen Hinterhalt legen und um den Hügel kämpfen.

30. Januar – 23. September 1968 Tet- oder Neujahrsoffensive. Nordvietnamesen starten landesweit massive Überraschungsangriffe und rücken nach Saigon vor. Der Norden erleidet zwar eine Niederlage, aber die US-Öffentlichkeit (die den Krieg im TV verfolgt) ist schockiert und wendet sich mehr und mehr gegen eine Fortsetzung des Krieges.

21. Januar – 14. April 1968 Belagerung von Khe Sanh. Als Teil der Tet-Offensive versuchen die Nordvietnamesen, die US-Basis zu erobern. Lownds gelingt es, die Stellung bis zum Entsatz zu halten.

31. Januar – 25. Februar 1968 Schlacht von Hue. Truong (Südvietnam)/LaHue (USA) erobern die Stadt zurück, die die Nordvietnamesen Ende Januar in einem Überraschungsangriff erobert hatten.

Juni 1969 Beginn des schrittweisen Rückzugs der US-Truppen.

Januar 1973 Abkommen zwischen den USA

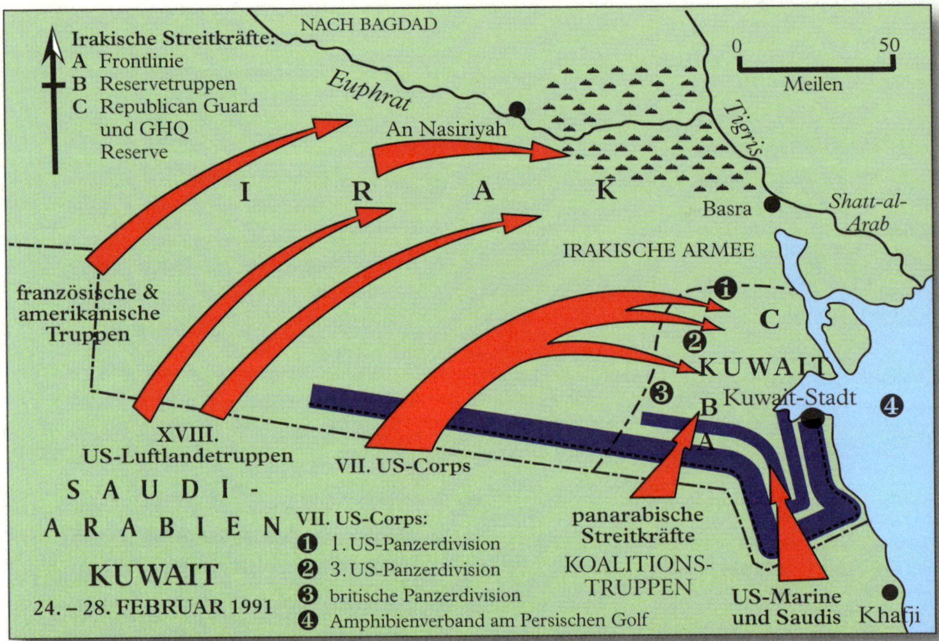


**Schlacht von Kuwait (Operation „Desert Storm"/„Wüstensturm")**

**Kontext** Golfkrieg.

**Zeit** 24.–28. Februar 1991.

**Ort** Kuwait und Südirak im NW des Persischen Golfs.

**Befehlshaber/Truppenstärke** General Norman Schwarzkopf befehligt Koalitionstruppen (ca. 665 000 Mann). Die irakischen Truppen (ca. 500 000 Mann) werden nominell von Präsident Saddam Hussein kommandiert.

**Ziele** Befreiung Kuwaits von der irakischen Besatzung.

**Verluste** Koalition: ca. 500 Tote/Verwundete. Irak: schätzungsweise 60 000 Tote und 175 000 in Gefangenschaft.

**Sieger** Alliierte Koalition.

**Folgen** Kuwait wurde befreit und eine schwere Nahostkrise beendet. Saddam Husseins Regime bestand fort, bis es 2003 durch eine neue, von den USA geführte Invasion gestürzt wurde. Dies führte jedoch zu weiteren Destabilisierung der Lage im Nahen und Mittleren Osten.

***Unten:*** *US-Kampfpanzer vom Typ M1A1 Abrams beim Vorstoß der 3. Panzerdivision während der Operation „Desert Storm" („Wüstensturm").*

**H. Norman Schwarzkopf (geb. 1934)**
Der erste große militärische Führer des „TV-Zeitalters". Hochdekoriert für seinen Einsatz in Vietnam (1965–1966, 1969–1970), kommandierte Schwarzkopf die Bodentruppen bei der Invasion von Grenada (1983) und leitete nach dem irakischen Einmarsch in Kuwait (1990) den Aufbau der massiven internationalen Truppen, die er in der Operation „Desert Storm" im Februar 1991 zum Sieg führte. Seine natürliche Offenheit und charismatische Ausstrahlung machten ihn rasch weltbekannt. Aufgrund seiner profunden militärhistorischen und strategischen Kenntnisse gelang ihm ein großer Sieg mit minimalen Verlusten.

und Nordvietnam über ein Ende des Krieges.
1970 Kambodschaner kämpfen gegen den Vietcong.
1973 Kommunistischer Aufstand in Kambodscha.
1975 Indonesische Invasion in Osttimor.
1975 Die Roten Khmer erringen die Kontrolle über Kambodscha.
1979 Chinesisch-Vietnamesischer Krieg.
1979–1989 Vietnamesische Intervention in Kambodscha.

**Naher und Mittlerer Osten**
1975/1976 Beginn des Libanesischen Bürgerkriegs.
1974 Türkische Invasion in Nordzypern.
1978 Israelische Invasion im Südlibanon.
1978 Iranische Revolution. Sturz des Schahs. Gründung der Islamischen Republik unter Ayatollah Khomeini.
1979 US-Botschaft in Teheran besetzt und Botschaftsangehörige als Geiseln genommen.
April 1980 Scheitern der US-Spezialoperation zur Geiselbefreiung in Teheran.
30. April 1980 Geiselnahme in der iranischen Botschaft in London durch SAS (Special Air Service) am 5. Mai beendet.
1979–1989 Russisch-Afghanischer Krieg.
1980–1988 Irakisch-Iranischer Krieg (Erster Golfkrieg).
1982 Israelische Invasion im Libanon (Operation „Frieden für Galiläa").
1983–1984 Israelische Intervention im Libanon.
1986 Bürgerkrieg im Jemen.
1986 USA bombardieren Libyen (Operation „Eldorado Canyon").
1987 Beginn der palästinensischen Intifada.
***ZWEITER GOLFKRIEG 1990–1991***
1990 Irakische Besetzung und Annexion Kuwaits.
24.–28. Februar 1991 Operation „Desert Storm". Schwarzkopfs Koalitionstruppen besiegen die irakische Armee und befreien Kuwait.
1992–1994 Armenisch-Aserbaidschanischer Krieg um Nagorno-Karabach.
1993 Tadschikistan-Krise.

*Kurzstreckenraketen haben eine Reichweite von ca. 1000 km oder weniger. Sie können sowohl mit Nuklear- als auch mit herkömmlichen Sprengköpfen ausgestattet werden und sind relativ kostengünstig und leicht zu herzustellen.*

*Als Reaktion auf die US-Luftangriffe von 1986 beschoss Libyen eine US-Küstenwachstation auf der italienischen Insel Lampedusa mit Scud-Raketen. Sie wurden auch in verschiedenen regionalen Konflikten eingesetzt, etwa von den Truppen der Sowjetunion und des sowjetischen Regimes in Afghanistan und von den Iranern und Irakern im Ersten Golfkrieg 1980–1988. Der Irak brachte Scud-Raketen außerdem im Zweiten Golfkrieg gegen Israel und Ziele der Alliierten in Saudi-Arabien zum Einsatz. Über ein Dutzend Scud-Raketen wurden 1988 von Afghanistan aus auf Ziele in Pakistan abgefeuert. Sie wurde auch 1994 im Jemen und von den Russen in Tschetschenien eingesetzt.*

***Links:** Die Pershing-Rakete der US-Armee wurde im Februar 1960 erstmals getestet und 1963 in Westdeutschland stationiert. Sie hatte eine maximale Reichweite von ca. 750 km und konnte mit einem konventionellen oder einem Nuklearsprengkopf ausgestattet werden.*

***Rechts oben:** Die US-Rakete Honest John war der erste Boden-Boden-Flugkörper der USA, der mit einem Nuklearsprengkopf versehen werden konnte. Sie wurde erstmals 1951 getestet und 1953 stationiert.*

***Rechts unten:** Die sowjetische Scud-Rakete und ihre Nachfolger gehören zu den wenigen Raketen, die in Konflikten tatsächlich eingesetzt wurden. Die Scud-A hatte eine maximale Reichweite von ca. 130 km, die spätere Scud-D von ca. 650 km.*

**Oben:** *Am Bug des Atom-U-Boots* USS Oklahoma City (SSN-723) *sind die Luken der zwölf mit vertikalem Startsystem ausgestatteten Tomahawk-Raketen geöffnet.*

**Oben:** *Abschuss eines Marschflugkörpers vom Typ BGM-109 Tomahawk aus dem ABL (Armored Box Launcher) an Bord eines US-Zerstörers. Die Rakete hat eine Reichweite von 2500 km und kann einen konventionellen Sprengkopf von 450 kg oder eine Mehrzweckbombe vom Typ BLU-97/B tragen.*

***Links:*** *Die Bazooka ist eine raketenangetriebene Panzerabwehrwaffe, die im Zweiten Weltkrieg zu den wichtigsten von der US-Infanterie gegen Panzer eingesetzten Geschossen gehörte. Sie war eine der ersten Waffen, die auf den hochexplosiven HEAT- oder Hohlladungsgeschossen zur Panzerabwehr basierten. Ihren Spitznamen erhielt die Bazooka nach dem ähnlich aussehenden Musikinstrument. Die erste Bazooka hatte ein Kaliber von 6 cm (rechts); sie wurde von der Superbazooka (8,9 cm) abgelöst (links).*

***Links Mitte:*** *Weltweit verbreitet ist die raketenangetriebene Granate (RPG) oder Panzerfaust. Moderne Armeen haben in ihren Tanks eine Panzerung, die sie unverletzbar gegen solche Waffen machen.*

***Unten:*** *Abschuss aus einer SMAW, einer von der Schulter aus abzufeuernden Mehrzwecksturmwaffe. Es handelt sich um eine tragbare Waffe (Kaliber 83 mm), die bei der US-Armee seit Mitte der 1980er-Jahre im Einsatz ist.*

**Oben:** *Stinger-Raketen sind tragbare Fla-Flugkörper, die erstmals 1981 in Erscheinung traten. Seither wurden sie von den USA und 29 anderen Nationen in zahlreichen Konflikten weltweit erfolgreich eingesetzt.*

**Unten:** *Die auf der Schulter ruhende AT4 ist eine von Saab Bofors Dynamics (Schweden) hergestellte Einschuss-Abwehrwaffe. Sie ermöglicht es der Infanterie, gegen Panzerfahrzeuge oder Befestigungen vorzugehen, reicht jedoch nicht aus, um einen modernen Kampfpanzer zu zerstören. Abschussvorrichtung und Projektil sind eine Munitionseinheit, wobei die Abschussvorrichtung nach Gebrauch abgeworfen wird.*

1994 Formeller Frieden zwischen Jordanien und Israel (die sich praktisch seit 1948 im Kriegszustand befanden).
1994–1996 Russische Intervention in Tschetschenien.
1999–2000 Zweite Russische Invasion in Tschetschenien. Schlacht um Grosny.

**Indien**
1947–1948 Indisch-Pakistanischer Konflikt. Pakistan besetzt ein Drittel von Kaschmir.
1961 Krise in Ceylon (Sri Lanka).
1965 Zweiter Indisch-Pakistanischer Krieg.
1969 Dritter Indisch-Pakistanischer Krieg.
1984–1989 Zusammenstöße in Sri Lanka.
1984 Indische Offensive in Pandschab.
1999 Kaschmir: Indisch-Pakistanischer Grenzkonflikt.

**Afrika**
1952 Kenia: Mau-Mau-Aufstand.
1954–1962 Algerienkrieg.
1959 Rhodesienkrise.
1960 Südafrika: Sharpeville-Massaker.
1960–1967 Bürgerkrieg im Kongo.
1961–1975 Angolanischer Unabhängigkeitskrieg.
1964 Rwanda: Tutsi-Massaker.
1967–1970 Nigerianischer Bürgerkrieg.
1971–1979 Rhodesischer Bürgerkrieg. Rhodesien wird zu Zimbabwe.
1975–1977 Bürgerkrieg im Tschad.
1975–1991 Angolanischer Bürgerkrieg.
1976 Marokko besetzt die Westsahara.
Juli 1976 Israelische Geiselbefreiung in Entebbe.
1977 Flugzeugentführung nach Mogadischu.
1977 Ägyptisch-Libyscher Konflikt.
1977 Äthiopien: Ogaden-Krieg.
1977–1978 Liberianischer Bürgerkrieg.
1979 Tanzanische Invasion in Uganda.
1981 Aufstand in Zimbabwe.
1983 POLISARIO-Front greift Marokkaner in der Westsahara an.
1984–1987 Krieg im Tschad.
1991 Äthiopischer Bürgerkrieg.
1991 Somalischer Bürgerkrieg. US-Intervention.
1992–1995 Zweiter angolanischer Bürgerkrieg.

***Links:** Ground Zero, New York City. Die Luftaufnahme zeigt nur einen kleinen Teil der Schreckensszenerie vom Einsturz des World Trade Centers nach dem Terroranschlag am 11. September 2001. Die benachbarten Gebäude wurden von den Trümmern und durch die Wucht der einstürzenden Türme schwer beschädigt.*

***Rechts:** Rauch steigt aus dem Pentagon auf, nachdem ein entführtes Verkehrsflugzeug mit dem Gebäude kollidierte. Der Crash erfolgte nach dem Anschlag auf die Zwillingstürme des World Trade Centers in New York City, einer der schlimmsten Terroraktionen der Geschichte.*

***Unten:** US-Truppen in Kandahar/Afghanistan, 2005.*

Nach dem islamistischen Terroranschlag vom 11. September 2001 wurde von US-Präsident George W. Bush der Krieg gegen den Terror erklärt. Die USA reagierten mit zwei großen Militäraktionen. 2001 erfolgte die Invasion einer US-geführten Koalition in Afghanistan, um gegen das extrem fundamentalistische Taliban-Regime und die Terrororganisation Al-Kaida, der es Zuflucht gewährte, vorzugehen. Die Taliban wurden zwar gestürzt, die Terroristen konnten jedoch nicht eliminiert werden. Schon bald danach traten Taliban und lokale Kriegsherren („Warlords") wieder in Aktion, sodass nun die ständige Präsenz westlicher Truppen im Land erforderlich ist.

2003 unternahmen die USA (unter Beteiligung der Briten und anderer westlicher Verbündeter) eine Invasion im Irak, um Diktator Saddam Hussein zu entmachten, angebliche Massenvernichtungswaffen zu eliminieren und vermutete Verbindungen der Iraker zu Al-Kaida zu zerstören. Saddam wurde zwar entmachtet, Massenvernichtungswaffen waren allerdings nicht zu finden. Die mangelhafte Planung der Amerikaner für die Sicherheit des Landes nach ihrem Sieg führte zum Bürgerkrieg und zu tödlichen Konflikten der Muslime untereinander – Probleme, die von den westlichen Truppen kaum bewältigt werden können.

*Osama Bin Laden.* *US-Präsident George W. Bush.*

1993 Bürgerkrieg in Burundi.
1994 Bürgerkrieg in Rwanda.
1996–1997 Krieg in Uganda.

**Europa**

***UNRUHEN IN NORDIRLAND 1969–1998***

1969 Protestantische Organisationen und die Irisch-Republikanische Armee beginnen mit drei Jahrzehnte dauernden Bombenanschlägen, unterbrochen von zeitweiligem Waffenstillstand und Verhandlungen.

1972 „Blutiger Sonntag". Britische Fallschirmjäger eröffnen das Feuer auf Bürgerrechtler und töten 13 von ihnen.

1979 Lord Mountbatten wird von der IRA ermordet.

1981 Erste Bombenanschläge der IRA in London; zu den nächsten Zielen gehören britische Armeestützpunkte in Deutschland und Gibraltar.

1984 Premierministerin Margaret Thatcher entgeht Bombenanschlag in Brighton.

1991 Mörseranschlag der IRA auf den Sitz des britischen Premierministers in der Downing Street Nr. 10.

***JUGOSLAWIENKRIEG 1991–1999***

1991–1995 Serbien-/Kroatien-/Slowenien-/Bosnien-Phase.

1999 Serbien-/Kosovo-Phase.

2008 Russisch-Georgischer Krieg um Südossetien.

**Krieg gegen den Terror**

11. September 2001 Terroranschlag der islamistischen Extremistengruppe Al-Kaida: Zwei entführte Verkehrsflugzeuge kollidieren mit den Türmen des New Yorker World Trade Centers. Sie stürzen ein und reißen über 3000 Menschen in den Tod. Ein drittes Flugzeug trifft das Pentagon.

18. September 2001 USA erklären Krieg gegen den Terrorismus.
Während viele Länder das Ziel von Terroranschlägen islamischer Fundamentalisten werden, ergreifen westliche Sicherheitsorgane Maßnahmen, um Anschläge vorherzusehen und zu verhindern. Verheerende Bombenanschläge erfolgten auf Bali (2002 und 2005), in Madrid (2003) und in London (2005).

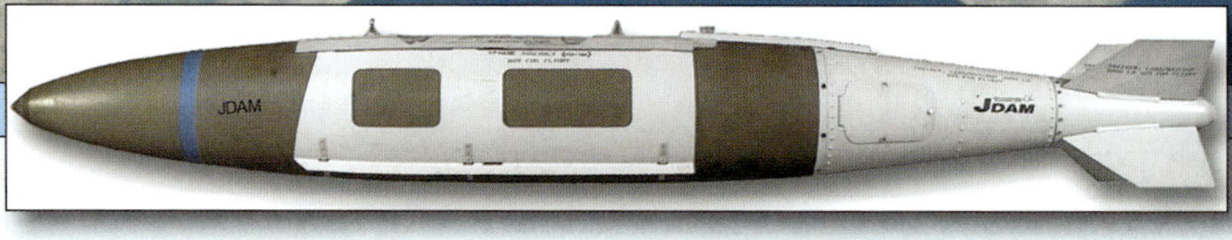


***Oben:*** *Ein US F-16 Fighting Falcon auf einer Mission über dem Irak; er ist mit GPS-gelenkten und mit JDAM nachgerüsteten Bomben ausgestattet.*
***Kleines Bild (Inset):*** *Die amerikanische GBU-31/32 Joint Direct Attack Munition (JDAM) ist ein Nachrüstsatz für ungelenkte Bomben und macht sie zu „smarten" – GPS-gelenkten – Bomben mit einer Reichweite von 25 km.*

***Unten:*** *RQ-4A Global Hawk der US-Navy ist ein unbemanntes Luftfahrzeug (UAV) – das ohne Piloten fliegt und vom Boden aus gesteuert wird. Es hat eine Reisegeschwindigkeit von ca. 650 km/h und kann ca. 34 Stunden lang bei einer Flughöhe von bis zu 20 000 m in der Luft bleiben.*

***Rechts:*** *Der Northrop Grumman B-2 Spirit „Stealth"-Bomber der US Air Force ist ein „Tarnkappen"-Bomber der zweiten Generation. Er kam 1999 im Kosowo-Krieg, in Afghanistan bei der Operation „Enduring Freedom", im Irak bei „Iraqi Freedom" zum Einsatz. Von den USA aus flog die B-2 Spirit mehrfach Missionen von über 30, einmal sogar von über 50 Stunden Dauer.*

**Links:** *Iraker der einheimischen Rebellenarmee posieren an ihrem Stützpunkt in Al Namer für die Fotografen (2007).*

**Unten:** *Zur Unterstützung der irakischen Polizei patrouillieren US-Marines in einer Straße in Falludscha (2007).*

2001 US-geführte Koalition stürzt das extremistische Taliban-Regime in Afghanistan. Danach werden die Sicherheitsoperationen fortgesetzt.

**Irak**

2003 US-geführte Koallition dringt in den Irak ein und stürzt Diktator Saddam Hussein. Danach Sicherheitsoperationen in bürgerkriegsähnlicher Situation. Schiitische und sunnitische Muslime terrorisieren sich gegenseitig und die westlichen Sicherheitskräfte mit Bombenanschlägen.

Februar 2007 Unter der Führung von General Petraeus starten die USA eine verstärkte Offensive unter der Bezeichnung „The Surge". Die Gewalt im Land lässt Mitte 2008 signifikant nach.

Januar 2009 US-Präsident Obama plant den Rückzug der US-Truppen innerhalb von 16 Monaten nach seiner Amtseinführung.

**Horn von Afrika**

Grenzkriege und Bürgerkriege seit den 1960er-Jahren. Die Region bleibt instabil mit mehreren andauernden Konflikten, Terrorismus und dem Engagement von Al-Kaida.

2007 Äthiopische Invasion in Somalia.

2008 Eine Friedenstruppe der Afrikanischen Union versucht, Mogadischu zu stabilisieren. Die Stadt steht (rund 17 Jahre) weiterhin im Zentrum des Krieges zwischen rivalisierenden Parteien, Islamisten und Warlords.

Multinationale Bemühungen werden fortgesetzt, um eine Befriedung herbeizuführen und die Piratenüberfälle im Indischen Ozean und Roten Meer zu beenden.

**Zentralafrika**

Stammeskonflikte, die 1994 in den Tutsi-Massakern in Rwanda kulminierten, gehen weiter. Die Unruhen im Gebiet der großen afrikanischen Seen greifen durch zahllose Flüchtlinge auch auf die Nachbarländer über.

**Afghanistan**

US-geführte Koalition von 2006 installiert NATO-Friedenstruppen zur Unterstützung des neuen demokratischen Regimes. Dazu gehören die USA, Großbritannien, Deutschland, Frankreich, Kanada und Italien. Die Lage verschlechtert sich jedoch, und die Grenzprovinzen von Pakistan werden zunehmend in den Konflikt miteinbezogen, was für die NATO-Truppen politische Probleme mit sich bringt.

2008 wird zum bisher blutigsten Jahr für die NATO-Truppen, da die Rebellen vom konventionellen Kampf zunehmend zu Terroranschlägen übergehen.

2009 Präsident Obama plant die Entsendung erheblicher Verstärkungen.

**Sri Lanka**

Seit den 1970er-Jahren kämpft die Tamilenpartei „Tigers of Tamil" für einen unabhängigen Staat.

2006 Die Regierung startet Großoffensive und behauptet Anfang 2009, der Sieg stehe bevor.

**Arabisch-Israelischer Konflikt**

2008–2009 Gazakonflikt eskaliert; Israel führt Luftangriffe und Bodenoffensiven durch (Dezember 2008) als Vergeltung für ständige Raketenangriffe durch die militante Palästinenserorganisation Hamas.

**NUKLEARWAFFEN**

Über Atomwaffen verfügen (soweit bekannt):

- USA
- Russland
- Frankreich
- Großbritannien
- China
- Indien
- Pakistan
- Israel
- Nordkorea

Man bemüht sich weiter, den Iran (vom ehemaligen US-Präsidenten G. W. Bush der „Achse des Bösen" zugerechnet) abzuhalten, Atomwaffen zu entwickeln. Anfang 2009 startet der Iran einen Satelliten, er beweist damit Fortschritte in der möglichen Herstellung strategischer Atomraketen. Iranische Führer haben als Ziel die Zerstörung Israels angegeben, das in der Vergangenheit Luftangriffe gegen Nuklearanlagen des Iran durchgeführt haben soll.

# Die grossen Schlachten der Geschichte von A–Z

Der Name des Siegers ist ***fett*** gedruckt.
Ist kein eindeutiger Sieger vorhanden, bleiben beide Namen ungefettet.

| | | |
|---|---|---|
| Abensberg | 19.–20. April 1809 | ***Napoleon*** [Frkr.] – Karl [Öst.-Ung.] |
| Aberdeen | 13. Sept. 1644 | ***Montrose*** [Roy.] – Burleigh [Cov.] |
| Abu Hamed | 7. Aug. 1897 | ***Hunter*** [Brit.] – Mohammed Zain [Mahd.] |
| Abu Klea | 17. Jan. 1885 | ***Stewart*** [Brit.] – Mahdisten |
| Abu Kru | 19. Jan. 1885 | ***Stewart*** [Brit.] – Mahdisten |
| Abukir | 25. Juli 1799 | ***Napoleon*** [Frkr.] – Mustapha Pascha [Türk.] |
| Accra | 7. Aug. 1826 | ***Briten*** – Aschanti |
| Acragas Belag.g/Schlacht | um 406 v. Chr. | ***Hamilcar/Himilco*** [Karth.] – Daphnaeus [Syrak.] |
| Actium | 2. Sept. 31 v. Chr. | ***Agrippa*** [Oktavian] – Mark Anton/Kleopatra. |
| Acultzingo | 28. April 1862 | ***Lorencez*** [Frkr.] – Zaragoza [Mex.] |
| Ad Decimum | 14. Sept. 533 | Gelimer [Vand.] – ***Belisarius*** [Röm.] |
| Admagetobriga | 61 v. Chr. | ***Ariovistus*** [Sequaner] – Eporedorix [Aeduer] |
| Adowa | 1. März 1896 | ***Menelek*** [Abessinien] – Baratieri [It.] |
| Adrianopel I | 3. Juli 323 | ***Konstantin*** [O-Röm. R.] – Licinius [W-Röm. R.] |
| Adrianopel II | 9. Aug. 378 | Valens [O-Röm. R.] – ***Fritigern*** [Goten] |
| Adrianopel III | 15. April 1205 | ***Kaloyan*** [Bulg.] – Baldwin [Kreuzr.]/Dandolo [Ven.] |
| Adrianopel IV | 26. März 1913 | ***Bulgaren/Griechen*** – Shukri Pascha [Türk.] |
| Aduatuca | 53 v. Chr. | ***Ambiorix*** [Eburer] – Titurius Sabinus [Röm.] |
| Aegospotami | 405 v. Chr. | ***Lysander*** [Pelop.] – Conon [Ath.] |
| Ägatische Inseln | 241 v. Chr. | ***Catulus*** [Röm.] – Hanno [Karth.] |

## Abkürzungen

| | |
|---|---|
| [Afg.] | Afghanistan |
| [Äg.] | Ägypten |
| [Alb.] | Albanien |
| [Alg.] | Algerien |
| [Amer.] | Amerika |
| [Ang.-S.] | Angelsachsen |
| [Arg.] | Argentinien |
| [Ath.] | Athen |
| [Bat.] | Batavische Republik (Holland) |
| [Bay.] | Bayern |
| [Belg.] | Belgien |
| [Böhm.] | Böhmen |
| [Bol.] | Bolivien |
| [Bos.] | Bosnien |
| [Bras.] | Brasilien |
| [Brdbg.] | Brandenburg |
| [Brit.] | Briten, Britannien |
| [Bulg.] | Bulgarien |
| [Burg.] | Burgund |
| [Burm.] | Burma |
| [Byz.] | Byzanz |
| [Caes.] | Caesaren, Kaiser |
| [Chil.] | Chile |
| [Chin.] | China |
| [Christ.] | Christen |
| [Cov.] | Covenanters |
| [Cris.] | Cristina-Anhänger |
| [Dän.] | Dänemark |
| [Dt. Ord.] | Deutsche Ordensritter |
| [Dt. Prot.] | Deutsche Protestanten |
| [Dtld.] | Deutschland |
| [E. Angl.] | East Anglia |
| [Engl.] | England |
| [Finnl.] | Finnland |
| [Fläm. Prot.] | Flämische Protestanten |
| [Flam.] | Flamen |
| [Frkr.] | Frankreich |
| [Gari.] | Garibaldi-Anhänger |
| [Gen.] | Genua |
| [Ghib.] | Ghibellinen |
| [Gr.] | Griechenland |
| [H.R. R.] | Heiliges Römisches Reich |
| [Hann.] | Hannover |
| [Hess.] | Hessen |
| [High.] | Highlander |
| [Holl.] | Holland |
| [Hug.] | Hugenotten |
| [Huss.] | Hussiten |
| [Imp.] | Imperium, Kaiserreich (Rom/Byzanz/Japan/Heiliges Römisches Reich) |
| [Ind.] | Indien, Inder |
| [Ion.] | Ionier |
| [Irl.] | Irland |
| [Isr.] | Israel |
| [It.] | Italien |
| [Jakob.] | Jakobiten |
| [Jap.] | Japan |
| [Kan.] | Kanada |
| [Karl.] | Karlisten |
| [Karth.] | Karthago |
| [Kast.] | Kastilien |
| [Katal.] | Katalonien |
| [Kath.] | Katholiken |
| [Kav.] | Kavallerie |
| [Kirchst.] | Kirchenstaat |
| [Kol.] | Kolumbien |
| [Konf.] | Konföderierte Staaten |
| [Kong.] | Kongresspartei |
| [Kor.] | Korea |
| [Kreuzr.] | Kreuzritter |
| [Lanc.] | Lancaster |
| [Lit.] | Litauen |
| [Lyd.] | Lyder |
| [Mahd.] | Mahdisten |
| [Mak.] | Makedonien |
| [Malt.] | Malta |
| [Mam.] | Mamelucken |
| [Man.] | Mantua |
| [Mar.] | Marathas |
| [Merc.] | Mercia |
| [Mex. Lib.] | Mexikanische Liberale |
| [Mex.] | Mexiko |
| [Mog.] | Moguln |
| [Mold.] | Moldawien |
| [Mong.] | Mongolen |
| [Musl.] | Muslime |
| [Mys.] | Mysore |
| [Ndld.] | Niederlande |
| [Neap.] | Neapel |
| [Neuengl.] | Neuengland-Staaten |
| [Norm.] | Normannen |
| [Northum.] | Northumbria |
| [Norw.] | Norwegen |
| [Nsld.] | Neuseeland |
| [O-Röm. R.] | Oströmisches Reich |
| [Öst.] | Österreich |
| [Öst.-Ung.] | Österreich-Ungarn |
| [Pann.] | Pannonische Legionen |
| [Parag.] | Paraguay |
| [Parl.] | Parlament |
| [Parth.] | Parther |
| [Patr.] | Patrioten/Freiheitskämpfer |
| [Pelop.] | Peloponneser |
| [Pers.] | Persien |
| [Pf.] | Pfalz |
| [Piem.] | Piemont |
| [Pol.] | Polen |
| [Pomp.] | Pompeianer |
| [Port.] | Portugal |
| [Pr.] | Preußen |
| [Reg.] | Regierung |
| [Rep.] | Republik |
| [Rhod.] | Rhodos |
| [Röm.] | Römer |
| [Roy.] | Royalisten |
| [Roy.Highl.] | Royalistische Highlander |
| [Russl.] | Russland |
| [Sab.] | Sabiner |
| [Sachs.] | Sachsen |
| [Sam.] | Samniten |
| [Saraz.] | Sarazenen |
| [Sard.] | Sardinien |
| [Schottl.] | Schottland |
| [Schwed.] | Schweden |
| [Serb.] | Serbien |
| [Siz.] | Sizilien |
| [Span.] | Spanien |
| [Spar.] | Sparta |
| [Sud.] | Sudan |
| [Südafr.] | Südafrika |
| [Syr.] | Syrien |
| [Syrak.] | Syrakus |
| [Tat.] | Tataren |
| [Tex.] | Texas |
| [Trans.] | Transsylvanien |
| [Türk.] | Türken, Türkei (Osmanen, Osmanisches Reich) |
| [Ulst. Prot.] | Ulster-Protestanten |
| [UN] | Vereinte Nationen |
| [Ung.] | Ungarn |
| [Urug.] | Uruguay |
| [Vand.] | Vandalen |
| [Ven.] | Venedig |
| [Vietn.] | Vietnam |
| [Virg.] | Virginia |
| [W. Sachs.] | Westsachsen |
| [Wa.] | Wallonen |
| [Wall.] | Wallachei |
| [Wes.] | Wessex |
| [Westg.] | Westgoten |
| [W-Röm. R.] | Weströmisches Reich |
| [Wttbg.] | Württemberg |

| | | |
|---|---|---|
| Ägina | 458 v. Chr. | ***Athener*** – Ägina |
| Agnadello | 14. Mai 1509 | ***Ludwig XII.*** [Frkr.] – Trioulzio [Ven.] |
| Agordat | 21. Dez. 1893 | ***Arimondi*** [It.] – Ahmed Ali [Mahd.] |
| Agra I | 1708 | ***Bahadur*** [Mog.] – Muazim [Rebellen] |
| Agra II | 17. Okt. 1803 | ***Lake*** [Brit.] – Sindhia [Mar.] |
| Ägusa | 10. März 241 v. Chr. | ***Catulus*** [Röm.] – Hanno [Karth.] |
| Ahmed Khel | 19. April 1880 | ***Stewart*** [Brit.] – Afghanen |
| Ahmedabad | 15. Feb. 1780 | ***Goddard*** [Brit.] – Afghanen /Marathas |
| Ahmednugger I | 1599 | ***Akbar Khan*** [Moguln] – Chand Bibi [Deccan] |
| Ahmednuggur II | 8.–12. Aug. 1803 | ***Wellesley*** [Brit./Mys./Peshwa Mar.] – Sindhia [Mar.]/Deccan |
| Aisne I | 14.–18. Sept. 1914 | ***Joffre*** [Frkr.] – Falkenhayn [Dtld.] |
| Aisne II | 16.–20. April 1917 | ***Nivelle*** [Frkr.] – Hindenburg/Ludendorff [Dtld.] |
| Aisne III | 27. Mai – 17. Juni 1918 | ***Ludendorff*** [Dtld.] – Duchêne [Frkr.] |
| Aix Roads | 10.–11. April 1809 | ***Gambier/Cochrane*** [Brit.] – Williamez [Frkr.] |
| Aix-la-Chapelle | 3. März 1795 | ***von Sachsen-Coburg*** [Öst.] – Miranda [Frkr.] |
| Ajnadain | 30. Juli 634 | ***Khalid*** [Musl.] – Theodorus [Byz.] |
| Akhalzic | 27. Aug. 1828 | ***Paskievich*** [Russl.] – Türken |
| Akkon I | 12. Juli 1191 | ***Richard Löwenherz*** [Kreuzritter] – Sarazenen |
| Akkon II | 6. April – 15. Mai 1291 | ***Sultan Al-Ashraf*** [Musl.] – Amalrich [Christ.] |
| Akkon III | 18. März – 20. Mai 1799 | ***Djezzar/Smith*** [Türk.] – Napoleon [Frkr.] |
| Akkon IV | 3. Nov. 1840 | ***Stopford*** [Brit./Türk.] – Ibrahim Pascha [Äg.] |
| Aladja Dagh | 15. Okt. 1877 | ***Großfürst Michail*** [Russl.] – Mukhtar Pascha [Türk.] |
| Alalia | 535 v. Chr. | ***Etrusker/Phönizier*** – Phokaier |
| Alam Halfa | 30. Aug. – 2. Sept 1942 | ***Montgomery*** [Brit.] – Rommel [Dtld./It.] |
| Alamo, Belagerung von | 23. Febr. – 6. März 1836 | ***Santa Ana*** [Mex.] – Travis/Bowie [Tex.] |
| Aland | Juli 1714 | ***Apraxine*** [Russl.] – Erinschild [Schwed.] |
| Alarcos | 18. Juli 1195 | ***Yakub al Mansur*** [Mauren] – Alfons VIII. von Kastilien [Span.] |
| Albuera | 16. Mai 1811 | ***Beresford*** [Brit./Port./Span.] – Soult [Frkr.] |
| Alcantara | 1706 | ***Galway*** [Brit./Port.] – Berwick [Frkr.] |
| Aleppo I | 638 | ***Khalid ibn-al-Walid*** [Musl.] – Youkinna [Byz.] |
| Aleppo II | 11. Nov. 1400 | ***Timur*** [Tat.] – Syrische Emire [Türk.] |
| Aleppo III | 24. Aug. 1516 | ***Selim I.*** [Türk.] – Kansu al-Gauri [Mam.] |
| Alesia | 52 v. Chr. | ***Caesar*** [Röm.] – Vercingetorix [Gallier] |
| Alexandria I | Okt. 48 v. Chr. – März 47 v. Chr. | ***Caesar*** [Röm.] – Ptolemäus XII. [Äg.] |
| Alexandria II | 642 | ***Amr Ibn Al-As*** [Musl.] – Byzanz |
| Alexandria III | 21. März 1801 | ***Abercrombie*** [Brit.] – Menou [Frkr.] |
| Alexandria IV | 11. Juli 1882 | ***Seymour*** [Brit.] – Arabi Pascha [Äg.] |
| Alford | 2. Juli 1645 | ***Montrose*** [Roy.] – Baillie [Cov.] |
| Algeciras | 6. Juli 1801 | Saumarez [Brit.] – ***Linois*** [Frkr./Span.] |
| Alghero | 1353 | ***Aragonesen*** – Genuesen |
| Algier I | 8. Juli 1775 | de Castijon/O'Reilly [Span.] – Stadt |
| Algier II | 26. Aug. 1816 | ***Exmouth/Van Capellan*** [Brit./Holl.] – Stadt |
| Alhama | 28. Feb. 1482 | ***de Ortiga*** [Span.] – Stadt |
| Alhandega | 939 | ***Abd er-Rahman*** [Mauren] – Ramiro II. [Christ.] |
| Alicante | 29. Juni 1706 | ***Byng*** [Brit.] – Stadt |
| Alicudi | 8. Jan. 1676 | ***de Ruyter*** [Holl.] – Duquesne [Frkr.] |
| Aligarh | 4. Sept. 1803 | ***Lake/Morton*** [Brit.] – Sindhia [Mar.] |
| Aliwal | 28. Jan. 1846 | ***Smith*** [Brit.] – Runjoor Singh [Sikhs] |
| Aljubarrota | 14. Aug. 1385 | ***Johannn I.*** [Port.] – Johann [Kast.] |
| Alkmaar I | 21. Aug. – 8. Okt. 1573 | ***Festung*** [Holl. Patr.] – de Toledo [Span.] |
| Alkmaar II | 2. Okt. 1799 | ***Herzog von York*** [Brit./Russl.] – Brune [Frkr.] |
| Allia | 16. Juli 389 v. Chr. | Quintus Sulpicius [Röm.] – ***Brennus*** [Gallier] |
| Alma | 20. Sept. 1854 | ***Raglan/St. Arnaud*** [Brit./Frkr.] – Menschikow [Russl.] |
| Almanza | 25. April 1707 | ***Berwick*** [Frkr./Span.] – Galway [Brit./Port.] |
| Almenara | 10. Juli 1710 | ***Stanhope*** [Brit.] – Philipp V. [Span.] |
| Almorah | 25. April 1815 | ***Nicolls/Gardiner*** [Brit.] – Stadt |
| Alnwick I | 13. Nov. 1093 | Malcolm Canmore [Schotten] – ***Engländer*** |
| Alnwick II | 13. Juni 1174 | William der Löwe [Schotten] – ***Engländer*** |
| Alsen | 29. Juni 1864 | ***Preußen*** – Dänen |
| Altendorf | 24. Aug. 1632 | ***Wallenstein*** [Imp.] – Gustav Adolf [Schwed./Dtld.] |
| Alto Pascio | 1325 | ***Castracane von Lucca*** [Ghib.] – Guelfen |
| Amakusa | 1638 | Masada Shiro [Rebellen] – ***Nobutsuna*** [Schogun] |
| Amalinde | 1818 | Gaikas – ***Ndlambi*** |

| | | |
|---|---|---|
| Ambate | 1532 | ***Atahualpa*** [Inka] – Huascar [Inka] |
| Amberg | 24. Aug. 1796 | ***Karl*** [Öst.] – Jourdan [Frkr.] |
| Ambracia, Golf von | 435 v. Chr. | Korinther – ***Korkyra*** |
| Ambur | 1749 | ***Muzaffar Jung/Chunda Sahib/de Bussy*** [Rebellen/Frkr.] – Anwar-ud-din [Karnataka] |
| Amida | 359 | Festung [Röm.] – ***Sapor II.*** [Pers.] |
| Amiens | 8.–11. Aug. 1918 | Ludendorff [Dtld.] – Foch [Frkr.] |
| Amoaful | 31. Jan. 1874 | ***Wolseley*** [Brit.] – Coffee [Aschanti] |
| Amorium | 838 | ***Motassem*** [Musl.] – Theophilus [Gr.] |
| Amphipolis | März 422 v. Chr. | Kleon [Ath.] – ***Brasidas*** [Spar.] |
| Amstetten | 5. Nov. 1805 | ***Murat/Lannes*** [Frkr.] – Russen |
| Añaquito | 18. Jan. 1546 | ***Pizarro*** [Konquistador, Span.] – Nuñez [Konquistador, Span.] |
| Ancona | Sept. 1860 | ***Persano/Cialdini*** [Piem.] – La Moricière [Kirchst.] |
| Ancrum Moor | 17. Feb. 1545 | ***Earl of Angus*** [Schottl.] – Evans [Engl.] |
| Ancyrae | 242 v. Chr. | Seleucus Callinicus [Syr.] – ***Hierax*** [Rebellen] |
| Angora | 30. Juli 1402 | ***Timur*** [Tat.] – Bayasid I. [Türk.] |
| Antietam | 17. Sept. 1862 | ***Lee*** [Konf.] – McClellan [Union] |
| Antiochia I | 244 v. Chr. | Seleucus Callinicus [Syr.] – ***Ptolemäos Energetes*** [Äg.] |
| Antiochia II | 218 | ***Varius Avitus*** [Rebellen] – Macrinus [Röm.] |
| Antiochia III | 613 | ***Chosroes II.*** [Pers.] – Byzantiner |
| Antiochia IV | 5.–28. Juni 1098 | ***Bohemund/Raymond*** [Kreuzr.] – Kerboga von Mosul [Türk.] |
| Antiochia V | 21. Okt. 1097 – 3. Juni 1098 | ***Bohemund/Raymond*** [Kreuzr.] – Yagi Siyan [Türk.] |
| Antium | 30. Mai 1387 | ***Pisani*** [Ven.] – Fieschi [Gen.] |
| Antwerpen I | 3. Okt. 1576 | ***Spanische Meuterer*** – Stadt [Wa.] |
| Antwerpen II | 17. Aug. 1585 | ***Farnese*** [Span.] – Stadt |
| Antwerpen III | Nov. – Dez. 1832 | ***Franzosen*** – Chassé [Belg.] |
| Antwerpen IV | 1.–9. Okt. 1914 | ***Falkenhayn*** [Dtld.] – König Albert I. [Belg.] |
| Anzio | 22. Jan.– 23. Mai 1944 | ***Lucas/Truscott*** [USA] – Mackensen [Dtld.] |
| Aong | 15. Juli 1857 | ***Havelock*** [Brit.] – [Meuterer] |
| Aquae Sextiae | 102 v. Chr. | Teutobod [Teutonen] – ***Marius*** [Röm.] |
| Aquileia | 5.–6. Sept. 394 | ***Theodosius*** [O-Röm.R.] – Eugenius [W-Röm.R.] |
| Arausio | 105 v. Chr. | ***Boiorix*** [Gallier] – Caepio/Mallius Maximus [Röm.] |
| Araxes | 589 | ***Maurice*** [Röm.] – Bahram [Pers.] |
| Arbedo | 30. Juni 1422 | Schweizer – ***Carmagnola*** [Herzogtum Mailand] |
| Arbela: siehe Gaugamela | | |
| Arcis-sur-Aube | 20.–21. März 1814 | Schwarzenberg [Alliierte] – Napoleon [Frkr.] |
| Arcola | 15.–17. Nov. 1796 | ***Napoleon*** [Frkr.] – Alvintzi [Öst.] |
| Arcot | Sept. – Okt. 1751 | ***Clive*** [Brit./Sepoy] – Chunda Sahib [Karnataka/Frkr.] |
| Ardennen | 16. Dez. 1944 – 28. Jan. 1945 | ***Bradley*** [USA] – Rundstedt [Dtld.] |
| Argaum | 29. Nov. 1803 | ***Wellesley*** [Brit./Mys./Peshwa Mar.] – Sindhia/Berar [Mar.] |
| Argentaria | Mai 378 | ***Gratianus*** [Röm.] – Priarius [Alemannen] |
| Argentoratum | Aug. 357 | ***Julian*** [Röm.] – Chnodomar [Alemannen] |
| Arginusen-Inseln | 406 v. Chr. | ***Thrasyllus*** [Ath.] – Callicratidas [Pelop.] |
| Argonne, Wald von | 26. Sept. – 11. Nov 1918 | ***Pershing/Foch*** [USA/Frkr./Brit.] – Ludendorff/Groener [Dtld.] |
| Argos | 195 v. Chr. | Nabis [Spar.] – ***Flaminius*** [Röm./Mak.] |
| Arius | 214 v. Chr. | Antiochos [Syr.] – Arsaces III./Euthydemus [Parth.] |
| Arkenholm | 12. Mai 1455 | ***Jakob II.*** [Schottl.] – Douglas-Brüder [Rebellen] |
| Arklow | 9. Juni 1798 | ***Needham*** [Brit.] – Murphy [Irische Rebellen] |
| Armada | 31. Juli – 8. Aug 1588 | ***Lord Howard of Effingham*** [Engl.] – Herzog von Medina Sidonia [Span.] |
| Arnheim | 17.–26. Sept. 1944 | ***Rundstedt*** [Dtld.] – Montgomery [Alliierte] |
| Arques | 21. Sept. 1589 | ***Heinrich IV.*** [Hug.] – Duc de Maienne [„Heilige Liga"] |
| Arrah (Meuterei) | 25. Juli – 3. Aug. 1857 | ***Boyle*** [Brit./Sikhs] – Kur Singh [Sepoy] |
| Arras | 9. April. – 15. Mai 1917 | ***Haig*** [Brit.] – Hindenburg [Dtld.] |
| Arretium | 283 v. Chr. | L. Caecilius Metellus – ***Etrusker*** |
| Arroyo dos Molinos | 28. Okt. 1811 | ***Hill*** [Brit./Port.] – Girard [Frkr.] |
| Arroyo Grande | 6. Dez. 1842 | ***Oribe*** [Arg.] – Rivera [Urug.] |
| Arsouf | 7. Sept. 1191 | ***König Richard*** [Engl./Kreuzr.] – Saladin [Saraz.] |
| Artois I | 27. Sept. – 12. Okt. 1914 | ***Deutsche*** – Franzosen/Briten |
| Artois II | 9. Mai – 18. Juni 1915 | Falkenhayn [Dtld.] – Joffre [Frkr.] |
| Artois-Loos | 25. Sept. – 8. Okt. 1915 | Falkenhayn [Dtld.] – Haig [Brit.]/d'Urbal [Frkr.] |
| Aschkelon | 12. Aug. 1099 | ***Godefroi*** [Kreuzr.] – al-Afdal [Äg.] |
| Asculum I | 279 v. Chr. | Sulpicius Saverrio/P. Decius Mus [Röm.] – ***Pyrrhus*** [Epeiros] |

| | | |
|---|---|---|
| Asculum II | 89 v. Chr. | ***Strabo*** [Röm.] – Judacilius [It.] |
| Ashdown | 8. Jan. 871 | ***Alfred*** [W. Sachs.] – Bagsac/Halfdene [Dänen] |
| Asiago | 15. Mai – 17. Juni 1916 | Cadorna [It.] – Hotzendorff [Öst.] |
| Askultsik | 1828 | Türken – ***Paskiewitsch*** [Russl.] |
| Aspendus | 191 v. Chr. | Hannibal [Syr.] – ***Eudamus*** [Rhod.] |
| Aspern-Essling | 21.–22. Mai 1809 | ***Erzherzog Karl*** [Öst.] – Napoleon [Frkr.] |
| Aspromonte | 29. Aug. 1862 | ***Pallavicini*** [Roy.] – Garibaldi [„Rothemden"] |
| Assandun (Ashingdon) | 18. Okt. 1016 | ***Knut*** [Dänen] – Edmund Ironside [Ang.-S.] |
| Assaye | 23. Sept. 1803 | Wellesley [Brit./Mys./Peschwa Mar.] – Sindhia [Mar.] |
| Astrachan I | 1554–1556 | ***Iwan IV.*** [Russl.] – Mongolen |
| Astrachan II | 1569 | Selim II. [Türk.] – ***Stadt*** [Russl.] |
| Atbara | 8. April 1898 | ***Kitchener*** [Brit./Äg.] – Mahmoud [Mahd.] |
| Atlanta I | 22. Juli 1864 | Hood [Konf.] – ***McPherson*** [Union] |
| Atlanta II | 27.–31. Aug. 1864 | ***Sherman*** [Union] – Hood [Konf.] |
| Auerstadt | 14. Okt. 1806 | ***Davoût*** [Frkr.] – Braunschweig [Pr.] |
| Aughrim | 12. Juli 1691 | ***Ginkel*** [Brit.] – St-Ruth/Lucan[F./Irl. Rebellen] |
| Augsburg | 910 | ***Ungarn*** – Deutsche |
| Augusta | 22. Aug. 1676 | Duquesne [Frkr.] – de la Cerda [Span./Holl. Verbündete] |
| Auldearn | 9. Mai 1645 | ***Montrose*** [Roy. Highl.] – Hurry [Cov.] |
| Auray | 29. Sept. 1364 | ***Chandos*** [Engl.] – du Guesclin/de Blois [Frkr.] |
| Aussig | 1426 | ***Prokop*** [Huss.] – Deutsche Kath. |
| Austerlitz | 2. Dez. 1805 | ***Napoleon*** [Frkr.] – Kutusow [Öst.-Russl.] |
| Avaricum | 53 v. Chr. | Vercingetorix [Gallier] – ***Caesar*** [Röm.] |
| Avus | 198 v. Chr. | Philipp [Mak.] – ***T. Quinctius Flaminius*** [Röm.] |
| Axarquia | 20. März 1483 | Marqués de Cádiz [Span.] – Abul Hasan [Mauren] |
| Ayacucho | 9. Dez. 1824 | ***Sucre*** [Freiheitskämpfer] – de la Serna [Span.] |
| Ayd Jalut | 1260 | ***Qutuz*** [Mam.] – Kitboga [Mong.] |
| Aylesford | 456 | ***Hengist/Horsa*** [Jüten] – Vortigern [Britannier] |
| Ayn Jalut | 1260 | Kitboga [Mong.] – ***Qutuz*** [Mam.] |
| Azimghur | 15. April1858 | ***Layard*** [Brit.] – Kur Singh [Meuterer] |
| Azincourt | 25. Okt. 1415 | ***Heinrich V.*** [Engl.] – d'Albret [Frkr.] |
| Azoren | 1591 | Howard [Brit.] – Bassano [Span.] |
| | | |
| Badajoz | 6. April 1812 | ***Wellington*** [Brit./Port.] – Phillipon [Frkr./Span./Hess.] |
| Bagdad I | 15. Feb. 1258 | ***Hulagu*** [Mong.] – Mustasim [Abbasiden] |
| Bagdad II | 23. Juli 1401 | ***Timur*** [Tat.] – Stadt |
| Bagdad III | 1534 | ***Suleiman I.*** [Türk.] – Shah Thamosop. [Pers.] |
| Bagdad IV | 4.–11. März 1917 | ***Maude*** [Brit.] – Pascha [Türk.] |
| Bagradas | 49 v. Chr. | Curio [Caes.] – ***Juba/Saburra*** [Numider] |
| Bahur | Aug. 1752 | ***Lawrence*** [Brit./levies] – Kirkjean[Frkr.] |
| Bai ju | 506 v. Chr. | ***Sun Tzu*** [Wu] – Ch'u |
| Bailén | 19. Juli 1808 | ***Castaños*** [Span.] – Dupont [Frkr.] |
| Balaklawa | 25. Okt. 1854 | ***Raglan*** [Brit.] – Menschikow [Russl.] |
| Ballinamuck | 8. Sept. 1798 | ***Cornwallis*** [Brit.] – Humbert [Frkr.] |
| Balls Bluff | 21. Okt. 1861 | ***Evans*** [Konf.] – Stone/Baker [Union] |
| Ballymore | 3. Juni 1798 | Walpole [Roy.] – ***Murphy*** [Rebellen] |
| Balochpur | 1623 | ***Jahangir*** [Mog.] – Khurram [Rebellen] |
| Baltimore | 12. Sept. 1814 | ***Stricker*** [Amer.] – Ross/Brooke [Brit.] |
| Bamian | 1221 | ***Dschingis Khan*** [Mong.] – Stadt |
| Banda Inseln | 8. März 1796 | ***Rainier*** [Brit.] – Inseln |
| Banda | 19. April 1858 | ***Whitlock*** [Brit.] – Nawab von Banda [Rebellen] |
| Bands | 961 | ***Indulph*** [Schotten] – Dänen |
| Bangalore | 7.–21. März 1791 | ***Cornwallis*** [Brit./Mar.] – Tipu Sultan [Mys.] |
| Banitsa | Nov. 1912 | ***Türken*** – Griechen |
| Bannockburn | 24. Juni 1314 | ***Bruce*** [Schotten] – Eduard II. [Engl.] |
| Bapaume | 2.–3. Jan. 1871 | Faidherbe [Frkr.] – von Göben [Dtld.] |
| Barbosthenische Berge | 192 v. Chr. | Narbis [Spar.] – ***Philopoemen*** [Achäischer Bund] |
| Barcelona | 14. Sept. 1705 | ***Earl of Peterborough*** [Brit./Holl.] – Stadt |
| Barnet | 14. April 1471 | ***Eduard IV.*** [York] – Earl of Warwick [Lanc.] |
| Barquisimeto | 1813 | ***Bolívar*** [Kol.] – Spanische Königstreue |
| Barrosa | 4. März 1811 | ***Graham*** [Brit.] – Victor [Frkr.] |
| Bar-sur-Aube | 27. Feb. 1814 | ***Wittgenstein/Wrede*** [Alliierte] – Oudinot [Frkr.] |
| Basing | 871 | ***Dänen*** – Westsachsen |

| | | |
|---|---|---|
| Bassano | 8. Sept. 1796 | ***Napoleon*** [Frkr.] – Wurmser [Öst.] |
| Bassein | 13. Nov. 1780 | ***Goddard*** [Brit.] – Garnison [Mar.] |
| Bassorah | 665 | ***Kalif Ali*** [Musl.] – Telha/Zobin [Rebellen] |
| Bastogne | 19.–26. Dez. 1944 | ***McAuliffe*** [USA] – Manteuffel [Dtld.] |
| Bataan-Corregidor | April – 6. Mai 1942 | ***Homma*** [Jap.] – King/Wainwright [USA] |
| Batavia | 8. Aug. 1811 | ***Auchmuty*** [Brit.] – Stadt [Ndld.] |
| Batoche | 9.–12. Mai 1885 | ***Middleton*** [Kan.] – Riel [Ind.] |
| Batowitz | 1653 | ***Bogdan*** [Wall.] – Johann II. [Pol.] |
| Baugé | 22. März 1421 | ***Armagnac*** – Herzog von Clarence [Brit.] |
| Bautzen | 20.–21. Mai 1813 | ***Napoleon*** [Frkr.] – Blücher/Wittgenstein [Pr./Russl.] |
| Bayonne | 14. April 1814 | ***Hope*** [Brit./Port.] – Thouvenot [Frkr.] |
| Baza | Juni–Dez. 1489 | ***Ferdinand*** [Span.] – Sidi Yahye [Mauren] |
| Beachy Head | 10. Juli 1690 | ***de Tourville*** [Frkr.] – Torrington [Brit./Holl.] |
| Beaumont | 30. Aug. 1870 | ***Prinz von Sachsen*** [Dtld.] – de Failly [Frkr.] |
| Beaune-la-Rolande | 28. Nov. 1870 | ***Herzog von Mecklenburg*** [Dtld.] – Crouzat [Frkr.] |
| Beauséjour | 19. Juni 1755 | ***Monckton*** [Brit.] – de Vergor [Frkr.] |
| Beda Fomm | 6.–7. Feb. 1941 | ***O'Connor*** [Brit.] – Graziani [It.] |
| Bedr | 623 | ***Mohammed*** – Koreisch |
| Bedriacum I | 14. April 69 | Otho [Imp.] – ***Valens*** [Vitellianer] |
| Bedriacum II | Dez. 69 | Vitellians – ***Antonius Primus*** [Flavianer] |
| Beecher's Island | 17.–27. Sept. 1868 | Forsyth [USA] – Roman Nose [Cheyenne] |
| Bega | 1696 | ***Mustapha II.*** [Türk.] – Kaiserliche |
| Belfort I | 3. Nov. 1870 – 15. Febr. 1871 | Denfert-Rochereau – ***Deutsche*** |
| Belfort II | 15.–17. Jan. 1871 | ***Werder*** [Dtld.] – Bourbaki/Garibaldi [Frkr.] |
| Belgrad I | Sept. 1456 | Mohammed II. [Türk.] – Hunyadi [Stadt] |
| Belgrad II | 1521 | ***Suleiman I.*** [Türk.] – Stadt |
| Belgrad III | 16. Aug. 1717 | ***Prinz Eugen*** [Öst.] – Ibrahim Pascha [Türk.] |
| Belgrad IV | 8. Okt. 1789 | ***Laudon*** [Öst.] – Türken |
| Belle Isle I | 8. Juni 1761 | ***Hodgson*** [Brit.] – Insel |
| Belle Isle II | 17. Juni 1795 | ***Cornwallis*** [Brit.] – Villaret-Joyeuse [Frkr.] |
| Belleau Wood | 6. Juni – 1. Juli 1918 | Ludendorff [Dtld.] – ***Pershing*** [USA] |
| Belmont | 23. Nov. 1899 | ***Methuen*** [Brit.] – Buren |
| Benburb | 5. Juni 1646 | ***O'Neill*** [Ir. Rebellen] – Monro [Parl.] |
| Bender | Aug. 1768 | ***Panin*** [Russl.] – Türken |
| Benevente | 29. Dez. 1808 | ***Otway*** [Brit.] – Lefèbvre-Desnonëttes [Frkr.] |
| Benevento | 26. Feb. 1266 | Manfred [Neap.] – ***Karl von Anjou*** [Frkr.] |
| Beneventum I | 275 v. Chr. | Pyrrhus [Epeiros] – ***M. Curius Dentatus*** [Röm.] |
| Beneventum II | 214 v. Chr. | Hanno [Karth.] – ***Tiberius Gracchus*** [Röm.] |
| Beneventum III | 212 v. Chr. | ***Cn. Fluvius*** [Röm.] – Hanno [Karth.] |
| Bennington | 16. Aug. 1777 | ***Stark*** [Amer.] – Baum [Brit./Hess.] |
| Berezina | 26.–28. Nov. 1812 | ***Napoleon*** [Frkr.] – Kutusow [Russl.] |
| Berg Gaurus | 342 v. Chr. | ***Valerius Corvus*** [Röm.] – Samniten |
| Berg Panium | 198 v. Chr. | ***Antiochos der Große*** [Syr.] – Scopas [Gr./Äg.] |
| Berg Seleukos | 10. Aug. 353 | Megnentius [Rebellen] – ***Constantius*** [Röm.] |
| Berg Tabor | 17. April 1799 | ***Napoleon*** [Frkr.] – Achmed [Türk.] |
| Berg Tifata | 83 v. Chr. | ***Sulla*** [Röm.] – Norbanus [Röm.] |
| Bergen | 13. April 1759 | ***de Broglie*** [Frkr.] – Ferdinand von Braunschweig [Pr.] |
| Bergen-op-Zoom I | 15. Juli – 18. Sept. 1747 | ***Lowendahl*** [Frkr.] – Cronstrun [Holl./Brit.] |
| Bergen-op-Zoom II | 8. März 1775 | ***Bizouet*** [Frkr.] – Cooke [Brit.] |
| Bergen-op-Zoom III | 19. Sept. 1799 | ***Vandamme*** [Frkr.] – York [Brit./Russl.] |
| Bergen-op-Zoom IV | 2. Okt. 1799 | ***York*** [Brit./Russl.] – Vandamme [Frkr.] |
| Bergfried | 3. Feb. 1807 | ***Leval*** [Frkr.] – Russen |
| Berlin | 20. April – 2. Mai 1945 | ***Konev*** [Russl.] – Weidling [Dtld.] |
| Béthune | 14. Juli 1707 | du Puy Vauban [Frkr.] – ***Schulemburg*** [Imp.] |
| Betioca | 1813 | ***Bolivar*** [Kol.] – Span. Königstreue |
| Betwa | 1. April 1858 | ***Rose*** [Brit.] – Tantia Topi [Meuterer] |
| Beylan | 1831 | ***Ibrahim Pascha*** [Syr./Äg.] – Türken |
| Bhurtpore I | 7. Jan.–21. Febr. 1805 | ***Lake*** [Brit.] – Festung |
| Bhurtpore II | Dez. 1825 – 18. Jan. 1826 | ***Combermere*** [Brit.] – Festung |
| Biak, Insel | 27. Mai – 28. Juni 1944 | ***Doe*** [USA] – Kimura [Jap.] |
| Biberach | Okt. 1796 | ***Moreau*** [Frkr.] – Latour [Öst.] |
| Bibracte | Juli 58 v. Chr. | ***Caesar*** [Röm.] – Helvetier |
| Bilbao I | 9. Nov. 1836 | Karlisten – ***Christina-Anhänger*** |

| | | |
|---|---|---|
| Bilbao II | 31. März – 19. Juni 1937 | ***Mola/Dávila*** [Span. Nationalisten] – Encomienda/Ulibarri [Span. Rep.] |
| Biruan | 1221 | ***Jellaluddin*** [Musl.] – Katuku [Tat.] |
| Bismarck, Operation | 18.–27. Mai 1941 | ***Tovey*** [Brit.] – Lütjens [Dtld.] |
| Bismarck-See | 2.–5. März 1943 | ***Kenney*** [USA/Australien] – Kimura [Jap.] |
| Bithur | 16. Aug. 1857 | ***Havelock*** [Brit.] – Meuterer |
| Bitonto | 25. Mai 1734 | Imperialisten – ***Mortemar*** [Span.] |
| Blackheath | 22. Juni 1497 | ***Heinrich VII.*** [Roy.] – Flammock/Audley [Rebellen] |
| Blackwater | 1598 | ***O'Neill*** [Irl.] – Bagnall [Engl.] |
| Bladensburg | 24. Aug. 1814 | ***Ross*** [Brit.] – Winder [Amer.] |
| Blanquefort | 1. Nov. 1450 | ***Amanien*** [Frkr.] – Engländer |
| Bloemfontein | 31. März 1900 | ***Roberts*** [Brit.] – Buren |
| Blood River | 16. Dez. 1838 | ***Pretorius*** [Buren] – Dingaan [Zulu] |
| Bloore Heath | 23. Sept. 1459 | ***Earl of Salisbury*** [York] – Heinrich VI. [Lanc.] |
| Blueberg | 8. Jan. 1806 | ***Baird*** [Brit.] – Janssens [Frkr./Ndld.] |
| Bois-le-Duc | 12. Nov. 1794 | ***Herzog von York*** [Frkr./Öst.] – Moreau [Frkr.] |
| Bonsaso | 21. Jan. 1824 | ***Aschanti*** – McCarthy [Brit.] |
| Boomplaats | 29. Aug. 1848 | ***Smith*** [Brit.] – Pretorius [Buren] |
| Borghetto | 30. Mai 1796 | ***Napoleon*** [Frkr.] – Beaulieu [Öst.] |
| Bornhöved | 1227 | ***Heinrich von Schwerin*** [Dtld.] – Waldemar II. [Dän.] |
| Borny | 15. Aug. 1870 | Steinmetz [Pr.] – Bazaine [Frkr.] |
| Borodino | 7. Sept. 1812 | ***Napoleon*** [Frkr.] – Kutusow [Russl.] |
| Boroughbridge | 16. März 1322 | ***Eduard II.*** [Roy.] – Hereford/Lancaster [Rebellen] |
| Borysthenes | 1512 | ***Sigismund I.*** [Pol.] – Moskowiter |
| Bosra | 632 | ***Serjabil/Khaled*** [Musl.] – Festung |
| Bosworth Field | 22. Aug. 1485 | ***Heinrich VII.*** [Lanc.] – Richard III. [York] |
| Bothwell Bridge | 2. Juli 1679 | ***Herzog von Monmouth*** [Roy.] – Hamilton [Cov.] |
| Boudicca, Niederlage von | 61 | Boudicca [Britannier] – ***Suetonius*** [Röm.] |
| Boulogne | 14. Sept. 1544 | ***Heinrich VIII.*** [Engl.] – Stadt |
| Bourbon | 8. Juli 1810 | ***Keatinge*** [Brit.] – Insel |
| Bouvines | 27. Juli 1214 | ***Philipp Aug.us*** [Frkr.] – Otto IV. [Dtld./Flam./Engl.] |
| Boyaca | 7. Aug. 1819 | ***Bolívar*** [Kol.] – Barreiro [Span. Roy.] |
| Boyne | 1. Juli 1690 | ***Wilhelm III.*** [Brit.] – Jakob II. [Irl.] |
| Braddock Down | 19. Jan. 1643 | ***Hopton*** [Roy.] – Ruthven [Parl.] |
| Bramham Moor | 20. Feb. 1408 | ***Rokeby*** – Earl of Northumberland [Rebellen] |
| Brandy Station | 9. Juni 1863 | Hooker/Pleasanton [Union] – Stuart [Konf.] |
| Brandywine | 11. Sept. 1777 | ***Howe*** [Brit.] – Washington [Amer.] |
| Bregenz | Jan. 1408 | Verbündete – ***Bürger von Konstanz*** |
| Breitenfeld I | 17. Sept. 1631 | ***Gustav Adolf*** [Schwed.] – Tilly/Pappenheim [Liga] |
| Breitenfeld II | 2. Nov. 1642 | ***Torstensson*** [Schwed.] – Erherzog Leopold/Piccolomini [Imp.] |
| Brémule | 20. Aug. 1119 | ***Heinrich I.*** [Engl.] – Ludwig VI. [Frkr.] |
| Brentford | 12. Nov. 1642 | ***Prinz Rupert*** [Roy.] – Holles [Parl.] |
| Brescia | 31. März 1849 | ***von Haynau*** [Öst.] – Stadt |
| Breslau | 22. Nov. 1757 | ***Karl von Lothringen*** [Öst.] – Herzog von Braunschweig-Bevern [Pr.] |
| Brest | 10. Aug. 1512 | ***Lord Edward Howard*** [Engl.] – de Thenouënel [Frkr.] |
| Bridge of Dee | 18. Juni 1639 | ***Montrose*** [Cov.] – Lord Aboyne [Roy.] |
| Briell | 1. April 1572 | ***de la Marck/Treslong*** [Wassergeusen] – Spanier |
| Brienne | 29. Jan. 1814 | ***Napoleon*** [Frkr./Span.] – Blücher [Russl./Pr.] |
| Brihuega | 10. Dez. 1710 | ***Vendôme*** [Frkr.] – Stanhope [Brit.] |
| Brunanburgh | 937 | ***Athelstan*** [Wes.] – Anlaf/Owen von Cumberland/ Konstantin [Dänen/Schotten/Pikten] |
| Buchara | März 1220 | ***Dschingis Khan*** [Mong.] – Khwarazmianer/Bucharier |
| Buena Vista | 22.–23. Feb. 1847 | ***Taylor*** [Amer.] – Santa Ana [Mex.] |
| Buenos Aires I | 27. Juni 1806 | Stadt – ***Beresford*** [Brit.] |
| Buenos Aires II | 12. Aug. 1806 | ***de Liniers*** [Arg./Span.] – Beresford [Brit.] |
| Buenos Aires III | 5. Juli 1807 | de Liniers [Arg./Span.] – Whitelocke [Brit.] |
| Buenos Aires IV | 6. Nov. 1872 | ***Sarmiento*** [Arg.] – Mitre/Aredondo [Rebellen] |
| Bukarest | 1771 | Mousson Oglou [Türk.] – ***Romanzoff*** [Russl.] |
| Bull Run I | 21. Juli 1861 | ***Beauregard*** [Konf.] – McDowell [Union] |
| Bull Run II | 29.–30. Aug. 1862 | ***Jackson*** [Konf.] – Pope [Union] |
| Bunker Hill | 17. Juni 1775 | ***Gage*** [Brit.] – Ward [Amer.] |
| Burlington Heights | 5. Mai 1813 | ***Procter*** [Brit.] – Harrison [Amer.] |
| Burma | 3. April – 10. Mai 1942 | ***Terauchi*** [Jap.] – Briten/Chinesen |

| | | |
|---|---|---|
| Busaco | 27. Sept. 1810 | ***Wellington*** [Brit.] – Masséna [Frkr.] |
| Buxar | 23. Okt. 1764 | ***Munro*** [Brit./Sepoy] – Shujah-ud-Daula [Bengalen] |
| Byzanz I | 318 v. Chr. | ***Antigonus*** [Mak.] – Clytus [Asiatische Rebellen] |
| Byzanz II | 323 | ***Konstantin der Große*** [W-Röm. R.] – Stadt |
| | | |
| Cabala | 379 v. Chr. | ***Dionysios*** [Syrak.] – Mago [Karth.] |
| Cádiz I | 19. April 1587 | ***Drake*** [Engl.] – Spanier |
| Cádiz II | Juni–Juli 1596 | ***Howard/Essex*** [Engl./Ndld.] – Spanier |
| Cádiz III | 12.–13. Juli 1801 | ***Saumarez*** [Brit.] – Linois [Frkr./Span.] |
| Cadsand | 10. Nov. 1357 | ***Earl of Derby*** [Engl.] – Flamen |
| Calafat | Feb. 1854 | ***Ahmed Pascha*** [Türk.] – Aurep [Russl.] |
| Calais I | 4. Aug. 1347 | ***Eduard III.*** [Engl.] – Stadt [Frkr.] |
| Calais II | 8. Jan. 1558 | ***Herzog von Guise*** [Frkr.] – Stadt [Engl.] |
| Calatafimi | 15. Mai 1860 | ***Garibaldi*** [„Rothemden"] – Landi [Neap.] |
| Caldiero I | 12. Nov. 1796 | ***Alvintzi*** [Öst.] – Napoleon [Frkr.] |
| Caldiero II | 30. Okt. 1805 | ***Masséna*** [Frkr.] – Karl [Öst.] |
| Callao I | 5. Nov. 1820 | ***Cochrane*** [Chil.] – Spanier |
| Callao II | 2. Mai 1866 | Nuñez [Span.] – ***Prado*** [Peru] |
| Callinicum | 531 | Belisarius [Röm.] – ***Perser*** |
| Calpulalpam | 22. Dez. 1860 | ***Ortega*** [Mex. Liberale] – Miramon [Mex. Konservative] |
| Cambrai | 20. Nov. – 7. Dez. 1917 | Haig [Brit.] – Ludendorff [Dtld.] |
| Cambrai-Saint Quentin | 27. Sept. – 11. Nov. 1918 | Haig [Brit.] – Boehn [Dtld.] |
| Camden | 16. Aug. 1780 | ***Cornwallis*** [Brit.] – Gates/de Kalb [Amer.] |
| Camel | 657 | Talha/Zubyar [Rebellen] – ***Kalif Ali*** [Musl.] |
| Camerinum | 298 v. Chr. | Lucius Scipio [Röm.] – ***Gellius Equatius*** [Samn./Gallier] |
| Camerone | 30. April 1863 | ***Milan*** [Mex.] – Danjou [Frkr. Fremdenlegion] |
| Camp Texas | 3.–8. Mai 1846 | ***Taylor/Brown*** [USA] – Mexikaner |
| Campaldino | 11. Juni 1289 | ***Guelfen*** – Ghibellinen |
| Campen | 18. Okt. 1759 | ***de Castries*** [Frkr.] – Herzog von Braunschweig [Pr.] |
| Camperdown | 11. Okt. 1797 | Duncan [Brit.] – de Winter [Bat.] |
| Campo Grande | Aug. 1869 | Lopez [Parag.] – ***Comte d'Eu*** [Bras./Arg./Urug.] |
| Campo Santo | 8. Feb. 1743 | Mortemar [Span.] – Traum [Imp.] |
| Campus Castorum | 69 | Valens/Caecina [Rebellen] – Suetonius Paulinus [Röm.] |
| Cancha Rayada | 19. März 1818 | ***Osorio*** [Span.] – San Marzin [Chil./Kol./Arg.] |
| Candia, Belagerung von | 1648–1669 | ***Jussuf*** [Türk.] – Moncenigo/Morosini [Ven./Gr.] |
| Cannae | 2. Aug. 216 v. Chr. | Varro [Röm.] – ***Hannibal*** [Karth.] |
| Cantigny | 28. Mai 1918 | Bullard [USA] – Hutier [Dtld.] |
| Caporetto | 24. Okt. – 12. Nov. 1917 | Eugen [Öst.] – Cadorna [It.] |
| Capua | 212 v. Chr. | ***Q. Fulvius/Appius Claudius*** – Hannibal/Stadt |
| Carabobo | 24. Juni 1821 | ***Bolívar*** [Kol.] – de la Torre [Span. Roy.] |
| Carénage Bucht | 1778 | Comte d'Estaing [Frkr.] – ***Barrington/Meadows*** [Brit.] |
| Carham | 1018 | ***Malcolm*** [Schotten] – Uhtred [Northum.] |
| Carlisle | 9. Nov. 1745 | ***Prätendent*** [Jakob.] – Durand/Stadt |
| Carnoul | 1739 | ***Nadir Schah*** [Pers.] – Mohammed Schah/Nizam-ul-Mulk [Mog.] |
| Carpi | Juli 1701 | ***Prinz Eugen*** [Imp.] – Catinat [Frkr.] |
| Carrhae I | 53 v. Chr. | Licinius [Röm.] – ***Sillaces*** [Parth.] |
| Carrhae II | 297 | ***Narses*** [Sassaniden] – Galerius [Röm.] |
| Carrical | 2. Aug. 1758 | Pococke [Brit.] – Comte d'Aché [Frkr.] |
| Cartagena | 9. März 1741 | ***Hafen*** – Vernon [Brit.] |
| Casilinum | 554 | ***Narses*** [Röm.] – Buccelin [Franken/Alemannen] |
| Cassano I | 16. Aug. 1705 | Duc de Vendôme [Frkr.] – Prinz Eugen [Imp.] |
| Cassano II | 27. April 1799 | ***Suworow*** [Öst./Russl.] – Moreau [Frkr.] |
| Cassino Grossa | 20. Juni 1799 | ***Moreau*** [Frkr.] – Bellegarde [Imp.] |
| Cassino | Jan. – Mai 1944 | ***Alexander*** [Alliierte] – Kesselring/von Vietinghoff [Dtld.] |
| Castalla | 13. April 1813 | ***Murray*** [Alliierte] – Suchet [Frkr.] |
| Castelfidardo | 19. Sept. 1860 | ***Cialdini*** [Sard.] – La Moricière [Kirchst.] |
| Castelnaudary | 1. Sept. 1632 | ***Ludwig XIII.*** – Duc de Montmorenci [Rebellen] |
| Castiglione I | 8. Sept. 1706 | ***de Medavi*** [Frkr.] – Prinz von Hessen [Imp.] |
| Castiglione II | 5. Aug. 1796 | ***Napoleon*** [Frkr.] – Wurmser [Öst.] |
| Castillejos | 1. Jan. 1860 | ***Prim*** [Span.] – Mauren |
| Castillón | 17. Juli 1453 | ***Bureau*** [Frkr.] – Earl of Shrewsbury [Brit.] |
| Castlebar | 27. Aug. 1798 | ***Humbert*** [Frkr.] – Lake [Brit.] |
| Castricum | 6. Okt. 1799 | ***Brune*** [Frkr.] – York [Brit./Russl.] |

| | | |
|---|---|---|
| Catana | 387 v. Chr. | Leptines [Syrak.] – ***Karthager*** |
| Caudinische Pässe | 322 v. Chr. | ***Pontius*** [Sab.] – T. Veturius Calvinus/Spurius Postumus [Röm.] |
| Cedar Creek | 19. Okt. 1864 | ***Wright*** [Union] – Early [Konf.] |
| Cedar Mountain | 9. Aug. 1862 | ***Jackson*** [Konf.] – Banks [Union] |
| Cepeda | 23. Okt. 1859 | ***Urquiza*** [Arg. Konföderation] – Mitre [Buenos Aires] |
| Cephisus | 1307 | ***Katalanen*** – de Brienne |
| Cerignola | 26. April 1503 | ***de Córdoba*** [Span.] – Duc de Nemours [Frkr.] |
| Cerisolles | 14. April 1544 | ***de Bourbon*** [Frkr.] – del Vasto [Imp.] |
| Ceva | 16.–17. April 1796 | ***Colli*** [Öst.] – Augereau [Frkr.] |
| Chacabuco | 12. Feb. 1817 | ***San Martín*** [Chil.] – Marcoto [Span. Roy.] |
| Chaironaia I | 1. Sept. 338 v. Chr. | ***Philipp*** [Mak.] – Chares/Theagenes [Ath./Theb.] |
| Chaironaia II | 86 v. Chr. | ***Sulla*** [Röm.] – Archelaus [Pontus] |
| Chalcis | 429 v. Chr. | ***Phormio*** [Ath.] – [Pelop.] |
| Chalgrove Field | 18. Juni 1643 | ***Prinz Rupert*** [Roy.] – Hampden [Parl.] |
| Châlons I | 271 | ***Aurelian*** [Röm.] – Tetricus [Rebellen] |
| Châlons II | Juli 366 | ***Valentinian*** [Röm.] – Vadomair [Alemannen] |
| Châlons III | Juni 451 | ***Aetius/Theoderich*** [Röm./Westgoten] – Attila [Hunnen] |
| Châlons IV | 1274 | ***Englische Ritter*** – Französische Ritter |
| Champagne I | 20. Dez. 1914 – 17. März 1915 | Falkenhayn [Dtld.] – Joffre [Frkr.] |
| Champagne II | 25. Sept. – 6. Nov. 1915 | Falkenhayn [Dtld.] – Joffre [Frkr.] |
| Champagne-Marne | 15.–19. Juli 1918 | Ludendorff [Dtld.] – Foch [Frkr.] |
| Champaubert | 10. Feb. 1814 | ***Napoleon*** [Frkr.] – Blücher [Pr./Russl.] |
| Champlain-See | 11. Sept. 1814 | ***Macdonough*** [Amer.] – Downie [Brit.] |
| Chancellorsville | 1.–6. Mai 1863 | ***Lee*** [Konf.] – Hooker [Union] |
| Chanda | 9. Mai 1818 | ***Adams*** [Brit.] – Rajah von Nagpore [Festung] |
| Chandernagore | 23. März 1757 | ***Clive/Watson*** [Brit.] – Franzosen |
| Changama | 3. Sept. 1767 | ***Smith*** [Brit.] – Hyder Ali/Nizam Ali |
| Charasia | 6. Okt. 1879 | ***Roberts*** [Brit.] – Yakub Khan [Afghanen] |
| Charenton, Festung | 8. Feb. 1649 | ***Condé*** [Roy.] – Clauleu [Parl.] |
| Châteaugay | 26. Okt. 1813 | ***de Salaberry*** [Brit./Kan.] – Hampton [USA] |
| Châteauneuf-Raudon | 1380 | ***du Guesclin*** [Frkr.] – de Ros [Brit.] |
| Château-Thierry | 12. Feb. 1814 | ***Napoleon*** [Frkr.] – York [Alliierte] |
| Chattanooga | 24.–25. Nov. 1863 | ***Grant*** [Union] – Bragg [Konf.] |
| Che-mul-pho | 8. Feb. 1904 | ***Uriu*** [Jap.] – Russen |
| Cherbourg | 22.–27. Juni 1944 | ***Collins*** [Alllierte] – Schlieben [Dtld.] |
| Chernaya | 16. Aug. 1855 | ***Marmora*** [Frkr./Sard.] – Gortschakow [Russl.] |
| Chesapeake Bay | 5. Sept. 1781 | ***de Grasse*** [Frkr.] – Graves [Brit.] |
| Chesme | 6.–7. Juli 1770 | ***Orloff*** [Russl.] – Türken |
| Chetaté | 6.–9. Jan. 1854 | Fischbuch [Russl.] – ***Ahmed Pascha*** [Türk.] |
| Chiari | 1. Sept. 1701 | ***Prinz Eugen*** [Imp.] – Herzog von Savoyen [Frkr./Span.] |
| Chickamauga | 19.–20. Sept. 1863 | Bragg [Konf.] – Rosecrans [Union] |
| Chillianwalla | 13. Jan. 1849 | Gough [Brit.] – Shere Singh [Sikhs] |
| Chiloe | 19. Jan. 1826 | Quintanella [Span.] – ***Chilenen*** |
| Chinese Farm | 16.–18. Okt. 1973 | ***Adan*** [Isr.] – Ismail [Äg.] |
| Chios I | 357 v. Chr. | ***Stadt*** – Chabrias/Chares [Ath.] |
| Chios II | 201 v. Chr. | Philipp [Mak.] – ***Theophiliscus/Attalus*** [Rhodos/Pergamon] |
| Chios III | 9. Feb. 1695 | Venedig – Türken |
| Chios IV | 5. Juli 1769 | ***Spiritoff*** [Russl.] – Capitan Pascha [Türk.] |
| Chios V | 5. Juli 1770 | ***Orloff*** [Russl.] – Türken |
| Chiozza | 24. Juni 1380 | Doria [Gen.] – ***Pisani*** [Ven.] |
| Chippewa River | 5. Juli 1814 | ***Brown*** [Amer.] – Riall [Brit.] |
| Chitor I | 1300 | ***Ala-ud-Din*** [Pathan] – Lakhsman [Radschput] |
| Chitor II | 1535 | ***Bahadur Schah*** [Gujeratis] – Bikrmajit |
| Chitor III | 1568 | ***Akbar*** [Delhi Mog.] – Jagmal [Radschput] |
| Chocim | 11. Nov. 1673 | ***Sobieski*** [Pol./Lit.] – Hussein Pascha [Türk.] |
| Choczim | 1769 | Galitzin [Russl.] – ***Mohammed Emin Pascha*** [Türk.] |
| Chong-ju | April 1904 | ***Japaner*** – Mischtschenko [Kosaken] |
| Chotin: siehe Stawuchani | | |
| Chotusitz | 17. Mai 1742 | ***Friedrich der Große*** [Pr.] – Karl von Lothringen [Öst.] |
| Christianopel | 1611 | ***Gustav Adolf*** [Schwed.] – Festung |
| Chrysler's Farm | 11. Nov. 1813 | ***Morrison*** [Brit.] – Wilkinson [USA] |
| Chrysopolis | 323 | Licinius [O-Röm. R.] – ***Konstantin*** [W-Röm. R.] |
| Chunar | 1538 | Shir Khan Sur [Bengalen] – ***Humayun*** [Mog.] |

| | | |
|---|---|---|
| Cibalis | 8. Okt. 315 | ***Konstantin der Große*** [W-Röm. R.] – Licinius [O-Röm. Kaiser] |
| Cinco de Mayo: siehe Puebla | | |
| Ciudad Rodrigo | 19. Jan. 1812 | ***Wellington*** [Brit.] – Barrié [Frkr.] |
| Ciuna | 315 v. Chr. | Caius Maenius [Röm.] – Pontius [Sam.] |
| Civitella | 1033 | ***Guiscard*** [Norm.] – Papst Leo IX. [Dtld./It.] |
| Clissau | 13. Juli 1702 | ***Karl XII.*** [Schwed.] – Friedrich Aug. [Pol./Sachs.] |
| Clontarf | 24. April 1014 | Dänen – ***Boru*** [Irl.] |
| Clusium | 225 v. Chr. | ***Gallier*** – Römer |
| Cnidus | 394 v. Chr. | Pisander [Spart.] – ***Pharnabazus/Conon*** [Pers./Ath.] |
| Cocherel | 16. Mai 1364 | De Grailli [Navarra] – ***du Guesclin*** [Frkr.] |
| Cold Harbor | 3.–12. Juni 1864 | ***Lee*** [Konf.] – Grant [Union] |
| Colenso | 15. Dez. 1899 | ***Botha*** [Buren] – Buller [Brit.] |
| Colombey | 11. Aug. 1870 | Bazaine [Frkr.] – von Steinmetz [Dtld.] |
| Colombo | 15. Feb. 1796 | Stadt [Holl.] – ***Rainier/Stuart*** [Brit.] |
| Compedion | 281 v. Chr. | Lysimachos [Mak.] – ***Seleukos*** [Syr.] |
| Constantine | Okt. 1837 | ***Damrémont/Valée*** [Frkr.] – Stadt |
| Convoy PQ17 | 2.–13. Juli 1942 | ***Deutsche*** – Pound [Brit.] |
| Copratus | 316 v. Chr. | Antigonos [Mak.] – ***Eumenes*** [Kleinasien] |
| Córdoba | Aug. 1010 | ***Suleiman/Sancho*** [Berber/Span.] – Almudy [Mauren] |
| Coronea | Aug. 394 v. Chr. | Athen/Theben/Korinth – ***Agesilaus*** [Spar.] |
| Coroneia | 447 v. Chr. | Tolmides [Ath.] – ***Böotier*** |
| Coronel | 1. Nov. 1914 | ***Spee*** [Dtld.] – Cradock [Brit.] |
| Corrichie | 1562 | ***Maria Königin von Schottland*** – Huntly [Rebellen] |
| Cortenuova | 1237 | ***Friedrich II.*** [Imp.] – Guelfen |
| Corumba | 1877 | ***Paraguay*** – Brasilien |
| Corunna | 16. Jan. 1809 | ***Moore*** [Brit.] – Soult [Frkr.] |
| Corygaum | 1. Jan. 1818 | ***Staunton*** [Brit.] – Peshwa Baji Rao II [Mar.] |
| Coulmiers | 9. Nov. 1870 | ***d'Aurelle de Paladines*** [Frkr.] – von der Tann [Dtld.] |
| Courcelles | 1198 | ***Richard I.*** [Engl.] – Philipp Aug.us [Frkr.] |
| Courtrai | 11. Juli 1302 | D'Artois [Frkr.] – ***de Dampierre*** [Flam.] |
| Coutras | 20. Okt. 1587 | ***Heinrich von Navarra*** [Hug.] – Duc de Joyeuse [Kath.] |
| Covelong | 1752 | Festung [Frkr.] – ***Clive*** [Brit.] |
| Coverypank | Feb. 1752 | ***Clive*** [Brit.] – Rajah Sahib |
| Craonne | 7. März 1814 | ***Napoleon*** [Frkr.] – Blücher [Alliierte] |
| Cravant | 1. Aug. 1423 | ***Earl of Salisbury*** [Burg./Engl.] – Buchan/Stewart [Frkr.] |
| Crayford | 456 | ***Hengist*** [Jüten] – Vortigern [Britannier] |
| Crécy | 26. Aug. 1346 | ***Eduard III.*** [Engl.] – Philipp VI. [Frkr.] |
| Cremona | 1. Feb. 1702 | ***Prinz Eugen*** [Imp.] – de Villeroi [Stadt] |
| Cronion | 379 v. Chr. | Dioysius [Syrak.] – ***Karthager*** |
| Cross Keys | 8. Juni 1862 | ***Ewell*** [Konf.] – Frémont [Union] |
| Crotona | 983 | Otto II. [Dtld.] – ***Griechen/Sarazenen*** |
| Cuaspad | 6. Dez. 1862 | Flores [Ecuador] – ***Mosquera*** [Kol.] |
| Cuddalore I | 6. Juli 1782 | Hughes [Brit.] – Suffren [Frkr.] |
| Cuddalore II | 20. Juni 1783 | Hughes [Brit.] – Suffren [Frkr.] |
| Culloden | 16. April 1746 | ***Herzog von Cumberland*** [Roy.] – Young Pretender [Jakob.] |
| Cumae | 474 v. Chr. | ***Hiero*** [Syrak.] – Etrusker |
| Cunaxa | 401 v. Chr. | Artaxerxes [Pers.] – Cyrus/Clearchus [Pers./Gr.] |
| Curupayty | 22. Sept. 1866 | Diaz [Parag.] – Flores [Bras./Arg./Urug.] |
| Custozza | 24. Juni 1866 | ***Erzherzog Albert*** [Öst.] – La Marmora [It.] |
| Cutwa | 19. Juli 1763 | ***Adams*** [Brit./Sepoy] – Mir Cossim [Bengalen] |
| Cuzco | 1533 | ***Pizarro*** [Span.] – Inka |
| Cynossema | 411 v. Chr. | Mindarus [Pelop.] – ***Thrasybulus/Thrasyllus*** [Ath.] |
| Cyssus | 191 v. Chr. | ***Caius Livius*** [Röm.] – Polyxenides [Antiochus] |
| Cyzicus I | 410 v. Chr. | ***Alkibiades*** [Ath.] – Mindarus [Pelop.] |
| Cyzicus II | 88 v. Chr. | Mithridates [Pontos] – Lucullus [Röm.] |
| Cyzicus III | 193 | ***Septimus Severus*** [Pann.] – C. P. Niger Justus [Syr.] |
| Czarnovo | 24. Dez. 1806 | ***Napoleon*** [Frkr.] – Tolstoy [Russl.] |
| Czaslau | 1742 | ***Friedrich der Große*** [Pr.] – Karl von Lothringen [Öst.] |
| | | |
| Daegastan | 603 | ***Aethelfrith*** [Northum.] – Aidan [Pikten/Schotten] |
| Dakar | 22.–25. Sept. 1940 | ***de Gaulle*** [Freies Frkr./Brit.] – Franzosen |
| Dalmanutha | 21.–28. Aug. 1900 | ***Roberts/Buller*** [Brit.] – Botha [Buren] |
| Damaskus I | 633 | ***Khaled*** [Musl.] – Stadt [Gr./Röm.] |

| | | |
|---|---|---|
| Damaskus II | 25. Jan. 1401 | ***Timur*** [Tat.] – Stadt |
| Damaskus III | 1917–18 | ***Allenby*** [Brit.] – Türken |
| Damme | April 1213 | ***Earl of Salisbury*** [Brit.] – Franzosen |
| Dan-no-ura | 1185 | ***Noriyori/Yoshitsune*** [Minamoto-Clan] – Munemori [Taira-Clan] |
| Danzig I | 10. März – 24. Mai 1807 | ***Lefèvre*** [Frkr.] – Kalkreuth [Pr./Russl.] |
| Danzig II | 16. Jan. – 29. Nov. 1813 | ***Herzog von Württemberg*** [Alliierte] – Rapp [Frkr.] |
| Dara | 530 | ***Belisarius*** [Röm.] – Perser/Araber |
| Dardanellen I | 26. Juni 1656 | ***Lorenzo Marcello*** [Ven.] – Türken |
| Dardanellen II | 17. Juli 1657 | ***Türken*** – Lazaro Mocenigo [Ven.] |
| Dardanellen III | 20. Sept. 1698 | Venedig – Türken |
| Dardanellen IV | 19. Febr. – 18. März 1915 | ***von Sanders*** [Türk.] – Sackville Carden [Brit.]/de Robeck [Frkr.] |
| Dargai | 18.–20. Okt. 1897 | ***Yeatman-Biggs*** [Brit.] – Afridis |
| Dego | 14.–15. April 1796 | ***Napoleon/Masséna*** [Frkr.] – Beaulieu [Öst.] |
| Deig | 11.–24. Dez. 1804 | ***Lake*** [Brit.] – Holkar [Mar.] |
| Delhi I | 1297 | Kuttugh Khan [Mong.] – Aladain Khalji [Ind.] |
| Delhi II | 1398 | ***Timur*** [Tat.] – Mahmud Tughlak [Ind.] |
| Delhi III | 10. Sept. 1803 | ***Lake*** [Brit.] – Bourquain [Mar] |
| Delhi IV | Juni–Sept. 1857 | ***Wilson*** [Brit.] – Meuterer |
| Delium | 424 v. Chr. | Hippokrates [Ath.] – ***Pagondas*** [Böotien] |
| Denain | 1712 | Earl of Albemarle [Alliierte] – ***Villiers*** [Frkr.] |
| Dennewitz | 6. Sept. 1813 | ***Bernadotte*** [Alliierte] – Ney [Frkr.] |
| Deorham | 577 | ***Ceawlin*** [Wessex] – Briten |
| Desert Storm („Wüstensturm"): siehe Kuwait | | |
| Dessau | 25. April 1626 | ***Wallenstein*** [Imp.] – von Mansfeldt [Dt. Prot.] |
| Dettingen | 27. Juni 1743 | ***Georg II.*** [Alliierte] – Herzog von Noailles [Frkr.] |
| Deutschbrod | 10. Jan. 1422 | ***Zisca*** [Huss.] – Sigismund [Dtld.] |
| Devicotta | 1740 | Festung [Tanjores] – ***Lawrence*** [Brit.] |
| Diamond Hill | 11.–12. Juni 1900 | Botha [Buren] – ***Roberts*** [Brit.] |
| Dienbiènphu | 13. März – 7. Mai1954 | ***Giap*** [Vietn.] – de Castries [Frkr.] |
| Dieppe | 19. Aug. 1942 | ***Deutsche*** – Roberts [Brit./Kan.] |
| Dipae | 471 v. Chr. | ***Spartaner*** – Arkadier |
| Diu I | 2. Feb. 1509 | ***Almeida*** [Port.] – Indische Muslime |
| Diu II | Sept. 1537 | ***de Silveira*** [Port.] – Suleiman/ Bahadur Shah/Khojah Zofar [Türk.] |
| Diu III | 1545 | ***Juan de Castro*** [Port.] – Khojah Zofar/Rami Khan [Gujerati] |
| Djerbeh | 1560 | ***Piycála Pascha*** [Türk.] – Christen |
| Dnjepr | 28.–29. Juni 1788 | Nassau-Siegen [Russl.] – el Ghazi [Türk.] |
| Dnjestr | 9. Sept. 1769 | ***Fürst Gallitzin*** [Russl.] – Ali Moldowani Pascha [Türk.] |
| Dodowah | 7. Aug. 1826 | ***Hope Smith*** [Brit.] – Aschanti |
| Dogger-Bank I | 5. Aug. 1781 | Parker [Brit.] – Zoutman [Holl.] |
| Dogger-Bank II | 24. Jan. 1915 | Hipper [Dtld.] – ***Beatty*** [Brit.] |
| Dollart | 875 | ***Thorstem*** [Dänen] – Konstantin [Albaner] |
| Dolni-Dubnik | 1. Nov. 1876 | ***Gourko*** [Russl.] – Türken |
| Domokos | 17. Mai 1879 | Edhem Pascha [Türk.] – Kronprinz von Griechenland [Gr.] |
| Donauwörth | 2. Juli 1704 | ***Herzog von Marlborough*** [Brit./Imp.] – Tallard [Frkr./Bay.] |
| Dorylaeum | 1. Juli 1097 | ***Bohemund/Godfrey/Raymond*** [Kreuzr.] – Kilij Arslan [Seldschuken] |
| Douai | 25. April 1710 | ***Marlborough/Prinz Eugen*** [Alliierte] – d'Albergotti [Frkr.] |
| Dover | 29. Mai 1652 | Blake [Engl.] – ***Tromp*** [Holl.] |
| Downs | 21. Okt. 1639 | Tromp [Holl.] – de Oquendo [Span.] |
| Drepanum | 249 v. Chr. | Publius Claudius [Röm.] – ***Adherbal*** [Karth.] |
| Dresden | 26.–27. Aug. 1813 | ***Napoleon*** [Frkr.] – Schwarzenberg [Alliierte] |
| Dreux | 19. Dez. 1562 | ***Guise*** [Kath.] – Condé/Coligny [Hug.] |
| Driefontein | 10. März 1900 | ***Roberts*** [Brit.] – De Wet [Buren] |
| Dristen | 973 | Swatoslaus [Russl.] – ***Zimisces*** [Gr.] |
| Drogheda I | Dez. 1641 | ***Tichborne*** [Brit.] – O'Neil [Irische Rebellen] |
| Drogheda II | 12. Sept. 1649 | ***Cromwell*** [Parl.] – Aston [Irische Roy.] |
| Drumclog | 11. Juni 1679 | ***Hamilton*** [Cov.] – Claverhouse [Roy.] |
| Dschansi | 3. April 1858 | ***Rose*** [Brit.] – Tantia Topi [Meuterer] |
| Dscherba | 1560 | ***Piali Pascha*** [Türk.] – Doria [Span./Genua] |
| Dschidballi | 10. Jan. 1904 | ***Egerton*** [Brit.] – „Verrückter Mullah" [Somalis] |
| Dubba | 24. März 1843 | ***Napier*** [Brit.] – Amir Shere Mohammed [Belutschen] |
| Dünamünde | 9. Juli 1701 | ***Karl XII.*** [Schwed.] – von Stenau [Russl./Sachs.] |
| Dunbar I | 27. April 1296 | ***Eduard I.*** [Brit.] – Earl of Athol [Schotten] |

| | | |
|---|---|---|
| Dunbar II | 1339 | Earl of Salisbury [Brit.] – ***Agnes Gräfin von March*** [Schotten] |
| Dunbar III | 3. Sept. 1650 | ***Cromwell/Monck*** [Parl.] – Leslie [Schottische Roy.] |
| Dundalk | 5. Okt. 1318 | Eduard Bruce [Schotten] – ***de Bermingham*** [Engl./Irl.] |
| Dunes | 14. Juni 1658 | ***Turenne*** [Frkr./Engl.] – Don Juan d' Austria/Condé [Span.] |
| Dunganhill | 8. Aug. 1647 | ***Jones*** [Brit.] – Irische Rebellen |
| Dungeness | 10. Dez. 1652 | ***Tromp*** [Holl.] – Robert Blake [Engl.] |
| Dunkeld | 21. Aug. 1689 | Cleland [Cameron] – Cannon [Highlander] |
| Dunsinnan | 1054 | Macbeth [Schotten] – ***Earl of Northumberland*** [Ang.-S.] |
| Düppel | 30. März – 17. April 1864 | ***Prinz Friedrich Karl*** [Pr.] – Festung [Dän.] |
| Dupplin Muir | 12. Aug. 1332 | ***Baliol*** [Barone] – David König von Schottland |
| Durazzo | 17. Juli 1081 – 8. Febr. 1082 | Palaeologus/Comnenus [Gr./Mak.] – ***Guiscard*** [Norm.] |
| Durben | 1260 | Deutscher Orden – ***Litauer*** |
| Dürrenstein | 11. Nov. 1805 | ***Mortier*** [Frkr.] – Miloradovith [Russl.] |
| Durres | 1081 | ***Italo-Normannen*** – Byzantiner |
| Dussindale | 1549 | ***Earl of Warwick*** [Roy.] – Kett [Rebellen] |
| Dwina | 1701 | ***Karl XII.*** [Schwed.] – von Stenau [Sachs.] |
| Dyle | 896 | Normannen – ***Arnulf*** [Dtld.] |
| Dyrrhachium | 48 v. Chr. | Julius Caesar – ***Pompeius*** |
| | | |
| Ebelsberg | 3. Mai 1809 | ***Masséna*** [Frkr.] – Erzherzog Karl [Öst.] |
| Eckmühl | 22. April 1809 | ***Davoût/Lannes*** [Frkr.] – Erzherzog Karl [Öst.] |
| Edessa I | 259 | Valerian [Röm.] – ***Sapor I.*** [Pers.] |
| Edessa II | Nov. – Dez. 1144 | ***Zangi*** [Syrische Muslime] – Joscelin II. [Kreuzr.] |
| Edgecote | 26. Juli 1469 | ***Warwick*** [Lanc.] – Pembroke [York] |
| Edgehill | 23. Okt. 1642 | ***Karl I.*** [Roy.] – Essex [Parl.] |
| Edirne (Adrianopolis) | 811 | ***Krum*** [Bulgaren] – Nikephoros [Byz.] |
| El Caney: siehe San Juan Hill | | |
| El-Alamein I | 1.–27. Juli 1942 | ***Auchinleck*** [Brit.] – Rommel [Dtld./It] |
| El-Alamein II | 23. Okt. – 4. Nov. 1942 | ***Montgomery*** [Brit.] – Rommel [Dtld./It] |
| Elandslaagte | 21. Okt. 1899 | ***Hamilton*** [Brit.] – Kock [Buren] |
| El-Araisch | 19. Feb. 1799 | ***Napoleon*** [Frkr.] – Ibrahim [Türk.] |
| Elasson | 23. Okt. 1912 | ***Kronprinz Konstantin*** [Gr.] – Türken |
| El-Boden | 25. Sept. 1811 | ***Picton*** [Brit./Port.] – Montbrun [Frkr.] |
| Elchingen | 14. Okt. 1805 | ***Ney*** [Frkr.] – Riesch [Öst.] |
| Elefantenschlacht | 275 v. Chr. | ***Antiochos I.*** [Seleukiden] – Galater |
| Elena | 1877 | ***Melikoff*** [Russl.] – Muhktar Pasha [Türk.] |
| Elinga | 206 v. Chr. | Hanno [Karth.] – ***Scipio Africanus*** [Röm.] |
| Ellendune | 825 | Beornwulf [Mercia] – ***Egbert*** [W. Sachs.] |
| Elleporus | 389 v. Chr. | ***Dionysios*** [Syrak.] – Heloris [Italiotischer Bund] |
| El-Teb I | 4. Feb. 1883 | ***Osman Digna*** [Derwische] – Baker Pascha [Brit.] |
| El-Teb II | 29. Feb. 1884 | ***Graham*** [Brit.] – Osman Digna [Derwische] |
| Elteka | ca. 700 v. Chr. | Assyrer – ***Judäer/Ägypter*** |
| Emesa | 272 | ***Aurelian*** [Röm.] – Zenobia [Palmyra] |
| England, Luftschlacht um | 10. Juli 1940 – 11. Mai 1941 | ***Dowding*** [Brit.] – Göring [Dtld.] |
| Englefield | Dez. 870 | ***Aethelred/Alfred*** [W. Sachs.] – Dänen |
| Entholm | 11. Juni 1676 | ***Tromp*** [Holl./Dän.] – Schweden |
| Ephesus | 499 v. Chr. | Aristagorus [Ath./Ion.] – ***Artaphernes*** [Pers.] |
| Erie-See | 10. Sept. 1813 | ***Perry*** [Amer.] – Barclay [Brit.] |
| Erzurum-Erzincan | 17. Jan. – 24. Aug. 1916 | ***Yuderitsch*** [Russl.] – Pascha [Türk.] |
| Eshowe | 28. Jan. – 4. April 1879 | ***Pearson*** [Brit.] – Zulus |
| Espinosa | 10. Nov. 1808 | ***Victor*** [Frkr.] – Blake [Span.] |
| Etampes | 604 | ***Brunehilde*** [Burg.] – Clothar II. [Neustrier] |
| Ethandun | 878 | ***Alfred*** [W. Sachs.] – Guthrum [Dänen] |
| Eurymedon | 467/6 v. Chr. | Perser – ***Cimon*** [Ath./Delos] |
| Eutaw Springs | 8. Sept. 1781 | ***Stuart*** [Brit.] – Greene [Amer.] |
| Evesham | 4. Aug. 1265 | ***Prinz Eduard*** [Roy.] – de Montfort [Barone] |
| Eylau | 8. Feb. 1807 | ***Napoleon*** [Frkr.] – Bennigsen [Russl./Pr.] |
| | | |
| Faenza | 541 | Römer – ***Totila*** [Goten] |
| Fair Oaks | 31. Mai – 1. Juni 1862 | McClellan [Union] – Johnston [Konf.] |
| Falkirk I | 22. Juli 1298 | ***Eduard I.*** [Engl.] – Wallace [Schotten] |
| Falkirk II | 17. Jan. 1746 | ***Prätendent/Murray*** [Jakob.] – Hawley [Roy.] |
| Falkland Inseln I | 8. Dez. 1914 | ***Sturdee*** [Brit.] – Spee [Dtld.] |

| | | |
|---|---|---|
| Falkland Inseln II | 1982 | ***Woodward*** [Brit.] – Argentinier |
| Famagusta | Okt. 1570 | ***Mustapha Pascha*** [Türk.] – Bragadino [Ven./Zypern] |
| Fariskur | 6. April 1250 | ***Muslime*** – König Ludwig IX. [Kreuzritter] |
| Farrington Bridge | 27. Juli 1549 | ***Russell*** [Roy.] – Rebellen aus Cornwall |
| Faughart | 5. Okt. 1318 | ***de Bermingham*** [Engl./Irl.] – Eduard Bruce [Schotten] |
| Faventia | 82 v. Chr. | Norbanus – ***Metellus*** [Sulla-Anhänger] |
| Fehrbellin | 28. Juni 1675 | ***Friedrich Wilhelm*** [Brdbg.] – Karl XI. [Schwed] |
| Feroseshah | 21. Dez. 1845 | ***Gough*** [Brit.] – Lal Singh [Sikhs] |
| Fethanleag | 584 | ***Ceawlin*** [W. Sachs.] – Cutha [Britannier] |
| Fetterman-Massaker | 21. Dez. 1866 | Fetterman [USA] – ***Red Cloud/Crazy Horse*** [Sioux] |
| Firket | 7. Juni 1896 | ***Kitchener*** [Brit./Äg.] – Hamada [Mahd.] |
| Fisher's Hill | 22. Sept. 1864 | ***Sheridan*** [Union] – Early [Konf.] |
| Fismes | 17. März 1814 | ***Blücher*** [Alliierte] – Marmont [Frkr.] |
| Flandern | Mai 1940 | ***Rundstedt*** [Dtld.] – Briten/Franzosen/Belgier |
| Fleurus I | 29. Aug. 1622 | ***Spinola*** [Span.] – von Mansfeld/Christian von Braunschweig [Dtld.] |
| Fleurus II | 1. Juli 1690 | ***Luxembourg*** [Frkr.] – Fürst von Waldeck [Brit./Holl./Dtld./Span.] |
| Fleurus III | 26. Juni 1794 | ***Jourdan*** [Frkr.] – Sachsen-Coburg [Alliierte] |
| Flodden | 9. Sept. 1513 | ***Earl of Surrey*** [Brit.] – James IV [Schotten] |
| Florenz | 406 | Radagasius [Germanen] – ***Stadt/Stilicho*** [Röm.] |
| Flushing | 30. Juli – 16. Aug. 1809 | ***Chatham*** [Brit.] – Stadt |
| Focchies | 12. Mai 1649 | ***Giacomo Riva*** [Ven.] – Türken |
| Fockani | 21. Juli 1789 | ***Suworow/Sachsen-Coburg*** [Russl./Öst.] – Yusuf Pascha [Türk.] |
| Fontenoy | 11. Mai 1745 | ***Moritz von Sachsen*** [Frkr.] – Herzog von Cumberland [Brit./Holl./Öst.] |
| Formigny | 15. April 1450 | ***Graf von Clermont*** [Frkr.] – Kyriel [Brit.] |
| Fornham St. Geneviève | 1173 | de Beaumont [Rebellen] – ***de Lucy*** [Roy.] |
| Fornovo | 6. Juli 1495 | ***Karl VIII.*** [Frkr./Schweiz] – Gonzaga [Ven./Man./Mailand] |
| Fort Donelson | 14.–16. April 1862 | ***Grant*** [Union] – Buckner [Konf.] |
| Fort Frontenac | 26. Aug. 1758 | ***Bradstreet*** [Brit./Kolonie] – Noyan [Frkr.] |
| Fort McHenry | 12.–13. Sept. 1812 | Cockburn [Brit.] – Fort [USA] |
| Fort St David I | 29. April 1758 | Pococke [Brit.] – Comte d'Ache [Frkr.] |
| Fort St David II | 2. Juni 1758 | ***Lally*** [Frkr.] – Fort [Brit.] |
| Fort Sumter | 12.–14. April 1860 | ***Beauregard*** [Konf.] – Anderson [Union] |
| Fort Ticonderoga | 8. Juli 1758 | ***Abercromby*** [Brit.] – Montcalm [Frkr.] |
| Fort William Henry | 6.–9. Aug. 1757 | ***Montcalm*** [Frkr./Kan.] – Monro [Brit./Kolonie] |
| Forum Terebronii | 251 | Decius [Röm.] – ***Cuiva*** [Goten] |
| Fraga | 1134 | ***Almoraviden*** – Aragoneser |
| Frankenhausen | 15. Mai 1525 | ***Sachsen/Hessen/Braunschweig*** – Münzer [Bauern] |
| Frankfurt/Oder | 2. April 1631 | ***Gustav Adolf*** [Schwed.] – Stadt |
| Franklin | 30. Nov. 1864 | ***Schofield*** [Union] – Hood [Konf.] |
| Frankreich (Schlacht um) | Mai – 25. Juni 1940 | ***von Rundstedt*** (Dtld.) – Gamelin [Frkr.] |
| Frastenz | 20. April 1499 | ***Wolleb*** [Schweiz] – Maximilian [Öst.] |
| Frauenstadt | 12. Feb. 1706 | ***Reinschild*** [Schwed.] – Schulemburg [Russl./Sachs.] |
| Fredericksburg | 13. Dez. 1862 | ***Lee*** [Konf.] – Burnside [Union] |
| Fredriksten | Dez. 1718 | ***Festung*** – Karl XII. [Schwed.] |
| Freiburg | 3., 5., 9. Aug. 1644 | ***Condé/Turenne*** [Frkr.] – von Mercy [Bay.] |
| Freteval | 1194 | ***Richard Löwenherz*** [Engl.] – Philipp Augustus [Frkr.] |
| Friedberg | 24. Aug. 1796 | ***Moreau*** [Frkr.] – Latour [Öst.] |
| Friedland | 14. Juni 1807 | ***Napoleon*** [Frkr.] – Bennigsen [Russl.] |
| Fröschwiller | 22. Dez. 1793 | ***Hoche*** [Frkr.] – Braunschweig [Pr.] |
| Fuengirola | 13. Okt. 1810 | ***Sébastiani*** [Frkr.] – Blagney [Brit.] |
| Fuentes de Oñoro | 5. Mai 1811 | ***Wellington*** [Brit.] – Masséna [Frkr.] |
| Fulford | 20. Sept. 1066 | ***Hardrada*** [Norw.] – Edwin/Morcar [Ang.-S.] |
| Furruckabad | 17. Nov. 1804 | ***Lake*** [Brit.] – Holkar [Mar.] |
| Fuschimi | 1868 | ***Satsuma/Choshu*** – Yoshinobu [Aizu/Kuwana] |
| Futehpur | 12. Juli 1857 | ***Havelock*** [Brit.] – [Meuterer] |
| Gabbard-Bank/ North Foreland/Nieuport | 12.–13. Juni 1653 | ***Monck/Deane*** [Engl.] – Martin van Tromp/Witte de With [Holl.] |
| Gadebusch | 20. Dez. 1712 | ***Stenbock*** [Schwed.] – Dänen/Sachsen |
| Galizien | 23. Aug. – 26. Sept. 1914 | Conrad [Öst.] – Iwanow [Russl.] |
| Gallipoli | 25. April 1915 – 9. Jan. 1916 | ***von Sanders*** [Türk.] – Hamilton/Monro [Brit.] |
| Gandamak | 13. Jan. 1842 | ***Akbar*** [Afghanen] – Elphinstone [Brit.] |

| | | |
|---|---|---|
| Gangut | 1714 | ***Peter der Große*** [Russl.] – Ehrenskiöld [Schwed.] |
| Garcia Hernández | 23. Juli 1812 | ***Bock*** [Brit.] – Foy [Frkr.] |
| Garigliano I | 29. Dez. 1503 | ***de Córdoba*** [Span.] – Marquis von Saluzzo [Frkr./It.] |
| Garigliano II | Okt. 1850 | ***Cialdini*** [It.] – Franz II. [Neap.] |
| Gate Pah | 29. April 1864 | Cameron [Brit.] – Maori |
| Gaugamela | 1. Okt. 331 v. Chr. | ***Alexander*** [Mak.] – Dareios [Pers.] |
| Gaza I | 312 v. Chr. | ***Seleukos/Ptolemaios*** [Syr./Äg.] – Demetrius Poliorketes [Mak.] |
| Gaza II | 26. März und 17. April 1917 | ***Murray/Dobell*** [Brit.] – Kressenstein [Türk.] |
| Gaza III | 31. Okt. – 9. Dez. 1917 | ***Allenby*** [Brit.] – Türken |
| Gazala | 27. Mai – 18. Juni 1942 | ***Rommel*** [Dtld./It.] – Ritchie [Brit.] |
| Gebora | 19. Feb. 1811 | ***Soult*** [Frkr.] – Mendizabal [Span.] |
| Geisberg | 26. Dez. 1793 | ***Hoche*** [Frkr.] – Wurmser [Öst.] |
| Gelbes Meer | 10. Aug. 1904 | Togo [Jap.] – Russen |
| Gelt | Feb. 1570 | ***Hunsdon*** [Roy.] – Dacre [Grenzbewohner] |
| Gemblours | 31. Jan. 1578 | ***Don Juan d' Austria*** [Span.] – Goignies [Holl.] |
| Genua I | 6. – 10. Dez. 1746 | ***Genueser*** – Botta [Öst.] |
| Genua II | 14. März 1795 | ***Hotham*** [Brit.] – Martin [Frkr.] |
| Geok-Tepe I | 9. Sept. 1878 | ***Festung*** [Turkomanen] – Lomakine [Russl.] |
| Geok-Tepe II | 8.–17. Jan. 1880 | Festung – ***Skobeloff*** [Russl.] |
| Geok-Tepe III | 8.–17. Jan. 1881 | ***Skobeloff*** [Russl.] – Festung [Turkomanen] |
| Georg-See | 8. Sept. 1755 | ***Johnson*** [Amer.] – Dieskau [Frkr./Indianer] |
| Gerberoi | 1080 | ***Wilhelm der Eroberer*** [Norm.] – Robert [Norm.] |
| Gergovia | April – Mai 52 v. Chr. | Julius Cäsar [Röm.] – ***Vercingetorix*** [Gallier] |
| Germaghah | 1193 | ***Dschingis Khan*** [Mong.] – Sankun |
| Germantown | 4. Okt. 1777 | ***Howe*** [Brit.] – Washington [Amer.] |
| Gerona | 4. Juni – 10. Dez. 1809 | ***Verdier*** [Frkr.] – Álvarez [Span.] |
| Gettysburg | 1.–3. Juli 1863 | ***Meade*** [Union] – Lee [Konf.] |
| Ghanzi | 23. Juli 1839 | ***Keane*** [Brit./Armee von Bombay] – Afghanen |
| Gheria | 2. Aug. 1763 | Mir Cossim [Bengalen] – ***Adams*** [Brit.] |
| Gibbel Rutts | 26. Mai 1798 | ***Duff*** [reguläre Truppen] – Irische Rebellen |
| Gibraltar I | 23.–24. Juli 1704 | ***Byng*** [Brit./Holl.] – de Salinas [Span.] |
| Gibraltar II | 1779–1783 | ***Elliot*** [Brit.] – Álvarez/de Crillon/ Moreno [Frkr./Span.] |
| Gingi | 1689–1692 | Radscharam [Stadt] – ***Khan Zulfikar/Kambaksch/Aurungzebe*** |
| Gislikon | 23. Nov. 1847 | ***Dufour*** [Union] – Salis-Soglio [Sonderbund] |
| Glen Fruin | 1604 | Herzog von Argyll [Roy.] – ***Highlander*** |
| Glen Malone | 1580 | ***Iren*** – De Wilton [Brit.] |
| Glenlivet | 4. Okt. 1594 | ***Earl of Errol/Earl of Huntly*** [Rebellen] – Earl of Argyll [Roy.] |
| Glenmarreston | 638 | ***Donald Bree*** [Schotten] – Angeln |
| Glorreicher 1. Juni | 1. Juni 1794 | Howe [Brit.] – Villaret-Joyeuse [Frkr.] |
| Goa I | 1510 | ***Albuquerque*** [Port.] – Kumal Khan [Bijapor] |
| Goa II | 1570 | ***De Ataida*** [Port.] – Ali Adil Shah [Bijapor] |
| Goits | 30. Mai 1848 | ***Karl Albert von Savoyen*** [Piem.] – Radetzky [Öst.] |
| Golan-Höhen I | 5.–10. Juni 1967 | ***Elazar*** [Isr.] – Souedan [Syr.] |
| Golan-Höhen II | 6.–22. Okt. 1973 | ***Israelis*** – Syrer/Iraker/Jordanier |
| Golden Rock | 7. Aug. 1753 | ***Lawrence/Monakji*** [Brit./Tanjore] – Franzosen/Mysori |
| Golymin | 26. Dez. 1806 | ***Angereau*** [Frkr.] – Gallitzin [Russl.] |
| Goraria | 23.–24. Nov. 1857 | ***Stuart*** [Brit.] – Meuterer |
| Gorlice-Tarnow | 2. Mai – Sept. 1915 | Hindenburg [Dtld.] – Russen |
| Gorny-Dubnik | 24. Okt. 1877 | ***Gourko*** [Russl.] – Achmet Hefzi Pascha [Türk.] |
| Gorodezno | 12. Aug. 1812 | ***Reynier/Schwarzenberg*** [Frkr./Öst.] – Tormazov [Russl.] |
| Granada I | 1319 | Peter/Johann von Kastilien [Span.] – ***Mauren*** |
| Granada II | 26. April – 2. Jan 1492 | ***Ferdinand*** [Span.] – Abu Abdullah [Mauren] |
| Grandella | 1266 | Manfred [Zwei Sizilien] – ***Karl von Anjou*** [Frkr.] |
| Grangam | 1721 | Schweden – ***Golitschin*** [Russl.] |
| Granikos | 334 v. Chr. | ***Alexander der Große*** [Mak.] – Memnon von Rhodos [Pers./Gr.] |
| Granson | 2. März 1476 | ***Schweizer*** – Karl der Kühne [Burg.] |
| Grant's Hill | 14. Sept. 1758 | ***Ind./de Ligneris*** – Grant [Highlander/Provinztruppen] |
| Gravelines | 13. Juli 1558 | ***Egmont*** [Span./Dtld./Flam.] – des Thermes [Frkr./Dtld.] |
| Gravelotte-St. Privat | 18. Aug. 1870 | ***von Moltke*** [Dtld.] – Bazaine [Frkr.] |
| Great Meadows | 3. Juli 1752 | ***de Villiers*** [Frkr.] – Washington [Virg.] |
| Grenada | 6. Juli 1779 | Byron [Brit.] – d'Estaing [Frkr.] |
| Grenzschlachten | 1914 | ***Deutschland*** – Belgien/Frankreich |
| Griechenland, Schlacht um | 6.–20. April 1941 | ***List*** [Dtld.] – Papagos [Gr.]/Wilson [Brit.] |

| | | |
|---|---|---|
| Grochow | 25. Feb. 1831 | ***Prinz Michael Radziwill*** [Pol.] – Diebitsch [Russl.] |
| Groß-Beeren | 23. Aug. 1813 | ***Bernadotte*** [Alliierte] – Oudinot [Frkr.] |
| Groß-Jägersdorf | 30. Aug. 1757 | ***Apraxine*** [Russl.] – Lehwaldt [Pol.] |
| Grozka | 1739 | Neipperg [Öst.] – ***Großwesir*** [Türk.] |
| Grunnervaldt | 1404 | ***Wladyslaw IV.*** [Pol.] – Deutscher Orden |
| Guadalcanal (zu Lande) | 7. Aug. 1942 – 9. Febr. 1943 | ***Ghormley*** [USA] – Hayakutake [Jap.] |
| Guadalcanal (zur See) | 13.–15. Nov. 1942 | ***Admirale*** [USA] – Admirale [Jap.] |
| Guadeloupe I | 10. Dez. 1794 | ***Franzosen*** – Insel |
| Guadeloupe II | 3. Juli 1794 | ***Jervis*** [Brit.] – Insel |
| Guad-el-Ras | 23. März 1859 | ***O'Donnell*** [Span.] – Mauren |
| Guam | 21. Juli – 10. Aug. 1944 | ***Geiger*** [USA] – Japaner |
| Guastalla | 19. Sept. 1734 | Herzog von Württemberg [Imp.] – ***de Coligny*** [Frkr.] |
| Guildford Courthouse | 15. März 1781 | ***Cornwallis*** [Brit.] – Greene [Amer.] |
| Guinegate | 16. Aug. 1513 | ***Heinrich VIII./Maximilian I.*** [Engl./Imp.] – Franzosen |
| Gujerat | 21. Feb. 1849 | ***Gough*** [Brit.] – Shere Singh/Chuttur Singh [Sikhs] |
| Gumbinnen | 20. Aug. 1914 | Moltke [Dtld.] – Großfürst Nikolaus [Russl.] |
| Günzburg | 9. Okt. 1805 | ***Ney*** [Frkr.] – d'Aspre [Öst.] |
| Gwalior I | 3. Aug. 1780 | ***Popham*** [Brit./Sepoy] – Festung [Mahd.] |
| Gwalior II | 20. Juni 1858 | ***Rose*** [Brit.] – Rani von Jhansi /Tantia Topi [Meuterer] |
| | | |
| Haarlem | 11. Dez. 1572 – 12. Juli 1573 | ***de Toledo*** [Span.] – Ripperda [Stadt] |
| Hadranum | 344 v. Chr. | ***Timoleon*** – Hiketas |
| Haelen | 12. Aug. 1914 | ***de Witte*** [Belg.] – Marwitz [Dtld.] |
| Hahozkai | 1274 | ***Japaner*** – Lin Fok Heng [Tat.] |
| Haliartos | 395 v. Chr. | Lysander [Spar.] – ***Stadt*** [Thebaner] |
| Halidon Hill | 19. Juli 1333 | ***Eduard III.*** [Engl.] – Archibald Douglas [Schotten] |
| Halieis | 459 v. Chr. | ***Athen*** – Korinth/Epidamnus |
| Hampton Roads | 8.–9. März 1862 | Buchanan [Konf.] – Marston [Union] |
| Hanau | 30.–31. Okt. 1813 | ***Napoleon*** [Frkr.] – Wrede [Öst./Bay.] |
| Hardenberg | 1.–15. Juni 1580 | ***Schenck*** [Roy.] – Hohenlo [Holl. Patr.] |
| Harlaw | 24. Juli 1411 | ***Earl of Mar*** [Lowlander] – Donald [Highlander] |
| Harpers Ferry I | 16.–18. Okt. 1859 | ***Lee*** – John Brown [Abolitionisten] |
| Harpers Ferry II | 14.–15. Sept. 1862 | ***Jackson*** [Konf.] – Miles [Union] |
| Haschin | 20. März 1885 | ***Graham*** [Brit.] – Osman Digna [Sud.] |
| Haslach | 11. Okt. 1805 | ***Dupont*** [Frkr.] – Schwarzenberg [Öst.] |
| Hastenbeck | 26. Juli 1757 | ***d'Estrées*** [Frkr.] – Herzog von Cumberland [Hann./Brit.] |
| Hastings | 14. Okt. 1066 | ***Wilhelm der Eroberer*** [Norm.] – Harold [Ang.-S.] |
| Hattin | 4. Juli 1187 | ***Saladin*** [Saraz.] – Guy [Kreuzr.] |
| Hatwan | 2. April 1849 | Schlick [Öst.] – ***Ungarn*** |
| Havana I | 12. Okt. 1748 | Reggio [Span.] – ***Knowles*** [Brit.] |
| Havana II | Juni–Aug. 1762 | ***Albemarle/Pococke*** [Brit.] – Stadt [Span.] |
| Heathfield | 633 | ***Penda*** [Merc.] – Edwin [Northum.] |
| Heavenfield | 634 | ***Oswald*** [Northum.] – Cadwallon [Britannier] |
| Hedgeley Moor | 25. April 1464 | Margarethe von Anjou/Percy [Lanc.] – ***Montague*** [York] |
| Heiliger-Zee | 23. Mai 1568 | ***L. von Nassau*** [„Wassergeusen"] – Aremberg [Span.] |
| Heilsberg | 10. Juni 1807 | ***Soult*** [Frkr.] – Bennigsen [Russl.] |
| Hekitai-Kan | 1595 | ***Kobayagawa Takakage*** [Jap.] – Li Chin [Chin.] |
| Helgoland | 31. Aug. 1807 | ***Russell*** [Brit.] – Insel [Dänen] |
| Helgoland, Bucht von I | 28. Aug. 1914 | ***Beatty*** [Brit.] – Deutsche |
| Helgoland, Bucht von II | 17. Nov. 1917 | Deutsche – Briten |
| Heliopolis | 20. März 1800 | ***Kléber*** [Frkr.] – Ibrahim Bey [Türk.] |
| Hellespont | 323 | ***Crispus*** [W-Röm. R.] – Amandus [O-Röm. R.] |
| Helorus | 492 v. Chr. | ***Hippokrates*** – Syrakus |
| Helsingborg | Feb. 1710 | ***Steinbock*** [Schwed.] – Dänen |
| Hemuschagu | 1595 | Konischi Yukinaga [Jap.] – ***Li Chin*** [Chin.] |
| Hengestesdun | 835 | ***Egbert*** [Wes.] – Dänen/Cornwall |
| Hennersdorf | 24. Nov. 1745 | ***Friedrich der Große*** [Pr.] – Karl von Lothringen [Öst./Sachs.] |
| Heraclea | 280 v. Chr. | ***Pyrrhos*** [Epeiros] – P. Laverius Laevinus [Röm.] |
| Heraclea | 313 | ***Licinius*** [Illyrer] – Maximinus |
| Herat I | 1220–1221 | Stadt – ***Sudah Bahadur*** [Tat.] |
| Herat II | 22. Nov. 1837 – 9. Sept. 1838 | Muhammed [Pers.] – ***Yar Muhammed*** [Afg.] |
| Herdonea | 210 v. Chr. | ***Hannibal*** [Karth.] – Cnaeus Fulvius [Röm.] |
| Héricourt | 13. Nov. 1474 | ***Schweizer*** – Karl der Kühne [Burg.] |

| | | |
|---|---|---|
| Hermannstadt | 1442 | ***Hunyadi*** [Ung.] – Mejid Bey [Türk.] |
| Hernani I | 29. Aug. 1836 | Evans [Brit.] – ***Karlisten*** |
| Hernani II | 15.–16. März 1837 | Evans [Brit.] – Don Sebastian [Karl.] |
| Herrera | 23. Aug. 1837 | ***Don Carlos/Moreno*** [Karl.] – Buerens [Cris.] |
| Herrings | 12. Feb. 1429 | ***Fastolfe*** [Engl.] – Clermont/Stewart[Frkr.] |
| Hexham | 15. Mai 1464 | ***Montague*** [York] – Somerset [Lanc.] |
| Himera I | 480 v. Chr. | ***Gelon*** [Syrak./Agrigent ] – Hamilcar [Karth.] |
| Himera II | 409 v. Chr. | Stadt – ***Hannibal*** [Karth.] |
| Hlobane | 28. März 1879 | ***Wood/Buller*** [Brit.] – Zulus |
| Hochkirch | 14. Okt. 1758 | Friedrich der Große [Pr.] – Daun [Öst.] |
| Höchst | 10. Juni 1622 | ***Tilly*** [Imp.] – Christian von Braunschweig [Pf.] |
| Hochstadt | 19. Juni 1800 | ***Moreau*** [Frkr.] – Kray [Öst.] |
| Höchstädt | 13. Aug. 1704 | ***Marlborough/Prinz Eugen*** [Brit./Imp.] – Tallard [Frkr./Bay.] |
| Hoglund | 17. Juli 1788 | Greig [Russl.] – Sudermanland [Schwed.] |
| Hohenfriedberg | 4. Juni 1745 | ***Friedrich der Große*** [Pr.] – Karl von Lothringen [Öst./Sachs.] |
| Hohenlinden | 3. Dez.1800 | ***Moreau*** [Frkr.] – Erzherzog Johann [Öst.] |
| Hollabrunn | 16. Nov. 1805 | ***Lannes*** [Frkr.] – Bagration [Russl.] |
| Homildon Hill | 14. Sept.1402 | ***Percy*** [Engl.] – Earl of Douglas [Schotten] |
| Honain | 629 | ***Mohammed*** [Musl.] – Heidnische Araber |
| Hondschoote | 6.–8. Sept. 1793 | ***Houchard*** [Frkr.] – York [Brit./Hann.] |
| Hongkong | 18.–25. Dez. 1941 | ***Japaner*** – Maltby [Brit.] |
| Hooghly | 24.–25. Nov. 1759 | ***Wilson*** [Brit.] – Holländer |
| Huesca I | 1105 | Ali [Mauren] – ***Alfons VI. von Kastilien*** [Span.] |
| Huesca II | 24. März 1837 | ***Don Carlos/Don Sebastian*** [Karl.] – Irribarreu [Cris./Brit.] |
| Humblebeck | 1700 | ***Karl XII.*** [Schwed.] – Dänen |
| Hydaspes | 326 v. Chr. | ***Alexander der Große*** [Mak./Asiaten] – Porus [Ind.] |
| Hyderabad: siehe Dubba | | |
| Hyrkanischer Felsen | 588 | ***Bahram*** [Pers.] – Türken |
| Hysiae | um 669/668 v. Chr. | Sparta – ***Argos*** |
| | | |
| Ichinotani | 1189 | ***Norigoris/Yoshitsune*** [Schogun] – Tairas |
| Idistaviso | 16 | ***Germanicus*** [Röm.] – Arminius [Germanen] |
| Ilerda | Juli–Aug. 49 | ***Julius Cäsar*** [Caes.] – Afranius/Petrius [Pomp.] |
| Ilipa | 206 v. Chr. | ***Scipio Africanus*** [Röm.] – Mago/Hasdrubal [Karth.] |
| Immac | 7. Juni 218 | ***Elagabalus*** [Syr.] – Macrinus [Röm.] |
| Imola | 3. Feb. 1797 | ***Victor*** [Frank./Ital.] – Colli [ Kirchst.] |
| Imphal/Kohima | 7. März – 18. Juli 1944 | ***Slim*** [Brit.] – Mutaguchi [Jap.] |
| Inchon | 15.–25. Sept. 1950 | ***Almond*** [UN] – Nordkoreaner |
| Indus | 1221 | ***Dschingis Khan*** [Mong.] – Jellalladin [Khwarzim] |
| Ingavi | 20. Nov. 1841 | ***Ballivián*** [Bol.] – Gamarra [Peru] |
| Inkerman | 5. Nov. 1854 | ***Raglan*** [Brit./Frkr.] – Mentschikoff [Russl.] |
| Inveraray | 1510 | ***Bruce*** [Schotten] – Mowbray [Engl.] |
| Inverkeithing | 1317 | Engländer – ***Earl of Fife*** [Schotten] |
| Inverlochy | 2. Feb. 1645 | ***Montrose*** [Roy. Highl.] – Argyll [Lowland Cov.] |
| Ioannina | 3. März 1913 | ***Kronprinz Konstantin*** [Gr.] – Türken |
| Ipsus | 301 v. Chr. | ***Seleukos/Lysimachos*** [Syr.] – Antigonus/Demetrius [Mak.] |
| Irak | 20. März – 15. April 2003 | ***[USA/Koalition]*** – Saddam Hussein [Irak] |
| Irún | 18. Mai 1837 | ***Evans*** [Cris./Brit.] – Festung [Karl.] |
| Isandlwana | 22. Jan. 1879 | ***Ntshingwayo*** [Zulus] – Durnford [Brit.] |
| Isly | 14. Aug. 1844 | ***Bugeaud*** [Frkr.] – Abd-el-Kader [Alg.] |
| Ismail | 22. Dez. 1790 | ***Suworow*** [Russl.] – Festung |
| Isonzo (I–XI) | 23. Juni 1915 – 15. Sept. 1917 | Cadorna [It.] – Hotzendorff [Öst.-Ung.] |
| Issos I | 333 v. Chr. | ***Alexander der Große*** [Mak.] – Dareios [Pers.] |
| Issos II | 194 | ***Septimius Severus*** [Pann.] – C. P. Niger Justus [Syr.] |
| Issos III | 1488 | Bajezid I. [Türk.] – ***Sultan von Ägypten*** |
| Itabitsu | Okt. 740 | Hirotsuke [Rebellen] – ***Ono-no-Atsuma*** [Jap. Imp.] |
| Ivry | 14. März 1590 | ***Heinrich IV.*** [Hug.] – Herzog von Maienne [Kath.] |
| Iwojima | 19. Febr. – 26. März 1945 | ***Schmidt*** [USA] – Tadamichi [Jap.] |
| | | |
| Jadar | 12.–21. Aug. 1914 | Potiorek [Öst.] – Putnik [Serb.] |
| Jaffa | 7. März 1799 | ***Napoleon*** [Frkr.] – Abon-Saad [Türk.] |
| Jalalabad | Nov. 1841 – April 1842 | Sale [Brit.] – Afghanen |
| Jalu-Fluss | 17. Sept. 1894 | Ting [Chin.] – Ito [Jap.] |

| | | |
|---|---|---|
| Jalula | Dez. 637 | ***Said*** [Musl.] – Yezdegerd [Pers.] |
| Jamaika | Mai 1655 | Insel [Span.] – ***Penn/Venables*** [Brit.] |
| Japanisches Meer | 14. Aug. 1904 | ***Kamimura*** [Jap.] – Yessen [Russl.] |
| Jarmuk | Aug. 636 | Khalid [Musl.] – Theodor [Byz.] |
| Jarnac | 13. März 1569 | ***de Tavannes/Herzog von Anjou*** [Kath.] – Condé/Coligny [Hug.] |
| Jassy | 20. Sept. 1620 | ***Zolkiewski*** [Pol.] – Osman II. [Türk.] |
| Java-See | 27.–28. Feb. 1942 | ***Takagi*** [Jap.] – Doorman [Holl./Alliierte] |
| Jawata | Jan. 1353 | Japanischer Kaiser des Nordreichs – Moroushi [Südreich] |
| Jemappes | 6. Nov. 1792 | ***Dumouriez*** [Frkr.] – Erzherzog Albert [Öst.] |
| Jena | 14. Okt. 1806 | ***Napoleon*** [Frkr.] – Hohenlohe [Pr.] |
| Jenin-Nablus | 5.–7. Juni 1967 | ***Elazar*** [Isr.] – Jordanien |
| Jersey | 1550 | ***Winter*** [Engl.] – Franzosen |
| Jerusalem I | 70 | Stadt [Juden] – ***Titus*** [Röm.] |
| Jerusalem II | 637 | Sophronius [Stadt] – ***Abu Obeidah/Kalif Omar*** [Musl.] |
| Jerusalem III | 9. Juni – 18. Juli 1099 | ***Godefroi*** [Kreuzr.] – Iftikhar/Stadt [Musl.] |
| Jerusalem IV | 20. Sept. – 2. Okt. 1187 | ***Saladin*** [Saraz.] – Kreuzritter/Stadt |
| Jerusalem V | 1244 | ***Khwarzim*** – Kreuzritter/Stadt |
| Jerusalem VI | 5.–7. Juni 1967 | ***Gur*** [Isr.] – Ala Ali [Jordanien] |
| Jiron | 28. Feb. 1829 | Lamar [Peru] – Sucre [Kol.] |
| Johannesburg | 1900 | ***Roberts*** [Brit.] – Buren |
| Jugoslawien | 6.–17. April 1941 | Deutsche/Italiener/Ungarn – Jugoslawen |
| Julian, Niederlage von | 8. Juni 363 | Julian [Röm.] – ***Sapor II.*** [Pers.] |
| Junin | 6. Aug. 1824 | ***Bolívar/Sucre*** [Kol.] – Cauterac [Span. Roy.] |
| Jütland | 31. Mai – 1. Juni 1916 | Scheer [Dtld.] – Jellicoe [Brit.] |
| Kabul I | Jan. 1842 | Elphinstone [Brit.] – ***Akbar Khan*** [Afg.] |
| Kabul II | 15. Sept. 1879 | ***Pollock*** [Brit.] – Afghanen |
| Kadesch | 1275 v. Chr. | Ramses II. [Äg.] – Muwatalli [Hethiter] |
| Kadisija | Juni 637 | ***Said*** [Musl.] – Rustam [Pers.] |
| Kagoschima | 18. Aug. 1876 | Saigo Takamori [Rebellen] – ***Taruhito*** [Jap. Imp.] |
| Kagul | 3. Aug. 1770 | ***Rumiantscheff*** [Russl.] – Halil Pascha [Türk.] |
| Kaiping | 10. Jan. 1895 | Chinesen – ***Nogi*** [Jap.] |
| Kairo | 1517 | ***Selim I.*** [Türk.] – Toomaan Bey [Äg.] |
| Kaiserslautern | 28.–30. Nov. 1793 | ***Braunschweig*** [Pr.] – Hoche [Frkr.] |
| Kalat | 13. Nov. 1839 | ***Willshire*** [Brit.] – Mehrab Khan [Baluchis] |
| Kalikut | 10. Dez. 1790 | ***Hartley*** [Brit.] – Hussein Ali [Mys.] |
| Kalisch | 1706 | Meyerfeld [Schwed.] – ***Mentschikoff*** [Russl./Pol.] |
| Kalkutta | Juni 1756 – Jan 1757 | ***Clive/Watson*** [Brit.] – Suraj-ud-Daula [Bengalen] |
| Kalpi | 22. Mai 1858 | ***Rose*** [Brit.] – Tantia Topi/Rani von Dschansi [Meuterer] |
| Kalunga | Okt. – Nov. 1814 | ***Gillespie*** [Brit.] – Amarsing Thapa [Gurkhas] |
| Kamarut | 8. Juli 1824 | ***Campbell*** [Brit.] – Tuamba Wangyee [Burm.] |
| Kandahar I | 1221 | Tuli Khan [Tat.] – ***Jellalladin*** [Khwarzim] |
| Kandahar II | März 1545 | ***Humayun*** [Mog.] – Mirza Askari [Afg.] |
| Kandahar III | 1638 | ***Schah Jahan*** [Mog.] – Stadt [Pers.] |
| Kandahar IV | 1648 | Stadt [Mog.] – ***Abbas II.*** [Pers.] |
| Kandahar V | 1. Sept.1880 | ***Roberts*** [Brit.] – Ayub Khan [Afghanen] |
| Kap Ecnomus | 256 v. Chr. | ***L. Manlius Valso/M. Regulus*** [Röm.] – Hanno/Hamilcar [Karth.] |
| Kap Esperanza | 11.–12. Okt. 1942 | Scott [USA] – Goto [Jap.] |
| Kap Finisterre I | 3. Mai 1747 | Anson [Brit.] – de la Jonquière [Frkr.] |
| Kap Finisterre II | 14. Okt. 1747 | Hawke [Brit.] – de Letenduère [Frkr.] |
| Kap Finisterre III | 22. Juli 1805 | Calder [Brit.] – Villeneuve [Frkr./Span.] |
| Kap Henry | 16. März 1781 | ***Arbuthnot*** [Brit.] – Franzosen |
| Kap Matapan | 28.–29. März 1941 | ***Cunningham*** [Brit.] – Iachino [It.] |
| Kap Passero | 11. Aug. 1718 | ***Byng*** [Brit.] – Castañeta [Span.] |
| Kap St. Vincent I | 16. Jan. 1780 | ***Rodney*** [Brit.] – Langara [Span.] |
| Kap St. Vincent II | 14. Feb. 1797 | ***Jervis*** [Brit.] – Cordova [Span.] |
| Kápolna | 26.–27. Feb. 1849 | ***Windischgrätz*** [Öst.] – Dembinski [Ung.] |
| Kappel | 10. Okt. 1531 | ***Katholische Schweizer Kantone*** – Göldli/Lavater [Züricher] |
| Kaprysema | 743 v. Chr. | Spartaner/Korinther – ***Krysthmenes*** [Messenier] |
| Kara-Burur | 11. Aug. 1791 | ***Ouschakoff*** [Russl.] – Türken |
| Karaku | 1218 | Dschingis Khan [Tat.] – Sultan Mehmet [Khwarzim] |
| Karamuran | 1225 | ***Dschingis Khan*** [Tat.] – Shidasker von Rangat [Türk./Chin.] |
| Kargaula | 1774 | Pugatcheff [Kosaken] – ***Fürst Gallitzin*** [Russl.] |

| | | |
|---|---|---|
| Karkemisch | 605 v. Chr. | Necho [Äg.] – ***Nebukadnezar*** [Babylon] |
| Kars I | 26. Nov. 1848 | ***Russen*** – Williams [Türk.] |
| Kars II | 18. Nov. 1877 | ***Melikov*** [Russl.] – Hussein Pascha [Türk.] |
| Karthago | 152–146 v. Chr. | ***Manius Manilius/Scipio Aemilianus*** [Röm.] – Stadt |
| Kaschgil | 3.–5. Nov. 1882 | ***Mahdisten*** – Hicks Pascha [Äg.] |
| Kaschmir I | 1.–25. Sept. 1965 | Indien – Pakistan |
| Kaschmir II | 3.–16. Dez. 1971 | Indien – Pakistan |
| Kassassin | 28. Aug. 1882 | ***Graham*** [Brit.] – Arabi Pascha [Äg.] |
| Kasserine-Pass | 14.–22. Feb. 1943 | ***Rommel*** [Dtld.] – Fredendall [USA] |
| Kastoria | Nov. 1912 | ***Türken*** – Griechen |
| Katalaunische Felder: siehe Châlons III | | |
| Katzbach | 26. Aug. 1813 | ***Blücher*** [Pr.] – Macdonald [Frkr.] |
| Kazan | 1774 | Pugatcheff [Kosaken] – ***Michelson*** [Russl.] |
| Kekryphalea | 458 v. Chr. | Peloponneser – ***Athener*** |
| Kemmendine | 10. Juni 1824 | ***Campbell*** [Brit.] – Burmesen |
| Kentish Knock | 8. Okt. 1652 | ***Blake*** [Engl.] – Witte de With [Holl.] |
| Keresztes | 24.–26. Okt. 1596 | ***Mohammed III.*** [Türk.] – Erzherzog Maximilian/ Fürst Sigismund von Transsylvanien [Imp/.Trans.] |
| Kerguel-See | Juli 1391 | Tokatmich [Russl.] – ***Timur [Tat.]*** |
| Khajwa | 8. Jan. 1659 | ***Aurangzeb*** [Rebellen] – Schah Jahan [Mog.] |
| Kharisme | 1220 | ***Tataren*** – Himartekin [Stadt] |
| Khartum | 12. März 1884 – 26. Jan. 1885 | ***Mohammed Ahmed*** [Derwische] – Gordon [Brit.] |
| Khe Sanh | 21. Jan. – 8. April 1968 | ***Lowndes*** [USA] – Nordvietnamesen |
| Kiew | 19. Sept. 1941 | ***Rundstedt*** [Dtld.] – Russen |
| Killala | 23. Sept. 1798 | ***Trench*** [Brit.] – Irische Rebellen |
| Killiecrankie | 27. Juli 1689 | ***Graham*** [Highland-Jakobiten] – Mackay [Roy.] |
| Kilsyth | 15. Aug. 1645 | ***Montrose*** [Roy.] – Baillie [Cov.] |
| Kinloss | 1009 | ***Sweyn*** [Dänen] – Malcolm II [Schotten] |
| Kinnesaw Mountain | 27. Juni 1864 | Sherman [Union] – ***Johnston*** [Konf.] |
| Kinsale | 23. Dez. 1601 | d'Aguila [Span.]/ Tyrone [Irische Rebellen] – ***Mountjoy/Earl of Thomond*** [Roy.] |
| Kiöge | Juli 1677 | ***Juel*** [Dänen] – Horn [Schweden] |
| Kirch-Denkern | 16. Juli 1761 | ***Prinz Ferdinand*** [Pr.] – Soubise/Duc de Broglie [Frkr.] |
| Kirkeban | 10. Feb. 1885 | ***Earle*** [Brit.] – Derwische |
| Kirkee | 5. Nov. 1817 | ***Burr*** [Brit.] – Peschwa Baji Rao II. [Mar.] |
| Kirk-Kilissa | 22.–25. Okt. 1912 | ***Bulgarien*** – Abdalla Pascha [Türk.] |
| Kiso | Sept. 1180 | ***Yoshinaka*** [Minamoto] – Taira-no-Kiyomori |
| Kiu-lien-cheng | 1. Mai 1904 | ***Kuroki*** [Jap.] – Sassulitsch [Russl.] |
| Kizil-Tepe | 25. Juni 1877 | Melikov [Russl.] – ***Mahktar Pascha*** [Türk.] |
| Kjöge-Bucht I | 11. Juli 1677 | ***Juel*** [Dän./Holl. Aliiierte] – Horn [Schwed.] |
| Kjöge-Bucht II | 4. Okt. 1710 | Gyldenlove [Dän.] – Wachmeister [Schwed.] |
| Klausenburg | Mai 1660 | ***Mohammed Koprulu*** [Türk.] – Georg Rakoczy II [Trans.] |
| Kluschino | Sept. 1610 | ***Zolkiewski*** [Pol.] – Shuisky [Russl.] |
| Kojende | 1219 | ***Tuchi Khan*** [Tat.] – Timar Malek [Khwarzim] |
| Kokein | 15. Dez. 1824 | ***Campbell*** [Brit.] – Maka Bandula [Burm.] |
| Kolin | 18. Juni 1757 | ***Daun*** [Öst.] – Friedrich der Große [Pr.] |
| Kollinisches Tor | 82 v. Chr. | ***Sulla*** [Röm. Aristokraten] – Pontius [Röm./Samniten] |
| Komandorski-Inseln | 26. März 1943 | McMorris [USA] – Hosagaya [Jap.] |
| Komatsu | 5. Sept. 1062 | Sadatoki [Jap. Reb.] – ***Yoriyoshi*** [Imp.] |
| Komorn | 26. April 1849 | ***Klapka/Damjanics*** [Ung.] – Österreich |
| Koniah | 21. Dez. 1832 | ***Ibrahim Pascha*** [Äg./Syr.] – Reschid Pascha [Türk.] |
| Königgrätz | 3. Juli 1866 | ***von Moltke*** [Pr.] – von Benedek [Öst.] |
| Königswartha | 19. Mai 1813 | Peyri [It.] – ***de Tolly*** [Russl.] |
| Konstantinopel I | 716 | ***Stadt/Bulgaren*** – Mosleneh [Musl.] |
| Konstantinopel II | 25. Juli 1261 | ***Stragopulos*** [Byz.] – Balduin II. |
| Konstantinopel III | 25. Mai 1453 | ***Mohammed II.*** [Türk.] – Konstantin XI. [Gr.] |
| Konstitution/Guerrière | 19. Aug. 1812 | ***Hull*** [USA] – Dacres [Brit.] |
| Konstitution/Java | 29. Dez. 1812 | ***Bainbridge*** [USA] – Lambert [Brit.] |
| Kopenhagen I | 2. April 1801 | ***Parker/Nelson*** [Brit.] – Fischer [Dän.] |
| Kopenhagen II | 2.–5. Sept. 1807 | ***Cathcart/Gambier*** [Brit.] – Peimann [Dän.] |
| Korallenmeer | 7.–8. Mai 1942 | Fletcher [USA] – Inouye [Jap.] |
| Korfu | 8. Juli 1716 | Andrea Corner [Ven.] – Türken |
| Korinth (USA) | 3.–4. Okt. 1862 | ***Rosecrans*** [Union] – Van Dorn [Konf.] |

| | | |
|---|---|---|
| Korinth I | 429 v. Chr. | Cnemus [Pelop.] – ***Phormio*** [Ath.] |
| Korinth II | 394–390 v. Chr. | Sparta – Athen/Korinth/Theben |
| Kos | 258 | ***Makedonier*** – Ägypter |
| Kossova | 15. Juni 1389 | ***Murad I.*** [Türk.] – Lazar [Serb./Bos./Alb.] |
| Kotzim | Sept. 1621 | ***Chodkiewicz/Lubomirski*** [Pol.] – Osman II. [Türk.] |
| Kowel-Stanislau | 4. Juni – 20. Sept. 1916 | Zar Nikolaus [Russl.] – Österreicher-Deutsche |
| Krak des Chevaliers | 1271 | ***Baibars I.*** [Mam.] – Hospitaliter |
| Krakovicz | 17. Jan. 1475 | ***Stephan von Moldawien*** [Mold./ Ung.] – Suleiman Pascha [Türk.] |
| Krasnoi | 14.–18. Nov. 1812 | Napoleon [Frkr.] – ***Miloradowitsch*** [Russl.] |
| Krefeld | 23. Juni 1758 | ***Ferdinand von Braunschweig*** [Pr.] – de Clermont [Frkr.] |
| Kressenbrunn | 1261 | ***Ottokar II.*** [Böhm.] – Bela IV. [Ung.] |
| Kreta | Mai 1941 | ***Student*** [Dtld.] – Freyberg [Allierte] |
| Krimisos | Juni 340 v. Chr. | ***Timoleon*** [Siz.] – Hamilcar/Hasdrubal [Karth.] |
| Kringellen | 29. Aug. 1612 | ***Norweger*** – Sinclair [Schotten] |
| Kronia | 1738 | ***Wallis/Neipperg*** [Imp.] – Türken |
| Kronstadt | 3.–4. Juni 1790 | ***Kruse*** [Russl.] – Schweden |
| Kroszka | 23. Juli 1739 | ***El Hadj Mohammed Pascha*** [Türk.] – Wallis [Öst.] |
| Ktesiphon | 22.–26. Nov. 1915 | ***Nur-ud-din*** [Türk.] – Townsend [Brit.] |
| Kulewtscha | 11. Juni 1829 | ***Diebitsch*** [Russl.] – Reschid Pascha [Türk.] |
| Kulm-Priestea | 30. Aug. 1813 | ***Ostermann-Tolstoi/Kleist*** [Öst./Russl./Pr.] – Vandamme [Frkr.] |
| Kumai | Feb. 1355 | Yoshinori [Imp.] – ***Moronoshi/Tokliushi*** [Jap. Rebellen] |
| Kumanowo | 24. Okt. 1912 | ***Serbien*** – Türken |
| Kunersdorf | 12. Aug. 1759 | ***Landon/Soltikoff*** [Öst./Russl.] – Friedrich der Große [Pr.] |
| Kunobitza | 1443 | Amurath II. [Türk.] – ***Hunyadi*** [Ung.] |
| Kursk | 8. Feb. 1943 | ***Russen*** – Deutsche |
| Kustinitza | 1443 | ***Hunyadi/Ladislaus*** [Ung.] – Murad [Türk.] |
| Kut-al-Imara I | 28. Sept. 1915 | ***Townsend*** [Brit.] – Nur-ud-din [Türk.] |
| Kut-al-Imara II | 8. Dez. 1915 – 29. Apr. 1916 | ***Nur-ud-din*** [Türk.] – Townsend [Brit.] |
| Kuwait („Wüstensturm“) | 23.–28. Feb. 1991 | ***Schwarzkopf*** [Koalition] – Saddam Hussein [Irak] |
| Kwajalein-Eniwetok | 31. Jan. – 4. Febr. 1944 | ***Spruance*** [USA] – Akiyama [Jap.] |
| Kynoskephalai I | Juli 364 v. Chr. | ***Pelopidas*** [Thebaner/Thessalier] – Alexander von Pherae |
| Kynoskephalai II | 197 v. Chr. | ***Flamininus*** [Röm.] – Philipp [Mak.] |
| Kyrene | 570 v. Chr. | Apries [Äg.] – Griechen |
| | | |
| L'Ecluse | 1340 | ***Engländer*** – Franzosen |
| La Favorita | 16. Jan. 1797 | ***Napoleon*** [Frkr.] – Provera [Öst.] |
| La Fère Champenoise | 25. März 1814 | ***Schwarzenberg*** [Alliierte] – Marmont/Mortier [Frkr.] |
| La Hogue | 19.–20. Mai 1692 | ***Russell/Allemande*** [Engl./Holl.] – de Tourville [Frkr.] |
| La Janda | 711 | ***Tarik*** [Musl.] – Roderich [Westgoten] |
| La Paz | Jan. 1865 | Belza [Bol.] – ***Melgarejo*** [Bol.] |
| La Placilla | 28. Aug. 1891 | ***del Canto*** [Kong.] – Barbosa [Balmacediste] |
| La Puebla | 4. März – 17. Mai 1863 | ***Forey*** [Frkr.] – Ortega [Mex.] |
| La Rochelle I | 22. Juni 1372 | ***Don Ambrosio Bercenegra*** [Span./Frkr.] – Earl of Pembroke [Engl.] |
| La Rochelle II | 29. Okt. 1628 | ***Richelieu*** [Roy.] – Guiton [Hug.] |
| La Rothière | 30. Jan. 1814 | ***Napoleon*** [Frkr.] – Blücher [Russl./Pr./Wttbg.] |
| Lade I | 494 v. Chr. | ***Dareios*** [Pers.] – Dionysios [Ionische Flotte] |
| Lade II | 201 v. Chr. | Theophiliscus [Rhod.] – Heraclides [Mak.] |
| Lagos Bay I | 27.–28. Juni 1693 | ***de Tourville*** [Frkr.] – Rooke [Brit./Holl.] |
| Lagos Bay II | 18.–19. Aug. 1759 | ***Boscawen*** [Brit.] – de la Clue [Frkr.] |
| Lahore | 1296 | Amir Daood [Mong.] – ***Alaf Khan*** [Delhi] |
| Laing's Nek | 28. Jan. 1881 | ***Joubert*** [Buren] – Colley [Brit.] |
| Landau | 12. Sept. 1702 | ***Ludwig von Baden*** [Imp.] – De Melac [Festung] |
| Landshut | 21. April 1809 | ***Napoleon*** [Frkr.] – Hiller [Öst.] |
| Landskrone | 14. Juli 1676 | ***Karl XI.*** [Schwed.] – Christian V. [Dän.] |
| Langensalza | 27.–29. Juni 1866 | ***von Falkenstein*** [Pr.] – von Arenschildt [Hann.] |
| Langport | 10. Juli 1645 | ***Fairfax/Cromwell*** [Parl.] – Goring [Roy.] |
| Langside | 13. Mai 1568 | ***Murray*** [Regent] – Argyll [Schottische Kath.] |
| Lannoy | Jan. 1567 | ***Noircarmes*** [Span.] – Cornaille [Fläm. Prot.] |
| Lansdowne Hill | 5. Juli 1643 | ***Hopton*** [Roy.] – Waller [Parl.] |
| Laon | 9.–10. März 1814 | ***Blücher*** [Alliierte] – Ney/Marmont [Frkr.] |
| Larcay | Dez. 1829 | Zastera [Reg.] – ***Prieto*** [Unit.] |
| Largs | 2. Okt. 1263 | Haco [Norw.] – ***Schotten*** |
| Larissa | 171 v. Chr. | P. Licinius Crassus [Röm.] – ***Perseus*** [Mak.] |

| | | |
|---|---|---|
| Larissus | 209 v. Chr. | ***Philipoemen*** [Achäer] – Ätolier/Eläer |
| Las Navas de Tolosa | 10. Juni 1212 | ***Alfons VIII. von Kastilien*** [Christen] – Mohammed I. von Granada [Almohaden] |
| Las Salinas | 20. April 1538 | ***Pizarro*** [Span. Konquistador] – Almagro [Span. Konquistador] |
| Laswaree | 1. Nov. 1803 | ***Lake*** [Brit.] – Sindhia [Mar.] |
| Lauffeld | 2. Juli 1747 | ***Moritz von Sachsen*** [Frkr.] – Prinz von Oranien/Cumberland [Öst./Brit.] |
| Laupen | 21. Juni 1339 | ***von Erlach*** [Schweiz] – Kiburg/Nidau [Burg.] |
| Lautulae | 316 v. Chr. | ***Pontius*** [Samniten] – Q. Fabius Maximus [Röm.] |
| Le Cateau | 26. Aug. 1914 | ***Kluck*** [Dtld.] – Smith Dorrien [Brit.] |
| Le Mans | 10.–12. Jan. 1870 | ***Prinz Friedrich Karl*** [Dtld.] – Chanzy [Frkr.] |
| Lech | 15.–16. April 1632 | ***Gustav Adolf*** [Schwed./Dt. Prot.] – Tilly [Imp.] |
| Lechfeld | 955 | ***Otto I.*** [Deutsche] – Ungarn |
| Legnano | 29. Mai 1176 | ***Lombardischer Bund*** – Friedrich Barbarossa [Imp.] |
| Leipzig I | 7. Sept. 1631 | ***Tilly*** [Imp.] – Gustav Adolf/Georg [Schwed./Sachs.] |
| Leipzig II | 16.–19. Okt. 1813 | ***Schwarzenberg/Blücher/Bernadotte*** [Öst./Russl./Pr.] – Napoleon [Frkr.] |
| Leitskau | 27. Aug. 1813 | Girard [Frkr.] – Hirschberg/Czernitcheff [Pr./Kosaken] |
| Lemberg I | 3. Sept. 1914–1915 | Österreicher/Deutsche – Russen |
| Lemberg II | 1. Juli – 1. Aug. 1917 | ***Hindenburg*** [Dtld.] – Brusilow [Russl.] |
| Lemnos I | 12. und 16. Juli 1717 | Venedig – Türken |
| Lemnos II | 30. Juni 1807 | ***Seniawin*** [Russl.] – Türken |
| Lens | 2. Aug. 1648 | ***Condé*** [Frkr.] – Erzherzog Leopold Wilhelm [Imp./Span.] |
| Leontini | 211 v. Chr. | Stadt [Syrak./Rebellen] – ***M. Marcellus*** [Röm.] |
| Lepanto | 7. Okt. 1571 | ***Don Juan d'Austria*** [Span./Ven.] – Ali Pascha [Türk.] |
| Lérida | 12. Mai – 17. Juni 1647 | ***Don Jorge Britt*** [Span.] – Großer Condé [Frkr.] |
| Lérida | Sept. 1642 | ***De la Motte-Houdancourt*** [Frkr.] – Leganez [Span.] |
| Lesno | 1709 | ***Peter der Große*** [Russl.] – Levenhaupt [Schwed.] |
| Leucopetra | 146 v. Chr. | ***Lucius Mummius*** [Röm.] – Diacus [Achäischer Bund] |
| Leuctra | Juli 371 v. Chr. | Cleombrotus [Spar.] – ***Epaminondas*** [Theben] |
| Leuthen | 5. Dez. 1757 | ***Friedrich der Große*** [Pr.] – Karl von Lothringen/Daun [Öst.] |
| Lewes | 14. Mai 1264 | ***de Montfort*** [Barone] – Heinrich III./Prinz Eduard [Roy.] |
| Lexington | 19. Okt. 1864 | ***Price*** [Konf.] – Blunt [Union] |
| Lexington und Concord | 19. April 1775 | ***Smith*** [Brit.] – Parker/Barrett [Amer. Minutemen] |
| Leyden | 26. Mai – 3. Okt. 1574 | ***Stadt*** – Váldez [Wa./Dtld.] |
| Leyte Golf | 23.–26. Okt. 1944 | ***Nimitz*** [USA] – Toyoda [Jap.] |
| Liège | 14. Aug. 1914 | ***von Emmich*** [Dtld.] – König Albert I. [Belg.] |
| Liegnitz | 15. Aug. 1760 | ***Friedrich der Große*** [Pr.] – Landon [Öst.] |
| Liegnitz | 9. April 1241 | ***Kaidu*** [Mong.] – Heinrich II. von Schlesien/Wenzeslaus [Christ.] |
| Ligny | 16. Juni 1815 | ***Napoleon*** [Frkr.] – Blücher [Pr.] |
| Lille | 12. Aug. – 25. Okt. 1708 | ***Prinz Eugen*** [Imp.] – de Boufflers [Frkr.] |
| Lilybaeum | 250–241 v. Chr. | ***C. Attilius/L. Manlius*** [Röm.] – Hamilcar [Karth.] |
| Lincoln | 2. Feb. 1141 | König Stephan – ***Earl of Gloucester*** |
| Lindley | 27. Mai 1900 | ***De Wet*** [Buren] – Spragge [Brit.] |
| Linköping | 1598 | ***Karl (Regent)*** [Schwed. Prot Reb.] – Sigismund III. [Pol./Schwed. Kath. Roy.] |
| Liparische Inseln | 257 v. Chr. | ***C. Attilius*** [Röm.] – Karthager |
| Lissa I | 13. März 1811 | ***Hoste*** [Brit.] – Dubourdieu [Frkr./Ven.] |
| Lissa II | 20. Juli 1866 | ***Tegetthoff*** [Öst.] – Persano [It.] |
| Little Big Horn | 23. Juni 1876 | ***Crazy Horse*** [Sioux] – Custer [US-Kav.] |
| Loano | 24. Nov. 1795 | ***Schérer*** [Frkr.] – Vins [Öst.] |
| Lodi | 10. Mai 1796 | ***Napoleon*** [Frkr.] – Beaulieu [Öst./Sard.] |
| Lodz | 11.–25. Nov. 1914 | Mackensen [Dtld.] – Rennenkampf [Russl.] |
| Loftscha | 3. Sept. 1877 | ***Fürst Imeretinsky*** [Russl.] – Adil Pascha [Türk.] |
| Loigny-Pouprey | 1. Dez. 1867 | ***Herzog von Mecklenburg*** [Dtld.] – d'Aurelle de Paladines [Frkr.] |
| Loja | 4. Juli 1482 | ***Ali Atar*** [Mauren] – Ferdinand der Katholische [Span.] |
| Lonato | 3. Aug. 1796 | ***Napoleon*** [Frkr.] – Quasdanovich [Öst.] |
| Londonderry | 19. April – 30. Juli 1689 | ***Baker/Kirke*** [Ulst. Prot.] – Jakob II. [Roy.] |
| Long Island | 27. Aug. 1776 | ***Howe*** [Brit.] – Putnam [Amer.] |
| Lothringen | 14.–22. Aug. 1914 | ***Deutsche*** – Franzosen |
| Loudon Hill | Mai 1307 | ***Bruce*** [Schotten] – Pembroke [Engl.] |
| Louisbourg | 16. Juni 1745 | ***Pepperell/Warren*** [New Engl./Brit.] – Festung |
| Louvain | 891 | ***Arnulf*** [Dtld.] – Wikinger |

| | | |
|---|---|---|
| Löwenberg | 21. Aug. 1813 | ***Napoleon*** [Frkr.] – Blücher [Pr.] |
| Lowestoft/Solebay | 13. Juni 1665 | ***Herzog von York/Prinz Rupert*** [Engl.] – van Obdam [Holl.] |
| Lowositz | 1. Okt. 1756 | ***Friedrich der Große*** [Pr.] – von Browne [Öst.] |
| Lübeck | 6. Nov. 1806 | ***Soult/Bernadotte*** [Frkr.] – Blücher [Pr.] |
| Lugdunum (Lyon) | 197 | Clodius Albinus [Imp. Britannien] – ***Septimius Severus*** [Röm.] |
| Lüleburgaz | 28.–30. Okt. 1912 | ***Bulgarien*** – Abdalla Pascha [Türk.] |
| Luncarty | 980 | ***Kenneth III.*** [Schotten] – Dänen |
| Lunceña | April 1483 | ***Conte de Cabra*** [Span.] – Abdullah/Ali Atar [Mauren] |
| Lunden | 1676 | Karl XI [Schwed.] – ***Christian V.*** [Dänen] |
| Lundy's Lane | 25. Juli 1814 | ***Riall*** [Brit.] – Brown [Amer.] |
| Lutetia | 52 v. Chr. | ***Labienus*** [Röm.] – Gallier |
| Lutter am Barenberge | 24.–27. Aug. 1626 | ***Tilly*** [Imp.] – Christian IV. [Dän./Dtld.] |
| Lützen I | 16. Nov. 1632 | ***Gustav Adolf*** [Schwed.] – Wallenstein [Imp.] |
| Lützen II | 2. Mai 1813 | ***Napoleon*** [Frkr.] – Wittgenstein/Blücher [Russl./Pr.] |
| Luzzara | 5. Aug. 1702 | ***Prinz Eugen*** [Imp.] – Herzog von Anjou [Frkr.] |
| Lynn Haven Bay | 5. Sept. 1781 | Graves [Brit.] – Franzosen |
| Lys (Ypern IV) | 2.–29. April 1918 | Ludendorff [Dtld.] – Foch/Haig[Frkr./Brit.] |
| | | |
| Maastricht | 12. März – 8. April 1579 | Melchior [Stadt] – ***Alexander Farnese von Parma*** [Span.] |
| Macalo | 11. Okt. 1427 | ***Carmagnola*** [Ven.] – Malatesta [Mailand] |
| Madeira | 26. Dez. 1807 | ***Cochrane/Bowyer*** [Brit.] – Insel |
| Madonna del' Olmo | 30. Sept. 1744 | ***Louis de Conti/Don Felipe*** [Frkr./Span.] – Karl Emmanuel [Öst./Sard.] |
| Madras I | 14.–25. Sept. 1746 | ***Dupleix/La Bourdonnais*** [Frkr.] – Stadt [Brit.] |
| Madras II (St Thomé) | 4. Nov. 1746 | ***Paradis*** [Frkr./Sepoy] – Maphuze Khan |
| Madras III | 16. Dez. 1758 – Febr. 1759 | ***Lawrence*** [Brit.] – Lally-Tollendal [Frkr.] |
| Mafeking | 14. Okt. 1899 – 17. Mai 1900 | ***Baden-Powell*** [Brit.] – Cronje/Snyman [Buren] |
| Magdeburg, Belagerung | Nov. 1630 – 20. Mai 1631 | ***Pappenheim/Tilly*** [Imp.] – Falkenberg [Schwed.] |
| Magenta | 4. Juni 1859 | ***MacMahon*** [Frkr.] – Gyulay [Öst.] |
| Magersfontein | 11. Dez. 1899 | ***Cronje/De La Rey*** [Buren] – Methuen [Brit.] |
| Magnano | 5. April 1799 | ***Kray*** [Öst.] – Schérer [Frkr.] |
| Magnesia | 190 v. Chr. | Antiochos der Große [Syr.] – ***Cnaeus Domitius/Eumenes*** [Röm./Pergamon] |
| Maharatschpore | 29. Dez. 1843 | ***Gough*** [Brit.] – Marathen |
| Mahidpore | 23. Dez. 1817 | ***Hislop*** [Brit.] – Indore Marathen |
| Maia | 25. Juli 1813 | ***Pringle*** [Brit./Port.] – d'Erlon [Frkr.] |
| Maida | 6. Juli 1806 | ***Stuart*** [Brit.] – Reynier [Frkr.] |
| Mainz | 29. Okt. 1795 | ***Clerfayt*** [Öst.] – Pichegru [Frkr.] |
| Maiwand | 26. Juli 1880 | ***Ayub Khan*** [Afg.] – Burrows [Brit./Bengalen] |
| Majuba Hill | 27. Feb. 1881 | ***Joubert*** [Buren] – Colley [Brit.] |
| Malacca | 1513 | Sultan Mohammed [Malayen] – ***Albuquerque*** [Port.] |
| Málaga I | 17. April – 18. Aug. 1487 | Hamet Zeli [Mauren] – ***Ferdinand der Katholische*** [Span.] |
| Málaga II | 13. Aug. 1704 | ***Rooke*** [Brit./Holl.] – Comte de Toulouse [Frkr.] |
| Málaga III | 24. Aug. 1704 | Shovell [Brit.] – Saint-Aubin [Frkr.] |
| Malakow | 8. Sept. 1855 | ***Pélissier*** [Frkr.] – Fort [Russl.] |
| Malaya | 8. Dez. 1941 – 31. Jan 1942 | ***Yamashita*** [Jap.] – Percival [Brit.] |
| Malborghetto | 23. März 1797 | ***Masséna*** [Frkr.] – Erzherzog Karl [Öst.] |
| Maldon | 991 | Britnoth [Ang.-S.] – ***Olaf Triggvason*** [Dänen] |
| Malegnano | 8. Juni 1859 | ***Baraguay d'Hilliers*** [Frkr.] – Österreicher |
| Mallorca | 1706 | ***Leake*** [Brit.] – Spanier |
| Malojaroslawets | 24. Okt. 1812 | Eugène [Frkr.] – ***Kutusow*** [Russl.] |
| Malplaquet | 11. Sept. 1709 | ***Marlborough/Prinz Eugen*** [Brit./Imp.] – Villars/Boufflers [Frkr.] |
| Malta I | 19. Mai – 11. Sept. 1565 | ***Lavalette*** [Malteser-Ritter] – Mustafa Pascha/Piale [Türk.] |
| Malta II | 5. Sept. 1800 | ***Martin/Pigott*** [Brit.] – Franzosen |
| Mandonia | 338 v. Chr. | Archidamus [Gr.] – ***Lukanier*** |
| Mangalore | 20. Juni 1783 – 26. Jan. 1784 | ***Campbell*** [Brit.] – Tipu Sultan |
| Manila | 1. Mai 1898 | ***Dewey*** [USA] – Montojo [Span.] |
| Mannerheim-Linie | 1.–13. Feb. 1940 | ***Timoschenko*** [Russl.] – von Mannerheim [Finnen] |
| Mansura | 8. Feb. 1250 | ***Fakr-Ed-Din*** [Musl.] – König Ludwig IX. [Frkr./Kreuzritter] |
| Mantinea I | 418 v. Chr. | ***Agis*** [Sparta/Tegea] – Laches/Nikostratus [Athen] |
| Mantinea II | 362 v. Chr. | ***Epaminondas*** [Böotier] – Athen/Sparta/Mantinea |
| Mantinea III | 207 v. Chr. | ***Philopoemen*** [Achäer] – Machanidas [Spar.] |
| Mantua | 4. Juni 1796 – 2. Feb. 1797 | ***Napoleon*** [Frkr.] – Canto d'Yrles/Wurmser [Öst.] |

| | | |
|---|---|---|
| Manzikert | 1071 | ***Alp Arslan*** [Türk.] – Römer [Byz.] |
| Maogamaicha | 363 | Festung [Pers.] – ***Julian*** [Röm.] |
| Marathon | Sept. 490 v. Chr. | ***Miltiades*** [Ath./Platäer] – Datis [Pers.] |
| Marcianopolis | 376 | Lupicinus [Röm.] – ***Fritigern*** [Goten] |
| Mardis | 315 | ***Constantine*** [W-Röm. R.] – Licinius [O-Röm. R.] |
| Marengo | 14. Juni 1800 | ***Napoleon*** [Frkr.] – Melas [Öst.] |
| Margus | Mai 285 | Carinus – ***Diokletian*** |
| Marignano | 13.–14. Sept. 1515 | ***Franz I.*** [Frkr./Ven.] – von Winkelried [Schweiz] |
| Marne I | 8. Sept. 1914 | ***Joffre*** [Frkr.] – von Moltke [Dtld.] |
| Marne II | 15. Juli – 4. Aug. 1918 | Ludendorff [Dtld.] – Foch [Frkr.] |
| Marosch | 101 | Decebalus [Daker] – ***Trajan*** [Röm.] |
| Marsaglia | 4. Okt. 1693 | ***de Catinat*** [Frkr.] – Herzog von Savoyen [Öst./Span./Eng.] |
| Mars-la-Tour | 16. Aug. 1870 | ***Prinz Friedrich Karl*** [Dtld.] – Bazaine [Frkr.] |
| Marston Moor | 2. Juli 1644 | ***Manchester/Leven/Fairfax*** [Parl.] – Prinz Rupert [Roy.] |
| Martinesti | 23. Sept. 1789 | ***Prinz von Coburg/Suworow*** [Öst./Russl.] – Osman Pasha [Türk.] |
| Martinique I | 17. April 1780 | Rodney [Brit.] – de Guichon [Frkr.] |
| Martinique II | 1793 | ***Jervis***/Grey [Brit.] – Franzosen |
| Martinique III | 24. Feb. 1809 | ***Cochrane/Beckwith*** [Brit.] – de Joyeuse [Frkr.] |
| Martyropolis | 588 | ***Bahram*** [Pers.] – Römer |
| Maserfield | 642 | Oswald [Northum.] – ***Penda*** [Mercia] |
| Masulipatam | März 1759 | ***Forde*** [Brit.] – Lally [Frkr.] |
| Masurische Seen I | 9.–14. Sept. 1914 | ***von Moltke*** [Dtld.] – Zhilinsky [Russl.] |
| Masurische Seen II | 7.–22. Feb. 1915 | Hindenburg [Dtld.] – Russen |
| Matapan I | 19. Juli 1717 | ***Diedo*** [Venedig und Verbündete] – Kapudan Pascha Ibrahim Pascha [Türk.] |
| Matapan II | 26.–29. März 1941 | ***Cunningham*** [Brit.] – Iachino [It.] |
| Matschevitz | 10. Okt. 1794 | ***De Fersen*** [Russl.] – Kosciusko [Pol.] |
| Matschin | 10. Juli 1794 | ***Fürst Repnin*** [Russl.] – Jussuf Pasha [Türk.] |
| Mauritius | 3. Dez. 1810 | ***Abercromby*** [Brit.] – Decaen [Frkr.] |
| Maxen | 21. Nov. 1759 | ***Daun*** [Öst.] – Finck [Pr.] |
| Maypo | 5. April 1818 | ***San Martín*** [Chil. Patr.] – Osorio [Span. Roy.] |
| Medellin | 28. März 1809 | ***Victor*** [Frkr.] – Cuesta [Span.] |
| Medenine | 6. März 1943 | ***Montgomery*** [Brit.] – Rommel [Dtld.] |
| Medina del Rioseco | 14. Juli 1808 | ***Bessières*** [Frkr.] – Cuesta/Blake [Span.] |
| Medina | 625 | ***Mohammed*** [Musl.] – Abu Sophian [Koresch] |
| Meerut (Meuterei) | 10. Mai 1857 | ***Sepoy*** – Garnison [Brit.] |
| Meerut | 1398 | Festung – ***Timur*** [Tat.] |
| Megaletaphrus | 740 v. Chr. | Aristomenes [Messener] – ***Spartaner*** |
| Megalopolis I | 331 v. Chr. | Agis [Spar.] – ***Antipater*** [Mak.] |
| Megalopolis II | 226 v. Chr. | ***Kleomenes*** [Spar.] – Aratus [Achäer] |
| Megiddo I | 1469 v. Chr. | ***Thutmosis III.*** [Äg.] – Rebellen |
| Megiddo II | 610 v. Chr. | ***Necho*** [Äg.] – Josiah [Juda] |
| Megiddo III | 19.–21. Sept. 1918 | ***Allenby*** [Brit.] – von Sanders [Türk.] |
| Meiktila | 28. Feb. – 3. März 1945 | ***Slim*** [Brit.] – Katamura [Jap.] |
| Meldorp | 1500 | Johann von Dänemark [Dänen] – ***Dithmarscher*** |
| Melitene | 578 | Tiberius [Imp.] – Chosroes [Pers.] |
| Memphis (Stadt) | 6. Juni 1862 | ***Davis*** [Union] – Montgomery [Konf.] |
| Memphis | 638 | ***Amron*** [Musl.] – Stadt |
| Menin | 13. Sept. 1793 | ***Houchard*** [Frkr.] – Prinz von Oranien [Holl.] |
| Menorca I | 20. Mai 1756 | ***de la Galissonière*** [Frkr.] – Blakeney/Byng [Brit.] |
| Menorca II | 22. Juli 1781 – 5. Feb. 1782 | ***de Crillon*** [Frkr./Span.] – Murray [Brit.] |
| Mensourah | 1249 | Ludwig IX. [Frkr.] – ***Muslime*** |
| Mentana | 3. Nov. 1866 | ***de Failly*** [Frkr./Kirchst.] – Garibaldi [It.] |
| Mergentheim | 2. Mai 1645 | Turenne [Frkr.] – ***Mercy*** [Imp.] |
| Mérida | 712 | Stadt [Span.] – ***Musa*** [Mauren] |
| Mersa Matruh | 27.–28. Juni 1942 | ***Deutsche*** – Briten |
| Merseburg | 934 | ***Heinrich der Vogler*** [Dtld.] – Ungarn |
| Merta | 1561 | Radschput Radscha von Malwar – ***Sharf-ud-din Hussein*** |
| Merton | 871 | Alfred [W. Sachs.] – ***Dänen*** |
| Merv | 651 | ***Othman*** [Musl.] – Firuz II. [Sassaniden] |
| Messina | 2. Okt. 1284 | ***de Lauria*** [Siz./Katal.] – Karl von Anjou [Frkr.] |
| Messines | 10.–11. April 1917 | Haig [Brit.] – Kronprinz Rupprecht von Bayern [Dtld.] |
| Metaurus | 207 v. Chr. | ***Claudius Nero/Marcus Livius*** [Röm.] – Hasdrubal [Karth.] |

| | | |
|---|---|---|
| Methven | 19. Juni 1306 | Bruce [Schotten] – ***Earl of Pembroke*** [Engl.] |
| Metz | 27. Okt. 1870 | ***Prinz Friedrich Karl*** [Dtld.] – Bazaine [Frkr.] |
| Mexico Stadt: siehe Tenochtitlan | | |
| Miani (Meeanee) | 17. Feb. 1843 | ***Napier*** [Brit.] – Amirs of Sind [Belutschen] |
| Middelburg | Winter 1593 – 18. Feb. 1594 | Mondragon [Span.] – Freiheitskämpfer |
| Midway | 4.–7. Juni 1942 | ***Nimitz*** [USA] – Yamamoto [Jap.] |
| Milazzo | 20. Juli 1860 | ***Garibaldi*** [It. Freiwillige] – Bosco [Neap.] |
| Miletopolis | 86 v. Chr. | ***Flavius Fimbria*** [Röm.] – Mithridates [Pontos] |
| Mill Springs | 19.–20. Jan. 1862 | ***Thomas*** [Union] – Crittenden [Konf.] |
| Millesimo | 14. April 1796 | ***Napoleon*** [Frkr.] – Provera [Öst.] |
| Minden | 1. Aug. 1759 | ***Ferdinand von Braunschweig*** [Hann./Brit./Pr.] – Louis de Contades [Frkr.] |
| Ming Chiao | um 1523 v. Chr. | Schao Dynastie – ***Schang Dynastie*** |
| Mingolsheim | 27. April 1622 | ***von Mansfeldt*** [Dt. Prot.] – Tilly [Bay.] |
| Miohosaki | Sept. 764 | Oshikatsa [Jap. Rebellen] – ***Saiki-no-Sanya*** [Imp.] |
| Miraflores | 15. Jan. 1881 | ***Baquedano*** [Chil.] – Peruaner |
| Missolonghi | 27. April 1825 – 23. April 1826 | ***Reschid Pascha*** [Türk.] – Griechen |
| Mita Caban | 1362 | ***Timur*** [Tat.] – Khan Elias |
| Miyako I | Juni 1353 | ***Moronoshi*** [Rebellen] – Yoshinori [Südreich] |
| Miyako II | 30. Dez. 1391 | Mitsuyaki [Idzumo/Idzumi] – ***Gokameyama*** [Südreich] |
| Mobile Bay | 5. Aug. 1864 | ***Farragut*** [Union] – Buchanon [Konf.] |
| Modder River | 28. Nov. 1899 | ***Methuen*** [Brit.] – Cronje/De La Rey [Buren] |
| Mohács I | 29. Aug. 1526 | ***Suleiman der Prächtige*** [Türk.] – Ludwig II./Tomore [Ung.] |
| Mohács II | 12. Aug. 1687 | ***Karl von Lothringen/Max-Emmanuel von Bayern*** [Öst./Ung./Pol.] – Mohammed IV. [Türk.] |
| Mohilev | 23. Juli 1812 | ***Davout*** [Frkr.] – Raievsky [Russl.] |
| Mohrungen | 25. Jan. 1807 | Bernadotte [Frkr.] – ***Markow*** [Russl.] |
| Molinos del Rey | 21. Dez. 1808 | ***St. Cyr*** [Frkr.] – del Caldagues [Span.] |
| Mollwitz | 10. April 1741 | ***von Schwerin*** [Pr.] – Neipperg [Öst.] |
| Monarda | 18. März 1501 | Di Cifuentes/de Aguilar [Span.] – ***Mauren*** |
| Monastir | 5. Nov. 1912 | ***Serbien/Griechenland*** – Türken |
| Mondovi | 21. April 1796 | ***Napoleon*** [Frkr.] – Colli [Öst./Piem.] |
| Monogahela | 9. Juli 1755 | ***Contrecœur*** [Frkr./Ind.] – Braddock [Brit./Virg.] |
| Mons Graupius | 84 | ***Agricola*** [Röm.] – Galgacus [Kaledonier] |
| Mons Lactarius | März 553 | ***Narses*** [Röm.] – Teias [Goten] |
| Mons | 23. Aug. 1914 | ***Kluck*** [Dtld.] – Franzosen [Brit.] |
| Mons-en-Puelle | 1304 | ***Philipp IV.*** [Frkr.] – Flamen |
| Montcontour | 3. Okt. 1569 | ***Herzog von Anjou/de Tavannes*** [Kath.] – Le Béarnais [Hug.] |
| Monte Aperto | 4. Sept. 1260 | Guelfen – ***Manfred von Sizilien*** [Ghib.] |
| Monte Caseros | 3. Feb. 1852 | ***Urquiza*** [Rebellen] – Rosas [Arg.] |
| Monte Cassino: siehe Cassino | | |
| Montebello I | 9. Juni 1800 | ***Napoleon*** [Frkr.] – Ott [Öst.] |
| Montebello II | 20. Mai 1859 | Stadion [Öst.] – ***Forey*** [Frkr.] |
| Montenotte | 12. April 1796 | ***Napoleon*** [Frkr.] – Beaulieu [Öst.] |
| Montereau | 18. Feb. 1814 | ***Napoleon*** [Frkr.] – Schwarzenberg [Alliierte] |
| Monterrey | 20.–24. Sept. 1846 | ***Taylor*** [Amer.] – de Ampudia [Mex.] |
| Montevideo I | 3. Feb. 1807 | ***Auchmuty*** [Brit.] – Stadt |
| Montevideo II | 8. Okt. 1851 | ***Urquiza*** [Urug./Bras./Parag.] – Oribe [Arg.] |
| Montevideo III | Aug. 1863 | Flores [Urug. „Colorados"] – ***Medina*** [Urug. „Blancos"] |
| Montfaucon | Sept. 886 | ***Eudes*** [Frkr.] – Normannen |
| Montiel | 1369 | ***du Guesclin*** [Frkr. Rebellen] – Peter II. von Kastilien [Span.] |
| Montlhéry | 13. Juli 1465 | Ludwig XI. [Roy.] – ***Karl der Kühne*** [Burgund] |
| Montmartre: siehe Paris I | | |
| Montmirail | 11. Feb. 1814 | ***Napoleon*** [Frkr.] – Yorck [Alliierte] |
| Montmorenci | 31. Juli 1759 | ***Montcalm*** [Frkr.] – Wolfe [Brit.] |
| Montreal | 8. Sept. 1760 | ***Amherst*** [Brit.] – Lévis [Frkr.] |
| Moodkee | 18. Dez. 1845 | ***Gough*** [Brit.] – Tej Singh [Sikhs] |
| Mookesheyde | 14. April 1574 | ***Don Sancho d'Avila*** [Span.] – Herzog Ludwig von Nassau [Holl.] |
| Morat | 22. Juni 1476 | ***Waldmann*** [Schweiz] – Karl der Kühne [Burg.] |
| Morawa | 3. Nov. 1443 | ***Hunyadi*** [Ung.] – Murad II. [Türk.] |
| Morazzone | 1848 | Garibaldi [It.] – ***d'Aspre*** [Öst.] |
| Morella | 23.–30. Mai 1840 | Cabrera [Karlisten] – ***Espartero*** [Cris.] |
| Morgarten | 15. Nov. 1315 | ***Schweizer Kantone*** – Leopold [Öst.] |

| | | |
|---|---|---|
| Morshedabad | 24. Juli 1763 | ***Adams*** [Brit.] – Mir Cossim [Bengalen] |
| Mortara | 21. März 1849 | Duke of Savoy/Darando [Piem.] – ***Radetzky*** [Öst.] |
| Mortimer's Cross | 2. Feb. 1461 | ***Edward*** [York] – Earl of Pembroke /Earl of Wiltshire [Lanc.] |
| Mortlack | 1010 | Sweyn [Dänen] – ***Malcolm II.*** [Schotten] |
| Moskau | Dez. 1941 – Jan. 1942 | ***Schukow*** [Russl.] – Bock [Dtld.] |
| Möskirch | 5. Mai 1800 | ***Moreau*** [Frkr.] – Kray [Öst.] |
| Motya | 398 v. Chr. | ***Dionysios*** [Syrak.] – Stadt [Karth.] |
| Mühlberg | 24. April 1547 | ***Herzog von Alba*** – Friedrich von Sachsen/ Landgraf von Hessen [Dt. Prot.] |
| Mühldorf | 1322 | ***Ludwig der Bayer*** [Imp.] – Friedrich der Schöne von Österreich |
| Mühlhausen | 58 v. Chr. | ***Julius Cäsar*** [Röm.] – Ariovistus [Sequaner] |
| Mukden | 21. Feb. – 10. März 1905 | ***Oyama*** [Jap.] – Kuropatkin [Russl.] |
| Mulhouse | 7.–10. Aug. 1914 | ***Heeringen*** [Dtld.] – Bonneau [Frkr.] |
| Multan | Sept. 1848 – 22. Jan. 1849 | ***Whish*** [Brit.] – Mulraj [Sikhs] |
| Munda | 17. März 45 v. Chr. | Sextus/Labienus [Pomp.] – ***Julius Cäsar*** [Caes.] |
| Muret | 12. Sept. 1213 | ***de Montfort*** [Frkr. Kath.] – Graf vonToulouse/ Peter II. von Aragonien [Albigenser] |
| Murfreesboro | 31. Dez. 1862 – 2. Jan. 1863 | Brigg [Konf.] – Rosecrans [Union] |
| Mursa | 28. Sept. 351 | Magnentius – ***Constantius*** |
| Muta | 629 | Zaid/Khaled [Musl.] – ***Heraclius*** [Imp.] |
| Mutina | 16.–27. April 43 v. Chr. | Mark Anton – Hirtius/Oktavius/Vibius Pansa |
| Mycale | Aug. 479 v. Chr. | ***Leotychidas*** [Gr.] – Perser |
| Mylae I | 260 v. Chr. | ***Caius Duilius*** [Röm.] – Hannibal [Karth.] |
| Mylae II: siehe Naulochus | | |
| Myonnesus | 190 v. Chr. | ***Caius Livius*** [Röm.] – Polyxenides [Syr.] |
| Mytilene I | 428–427 v. Chr. | Stadt/Alcidas [Pelop.] – ***Paches*** [Ath.] |
| Mytilene II | 406 v. Chr. | ***Kallikratidas*** [Pelop.] – Konon [Ath.] |
| Näfels | 9. April 1388 | Tockenburg [Öst.] – ***Glarus*** [Schweiz] |
| Nagy-Sarló | 19. April 1849 | ***Görgey*** [Ung.] – Österreicher |
| Nahavend | 637 | ***Said*** [Musl.] – Perser |
| Naissus | 269 | ***Claudius Gothicus*** [Imp.] – Goten |
| Namur | 20.–25. Aug. 1914 | ***von Bülow*** [Dtld.] – Belgier |
| Nangis | 17. Feb. 1814 | Graf Pahlen [Russl.] – ***Victor*** [Frkr.] |
| Nanshan | 26. Mai 1904 | ***Oku*** [Jap.] – Stoessel [Russl.] |
| Narotsch-See | 18. März – 14. April 1916 | Zar Nikolaus [Russl.] – Hindenburg [Dtld.] |
| Narva | 20. Nov. 1700 | ***Karl XII.*** [Schwed.] – Dolgorouky [Russl.] |
| Narvik I | 10. April 1940 | ***Norweger/Briten*** – Deutsche |
| Narvik II | 24. April – 26. Mai 1940 | ***Norweger/Briten/Franzosen*** – Deutsche |
| Naseby | 14. Juni 1645 | ***Fairfax/Cromwell*** [Parl.] – Prinz Rupert/Karl I. [Roy.] |
| Nashville | 15.–16. Dez. 1863 | ***Thomas*** [Union] – Hood [Konf.] |
| Naulochus | 3. Sept. 36 v. Chr. | Sextus Pompeius [Pomp.] – ***Agrippa*** [Triumvirat] |
| Naupactus | 429 v. Chr. | ***Phormio*** [Ath.] – Knemas [Pelop.] |
| Navarino | 20. Okt. 1827 | ***Codrington/de Rigny/Heiden*** [Brit./Frkr./Russl.] – Ibrahim Pascha [Türk./Äg.] |
| Navarrete | 3. April 1367 | ***Schwarzer Prinz*** [Engl.] – du Guesclin/de Trastamare [Frkr./Kast.] |
| Naxos | Sept. 376 v. Chr. | ***Chabrias*** [Ath.] – Pollio [Spar.] |
| Nechtan's Mere | 20. Mai 685 | ***Brude*** [Pikten] – Ecgfrith [Northum.] |
| Nedao | 455 | Hunnen – Hunnen |
| Neerwinden I | 29. Juli 1693 | ***Luxembourg*** [Frkr.] – Wilhelm III. [Brit./Holl.] |
| Neerwinden II | 18. März 1793 | ***Sachsen-Coburg*** [Öst.] – Dumouriez [Frkr.] |
| Negapatam I | 25. Juli 1746 | Peyton [Brit.] – La Bourdonnais [Frkr.] |
| Negapatam II | 21. Okt. 1781 | ***Braithwaite*** [Brit.] – Garnison [Holl./Mys.] |
| Negapatam III | 1782 | Hughes [Brit.] – Suffren [Frkr.] |
| Neon | 354 v. Chr. | Philomelus [Phöker] – ***Thebaner*** |
| Neuve-Chapelle | 10.–13. März 1915 | Falkenhayn [Dtld.] – French [Brit.] |
| Neuwied | 18. April 1797 | ***Hoche*** [Frkr.] – Werneck [Öst.] |
| Neville's Cross | 17. Okt. 1346 | ***Percy/Neville*** [Eng] – David II. [Schotten] |
| New Market | 15. Mai 1864 | ***Breckenridge*** [Konf.] – Sigel [Union] |
| New Orleans | 8. Jan. 1815 | ***Jackson*** [Amer.] – Pakenham [Brit.] |
| New Ross | 5. Juni 1799 | ***Johnstone*** [reguläre Truppen] – Roche/Harvey [Rebellen] |
| Newbury | 20. Sept. 1643 | Karl I [Roy.] – Essex [Parl.] |
| Newtown Butler | 2. Aug. 1689 | ***Wolseley*** [Prot.] – MacCarthy [Kath.] |

| | | |
|---|---|---|
| Niagara | Juni 1759 | ***Prideaux/Johnson*** [Brit./Ind.] – Pouchot [Frkr.] |
| Nicaea I | 193 | ***Septimus Severus*** [Pann.] – C. P. Niger Justus [Syr.] |
| Nicaea II | 14. Mai – 19. Juni 1097 | ***Kreuzritter/Alexius*** [Byz.] – Sarazenen |
| Nicholson's Nek | 30. Okt. 1899 | ***Joubert*** [Buren] – Carleton [Brit.] |
| Nicopolis I | 66 v. Chr. | ***Pompeius*** [Röm.] – Mithridates [Pontos] |
| Nicopolis II | 47 v. Chr. | Domitius Calvinus [Röm.] – Pharnakis [Bosporanisches Reich] |
| Nieuport I | 2. Juli 21600 | ***Moritz von Nassau*** [Holl.] – Erzherzog Albert [Span.] |
| Nieuport II: siehe Dunes | | |
| Nikko | 1868 | ***Saigo Takamori*** [Imp.] – Otori Keisuke [Schogun] |
| Nikopol | 1396 | ***Bajezid I.*** [Türk.] – Johan Ohnefurcht [Frkr./Ung.] |
| Nil (Abukir) | 1. Aug. 1798 | ***Nelson*** [Brit.] – Brueys [Frkr.] |
| Nildelta | Feb. 47 v. Chr. | ***Julius Cäsar/Mithridates*** [Caes.] – Ptolemaios [Pomp.] |
| Ninive | 1. Dez. 627 | ***Herakleios*** [Imp.] – Rhazates [Pers.] |
| Niquitas | 1813 | ***Bolívar*** [Kol.] – Spanische Royalisten |
| Nisib | 23. Juni 1839 | ***Ibrahim*** [Syr./Äg.] – Hafiz Pascha [Türk.] |
| Nisibis I | 338 | ***Festung*** – Sapor II. [Pers.] |
| Nisibis II | 346 | ***Festung*** – Sapor II. [Pers.] |
| Nisibis III | 350 | ***Lucilianus*** [Festung] – Sapor II [Pers.] |
| Nissa | 1064 | Sweyn II. [Dänen] – ***Harald Hardrada*** [Norwegen] |
| Nive | 9.–12. Dez. 1813 | ***Wellington*** [Brit./Port.] – Soult [Frkr.] |
| Nivelle | 10. Nov. 1813 | ***Wellington*** [Brit.] – Soult [Frkr.] |
| Noisseville | 31. Aug. 1870 | Bazaine [Frkr.] – ***Prinz Friedrich Karl*** [Dtld.] |
| Nordkap | 26. Dez. 1943 | ***Fraser*** [Brit.] – Bey [Dtld.] |
| Nördlingen I | 6. Sept. 1634 | ***Ferdinand von Ungarn*** [Imp.] – Herzog von Sachsen-Weimar/ Graf Horn [Dtld./Schwed.] |
| Nördlingen II | 3. Aug. 1645 | ***Großer Condé*** [Frkr.] – Mercy [Imp.] |
| Normandie | 6. Juni – 27. Juli 1944 | ***Montgomery*** [Alliierte] – Rommel [Dtld.] |
| North Foreland I | 2.–6. Juni 1653 | Monck [Engl.] – Tromp [Holl.] |
| North Foreland II | 25. Juli 1666 | ***Albemarle/Prinz Rupert*** [Engl.] – van Tromp/de Ruyter [Holl.] |
| Northampton | 10. Juli 1460 | Heinrich VI. [Lanc.] – ***Earl of Warwick*** [York] |
| Noryang | Nov. 1598 | ***Yi Sun-sin*** [Kor.] – Japaner |
| Notion | 407 v. Chr. | ***Lysander*** [Pelop.] – Athener |
| Nova Carthago | 209 v. Chr. | Mago [Karth.] – ***Scipio*** [Röm.] |
| Novara | 23. März 1849 | ***Radetzky*** [Öst.] – Chrzanowski [Piem.] |
| Novara | 6. Juni 1515 | ***Schweiz*** – La Tremouille [Frkr.] |
| Novi Ligure | 15. Aug. 1799 | ***Suworow*** [Russl./Öst.] – Joubert [Frkr.] |
| Noyon-Montdidier | 1918 | Ludendorff [Dtld.] – Foch [Frkr.] |
| Nuadydroog | 19. Okt. 1791 | ***Cornwallis*** [Brit./Mar.] – Mysore |
| Oberstein | 1533 | ***Tarnowski*** [Pol.] – Bogdan [Wall.] |
| Obligado | 20. Nov. 1845 | ***Franzosen/Briten*** – Mansilla [Arg.] |
| Ocaña | 19. Nov. 1809 | ***Soult*** [Frkr.] – Areizaga [Span.] |
| Ocean Pond: siehe Olustee | | |
| Ockley | 851 | Dänen – ***Ethelwulf*** [W. Sachs.] |
| Oeland I | 11. Juni 1676 | ***Tromp*** [Dän./Holl. Alliierte] – Creutz [Schwed.] |
| Oeland II | 26. Juli 1789 | Herzog Karl [Schwed.] – Tschitschagow [Russl.] |
| Oeland: siehe Entholm | | |
| Oenophyta | 457 v. Chr. | ***Myronides*** [Ath.] – Thebaner/Böotier |
| Ofen | 4.–21. Mai 1849 | Hentzi [Öst.] – ***Görgey*** [Ung.] |
| Ohud | 623 | Mohammed [Musl.] – ***Abu Sophian*** [Koresch] |
| Okinawa | 1. April – 2. Juli 1945 | ***Buckner*** [USA] – Ushijima [Jap.] |
| Okpo | Mai 1592 | ***Yi Sun-sin*** [Kor.] – Japaner |
| Olmedo | 1467 | Erzbischof von Toledo [Rebellen] – ***Heinrich von Kastilien*** [Span. Roy.] |
| Olmütz | Mai 1758 | ***Stadt*** [Öst.] – Friedrich der Große [Pr.] |
| Olpae | 426 v. Chr. | ***Demosthenes*** [Ath.] – Eurylochus |
| Oltenitza | 4. Nov. 1853 | ***Omar Pascha*** [Türk.] – Russen |
| Olustee | 20. Feb. 1864 | ***Finegan*** [Konf.] – Seymour [Union] |
| Omdurman | 2. Sept. 1898 | ***Kitchener*** [Brit./Äg./Sud.] – Khalifa Abdullahi [Derwische] |
| Oondwa Nullah | Sept. 1763 | ***Adams*** [Brit.] – Mir Cossim |
| Ooscata | 23. Aug. 1768 | ***Morari Rao*** [Mahd.] – Hyder Ali [Mys.] |
| Oostende | 5. Juli 1601 – 14. Sept. 1604 | ***Erzherzog Albert*** [Span.] – Stadt |
| Opequan Creek | 19. Sept. 1864 | ***Sheridan*** [Union] – Early [Konf.] |
| Oporto | 12. Mai 1809 | ***Wellesley*** [Brit.] – Soult [Frkr.] |

| | | |
|---|---|---|
| Oran | 17. Mai 1509 | ***Jiménez/Navarro*** [Span.] – Mauren |
| Orchomenus | 85 v. Chr. | Archelaus [Pontos] – ***Sulla*** [Röm.] |
| Ordovici | 50 | ***Ostorius Scapula*** [Röm.] – Caractacus [Britannier] |
| Orléans I | 12. Okt. 1428–1429 | ***Dunois/Jeanne d'Arc*** [Frkr.] – Herzog von Bedford/Suffolk [Engl.] |
| Orléans II | 2.–4. Dez. 1870 | ***Friedrich Karl*** [Dtld.] – d'Aurelle de Paladines [Frkr.] |
| Orthez | 27. Feb. 1814 | ***Wellington*** [Brit./Port.] – Soult [Frkr.] |
| Oruro | 1862 | ***Acha*** [Bol. Reg.] – Pérez [Rebellen] |
| Oslo | 9.–10. April 1940 | ***Deutsche*** – Norweger |
| Ostia | 1500 | Guerri [Frkr.] – ***de Cordova*** [Span.] |
| Ostrach | 21. März 1799 | ***Karl*** [Öst.] – Jourdan [Frkr.] |
| Ostrolenka | 1853 | ***Omar Pascha*** [Türk.] – Russen |
| Ostrovno | 25.–26. Juli 1812 | ***Murat*** [Frkr.] – Ostermann-Tolstoi [Russl.] |
| Oswego | 11. Aug. 1756 | ***Montcalm*** [Frkr.] – Mercer [Brit.] |
| Otrar | 1219 | Gazer Khan [Stadt] – ***Oktai/Zagatai*** [Mong.] |
| Otschakow I | 1737 | ***Graf Münnich*** [Russl.] – Festung [Türk./Bos.] |
| Otschakow II | 1788 | ***Potemkin*** [Russl.] – Festung |
| Otterburn | 19. Aug. 1388 | ***Douglas*** [Schotten] – Henry Percy [Engl.] |
| Otumba | 8. Juli 1520 | ***Cortés*** [Span.] – Azteken |
| Oudenarde | 11. Juli 1708 | ***Marlborough/Prinz Eugen*** [Brit./Imp.] – Herzog von Burgund/Vendôme [Frkr.] |
| Paardeberg | 18.–27. Feb. 1900 | ***Franzosen/Kitchener*** [Brit.] – Cronje [Buren] |
| Pabon | 17. Sept. 1861 | ***Mitre*** [Buenos Aires] – Urquiza [Arg. Konf.] |
| Pagahar | 1825 | ***Campbell*** [Brit.] – Zay-ya-Thayan [Burma] |
| Palais Gallien | 5. Sept. 1649 | de la Meilleraic [Roy.] – Duc de Bouillon/Duc de la Rochefoucauld [Bordelais] |
| Palermo I | 2. Juni 1676 | ***Comte de Vivonne*** [Frkr.] – Spanier/Holländer |
| Palermo II | 26.–27. Mai 1848 | ***Garibaldi*** [It.] – Lanza [Neap.] |
| Palestrina | 9. Mai 1849 | ***Garibaldi*** [It.] – Ferdinand [Neap.] |
| Palestro | 30. Mai 1859 | ***Napoleon*** [Frkr./Piem.] – Gyusas [Öst.] |
| Palmyra | 272 | ***Aurelian*** [Röm.] – Stadt |
| Palo Alto | 8. Mai 1846 | ***Taylor*** [USA] – Arista [Mex.] |
| Panama City | 2. Jan. 1671 | ***Henry Morgan*** [Piraten] – Guzman [Span. Garnsion] |
| Panama | 25. April 1680 | ***Coxon*** [Piraten] – Spanier |
| Pandosia | 331 v. Chr. | Alexander von Epirus [Gr.] – ***Lukaner*** |
| Panipat I | 20. April 1526 | ***Babur*** [Mog.] – Ibrahim [Delhi] |
| Panipat II | 5. Nov. 1556 | ***Akbar*** [Mog.] – Hemu [Hindu-Radschas] |
| Panipat III | 14. Jan. 1761 | Marathen – ***Ahmed Shah Abdali*** [Afg.] |
| Panormus | 250 v. Chr. | ***L. Caecilius Metellus*** [Röm.] – Hasdrubal [Karth.] |
| Parambakum | 10. Sept. 1780 | ***Hyder Ali*** [Mys.] – Munro/Baillie [Brit.] |
| Paraná | 1866 | López [Parag.] – ***Porto Alegre*** [Bras./Arg./Urug.] |
| Paris I | 30. März 1814 | ***Schwarzenberg*** [Alliierte] – Marmont [Frkr.] |
| Paris II | 19. Sept. 1870 – 28. Jan. 1871 | ***von Moltke*** [Dtld.] – Trochu [Stadt] |
| Parkany | Aug.–Sept. 1663 | ***Ahmed Kopralu Pascha*** [Türk.] – Graf Forgasch [Ung.] |
| Parma | 29. Juni 1734 | ***De Coigny*** [Frkr.] – de Mercy [Imp.] |
| Paros, Insel | Juli 1651 | Mocenigo [Ven.] – Türken |
| Paschendaele | 12. Okt. – 10. Nov. 1917 | Haig [Brit.] – von Armin [Dtld.] |
| Paso de la Patria | 24. Mai 1866 | López [Parag.] – ***Porto Alegre*** [Bras./Arg./Urug.] |
| Patay | 18. Juni 1429 | ***Jeanne d'Arc/Herzog von Alençon*** [Frkr.] – Talbot/Fastolfe [Engl.] |
| Patila | 1394 | ***Timur*** [Tat.] – Schah Mansur [Pers.] |
| Pavia I | 271 | ***Aurelian*** [Röm.] – Alemannen |
| Pavia II | 568–571 | ***Alboin*** [Lombarden] – Stadt |
| Pavia III | 22. Mai 1431 | ***Mailand*** – Treviso [Ven.] |
| Pavia IV | 25. Feb. 1525 | ***Lannoy*** [Imp.] – Franz I. [Frkr.] |
| Pea Ridge | 7.–8. März 1862 | Van Dorn [Konf.] – Curtis [Union] |
| Peach Tree Creek | 20. Juli 1864 | ***Thomas*** [Union] – Hood [Konf.] |
| Pearl Harbor | 7. Dez. 1941 | ***Nagumo*** [Jap.] – USA |
| Peipus-See | 5. April 1242 | ***Newski*** [Nowgorod] – Deutscher Orden |
| Peking | 1215 | ***Dschingis Khan*** [Mong.] – Stadt |
| Peking | 20. Juni – 14. Aug. 1900 | ***Macdonald/Seymour*** [Alliierte] – Chinesen [Pro-Boxer] |
| Pelekanon | 1329 | ***Orkhan*** [Türk.] – Andronicus der Jüngere [Imp.] |
| Pelischat | 30. Aug. 1877 | Türken – ***Zotoff*** [Russl.] |
| Pelusium I | 525 v. Chr. | ***Kambyses*** [Pers.] – Psamtek [Äg.] |

| | | |
|---|---|---|
| Pelusium II | 321 v. Chr. | Perdiccas [Mak.] – ***Ptolemaios Lagus*** [Äg.] |
| Pen Selwood | 1016 | ***Edmund Ironside*** [Ang.-S.] – Knut [Dänen] |
| Peña Cerrada | 21. Juni 1838 | Gergue [Karl.] – ***Espartero*** [Cris.] |
| Penobscot Bay | 25. Juli – 14. Aug. 1779 | ***Collier*** [Brit.] – Amerikaner |
| Pered | 21. Juni 1849 | Görgey [Ung.] – ***Fürst Windischgrätz*** [Öst./Russl.] |
| Perisabor | Mai 363 | Festung [Sassaniden] – ***Julian*** [Röm.] |
| Perpignan | 1474–1475 | ***Du Lude*** [Frkr.] – Festung [Span.] |
| Perryville | 8. Okt. 1862 | Buell [Union] – ***Bragg*** [Konf.] |
| Persepolis | 316 v. Chr. | ***Antigonus*** [Mak.] – Eumenes [Asien] |
| Peschawar | 1001 | ***Machmud von Ghasni*** [Afg.] – Dschaipal von Lahore [Pandschab] |
| Petersburg | 15.–18. Juni 1864 | ***Beauregard*** [Konf.] – Butler/Smith [Union] |
| Petersburg, Belagerung | 30. Juni 1864 – 3. April 1865 | Lee [Konf.] – ***Grant*** [Union] |
| Peterwardein | 5. Aug. 1716 | ***Prinz Eugen*** [Imp.] – Darnad Ali Pascha [Türk.] |
| Pharsalos I | 9. Aug. 48 v. Chr. | Pompeis [Pomp.] – ***Cäsar*** [Caes.] |
| Pharsalos II | 6. Mai 1897 | ***Edhem Pascha*** [Türk.] – Griechen |
| Philiphaugh | 13. Sept. 1645 | ***Leslie*** [Cov.] – Montrose [Roy.] |
| Philippi (Doppelschlacht) | 42 v. Chr. | Brutus/Cassius [Republikaner] – ***Octavius/Anton*** [Triumvirat] |
| Philippinen (zur See) | 19.–20. Juni 1944 | ***Mitscher*** [USA]/Alliierte – Toyoda [Jap.] |
| Philippopolis I | 251 | City – ***Cniva*** [Goten] |
| Philippopolis II | 17. Feb. 1878 | ***Gourko*** [Russl.] – Fuad Pascha/Schakir Pascha [Türk.] |
| Philippsburg | 1734 | ***Herzog von Berwick*** [Frkr.] – Festung [Imp.] |
| Phyllacia | 233 v. Chr. | ***Demetrius*** [Mak.] – Achäischer Bund |
| Piave | 15.–22. Juni 1918 | Straussenburg [Öst.] – Diaz [It.] |
| Pieters Hill | 19.–27. Feb. 1900 | ***Buller*** [Brit.] – Buren |
| Pinkie Cleugh | 10. Sept. 1547 | ***Somerset*** [Engl.] – Earl of Huntly [Schotten] |
| Pirna | 26. Aug. 1813 | ***Vandamme*** [Frkr.] – Eugen von Württemberg [Alliierte] |
| Pirot | 26.–27. Nov. 1885 | ***Prinz Alexander*** [Bulg.] – Milan [Serben] |
| Pjönjang | 15. Sept. 1894 | ***Nodzu*** [Jap.] – Chinesen |
| Placentia | 271 | Aurelian [Röm.] – Alemannen |
| Plains of Abraham | 13. Sept. 1759 | ***Wolfe*** [Brit.] – Montcalm [Frkr.] |
| Plassey | 23. Juni 1757 | ***Clive*** [Brit.] – Suraj-ud-Daula [Bengalen] |
| Plataiai I | 479 v. Chr. | ***Pausanias*** [Gr.] – Mardonius [Pers.] |
| Plataiai II | 429–427 v. Chr. | Stadt [Plataiai/Ath.] – ***Archidamus*** [Spar.] |
| Plattsburg | 11. Sept. 1814 | ***Macomb*** [Amer.] – Prevost [Brit.] |
| Plescow | 20. Aug. 1615 | Gustav Adolf [Schwed.] – Festung [Russl.] |
| Plevna | 20. Juli – 10. Dez. 1877 | ***Krudener/Großfürst Michael*** [Russl.] – Osman Pascha [Türk.] |
| Podhaic | 1667 | ***Sobieski*** [Pol.] – Kosaken/Tataren |
| Podol | 26. Juni 1866 | ***Prinz Friedrich Karl*** [Pr.] – Clam-Gallas [Öst.] |
| Poitiers I | 507 | ***Chlodwig*** [Franken] – Alarich II. [Westgoten] |
| Poitiers II | 19. Sept. 1356 | ***Eduard der Schwarze Prinz*** [Engl.] – Johann [Frkr.] |
| Pola | 1380 | ***Doria*** [Gen.] – Pisani [Venedig] |
| Pollentia | 6. April 402 | Alarich [Goten] – ***Stilicho*** [Röm.] |
| Pollilur | 27. Aug. 1781 | ***Coote*** [Brit.] – Haidar Ali [Mys.] |
| Polonka | 1667 | Russen – ***Czarnieçki*** [Pol.] |
| Polotsk I | 16.–18. Aug. 1812 | ***Oudinot/Saint Cyr*** [Frkr./Bay.] – Wittgenstein [Russl.] |
| Polotsk II | 18.–20. Okt. 1812 | ***Oudinot*** [Frkr.] – Wittgenstein [Russl.] |
| Poltava | 8. Juni 1709 | ***Peter der Große*** [Russl.] – Karl XII. [Schwed.] |
| Pondicherry I | Aug.–Okt. 1748 | Boscawen [Brit.] – ***Dupleix*** [Frkr.] |
| Pondicherry II | Aug. 1760 – 15. Jan. 1761 | ***Coote/Monson*** [Brit.] – Lally-Tollendal [Frkr.] |
| Pondicherry III | 20. Juni 1783 | Hughes [Brit.] – de Suffren [Frkr.] |
| Pondicherry IV | 10. Aug. 1778 | ***Vernon*** [Brit.] – Tronjolly [Frkr.] |
| Pont Valain | 1370 | ***du Guesclin*** [Frkr.] – Granson [Engl.] |
| Poona | 25. Okt. 1802 | ***Holkar von Indore*** [Reb.] – Peschwa/Sindhia [Mar.] |
| Populonia | 282 v. Chr. | ***Römer*** – Etrusker |
| Port Arthur I | 8. Feb. 1904 | ***Togo*** [Jap.] – Stark [Russl.] |
| Port Arthur II | 13. April 1904 | ***Japaner*** – Makarow [Russl.] |
| Port Republic | 9. Juni 1862 | ***Jackson*** [Konf.] – Shields [Union] |
| Porte St Antoine | 2. Juli 1652 | ***Turenne*** [Roy.] – Condé [Aufständische] |
| Portland | 28. Feb. – 2. März 1653 | Blake [Engl.] – Tromp [Holl.] |
| Porto Bello I | Juli 1668 | Festung – ***Henry Morgan*** [Piraten] |
| Porto Bello II | 21. Nov. 1740 | ***Vernon*** [Brit.] – Festung [Span.] |
| Porto Novo | 1. Juli 1780 | ***Coote*** [Brit./Sepoy] – Hyder Ali [Mys.] |
| Porto Praya Bay | 16. April 1781 | ***de Suffren*** [Frkr.] – Johnstone [Brit.] |

| | | |
|---|---|---|
| Poserna | 1. Mai 1813 | ***Ney*** [Frkr.] – Winzingerode [Alliierte] |
| Potidaea | 432–429 v. Chr. | ***Athener*** – Aristaeus [Korinth] |
| Potosi | April 1825 | ***Bolívar*** [Bol.] – Olaneta [Span. Roy.] |
| Prag | 6. Mai 1757 | ***Friedrich der Große*** [Pr.] – Karl von Lothringen [Öst.] |
| Prairie Grove | 7. Dez. 1862 | ***Blunt/Herron*** [Union] – Hindman [Konf.] |
| Preston I | 17.–19. Aug. 1648 | ***Cromwell*** [Parl.] – Langdale [Roy.] |
| Preston II | 12. Nov. 1715 | ***Wills*** [Roy.] – Forster [Jakob.] |
| Prestonpans | 21. Sept. 1745 | ***Prätendent*** [Jakob.] – Cope [Roy.] |
| Princeton | 3. Jan. 1777 | ***Washington*** [Amer.] – Mawhood [Brit.] |
| Pruth | 13. Juli 1711 | ***Bultaghi*** [Türk.] – Peter der Große [Russl.] |
| Pteria | um 547 v. Chr. | Kyros [Pers.] – Kroisos [Lyd.] |
| Puebla | 5. Mai 1862 | Lorencez [Frkr.] – ***Zaragoza*** [Mex.] |
| Puente de la Reyna | 6. Okt. 1871 | ***Ollo*** [Karl.] – Moriones [Rep.] |
| Puente | 16. Feb. 1816 | Lorrices [Kol. Patr.] – ***Morillo*** [Span. Roy.] |
| Pultusk | 12. April 1703 | ***Karl XII.*** [Schwed.] – von Stenau [Sachs.] |
| Pultusk | 26. Dez. 1806 | Bennigsen [Russl.] – Lannes [Frkr.] |
| Puna | 27. April – 3. Mai 1687 | ***Davis*** [Piraten] – Spanier |
| Punniar | 29. Dez. 1843 | ***Grey*** [Brit.] – Marathen |
| Punta Delgada | 1582 | ***Santa Cruz*** [Span.] – Philip Strozzi [Frkr.] |
| Pusan I | Aug. 1592 | ***Yi Sun-sin*** [Kor.] – Japaner |
| Pusan II | 5. Aug. – 15. Sept. 1950 | ***Walker*** [UN] – Choe Yong Gun [Nordkorea] |
| Pydna | 22. Juni 168 v. Chr. | ***Aemilius Paulus*** [Röm.] – Perseus [Mak.] |
| Pylos | 425 v. Chr. | ***Demosthenes*** [Ath.] – Thrasymelidas [Spar.] |
| Pyramiden | 21. Juli 1798 | ***Napoleon*** [Frkr.] – Murad Bey [Mam.] |

| | | |
|---|---|---|
| Quang Tri | 26. April – 1. Mai 1972 | Nordvietnamesen – Südvietnamesen |
| Quatre Bras | 16. Juni 1815 | ***Wellington*** [Brit./Alliierte] – Ney [Frkr.] |
| Quebec I | 27. April 1760 | ***de Lévis*** [Frkr.] – Murray [Brit.] |
| Quebec II | 27. April – 15. Mai 1760 | ***Murray*** [Brit.] – de Lévis [Frkr.] |
| Quebec: siehe Plains of Abraham | | |
| Queenston Heights | 13. Okt. 1812 | ***Brock*** [Brit.] – van Rensselaer [Amer.] |
| Quiberon Bucht I | 56 v. Chr. | ***Brutus*** [Röm.] – Veneter |
| Quiberon Bucht II | 20. Nov. 1759 | ***Hawke*** [Brit.] – de Conflans [Frkr.] |
| Quiberon | 16.–20. Juli 1795 | ***Hoche*** [Frkr.] – Französische Royalisten/Brit. |
| Quipuaypan | 1532 | ***Atahualpa*** [Inka] – Huascar [Inka] |
| Quistello | Juli 1734 | ***Prinz Eugen*** [Imp.] – Duc de Broglie [Frkr.] |

| | | |
|---|---|---|
| Raab | 14. Juni 1809 | ***Eugène*** [Frkr.] – Erzherzog Johann [Öst.] |
| Radcot Bridge | 1387 | De Vere [Roy.] – ***Earl of Derby*** [Lords] |
| Radschamundry | 9. Dez. 1758 | ***Forde*** [Brit.] – Conflans [Frkr.] |
| Ragatz | März 1446 | ***Schweizer Eidgenossenschaft*** – Österreicher |
| Raisin | 22. Jan. 1813 | ***Proctor*** [Brit.] – Harrison [USA] |
| Rakersberg | 1416 | Ahmed Bey [Türk.] – ***Ernst von der Steiermark*** [Öst.] |
| Ramadi | 28.–29. Sept. 1917 | ***Maude*** [Brit.] – Türken |
| Ramillies | 23. Mai 1706 | ***Marlborough*** [Brit./Imp.] – de Villeroi [Frkr.] |
| Ramle I | 1101 | ***Baldwin*** [Kreuzr.] – Saad el-Dawleh [Äg.] |
| Ramle II | 1177 | Saladin [Saraz.] – ***de Châtillon*** [Christ.] |
| Rangoon | 10. Mai – 15. Dez. 1824 | ***Campbell*** [Brit.] – Burmesen |
| Raphia | 223 v. Chr. | ***Ptolemaios Philopator*** [Äg.] – Antiochos der Große [Syr.] |
| Rastatt | 5. Juli 1796 | ***Moreau*** [Frkr.] – Erherzog Karl [Öst.] |
| Raszyn | 19. April 1809 | ***Erzherzog Ferdinand*** [Öst.] – Poniatowski [Frkr./Pol.] |
| Rathenow | 25. Juni 1675 | ***Friedrich Wilhelm*** [Brdbg.] – Karl XI. [Schwed.] |
| Rathmines | 2. Aug. 1649 | ***Jones*** [Parl.] – Ormonde [Roy.] |
| Rava Ruskaya | 3.–11. Sept. 1914 | ***Russen*** – Österreicher |
| Ravenna | 11. April 1512 | ***de Foix*** [Frkr.] – Heilige Liga |
| Ravenna | 729 | Leon III. der Ikonoklast [Gr.] – ***Papst Gregor II.*** [It.] |
| Ré, Isle de | 17. Juli– 29. Okt. 1627 | ***Insel/Schomberg*** [Frkr.] – Herzog von Buckingham [Engl.] |
| Reading | Jan. 871 | ***Dänen*** – Aethelred/Alfred [W. Sachs.] |
| Rebec | 1524 | ***de Bourbon*** [Imp.] – Bonnivet [Frkr.] |
| Reddersberg | 3.–4. April 1900 | ***de Wet*** [Buren] – Briten |
| Regillus-See | 496 v. Chr. | ***Römer*** – Latinerbund |
| Réunion | 8.–10. Juli 1810 | ***Keatinge*** [Brit./Nsld.] – St. Susanne [Frkr.] |
| Revel | 1790 | ***Port*** [Russl.] – Herzog von Sudermanland [Schwed.] |

| | | |
|---|---|---|
| Revolax | 27. April 1808 | ***Klingspor*** [Schwed.] – Bonlatoff [Russl.] |
| Rheims | 13. März 1814 | ***Napoleon*** [Frkr.] – St-Priest [Pr./Russl.] |
| Rheinfelden | 28. Feb. – 1. März 1638 | ***Bernhard von Sachsen-Weimar*** [Dt. Prot.] – de Wert [Imp.] |
| Rhodos I | 15. Aug. 1309 | ***Fulk de Villaret*** [Frkr./Hospitaliter] – Rhodos |
| Rhodos II | 23. Mai – 20. Aug. 1480 | ***d'Aubusson*** [Ritter] – Mehmet II. [Türk.] |
| Rhodos III | 28. Juli – 21. Dez. 1522 | ***Suleiman der Prächtige*** [Türk.] – de l'Isle Adam [Ritter] |
| Rhodos | 1306–1310 | ***Hospitaliter*** – Byzantiner |
| Riachuelo | 11. Juni 1865 | Paraguay – ***Brasilien*** |
| Richmond (Kentucky) | 30. Aug. 1862 | ***Kirby Smith*** [Konf.] – Manson/Nelson [Union] |
| Richmond (Virginia) | 8. März 1865 | Lee [Virg.] – ***Grant*** [Union] |
| Ridanieh | 22. Jan. 1517 | ***Selim I.*** [Türk.] – Tooman Bey [Äg.] |
| Rietfontein | 24. Okt. 1899 | ***Freistaatler*** [Buren] – White [Brit.] |
| Rieti | 21. März 1821 | ***Österreicher*** – Pepe [Neap.] |
| Riga I | Aug. – 15. Sept. 1621 | ***Gustav Adolf*** [Schwed.] – Stadt [Pol.] |
| Riga II | 1.–5. Sept. 1917 | ***Hutier*** [Dtld.] – Klembovsky [Russl.] |
| Rimnik | 22. Sept. 1789 | ***Sachsen-Coburg***/Suworow [Öst./Russl.] – Großwesir [Türk.] |
| Rinya | 21. Juli 1556 | ***Nadasdy*** [Öst./Ung.] – Ali Pascha [Türk.] |
| Rivoli | 14. Jan. 1797 | ***Napoleon*** [Frkr.] – Alvintzi [Öst.] |
| Roanoke Island | 7.–8. Feb. 1862 | ***Burnside*** [Union] – Wise [Konf.] |
| Rocoux | 11. Okt. 1746 | ***Moritz von Sachsen*** [Frkr.] – Karl von Lothringen [Imp.] |
| Rocroi | 19. Mai 1643 | ***Großer Condé*** [Frkr.] – de Melo [Span.] |
| Roliça | 17. Aug. 1808 | ***Wellesley*** [Brit./Port.] – Delaborda [Frkr.] |
| Rom I | 410 | ***Alarich*** [Westgoten] – Stadt |
| Rom II | 537 | ***Belisarius*** [O-Röm. R./Stadt] – Vitiges [Goten] |
| Rom III | Mai 546 | ***Totila*** [Goten] – Bassas [Stadt] |
| Rom IV | 549 | ***Totila*** [Goten] – Demetrios [Stadt] |
| Rom V | 9. Mai 1527 | ***de Bourbon*** [Imp.] – Stadt |
| Rom VI | 29. April – 29. Juni 1849 | ***Oudinot*** [Frkr.] – Garibaldi [It.] |
| Romerswael | 29. Jan. 1574 | Boisot [Wassergeusen] – Romero [Span.] |
| Roncesvalles | 25. Juli 1813 | ***Wellington*** [Brit./Port.] – Soult [Frkr.] |
| Roncesvalles | 778 | ***Loup II.*** [Basken/Gascogner] – Karl der Große [Franken] |
| Roosebeke (Rosbecque) | 27. Nov. 1382 | van Arteveldt [Flam.] – ***Karl VI.*** [Frkr.] |
| Rorke's Drift | 22. Jan. 1879 | ***Bromhead/Chard*** [Brit.] – Dabulamanzi [Zulus] |
| Roseburgh | 3. Aug. 1460 | ***Jakob II.*** [Schotten] – Stadt [Engl.] |
| Rosetta | 20. April 1807 | ***Türken*** – Fraser [Brit.] |
| Roskilde | 29. Aug. 1807 | Wellesley [Brit.] – Castenskiold [Dän.] |
| Rossbach | 5. Nov. 1757 | ***Friedrich der Große*** [Pr.] – Soubise [Frkr./Öst.] |
| Rostock | Juni 1677 | ***Juel*** [Dän.] – Horn [Schwed.] |
| Rottofreddo | Juli 1746 | Fürst Lichtenstein [Öst.] – Maillebois [Frkr.] |
| Rouen | 1418 | de Boutillier/Stadt – ***Heinrich V.*** [Brit.] |
| Roundway Down | 13. Juli 1643 | ***Prinz Maurice*** [Roy.] – Waller/Hazlerigg [Parl.] |
| Rouvray: siehe Herrings | | |
| Roveredo | 4. Sept. 1796 | ***Masséna*** [Frkr.] – Davidowitsch [Öst.] |
| Rudnik-Hügel | 7. Sept. – 15. Dez. 1914 | Potiorek [Öst.] – Putnik [Serb.] |
| Rügen | 8. Aug. 1715 | Raben [Dän.] – Sparre [Schwed.] |
| Rullion Green | Nov. 1666 | ***Dalziel*** [Roy.] – Wallace [Cov.] |
| Rumänien | 28. Aug. 1916 – Jan. 1917 | ***Österreicher-Deutsche*** – Rumänen |
| Rumersheim | 26. Aug. 1709 | ***de Villiers*** [Frkr.] – Mercy [Imp.] |
| Ruspina | 3. Jan. 46 v. Chr. | Julius Cäsar [Caes.] – Labienus [Pomp.] |
| Rynemants | 1. Aug. 1578 | Bossu/de la Noue [Holl. Patr.] – Don Juan d'Austria [Span.] |
| Saalfeld | 10. Okt. 1806 | ***Lannes*** [Frkr.] – Prinz Louis [Pr.] |
| Sabugal | 3. April 1811 | ***Wellington*** [Brit./Port.] – Reynier [Frkr.] |
| Sacile | 16. April 11809 | ***Erzherzog Johann*** [Öst.] – Eugène [Frkr./It.] |
| Sackets Harbor | 28.–29. Mai 1813 | ***Brown*** [USA] – Prevost [Brit.] |
| Sacripontus | 82 v. Chr. | ***Sulla*** – Marius |
| Sadowa: siehe Königgrätz | | |
| Sagunto | 23. Sept. – 26. Okt. 1811 | Festung/Blake [Span.] – ***Soult*** [Frkr.] |
| Saguntum | 219 v. Chr. | ***Hannibal*** [Karth.] – Stadt |
| Sahagún | 21. Dez. 1808 | ***Paget*** [Brit.] – Debelle [Frkr.] |
| Saigon | 1860–1861 | ***Franzosen*** – Vietnamesen |
| Saintes | 12. April 1782 | ***Rodney*** [Brit.] – de Grasse [Frkr.] |
| Saintes | 21. Juli 1242 | ***Ludwig IX.*** [Frkr.] – Heinrich III. [Engl.] |

| | | |
|---|---|---|
| Saint-Mihiel | 12.–16. Sept. 1918 | Pershing [USA] – Deutsche |
| Saipan | 15. Juni – 7. Juli 1944 | ***Holland Smith*** [USA] – Yoshitsugu [Jap.] |
| Salado | 1344 | ***Alfons IV./Alfons XI.*** [Port./Kast.] – Abu Hamed [Mauren] |
| Salamanca (Mexiko) | 10. März 1858 | ***Osollo*** [Mex. Reg.] – Parrodi [Mex. Lib.] |
| Salamanca | 22. Juli 1812 | ***Wellington*** [Brit./Port.] – Marmont [Frkr.] |
| Salamis (Griechenland) | 480 v. Chr. | ***Themistokles/Eurybiades*** [Gr.] – Perser |
| Salamis I (Zypern) | 450 v. Chr. | ***Cimon*** [Ath. Flotte] – Perser |
| Salamis II (Zypern) | 306 v. Chr. | ***Demetrios Poliorketes*** [Mak.] – Ptolemaios [Äg.] |
| Salano | 1340 | ***Alfonso XI*** [Span.] – Abu 'l Hasan [Mauren] |
| Saldanha Bay | 17. Aug. 1796 | ***Elphinstone*** [Brit.] – Garnison |
| Salerno | 9.–16. Sept. 1943 | ***Clark*** [US] – Vietinghoff [Dtld.] |
| Saloniki | Sept. 1915 – 29. Sept. 1918 | Österreicher-Deutsche/Bulgaren – Alliierte |
| Samaghar | Juni 1658 | Dara [Großmogul] – ***Aurungzebe/Marad*** |
| Samarkand | Juni 1220 | Alub Khan [Türk./Khwarzim] – ***Dschingis Khan*** [Mong.] |
| Sampford Courtney | 17. Aug. 1549 | ***Russell*** [Roy.] – Arundel [Rebellen] |
| San Isidoro | April 1870 | Paraguay – ***Camera*** [Arg./Bras./Urug.] |
| San Jacinto I | 21. April 1836 | ***Houston*** [Tex.] – Santa Ana [Mex.] |
| San Jacinto II | 1. Feb. 1867 | ***Escobedo*** [Mex. Liberale] – Miramón [Mex. Konservative] |
| San Juan Hill / El Caney | 1. Juli 1898 | ***Shafter*** [USA] – Linares [Span.] |
| San Lázaro | Juni 1746 | ***Fürst Lichtenstein*** [Öst.] – Maillebois [Frkr./Span.] |
| San Sebastián I | 31. Aug. 1813 | ***Wellington*** [Brit./Port.] – Rey [Frkr.] |
| San Sebastián II | Feb. 1836 | ***Wylde/Evans*** [Cris./Brit./Span.] – Sagastibelza [Karl.] |
| Sandwich | 1350 | ***Eduard III.*** [Engl.] – Spanier |
| Sanna's Post | 31. März 1900 | Broadwood [Brit.] – ***De Wet*** [Buren] |
| Santa Cruz I | 20. April 1657 | ***Blake*** [Brit.] – Spanier |
| Santa Cruz II | 25.–26. Okt. 1942 | ***Kondo*** [Jap.] – Kincaid [USA] |
| Santa Lucia | 1842 | ***Caxias*** [Bras. Reg.] – Feliciano [Rebellen] |
| Santa Vittoria | 26. Juli 1702 | ***Duc de Vendôme*** [Frkr./Span.] – Visconti [Imp.] |
| Santarém | 16. Mai 1834 | ***Saldanha*** [Port. Reg.] – Dom Miguel [Rebellen] |
| Sante | 1236 | ***Litauer*** – Deutschritter |
| Santiago | 3. Juli 1898 | ***Schley/Sampson*** [USA] – Cervera [Span.] |
| Santo Domingo | 6. Feb. 1806 | ***Duckworth*** [Brit.] – Laissague [Frkr.] |
| Sapienza | 1490 | ***Kemal Reis*** [Türk.] – Venezianer |
| Saragossa I | 20. Aug. 1700 | ***Erzherzog Karl*** [Öst./Brit./Holl./Port.] – Spanier |
| Saragossa II | 15. Juni – 17. Aug. 1808 | ***Palafox*** [Span.] – Verdiet [Frkr.] |
| Saragossa III | 20. Dez. 1808 – 20. Feb. 1809 | ***Lannes*** [Frkr.] – Palafox [Span.] |
| Saratoga I | 19. Sept. 1777 | ***Gates*** [Amer.] – Burgoyne [Brit.] |
| Saratoga II | 7. Okt. 1777 | ***Gates*** [Amer.] – Burgoyne [Brit.] |
| Sardis | 280 v. Chr. | ***Eumenes*** [Pergamon] – Antigonos Soter [Syr.] |
| Sarikamis | 29. Dez. 1914 – 3. Jan. 1915 | ***Myschlajewski*** [Russl.] – Pascha [Türk.] |
| Sárkány | 30. Dez. 1848 | ***Windischgrätz*** [Öst.] – Perczel [Ung.] |
| Sasbach | 27. Juli 1675 | Turenne [Frkr.] – Montecuccoli [Öst.] |
| Sauchieburn | 18. Juni 1488 | ***Angus*** [Rebellen] – Jakob III. [Schotten] |
| Saucourt | 861 | ***Ludwig III.*** [Neustria] – Wikinger |
| Saugor (Entsatz) | 3. Feb. 1858 | ***Rose*** [Brit./Bombay-Armee] – Rebellen |
| Savandroog | 21. Dez. 1791 | ***Cornwallis*** [Brit./Mar.] – Mysore |
| Savo Island | 9. Aug. 1942 | ***Mikawa*** [Jap.] – Turner [USA] |
| Saxa Rubra | 28. Okt. 312 | ***Konstantin*** [Imp.] – Maxentius [It.] |
| Scarpheia | 146 v. Chr. | ***Matellus*** [Röm.] – Critolaus [Achäer] |
| Schahjehan | 1221 | Tuli Khan [Tat.] – Bugha [Türk.] |
| Schaldiran | 24. Aug. 1514 | ***Selim I.*** [Türk.] – Dhah Ismael [Pers.] |
| Scharqat | 29.–30. Okt. 1918 | ***Cobbe*** [Brit.] – Hakki [Türk.] |
| Scherpur | 23. Dez. 1879 | ***Roberts*** [Brit.] – Mohammed Jan. [Afg.] |
| Scheveningen/Texel I | 8.–10. Aug. 1653 | ***Monck*** [Engl.] – Tromp [Holl.] |
| Schinowara | April 1183 | ***Yoshinaka*** [Rebellen] – Taira-no-Kore [Imp.] |
| Schipka-Pass I | 8. Jan. 1877 | ***Gourko*** [Russl.] – Vessil Pascha [Türk.] |
| Schipka-Pass II | 21. Aug. 1877 | Daroschinsky [Russl.] – Suleiman Pascha [Türk.] |
| Schipka-Pass III | 16. Sept. 1877 | ***Russen*** – Suleiman Pascha [Türk.] |
| Schirogawa | 24. Sept. 1876 | ***Taruhito*** [Imp.] – Saigo [Rebellen] |
| Schleiz | 9. Okt. 1806 | ***Bernadotte*** [Frkr.] – Tauenzein [Sachs.] |
| Schooneveldt I | 7. Juni 1673 | de Ruyter [Holl.] – Prinz Rupert/d'Estrées [Engl./Frkr.] |
| Schooneveldt II | 14. Juni 1673 | ***de Ruyter*** [Holl.] – Prinz Rupert/d'Estrées [Engl./Frkr.] |
| Schwechat | 30. Okt. 1848 | ***Windischgrätz*** [Öst.] – Moga [Ung.] |

| | | |
|---|---|---|
| Scutari I | Mai 1474 | ***Loredano*** [Ven.] – Suleiman Pascha [Türk.] |
| Scutari II | Juni – 8. Sept. 1478 | ***Antonio di Lezze*** [Ven.] – Mohammed II. [Türk.] |
| Sebastopol I | 28. Sept. 1854 – 8. Sept. 1855 | ***St Arnaud/Canrobert/Raglan*** [Frkr./Brit.] – Menschikoff/Gortschakoff [Russl.] |
| Sebastopol II | 17. Dez. 1941 – 1944 | ***Russen*** – Deutsche/Rumänen |
| Secchia | 14. Sept. 1734 | ***Köningsegg*** [Imp.] – Duc de Broglie [Frkr.] |
| Sedan | 1. Sept. 1870 | Ducrot [Frkr.] – ***von Moltke*** [Dtld.] |
| Sedgemoor | 6. Juli 1685 | ***Feversham*** [Roy.] – Monmouth [Rebellen] |
| Seetabuldee | 26. Nov. – 24. Dez. 1817 | ***Scott*** [Brit.] – Peschwa Baji Rao II. [Mar.] |
| Segeswár | 31. Juli 1849 | ***Bem*** [Ung.] – Haynau/Paskiewitsch [Öst./Russl.] |
| Segoyvela | 713 | ***Musa*** [Musl.] – Roderich [Westgoten] |
| Seinemündung | 15. Aug. 1416 | ***Bedford*** [Brit.] – Franzosen |
| Sekigahara | 21. Okt. 1600 | ***Ieyasu*** [Schogun] – Mitsunari [Rebellen] |
| Selby | 11. April 1644 | ***Fairfax*** [Parl.] – Bellasis [Roy.] |
| Selinus | 409 v. Chr. | ***Hannibal*** [Karth.] – Stadt |
| Sellasia | 222 v. Chr. | ***Philipp V***. [Mak.] – Aetolier |
| Seminara | Okt. 1495 | de Cordova/Ferdinand von Neapel [Span./Neap.] – ***d'Aubigny*** [Frkr.] |
| Sempach | 9. Juli 1386 | ***Schweizer Eidgenossenschaft*** – Leopold III. [Öst.] |
| Seneff | 11. Aug. 1674 | Großer Condé [Frkr.] – Prinz von Oranien [Flam./Span.] |
| Sentinum | 295 v. Chr. | ***Q. Fabius Maximus/Publius Decius*** [Röm.] – Gellius Equatius [Sam./Gallier] |
| Sepeia | 494 v. Chr. | ***Cleomenes*** [Spar.] – Argives |
| Serbien | 6.–23. Sept. 1915 | ***Mackenson*** [Öst.] – Putnik [Serb.] |
| Seringapatam I | 6./7. Feb. – 19. März 1792 | ***Cornwallis*** [Brit./Mar.] – Tipu Sultan [Mys.] |
| Seringapatam II | 4. Mai 1799 | ***Harris/Baird*** [Brit.] – Tipu Sultan [Mys.] |
| Seringham | 1753 | Laurence [Brit.] – Astruc [Frkr./Mar./Mys.] |
| Seskar | 1790 | ***Kruze*** [Russl.] – Herzog von Sudermanland [Schwed.] |
| Seta | 1183 | ***Noriyori/Yoshitsune*** [Yoritomo] – Yoshinaka [Rebellen] |
| Seven Oaks | 1. Juli 1450 | ***Cade*** [Rebellen] – Stafford [Roy.] |
| Seven Pines: siehe Fair Oaks | | |
| Shannon/Chesapeake | 1. Juni 1813 | ***Broke*** [Brit.] – Lawrence [Amer.] |
| Sheerness | 7. Juni 1667 | de Ruyter [Holl.] – Engländer |
| Sheriffmuir | 13. Nov. 1715 | Earl of Mar [Jakob.] – Herzog von Argyll [Roy.] |
| Sherstone | 1016 | Edmund Ironside [Ang.-S.] – Knut [Dänen] |
| Shijo Nawate | 1339 | ***Takaugi/Tadayoshi*** [Nordreich] – Masatsura [Südreich] |
| Shiloh | 6.–7. April 1862 | ***Grant*** [Union] – Johnston /Beauregard [Konf.] |
| Sholinghur | 27. Sept. 1781 | ***Coote*** [Brit./Sepoy] – Hyder Ali [Mys.] |
| Shrewsbury | 21. Juli 1403 | ***Heinrich IV.*** [Roy.] – „Heißsporn" Percy [Rebellen] |
| Sidassir | 6. März 1799 | ***Montresor*** [Brit.] – Tipu Sahib [Mys.] |
| Sidi Barrani | 9.–11. Dez. 1940 | Wavell [Brit.] – Graziani [It.] |
| Sievershausen | 9. Juli 1553 | ***Moritz von Sachsen*** [Dtld.] – Markgraf Albert [Brdbg.] |
| Siffin | 656 | Kalif Ali [Musl.] – Moawiyeh [Rebellen] |
| Sikajoki | 18. April 1808 | ***Klingspor*** [Schwed.] – Buxhöwden [Russl.] |
| Silistria | März–Juni 1854 | ***Festung*** [Türk.] – Paskewitsch [Russl.] |
| Simancas | 934 | ***Ramiro II.*** [Span. Christ.] – Abd er-Rahman [Omajaden] |
| Simnitza | 26. Juni 1877 | ***Großfürst Nikolaus*** [Russl.] – Sistova [Türk.] |
| Sinai I | 29. Okt. – 6. Nov. 1956 | ***Dayan*** [Isr.] – Amer [Äg.] |
| Sinai II | 5.–9. Juni 1967 | ***Israelis*** – Ägypter |
| Singapur | 31. Jan. – 15. Feb. 1942 | ***Yamashita*** [Jap.] – Percival [Brit.] |
| Singara I | 348 | Constantius [O-Röm. R.] – ***Sapor II.*** [Pers.] |
| Singara II | 360 | Garnison [Röm.] – ***Sapor II.*** [Pers.] |
| Sinope | 30. Nov. 1853 | Nachimow [Russl.] – Hussein [Türk.] |
| Sinsheim | 4. Okt. 1674 | ***Turenne*** [Frkr.] – Caprara/Herzog von Lothringen [Imp.] |
| Skalitz | 28. Juni 1866 | ***Steinmetz*** [Pr.] – Ramming [Öst.] |
| Slivnitza | 17.–19. Nov. 1885 | ***Alexander*** [Bulg.] – Milan [Serb.] |
| Sluys | 24. Juni 1340 | ***Morley/Fitzalan*** [Engl.] – Quiéret [Frkr.] |
| Smolensk I | 22. Sept. 1708 | ***Karl XII.*** [Schwed.] – Kosaken/Tataren |
| Smolensk II | 17.–18. Aug. 1812 | ***Napoleon*** [Frkr.] – Barclay de Tolly [Russl.] |
| Smolensk III | 5. Aug. 1941 | ***von Kluge*** [Dtld.] – Russen |
| Sobraon | 10. Feb. 1846 | ***Gough/Smith*** [Brit.] – Runjoor Singh [Sikhs] |
| Soczawa | 1676 | ***Sobieski*** [Pol.] – Mohammed IV. [Türk.] |
| Sohr | 30. Sept. 1745 | ***Friedrich der Große*** [Pr.] – Karl von Lothringen [Öst.] |
| Soissons | 486 | ***Chlodwig*** [Franken] – Syagrius [Röm.] |

| | | |
|---|---|---|
| Sole Bay: siehe Southwold | | |
| Solferino | 24. Juni 1859 | ***Napoleon III./Viktor Emmanuel*** [Frkr./Piem.] – Kaiser Franz-Josef [Öst.] |
| Solway Moss | 14. Dez. 1542 | ***Dacre/Musgrave*** [Engl.] – Sinclair [Schotten] |
| Somme I | 1. Juli – 18. Nov. 1916 | Falkenhayn/Hindenburg [Dtld.] – Haig [Brit.] |
| Somme II | 21. März – 5. April 1918 | Haig [Brit.] – Ludendorff [Dtld.] |
| Somnath | 1024 | Stadt – ***Mahmud von Ghasna*** [Afg.] |
| Somosierra | 30. Nov. 1808 | ***Napoleon*** [Frkr.] – San Juan [Span.] |
| Sorata | 1780 | Stadt – ***Christóbal*** [Inka Rebellen] |
| Sorauren | 28.–30. Juli 1813 | ***Wellington*** [Brit./Port.] – Soult [Frkr.] |
| South Mountain | 14. Sept. 1862 | McClellan [Union] – Lee [Konf.] |
| Southwark | 5. Juli 1450 | ***Gough*** [Londoner] – Cade [Rebellen] |
| Southwold (Sole Bay) | 7. Juni 1672 | de Ruyter [Holl.] – Comte d'Estrées/Herzog von York [Frkr./Engl.] |
| Spanische Armada | 31. Juli – 8. Aug. 1588 | ***Howard of Effingham*** [Engl.] – Medina Sidonia [Span.] |
| Spion Kop | 24.–25. Jan. 1900 | ***Botha*** [Buren] – Buller/Warren [Brit.] |
| Spira | 15. Nov. 1703 | ***Tallard*** [Frkr.] – Prinz von Hessen [Imp.] |
| Splitter | Jan. 1679 | Horn [Schwed.] – ***Friedrich Wilhelm*** [Brdbg.] |
| Spotsylvania | 8.–18. Mai 1864 | Lee [Konf.] – Grant [Union] |
| St. Albans I | 22. Mai 1455 | ***Herzog von York*** [York] – Heinrich VI. [Lanc.] |
| St. Albans II | 17. Feb. 1461 | ***Somerset/Exeter*** [Lanc.] – Warwick [York] |
| St. Aubin du Cormier | 1487 | ***La Tremouille*** [Roy.] – de Rieux [Rebellen] |
| St. Denis (Kanada) | 23. Nov. 1837 | ***Nelson*** [Rebellen] – Gore [Brit./Kan.] |
| St. Denis | 10. Nov. 1567 | ***Montmorency*** [Kath.] – Condé/de Coligny [Hug.] |
| St. Eustache | 14. Dez. 1837 | ***Colborne*** [Reg.] – Rebellen [Girondisten] |
| St. George | Okt.–Dez. 1500 | ***de Córdoba/Pesaro*** [Span./Ven.] – Garnison [Türk.] |
| St. Gotthard | 1. Aug. 1664 | ***Montecuccoli*** [Frkr./Dtld.] – Ahmed Koprulu Pascha [Türk.] |
| St. Jakob an der Mirs | Sept. 1444 | ***Dauphin*** [Armagnac] – Schweizer Eidgenossenschaft |
| St. Jean de Luz | 9. Nov. 1813 | ***Hope*** [Brit./Port.] – Soult [Frkr.] |
| St. Kitts I | 10. Mai 1667 | ***Harman*** [Brit.] – Kruysen/de la Barre |
| St. Kitts II | 25.–26. Jan. 1782 | Hood [Brit.] – de Grasse [Frkr.] |
| St. Louis (Senegal) | 13. Juli 1809 | Garnison [Frkr.] – ***Columbine*** [Brit.] |
| St. Lucia | 4. April 1794 | ***Jervis*** [Brit.] – Insel [Frkr.] |
| St. Mary's Clyst | 4. Aug. 1549 | ***Russell*** [Roy.] – Arundel [Rebellen] |
| St. Pierre | 13. Dez. 1813 | ***Hill*** [Brit./Port.] – Soult [Frkr.] |
| St. Quentin | 10. Aug. 1557 | Montmorency [Frkr./Dtld.] – ***Egmont*** [Span./Flam.] |
| St. Quentin | 19. Jan. 1871 | ***von Göben*** [Dtld.] – Faidherbe [Frkr.] |
| St. Thomas | 21. Dez. 1807 | Insel [Dän.] – ***Cochrane/Bowyer*** [Brit.] |
| St. Thomé: siehe Madras II | | |
| St. Vincent | 14. Feb. 1792 | ***Jervis*** [Brit.] – Cordova [Span.] |
| Stadtlohn | 9. Aug. 1623 | ***Tilly*** [Imp.] – Christian von Braunschweig [Prot.] |
| Staffarda | 18. Aug. 1690 | ***Catinat*** [Frkr.] – Victor Amadeus [Imp.] |
| Stalingrad | 19. Aug. 1942 – 2. Feb. 1943 | ***Jeremenko*** [Russl.] – Paulus [Dtld.] |
| Stallupénen | 17. Aug. 1914 | Deutsche – Russen |
| Stamford Bridge I | 25. Sept. 1066 | ***Harold*** [Ang.-S.] – Harold Hardrada/Tostig [Wikinger] |
| Stamford Bridge II | Aug. 1453 | Neville – Egremont |
| Standard | 22. Aug. 1138 | ***Thurstan/Raoul*** [Engl.] – David [Schotten] |
| Stavuchani | 28. Aug. 1739 | ***Münnich*** [Russl.] – Veli Pascha [Türk.] |
| Ste Croix | 25. Dez. 1807 | Insel [Dän.] – ***Cochrane/Bowyer*** [Brit.] |
| Steinkirk | 8. Aug. 1692 | Wilhelm III. [Brit./Holl.] – ***Luxembourg*** [Frkr.] |
| Stiklestad | 30. Juni 1030 | Olaf II. [Norw.] – ***Knut*** [Dänen/Bauern] |
| Stirling | 11. Sept. 1297 | ***Wallace*** [Schotten] – Earl of Surrey [Engl.] |
| Stockach I | 25. März 1799 | ***Erzherzog Karl*** [Öst.] – Jourdan [Frkr.] |
| Stockach II | 3. Mai 1800 | ***Moreau*** [Frkr.] – Kray [Öst.] |
| Stoke Field | 16. Juni 1487 | ***Heinrich VII.*** [Roy.] – Simnel [Rebellen] |
| Stollhofen | 22. Mai 1707 | ***Villars*** [Frkr.] – Margraf von Baden [Öst.] |
| Stones River: siehe Murfreesboro | | |
| Stoney Creek | 6. Juni 1813 | ***Vincent*** [Brit.] – Winder/Chandler [USA] |
| Stony Point | 15.–16. Juni 1779 | ***Wayne*** [Amer.] – Johnson [Brit.] |
| Stormberg | 10. Dez. 1899 | Gatacre [Brit.] – ***Olivier*** [Buren] |
| Stralsund | 19. Okt. 1715 | ***Friedrich Wilhelm III./Friedrich IV.*** [Pr./Dänen] – Karl XII. [Schwed.] |
| Stralsund, Belagerung | 5. Juli – Sept. 1628 | ***Stadt*** – Wallenstein [Imp.] |
| Stratton | 16.Mai 1643 | ***Hopton*** [Roy.] – Waller [Parl.] |

| | | |
|---|---|---|
| Südchinesisches Meer | 10. Dez. 1941 | ***Japaner*** – Phillips [Brit.] |
| Suez-Adabiya | 23.–24. Okt. 1973 | ***Adan*** [Isr.] – Ismail [Äg.] |
| Sugar-loaf Rock | 20. Sept. 1753 | ***Laurence*** [Brit.] – Astruc [Frkr.] |
| Suomussalmi | 30. Nov. 1939 – 8. Jan. 1940 | ***van Mannerheim*** [Finnen] – Timoschenko [Russl.] |
| Surinam | 5. Mai 1804 | Garnison [Holl.] – ***Hood/Green*** [Brit.] |
| Sursuti I | 1191 | Mohammed Ghori [Afg.] – ***König von Delhi*** [Hindus] |
| Sursuti II | 1192 | ***Mohammed Ghori*** [Afg.] – Radscha von Ajmir [Radschputs] |
| Sveaborg | Feb. – 3. Mai 1808 | ***Suchtelen*** [Russl.] – Kronstedt [Schwed./Finnl.] |
| Svensksund I | 24. Aug. 1789 | ***Nassau-Siegen*** [Russl.] – Ehrensvärd [Schwed.] |
| Svensksund I | 9.–10. Juli 1790 | ***Schweden*** – Russen |
| Sybota | 433 v. Chr. | Korinther – Korkyra/Athen |
| Syrakus I | 415–413 v. Chr. | ***Stadt/Gylippus/Hermocrates*** [Syrak./Spar.] – Lamachus/Nikias/Demosthenes [Ath.] |
| Syrakus II | 387 v. Chr. | ***Dionysios*** [Stadt] – Himilco [Karth.] |
| Syrte I | 17. Dez. 1941 | Iachino [It.] – Vian [Brit.] |
| Syrte II | 22. März 1942 | ***Vian*** [Brit.] – Iachino [It.] |
| Szalánkemen | 19. Aug. 1691 | ***Margraf Ludwig*** [Imp.] – Mustafa Koprulu Pascha [Türk.] |
| Szigeth | 5. Aug. – 8. Sept. 1566 | ***Suleiman der Prächtige*** [Türk.] – Zrinyi [Ung.] |
| | | |
| Tacna | 26. Mai 1880 | ***Baquedano*** [Chil.] – Campero [Bol./Peru] |
| Tacubaya | 11. April 1859 | ***Márquez*** [Mex. Konservative] – Degollado [Liberale] |
| Taginae | Juli 552 | Totila [Goten] – ***Narses*** [Röm.] |
| Tagliacozzo | 25. Aug. 1268 | ***Karl von Anjou*** [Guelfen] – Konradin/Herzog von Österreich [Ghib.] |
| Taiken-Tor | 1157 | Schitoku [Jap. Rebellen] – ***Bifukumonia/Tadamichi*** [Imp.] |
| Taillebourg | 1242 | ***Ludwig IX.*** [Frkr.] – Heinrich III. [Engl.] |
| Takaschima | 1281 | Chang Pak [Chin.] – ***Shoni Kagesuke*** [Kiushiu] |
| Taku Forts I | 25. Juni 1859 | Vansittart [Brit.] – Chinesen |
| Taku Forts II | 21. Aug. 1860 | ***Hope Grant/Montauban*** [Brit./Frkr.] – ***Hang Foo*** [Chin.] |
| Taku Forts III | 17. Juni 1900 | ***Alliierte*** – Chinesen [Pro-Boxer] |
| Talana Hill | 20. Okt. 1899 | ***Symons/Möller*** [Brit.] – Joubert [Buren] |
| Talavera | 27.–28. Juli 1809 | ***Wellesley***/Cuesta [Brit./Span.] – Jourdan/Victor [Frkr.] |
| Talkhan | 1221 | Festung – ***Dschingis Khan*** [Mong.] |
| Tamai | 13. März 1884 | ***Graham*** [Brit.] – Osman Digna [Derwische] |
| Tanagra | 457 v. Chr. | ***Spartaner/Peloponneser*** – Athener |
| Tanhangpo | Juni 1592 | ***Yi Sun-sin*** [Kor.] – Japaner |
| Tanjore I | Aug. 1758 | Monacji [Garnison] – Lally-Tollendal [Frkr.] |
| Tanjore II | 20. Aug. 1773 | Smith [Brit.] – Laljaji/Monacji [Festung] |
| Tannenberg I | 15. Juli 1410 | ***Jagiello/Witawt*** [Pol./Lit.] – Deutscher Orden |
| Tannenberg II | 26.–30. Aug. 1914 | ***Hindenburg/Ludendorff*** [Dtld.] – Zhilinsky [Russl.] |
| Tansara Saka | 1876 | ***Taruhito*** [Imp.] – Japanische Rebellen |
| Tapae | 101 v. Chr. | ***Trajan*** [Rom] – Deceballus [Daker] |
| Taranto I | 1. März 1502 | ***de Córdoba*** [Span.] – Conde di Potenza [Neap.] |
| Taranto II | 12. Nov 1940 | ***Cunningham*** [Brit.] – [It.] |
| Tarawa-Makin | 13.–23. Nov. 1943 | ***Smith*** [USA] – Shibasaki [Jap.] |
| Tashkessen | 28. Dez. 1877 | ***Baker Pascha*** [Türk.] – Kourloff [Russl.] |
| Tassafaronga | 30. Nov. 1942 | ***Tanaka*** [Jap.] – Wright [USA] |
| Taurusgebirge | 804 | ***Harrun-al-Raschid*** [Musl.] – Nicephorus I [Gr.] |
| Taus | 14. Aug. 1431 | ***Ziska*** [Huss.] – Sigismund [Imp.] |
| Tayeizan | 1868 | ***Kaiserliche*** – Schogun |
| Tecoac | 16. Nov. 1876 | ***Díaz*** [Reb.] – de Tejada [Mex.] |
| Telamon | 225 v. Chr. | Galler – ***Aemilius Papus/Atilius Regulus*** [Röm.] |
| Tel-el-Kebir | 13. Sept. 1882 | ***Wolseley*** [Brit.] – Arabi [Äg.] |
| Telissu | 14.–15. Juni 1904 | ***Oku*** [Jap.] – De Stakelberg [Russl.] |
| Tellicherry | Juni 1780 | ***Garnison/Abington*** [Brit.] – Sirdar Ali Khan [Mys.] |
| Temeschwar | 9. Aug. 1849 | ***Haynau*** [Öst.] – Dembinski [Ung.] |
| Tenchebrai | 28. Sept. 1106 | ***Heinrich I.*** [Engl.] – Robert von der Normandie [Normannen] |
| Tendra | 8.–9. Sept. 1790 | ***Uschakow*** [Russl.] – Said Bey [Türk.] |
| Tengen | 19. April 1809 | ***Davout*** [Frkr.] – Hohenzollern [Öst.] |
| Tenochtitlan I | 30. Juni 1520 | ***Azteken*** – Cortés [Span. Konquistador] |
| Tertry | 687 | ***Pippin II.*** [Austrien] – Thierry III. [Neustrien] |
| Tet-Offensive | 30. Jan. – 29. Feb. 1968 | ***USA/Südvietnamesen*** – Vietcong/Nordvietnamesen |
| Tettenhall | 5. Aug. 910 | Dänen – ***Eduard der Ältere*** [W. Sachs.] |
| Tetuan | 4. Feb. 1860 | ***O'Donnell*** [Span.] – Mauren |

| | | |
|---|---|---|
| Teutoburger Wald | 9 | Quintilius Varus [Röm.] – ***Arminius (Hermann)*** [Germanen] |
| Tewkesbury | 4. Mai 1471 | ***Eduard IV.*** [York] – Somerset [Lanc.] |
| Texel II /Camperdown | 21. Aug. 1673 | ***de Ruyter*** [Holl.] – Prinz Rupert/d'Estrées [Engl./Frkr.] |
| Texel | 2.–3. Juni 1653 | ***Monck/Blake*** [Brit.] – van Tromp [Holl.] |
| Thala | 22 | ***Festung*** [Röm.] – Tacfarinas [Nomaden] |
| Thames (Kanada) | 5. Okt. 1813 | ***Harrison*** [USA] – Proctor [Brit./Shawnee] |
| Thapsus | 6. April 46 v. Chr. | Julius Cäsar [Caes.] – Metellus Scipio/Juba/Labienus/Sextus [Pomp.] |
| The Saints | 12. April 1782 | ***Rodney*** [Brit.] – de Grasse [Frkr.] |
| Theben | Sept 335 v. Chr. | ***Perdikkas*** [Mak.] – Thebaner |
| Thermopylen I | 480 v. Chr. | Leonidas [Spar./Thebaner/Griechen] – ***Xerxes*** [Pers.] |
| ThermopylenII | 191 v. Chr. | ***Glabrio/Cato*** [Röm.] – Antiochos der Große [Syr.] |
| Thetford | 870 | ***Dänen*** – Eduard [E. Angl.] |
| Thorn | Sept. – 22. Okt. 1702 | ***Karl XII.*** [Schwed.] – Robel [Pol.] |
| Thurii | 282 v. Chr. | ***Caius Fabricius*** [Röm.] – Lukaner |
| Thymbra | 546 v. Chr. | Kroisos [Lyd./Äg.] – ***Kyros*** [Pers.] |
| Tiberias | Juni 1187 | ***Saladin*** [Saraz.] – Guy de Lusignan [Kreuzr.] |
| Ticinus | 218 v. Chr. | ***Hannibal*** [Karth.] – P. Cornelius Scipio [Röm.] |
| Ticonderoga I | 8. Juli 1758 | ***Montcalm*** [Frkr./Kan.] – Abercrombie [Brit.] |
| Ticonderoga II | 22.–26. Juli 1759 | ***Amherst*** [Brit.] – Bourlamaque/Hébécourt [Frkr./Kan.] |
| Ticonderoga III | 6.–7. Juni 1777 | ***Burgoyne*** [Brit.] – St. Clair [Amer.] |
| Tidone | 17. Juni 1799 | ***Suworow*** [Russl.] – Macdonald [Frkr.] |
| Tientsin | 17.–23. Juni 1900 | ***Seymour*** [Brit.]/***Lisum*** [USA] Alliierte – Chinesen [Pro-Boxer] |
| Tiflis | 1386 | ***Timur*** [Tat.] – Königin von Georgien [Kaukasier] |
| Tigranocerta | 69 v. Chr. | ***Lucullus*** [Röm.] – Tigranes [Pontos/Armenier] |
| Tigris | 363 | ***Julian*** [Röm.] – Perser |
| Tinian | 24. Juli – 1. Aug. 1944 | ***Schmidt*** [USA] – Japaner |
| Tippermuir | 1. Sept. 1644 | ***Montrose*** [Schott. Roy.] – Elcho [Cov.] |
| Toba | 1868 | ***Satsuma/Choshu*** – Yoshinobu [Aiza/Kuwana] |
| Tobruk I | 22. Jan. 1941 | ***Wavell*** [Brit.] – Italiener |
| Tobruk II | 20.–21. Juni 1942 | ***Rommel*** [Dtld./It.] – Klopper [Südafr./Brit.] |
| Tofrek | 22. März 1885 | ***McNeill*** [Brit.] – Mahdisten |
| Tolbiac | 496 | ***Chlodwig*** [Franken] – Alemannen |
| Tolentino | 3. Mai 1815 | ***Bianchi*** [Öst.] – Murat [It.] |
| Torgau | 3. Nov. 1760 | ***Friedrich der Große*** [Pr.] – Daun [Öst.] |
| Tornhout | 24. Jan. 1597 | ***Moritz von Nassau*** [Holl.] – Jean de Rie [Span.] |
| Toro | 1. März 1476 | ***Ferdinand der Katholische*** – Alfons von Portugal [Port./Span.] |
| Toulon I | Juli – Aug. 1707 | Festung – Shovell [Holl./Brit.] |
| Toulon II | 11. Feb. 1744 | de Court/Navarro [Frkr./Span.] – Matthews [Brit.] |
| Toulon III | 29. Aug. – 18. Dez. 1793 | ***Dugommier*** [Frkr.] – Mulgrave [Brit.] |
| Toulouse | 10. April 1814 | ***Wellington*** [Brit./Port.] – Soult [Frkr.] |
| Tourcoing | 18. Mai 1794 | ***Souham*** [Frkr.] – Sachsen-Coburg [Alliierte] |
| Tournai I | Okt. – 30. Nov 1581 | ***Alexander von Parma*** [Roy.] – Garnison |
| Tournai II | 27. Juni – 3. Sept. 1709 | ***Marlborough*** [Brit./Holl./Dtld.] – de Villiers [Frkr.] |
| Tours | Okt. 732 | ***Karl Martell*** [Franken] – Abderrahman Ibu Abdillah [Mauren] |
| Towton | 29. März 1461 | ***Eduard IV.*** [York] – Heinrich VI. [Lanc.] |
| Trafalgar | 21. Okt. 1805 | ***Nelson*** [Brit.] – Villeneuve [Frkr./Span.] |
| Tränenlose Schlacht | 368 v. Chr. | Arkader – ***Archidamus*** [Spar.] |
| Trapezunt | 1461 | Stadt – ***Mohammed II.*** [Türk.] |
| Trasimenischer See | April 217 v. Chr. | Flaminius [Röm.] – ***Hannibal*** [Karth.] |
| Trautenau | 27. Juni 1866 | ***Gablenz*** [Öst.] – von Bonin [Pr.] |
| Trebbia I | Dez. 218 v. Chr. | ***Hannibal*** [Karth.] – Sempronius [Röm.] |
| Trebbia II | 17.–20. Juni 1799 | ***Suworow*** [Russl./Öst.] – Macdonald [Frkr.] |
| Trenton | 26. Dez. 1776 | ***Washington*** [Amer.] – Rall [Brit./Hess.] |
| Tricameron | Nov. 533 | ***Belisarius*** [Röm.] – Gelimer/Zano [Vand.] |
| Trincomalee I | 10. Aug. 1759 | Pococke [Brit.] – Comte d'Aché [Frkr.] |
| Trincomalee II | 26.–27. Sept. 1767 | ***Smith*** [Brit.] – Hyder Ali/Nizam Ali |
| Trincomalee III | 12. April 1782 | Hughes [Brit.] – Suffren [Frkr.] |
| Trincomalee IV | 3. Sept. 1782 | Hughes [Brit.] – Suffren [Frkr.] |
| Trinidad | 17. Feb. 1797 | ***Harvey/Abercrombie*** [Brit.] – Insel [Frkr.] |
| Tripolis (Afrika) | 647 | ***Abdulla Ibn Zubayr*** [Musl.] – Greg [Imp.] |
| Tripolis | 1289 | ***Sultan Khalil*** – Ritter |
| Trivadi | 1760 | ***Hyder Ali*** [Mys] – Moore [Brit.] |
| Trout Brook | 6. Juli 1758 | Abercrombie [Brit.] – Franzosen |

| | | |
|---|---|---|
| Truceia | 593 | ***Fredegond*** [Neustrien] – Childebert II. [Austrien] |
| Tschesme | 7. Juli 1770 | ***Orloff*** [Russl.] – Türken |
| Tsingtao | 18. Sept. – 8. Nov. 1914 | ***Japaner*** – Deutsche |
| Tsuschima I | 1419 | Chinesen/Koreaner – ***Barone von Kiushiu*** [Jap.] |
| Tsuschima II | 27.–28. Mai 1905 | ***Togo*** [Jap.] – Rozhdestwenski [Russl.] |
| Tudela | 23. Nov. 1808 | ***Lannes*** [Frkr.] – Castaños/Palafox [Span.] |
| Tunis I | 255 v. Chr. | Regulus [Röm.] – ***Xanthippus*** [Karth.] |
| Tunis II | 1270 | Ludwig IX. [Französische Kreuzr.] – ***Stadt*** |
| Turbigo | 3. Juni 1859 | ***MacMahon*** [Frkr.] – Clam-Gallas [Öst.] |
| Turckheim | 5. Jan. 1675 | ***Turenne*** [Frkr.] – Montecuccoli [Öst.] |
| Turcoing | 1794 | ***Souham*** [Frkr.] – Herzog von York [Brit.] |
| Turin I | 312 | ***Konstantin*** [Röm.] – Maxentius |
| Turin II | 7. Sept. 1706 | ***Eugène*** [Imp.] – Duc d'Orléans [Frkr.] |
| Turnhout | 22. Aug. 1597 | ***Moritz von Nassau*** [Holl.] – Erzherzog Albert [Span.] |
| Tyros | 332 v. Chr. | ***Alexander der Große*** [Mak.] – Stadt |
| | | |
| Ucles | 1108 | Don Sancho von Kastilien [Span.] – ***Ali*** [Mauren] |
| Uji | 1180 | ***Schigehera*** – Fürst Yukiiye/Yorimasa [Jap.] |
| Ulm I | 1377 | ***Deutsche Liga*** – Karl IV. [Heiliges Römisches Reich] |
| Ulm II | 16. Mai 1799 | ***Moreau*** [Frkr.] – Kray [Öst.] |
| Ulm III | 15. Okt. 1805 | ***Napoleon*** [Frkr.] – Mack [Öst.] |
| Ulundi | 4. Juli 1879 | ***Chelmsford*** [Brit.] – Cetshwayo [Zulus] |
| Uppsala I | 1520 | ***Otho von Krumpen*** [Dänen] – Christina Gyllenstierna [Schwed.] |
| Uppsala II | 1521 | ***Gustav Wasa*** [Schwed.] – Bischof von Uppsala [Dänen] |
| Urbicas | 456 | ***Theoderich II.*** [Westg.] – Rechiari [Sueben] |
| Urica | 5. Dez. 1814 | ***Boves*** [Span.] – Ribas [Patrioten] |
| Urosan | 1595 | ***Kiyomasa/Hideaki/Hidemoto*** [Jap.] – Tik Ho [Chin./Kor.] |
| Usagre | 25. Mai 1811 | ***Lumley*** [Brit.] – Latour-Maubourg [Frkr.] |
| Ushant I | 27. Juli 1778 | Keppel [Brit.] – d'Estaing [Frkr.] |
| Ushant II: siehe Glorreicher 1. Juni | | |
| Utica | 694 | ***Hassan*** [Musl.] – Kasierliche |
| Utsonomiya | 1868 | ***Saigo Takamori*** [Imp.] – Otori Keisuke [Schogun] |
| | | |
| Vaal Krantz | 5.–7. Feb. 1900 | Buller [Brit.] – Buren |
| Vadimo-See | 283 v. Chr. | ***P. Cornelius Dolabella*** [Röm.] – Gallier/Etrusker |
| Valencia | 9. Jan. 1812 | ***Suchet*** [Frkr.] – Blake [Span.] |
| Valenciennes I | Dez. 1566 – 23. März 1567 | ***Noircarmes*** [Span./Dtld.] – Stadt |
| Valenciennes II | 16. Juli 1656 | ***de Manesses/Condé*** [Span.] – Turenne/La Ferté [Frkr.] |
| Valenciennes III | 21.–23 Mai 1793 | ***Sachsen-Coburg*** [Öst.] – Custine [Frkr.] |
| Val-ès-Dunes | 1047 | ***Wilhelm von der Normandie*** [Norm.] – Rebellen |
| Valjouan | 17. Feb. 1814 | ***Grouchy/Gérard*** [Frkr.] – Wrede [Alliierte] |
| Valletta | Sept. 1798 – 5. Sept 1800 | ***Ball*** [Brit./Malta] – Vaubois [Frkr.] |
| Valmy | 20. Sept. 1792 | ***Kellermann/Dumouriez*** [Frkr.] – Herzog von Braunschweig [Pr.] |
| Valparaiso | 31. März 1866 | Stadt – ***Mendez Nuñez*** [Span.] |
| Valutino | 19. Aug. 1812 | ***Ney*** [Frkr.] – Barclay de Tolly [Russl.] |
| Varaville | 1058 | ***Wilhelm von der Normandie*** [Norm.] – Heinrich I. [Frkr./Angevin.] |
| Varese | 25. Mai 1859 | ***Garibaldi*** [It.] – Urban [Öst.] |
| Varmas | 1813 | ***Bolívar*** [Kol. Patr.] – Spanische Royalisten |
| Varna | 10. Nov. 1444 | ***Murad II.*** [Türk.] – Hunyadi/Ladislaus [Christ.] |
| Vasaq | 1442 | ***Hunyadi*** [Ung.] – Shiabeddin Pascha [Türk.] |
| Vauchamps | 14. Feb. 1814 | ***Napoleon*** [Frkr.] – Blücher [Alliierte] |
| Veleneze | 29. Sept. 1848 | Móga [Ung.] – Jellachich [Kroaten] |
| Velestinos | 5. Mai 1897 | ***Hakki Pasha*** [Türk.] – Smolenski [Gr.] |
| Velletri | 19. Mai 1849 | ***Roselli*** [Garibaldi] – Ferdinand von Neapel [Neap.] |
| Vellore (Meuterei) | 10. Juli 1806 | ***Gillespie*** [Brit.] – Sepoy |
| Venije | 5. Nov. 1912 | ***Kronprinz Konstantin*** [Gr.] – Türken |
| Vera | 7. Okt. 1813 | ***Wellington*** [Brit./Port/Span.] – Taupin [Frkr.] |
| Vercellae | 30. Juli 101 v. Chr. | ***Marius*** [Röm.] – Boiorix [Kimbern] |
| Verdun | 21. Feb. – 18. Dez. 1916 | Falkenhayn [Dtld.] – Petain [Frkr.] |
| Verneuil | 17. Aug. 1424 | ***Herzog von Bedford*** [Engl.] – Buchan/Douglas/ Alençon [Schotten/Frkr.] |
| Vernon | 1198 | ***Richard I.*** [Engl.] – Philipp Aug.us [Frkr.] |
| Verona | 312 | ***Konstantin*** [Röm.] – Pompeianus [Rebellen] |

| | | |
|---|---|---|
| Veseris | 339 v. Chr. | ***Manlius Torquatus/Decius Mus*** [Röm.] – Latiner |
| Viazma | 3. Nov. 1812 | Eugène/Davoût [Frkr.] – ***Kutusow*** [Russl.] |
| Viborg | 1157 | Sweyn III. von Dänemark – ***Waldemar*** |
| Vicksburg | 19. Mai – 4. Juli 1863 | ***Grant*** [Union] – Pemberton [Konf.] |
| Vigo, Bucht | 12. Okt. 1702 | ***Rooke/Ormonde*** [Brit./Holl.] – Franzosen/Spanier |
| Villach | 1492 | Ali Pascha [Türk.] – ***de Khevenhuller*** [Christ.] |
| Villaviciosa | 10. Dez. 1710 | ***Philipp von Anjou/Vendôme*** [Frkr.] – Starhemberg [Imp.] |
| Villers-en-Cauchies | 24. April 1794 | ***Ott*** [Brit./Öst.] – Franzosen |
| Villeta | 11. Dez. 1867 | López [Parag.] – ***Brasilien/Uruguay/Argentinien*** |
| Villiers | 30. Nov. – 3. Dez. 1870 | Ducrot [Frkr.] – ***Württemberger*** |
| Vimiero | 21. Aug. 1808 | ***Wellesley*** [Brit./Port.] – Junot [Frkr.] |
| Vincy | 717 | ***Karl Martel*** [Austrien] – Childerich [Neustrien] |
| Vinegar Hill | 12. Juni 1798 | ***Lake*** [Brit.] – Murphy [Ir. Rebellen] |
| Vittoria | 21. Juni 1813 | ***Wellington*** [Brit./Port.] – Joseph/Jourdan [Frkr.] |
| Vittorio Veneto | 24. Okt. – 4. Nov. 1918 | Straussenburg [Öst.] – Diaz [It.] |
| Vögelinseck | 15. Mai 1402 | ***Kaisertreue Schweizer*** – Rebellen |
| Volturno | 26. Okt. 1860 | ***Garibaldi*** [It.] – Afan de Riva [Neap.] |
| Vouillé | 507 | ***Chlodwig*** [Franken] – Alarich II. [Westgoten] |
| Vyazma | 4.–13. Okt. 1941 | von Bock [Dtld.] – Timoschenko/Konew [Russl.] |
| Wagram | 6. Juli 1809 | ***Napoleon*** [Frkr.] – Erzherzog Karl [Öst.] |
| Waizan | 10. April 1840 | ***Damjanics*** [Ung.] – Götz/Jablonowski [Öst.] |
| Wakamatsu | 22. Sept. 1868 | ***Kaiserliche*** – Schogun |
| Wake Island | 22.–23. Dez. 1941 | ***Japaner*** – USA |
| Wakefield | 30. Dez. 1460 | ***Somerset/Percy*** [Lanc.] – Richard Herzog von York [York] |
| Waltersdorf | 5. Feb. 1807 | ***Ney*** [Frkr.] – Lestocq [Pr.] |
| Wandewash I | 22. Jan. 1760 | ***Coote*** [Brit.] – Lally-Tollendal [Frkr.] |
| Wandewash II | Dez. 1780 | ***Flint*** [Fort] – Hyder Ali [Mys.] |
| Warburg | 31. Juli 1759 | ***Prinz Ferdinand*** [Pr./Brit.] – De May [Frkr.] |
| Warschau I | 6.–8. Sept. 1831 | ***Paskievich*** [Russl.] – Dembinski [Pol.] |
| Warschau II | 4.–5. Mai 1915 | Deutsche – Russen |
| Warschau III | 1. Aug. – 2. Okt. 1944 | ***Bach-Zelewski*** [Dtld.] – Bor-Komorowski [Pol.] |
| Waterloo | 18. Juni 1815 | ***Wellington/Blücher*** [Brit./Holl./Belg./Nassau/Pr.] – Napoleon [Frkr.] |
| Watrelots | Jan. 1567 | ***de Rassinghem*** [Span.] – Teriel [Flam. Prot.] |
| Wattignies | 15.–16. Okt. 1793 | ***Jourdan*** [Frkr.] – Sachsen-Coburg [Öst.] |
| Wavre | 18.–19. Juni 1815 | ***Grouchy*** [Frkr.] – Thielmann [Pr.] |
| Wednesfield | 911 | Dänen – ***Eduard der Ältere*** [W. Sachs.] |
| Weichsel (Warschau) | 15.–21. Okt. 1914 | Hindenburg [Dtld.] – Iwanow [Russl.] |
| Wei-hai-Wei | 4.–9. Feb. 1895 | Ting [Chin.] – ***Oyamo/Ito*** [Jap.] |
| Weissenburg | 4. Aug. 1870 | ***Kronprinz von Preußen*** [Dtld.] – MacMahon/Douay [Frkr.] |
| Weißer Berg | 8. Nov. 1620 | ***Maximillian/Tilly*** [Imp.] – Friedrich [Böhm.] |
| Werben | 22. Juli 1631 | ***Gustav Adolph*** [Schwed.] – Tilly [Imp.] |
| Wertingen | 8. Okt. 1805 | ***Murat*** [Frkr.] – Auffenberg [Öst.] |
| Wetzlar | 16. Juni 1796 | ***Karl*** [Öst.] – Jourdan [Frkr.] |
| Wiasma | 3. Nov. 1812 | ***Davout*** [Frkr.] – Miloradowitsch [Russl.] |
| Wien I | 27. Sept. – 14. Okt. 1529 | ***Graf Salm/von Roggendorf*** [Stadt] – Suleiman der Prächtige [Türk.] |
| Wien II | 12. Sept. 1683 | ***Stadt/Sobieski*** [Pol./Imp.] – Kara Mustafa Pascha [Türk.] |
| Wilderness, The | 5.–6. Mai 1864 | ***Grant*** [Union] – Lee [Konf.] |
| Williamsburg | 5. Mai 1862 | Longstreet [Konf.] – McClellan [Union] |
| Wilson's Creek | 10. Aug. 1861 | Lyon [Union] – ***McCulloch*** [Konf.] |
| Wimpfen | 26. April 1622 | ***Tilly/de Córdoba*** [Imp.] – Markgraf von Baden [Pf.] |
| Winchester I (USA) | 25. Mai 1862 | ***Jackson*** [Konf.] – Banks [Union] |
| Winchester II (USA) | 13.–14. Juni 1862 | ***Ewell*** [Konf.] – Milroy [Union] |
| Winchester III (USA) | 19. Sept. 1864 | ***Sheridan*** [Union] – Early [Konf.] |
| Windhoek | 1915 | ***Botha*** [Südafr.] – Heydebrek [Dtld.] |
| Winkowo | 18. Okt. 1812 | ***Bagration*** [Russl.] – Murat [Frkr.] |
| Wisby | 1613 | Gustav Adolf [Schwed.] – Christian IV. [Dän.] |
| Wisloch | 16. April 1622 | ***von Mansfeldt*** [Pf.] – Tilly [Imp.] |
| Witebsk | 28. Juli 1812 | ***Napoleon*** [Frkr.] – De Jolly [Russl.] |
| Worcester | 3. Sept. 1651 | ***Cromwell*** [Parl.] – Karl II [Roy.] |
| Wörth | 6. Aug. 1870 | ***Kronprinz von Preußen*** [Dtld.] – MacMahon [Frkr.] |

| | | |
|---|---|---|
| Wrotham Heath | Jan. 1554 | Isley [Rebellen aus Kent] – ***Abergavenny*** [Roy.] |
| Würzburg | 3. Sept. 1796 | ***Erzherzog Karl*** [Öst.] – Jourdan [Frkr.] |
| Wynandael | 28. Sept. 1808 | ***Webb*** [Brit.] – de la Motte [Frkr.] |
| | | |
| Yalu (Fluss) | 17. Sept. 1894 | Ting [Chin.] – ***Ito*** [Jap.] |
| Yamazaki | 1582 | ***Ota*** – Mitsuhide |
| Yaschima | 1184 | Taira – ***Yoshitsune Minamoto*** [Rebellen] |
| Yawata | Jan. 1353 | Kaiser [Jap. Nordreich] – ***Moroushi*** [Jap. Südreich] |
| Yellow Tavern | 11. Mai 1864 | ***Sheridan*** [Union] – Stuart [Konf.] |
| Yenikale, Golf von | Juli 1790 | Türken – Onschakoff [Russl.] |
| Yorktown I | 28. Sept. – 19. Okt. 1781 | ***Washington*** [Amer./Frkr.] – Cornwallis [Brit.] |
| Yorktown II | 4. April – 4. Mai 1862 | ***McClellan*** [Union] – Magruder [Konf.] |
| Ypern I | 19. Okt. – 22. Nov. 1914 | Falkenhayn [Dtld.] – Joffre/Foch [Frkr.] |
| Ypern II | 22. April – 25. Mai 1915 | Falkenhayn [Dtld.] – Franzosen [Brit.] |
| Ypern III | 31. Juli – 10. Nov. 1917 | Haig [Brit.] – von Armin [Dtld.] |
| Ypern IV: siehe Lys | | |
| | | |
| Zab I | 591 | Bahram [Pers.] – ***Narses*** [Röm.] |
| Zab II | Jan. 750 | ***Khataba*** [Abbasiden] – Marwan [Omajaden] |
| Zallaka | 23. Okt. 1088 | ***Tashfin*** [Mauren] – Alfons VI. von Kastilien [Span. Christ.] |
| Zama | 202 v. Chr. | Hannibal [Karth.] – ***Scipio Africanus*** [Röm.] |
| Zamora I | 901 | ***Alfons der Große*** [Span. Christ.] – Abdallah [Mauren] |
| Zamora II | 939 | ***Ramiro II.*** [Span. Christ.] – Abd er-Rahman [Mauren] |
| Zeim | 20. April 1877 | Melikoff [Russl.] – ***Mukhtar Pascha*** [Türk.] |
| Zela I | 67 v. Chr. | Triarius [Röm.] – ***Mithridates*** [Pontos] |
| Zela II | 2. Aug. 47 v. Chr. | ***Julius Cäsar*** [Röm.] – Pharnakes [Bosporanisches Reich] |
| Zell | 8. Nov. 1805 | ***Davoût/Marmont*** [Frkr.] – Merveldt [Öst.] |
| Zendecan | 1039 | ***Moghrul Beg*** [Seldschuken] – Musrud [Afg.] |
| Zenta | 11. Sept. 1697 | ***Prinz Eugen*** [Öst.] – Elwas Mohammed [Türk.] |
| Zeugminum | 1168 | ***Manuel I.*** [Gr.] – Ungarn |
| Ziezicksee | 1302 | ***Grimaldi/di Rieti*** [Gen.] – Flamen |
| Zlotsow | 1676 | ***Sobieski*** [Pol.] – Mohammed IV. [Türk./Tat.] |
| Zorawno | Sept. – Okt. 1676 | Sobieski [Pol.] – Ibrahim Pascha [Türk./Tat.] |
| Zorndorf | 25. Aug. 1758 | ***Friedrich der Große*** [Pr.] – Fermor [Russl.] |
| Zürich I | 4.–7. Juni 1799 | ***Erzherzog Karl*** [Öst.] – Masséna [Frkr.] |
| Zürich II | 14. Aug. 1799 | ***Erzherzog Karl*** [Öst.] – Masséna [Frkr.] |
| Zürich III | 2. Sept. 1799 | ***Masséna*** [Frkr.] – Korsakow [Russl./Alliierte] |
| Zusmarshausen | 17. Mai 1648 | ***Turenne/Wrangel*** [Frkr./Schwed.] – Melander/Montecuccoli [Imp.] |
| Zutphen | 22. Sept. 1586 | ***Farnese, Herzog von Parma*** [Span.] – Earl of Leicester [Brit./Holl.] |
| Zuyder Zee | 11. Okt. 1573 | Bossu [Span.] – ***Dirkzoon*** [Holl.] |

# LITERATURHINWEISE

In jeder öffentlichen Bibliothek und in Fachbibliotheken gibt es eine Vielzahl an Büchern, die jeden denkbaren Aspekt militärischer Konflikte behandeln. Die unten genannten Titel sind lediglich eine kleine Auswahl der Werke zum Thema Militärgeschichte. Es wurden ausschließlich deutschsprachige bzw. ins Deutsche übersetzte Bücher berücksichtigt. Dort können Sie weitere Literaturhinweise deutsch- und fremdsprachiger Werke finden.


Althoff, Gerd, *Die Ottonen. Königsherrschaft ohne Staat*, Kohlhammer, Stuttgart u. a. 2005

Álvarez, Manuel Fernández, *Imperator Mundi: Karl V. – Kaiser des Heiligen Römischen Reiches Deutscher Nation*, Stuttgart 1987

Asche, Matthias u. a. (Hg.), *Krieg, Militär und Migration in der Frühen Neuzeit*, Münster 2008

Aust, Stefan und Cordt Schnibben (Hg.), *Irak – Geschichte eines modernen Krieges*, München 2003

Baltrusch, Ernst, *Caesar und Pompeius*, Darmstadt 2004

Barceló, Pedro, *Hannibal. Stratege und Staatsmann*, Stuttgart 2004

Beckerath, Jürgen von, *Chronologie des pharaonischen Ägypten*, Mainz 1997

Beevor, Anthony, *Berlin 1945. Das Ende*, München 2003

Beevor, Anthony, *Stalingrad*, München 2001

Beitter, Gerda, *Die Rote Armee im Zweiten Weltkrieg*, Koblenz 1984

Bengtson, Hermann, *Die Diadochen. Die Nachfolger Alexanders (323-281 v. Chr.)*, München 1987

Bengtson, Hermann, *Herrschergestalten des Hellenismus*, München 1975

Bennett, Geoffrey, *Seeschlachten im Zweiten Weltkrieg*, Bonn 1987

Berghahn, Volker R., *Der Erste Weltkrieg*, München 2003

Beyrau, Dietrich, u. a. (Hg.), *Formen des Krieges. Von der Antike bis zur Gegenwart*, Paderborn u. a. 2007

Black, Jeremy, *70 große Schlachten der Weltgeschichte*, Leipzig 2005

Black, Jeremy, *Die Kriege des 18. Jahrhunderts*, Berlin 2001

Black, Jeremy, *Große Feldherren der Weltgeschichte*, München 2008

Blaschke, Karlheinz, *Moritz von Sachsen. Ein Reformationsfürst der zweiten Generation*, Göttingen 1983

Bleckmann, Bruno, *Der Peloponnesische Krieg*, München 2007

Bleicken, Jochen, *Augustus. Eine Biographie*, Berlin 1998

Brandi, Karl, *Kaiser Karl V. Werden und Schicksal einer Persönlichkeit und eines Weltreiches*, Darmstadt 1959

Brendon, Piers, *Eisenhower: von West Point ins Weiße Haus*, München 1988

Brentjes, Burchard und Helga, *Die Heerscharen des Orients*, Berlin 1991

Breysig, Theodor, *Jahrbücher des fränkischen Reiches 714-741. Die Zeit Karl Martells*, Berlin 1975

Buciak, Sebastian (Hg.), *Asymmetrische Konflikte im Spiegel der Zeit*, Berlin 2008

Burckhardt, Jakob, *Die Zeit Constantins des Großen*. Basel 1853

Burkhardt, Johannes, *Der Dreißigjährige Krieg*, Frankfurt a. M. 1992

Caesar, Gaius Julius, *Der Gallische Krieg*, Ditzingen 1986

Christ, Karl, *Hannibal*, Darmstadt 2003

Christ, Karl, *Pompeius. Der Feldherr Roms. Eine Biographie*, München 2004

Churchill, Winston, *Der zweite Weltkrieg: Mit einem Epilog über die Nachkriegsjahre*, Frankfurt a. M. 2004

Clausewitz, Carl von, *Vom Kriege*, Friedberg 2007

Clauss, Manfred, *Konstantin der Große und seine Zeit*, München 1996

Costello, John, *Atlantikschlacht: Der Krieg zur See 1939–1945*, Augsburg 1999

Cronin, Vincent, *Napoleon. Stratege und Staatsmann*, München 2002

Dahlheim, Werner, *Julius Caesar. Die Ehre des Kriegers und die Not des Staates*, Paderborn 2005

Davis Hanson, Victor, *Die Kriege der Griechischen Antike*, Berlin 2001

De Vries, Kelly, *Die großen Schlachten der Antike*, Stuttgart 2008

Delbrück, Hans, *Geschichte der Kriegskunst im Rahmen der politischen Geschichte*, Berlin 1900–1920; neue Aufl. Berlin 2000

Demandt, Alexander, *Die Spätantike*, München 2007

Douglas, David C., *Wilhelm der Eroberer*, Kreuzlingen 2004

Duffy, Christopher, *Der Sturm auf das Reich*, München 1994

Duffy, Christopher, *Friedrich der Große*, Augsburg 1994

Duffy, Christopher, *Sieben Jahre Krieg*, Wien 2003

Edzard, D.-O., *Geschichte Mesopotamiens. Von den Sumerern bis zu Alexander dem Großen*, München 2004

Ehlers, Joachim, *Der Hundertjährige Krieg*, München 2009

Engels, Johannes, *Philipp II. und Alexander der Große (Geschichte kompakt Antike)*, Darmstadt 2006

Epkenhans, Michael und Groß, Gerhard, *Das Militär und der Aufbruch in die Moderne 1860 bis 1890. Armeen, Marinen und der Wandel von Politik, Gesellschaft und Wirtschaft in Europa, den USA und Japan (=Beiträge zur Militärgeschichte, Bd. 60)*, München 2003

Falls, Cyril (Hg.), *Große Landschlachten*, Frankfurt a. M. o. J.

Fischer, Robert-Tarek, *Richard I. Löwenherz 1157–1199. Mythos und Realität*, Köln 2006

Fischer-Fabian, Siegfried, *Preußens Gloria. Der Aufstieg eines Staates*, Klagenfurt 1991

Foerster, Roland G. (Hg.), *Generalfeldmarschall von Moltke. Bedeutung und Wirkung*, München 1991

Förster, Stig, Markus Pöhlmann und Dierk Walter (Hg.), *Schlachten der Weltgeschichte*, München 2004

Fox, Robin Lane, *Alexander der Große. Eroberer der Welt*, Stuttgart 2004

Frey, Marc, *Geschichte des Vietnamkriegs*, München 2006

Fuller, John F. C., *Die Entscheidungsschlachten der westlichen Welt*, Tübingen 2004

Ganschow, Thomas, *Krieg in der Antike*, Darmstadt 2007

Gardiner, A. H., *Geschichte des Alten Ägypten*, Stuttgart 1965

Gaube, Schneidmüller, Weinfurter, *Konfrontation der Kulturen? Saladin und die Kreuzfahrer*, Mainz 2005

Geary, Patrick J., *Die Merowinger*, München 2004

Gehrke, Hans-Joachim, *Geschichte des Hellenismus*, München 2008.
Goff, Jacques Le, *Ludwig der Heilige*, Stuttgart 2000
Görlitz, Walter, *Kleine Geschichte des deutschen Generalstabes*, Berlin 1967
Greiner, Bernd, Christian Th. Müller und Dierk Walter (Hg.), *Heiße Kriege im Kalten Krieg*, Hamburg 2006
Groehler, Olaf, *Die Kriege Friedrichs II.*, Berlin 1990
Haarmann, Ulrich, *Geschichte der Arabischen Welt*, München, 2001
Hägermann, Dieter, *Karl der Große. Herrscher des Abendlandes*, Berlin 2000
Hamann, Christopher (Hg.), *Afrika – Kultur und Gewalt: Hintergründe und Aktualität des Kolonialkriegs in Deutsch-Südwestafrika*, Iserlohn 2005
Hammitzsch, Horst (Hg.), *Japan-Handbuch: Land und Leute, Kultur- und Geistesleben*, Stuttgart 1990
Hamson, Victor David, *Der Krieg in der griechischen Antike*, Berlin 2001
Haythornthwaite, Philip J., *Die Armee Friedrichs des Großen*, Sankt Augustin 2004
Haythornthwaite, Philip J., *Die Kaiserliche Armee Österreichs*, Sankt Augustin 2004
Hedle Paul Willmott, *Der Zweite Weltkrieg*, Hildesheim 2005
Heer, Friedrich, *Karl der Große und seine Welt*, Wien u. a. 1977
Helck, Wolfgang, *Die Beziehungen Ägyptens zu Vorderasien im 3. und 2. Jahrtausend v. Chr.*, Wiesbaden
Herre, Franz, *Moltke. Der Mann und sein Jahrhundert*, Stuttgart 1984
Herrmann, Johannes, *Moritz von Sachsen*, Beucha 2003
Hill, Richard, *Der Krieg der Panzerschiffe*, Berlin 2001
Hillgruber, Andreas, *Der Zweite Weltkrieg*, Stuttgart u.a. 1983
Hochgeschwender, Michael, *Der amerikanische Bürgerkrieg*, München 2009
Hoffmann, Joachim, *Stalins Vernichtungskrieg*, München 2001
Hogg, Ian V., *Deutsche Artilleriewaffen im Zweiten Weltkrieg*, Stuttgart 1978
Hölbl, Günther, *Geschichte des Ptolemäerreiches*, Darmstadt 2004
Holland, Tom, *Persisches Feuer*, Stuttgart 2008
Holmes, Richard, *Der Zweite Weltkrieg. Die visuelle Geschichte*, München 2009
Holmes, Richard, *Geschichte der Waffen vom Altertum bis heute*, München 2007
Holmes, Richard, *Landschlachten der Weltgeschichte*, Köln 1976
Hornung, Erik, *Grundzüge der Ägyptischen Geschichte*, Darmstadt 2005
Howard, Michael Eliot, *Der Krieg in der europäischen Geschichte*, München 1981
Howard, Michael Eliot, *Kurze Geschichte des Ersten Weltkriegs*, München 2005
Jany, Curt, *Geschichte der Preußischen Armee – Vom 15. Jahrhundert bis 1914, Bd. 1*, Osnabrück 1967
Jarnut, Jörg (Hg.), *Karl Martell in seiner Zeit*, Sigmaringen 1994
Jaspert, Nikolas, *Die Kreuzzüge*, Darmstadt 2008
Junkelmann, Marcus, *Gustav Adolf (1594–1632): Schwedens Aufstieg zur Großmacht*, Regensburg 1993
Keegan, John, *Das Antlitz des Krieges*, Frankfurt a. M. 2007
Keegan, John, *Der Erste Weltkrieg*, Reinbek bei Hamburg 2000
Keegan, John, *Der Zweite Weltkrieg*, Reinbek bei Hamburg 2009
Keegan, John, *Die Kultur des Krieges*, Berlin 1995
Keegan, John, *Die Maske des Feldherrn*, Reinbek bei Hamburg 2000
Kennedy, Paul M., *Aufstieg und Fall der großen Mächte*, Frankfurt a. M. 2000
Klein, Thoralf und Frank Schumacher (Hg.), *Kolonialkriege. Militärische Gewalt im Zeichen des Imperialismus*, Hamburg 2006
Kleßmann, Eckart, *Napoleons Rußlandfeldzug in Augenzeugenberichten*, München 1982
Knopp, Guido, *Der Jahrhundertkrieg: Die Atlantikschlacht, der Wüstenkrieg, der Bombenkrieg*, München 2003
Kreiner, Josef (Hg.), *Der Russisch-Japanische Krieg (1904/05)*, Göttingen 2005
Krockow, Christian Graf von, *Friedrich der Große. Ein Lebensbild*, Bergisch Gladbach 2000
Kroener, Bernhard und Ralf Proeve (Hg.), *Krieg und Frieden. Militär und Gesellschaft in der Frühen Neuzeit*, Paderborn 1996
Kromayer, Johannes und Georg Veith, *Heerwesen und Kriegführung der Griechen und Römer*, München 1963
Kuhn, Dieter, *Der Zweite Weltkrieg in China*, Berlin 1999
Kühne, Thomas (Hg.), *Was ist Militärgeschichte*, Paderborn u. a. 2000
Lane Fox, Robin, *Alexander der Große. Eroberer der Welt*, Stuttgart 2005
Lauffer, Siegfried, *Alexander der Große*, München 2004
Leonhardt, Burkhard, *Militärgeschichte der Antike*, München 2008
Leppin, Hartmut, *Theodosius der Große. Auf dem Weg zum christlichen Imperium. Gestalten der Antike.* Darmstadt 2003
Madariaga, Salvador de, *Simon Bolivar. Der Befreier Spanisch-Amerikas*, Zürich 1986
Maenchen-Helfen, Otto J., *Die Welt der Hunnen*, Wiesbaden 1997
Markov, Walter, *Schlachten der Weltgeschichte*, Stuttgart 1978
Massie, Robert K., *Peter der Große – Sein Leben und seine Zeit*, Bodenheim 1980
Mattingly, Garrett, *Die Armada*, München 1988
Mayer, Hans Eberhart, *Geschichte der Kreuzzüge*, Stuttgart 2005
Meier, Mischa, *Justinian. Herrschaft, Reich und Religion*, München 2004
Messenger, Charles, *Der Zweite Weltkrieg*, Hildesheim 2005
Möhring, Hannes, *Saladin, Der Sultan und seine Zeit 1138-1193*, München 2005
Montgomery of Alamein, Bernard Law Montgomery, *Kriegsgeschichte*, Frankfurt a. M. 1972
Moosbauer, Günther, *Die Varusschlacht*, München 2009
Nagel, Tilman, *Timur der Eroberer*, München 1993
Neumann-Hoditz, Reinhold, *Dschingis Khan*, Reinbek bei Hamburg 1985
Nicolle, David, *Die Armeen des Hundertjährigen Krieges*, Sankt Augustin 2005

Nicolle, David, *Die Kreuzritter*, Königswinter 2009
Nicolle, David, *Wikinger und Normannen*, Sankt Augustin 2003
Noth, Albrecht, *Heiliger Krieg und Heiliger Kampf in Islam und Christentum*, Bonn 1966
Nowosadtko, Jutta, *Krieg, Gewalt und Ordnung. Einführung in die Militärgeschichte*, Tübingen 2002
Ortenburg, Georg (Hg.), *Kriegswesen und Kriegführung im Zeitalter der Kabinettskriege*, Augsburg 1986
Ortenburg, Georg, *Heerwesen der Neuzeit*, 10 Bde., Augsburg 1984–1993
Pemsel, Helmut, *Seeherrschaft*, Wien/Graz 2005
Piepenbrink, Karen, *Konstantin der Große und seine Zeit*, Darmstadt 2002
Plassmann, Alheydis, *Die Normannen. Erobern – Herrschen – Integrieren*, Stuttgart 2008
Pohl, Walter, *Die Awarenkriege Karls des Großen*, Wien 1988
Pöhlmann, Markus, *Kriegsgeschichte und Geschichtspolitik: Der Erste Weltkrieg. Die amtliche deutsche Militärgeschichtsschreibung 1914–1956*, Paderborn 2002
Potter, Elmar B. und Chester Nimitz, *Seemacht – Eine Seekriegsgeschichte von der Antike bis zur Gegenwart*, Herrsching 1982
Prietzel, Malte, *Kriegführung im Mittelalter*, Paderborn u. a. 2006
Regling, Volkmar u. a., *Grundzüge der militärischen Kriegführung 1648–1939*, München 1979
Rehrmann, Norbert, *Simón Bolívar. Die Lebensgeschichte des Mannes, der Lateinamerika befreite*, Berlin 2009
Reid, Brian Holden, *Der amerikanische Bürgerkrieg*, Berlin 2000
Remy, Maurice Philip, *Mythos Rommel*, München 2004
Riché, Pierre, *Die Karolinger. Eine Familie formt Europa*, Stuttgart 1999
Roberts, Geoffrey, *Stalins Kriege*, Düsseldorf 2008
Rothenberg, Gunther, *Die Napoleonischen Kriege*, Berlin 2000
Ruloff, Dieter, *Wie Kriege beginnen. Ursachen und Formen*, München 2004
Scharff, Thomas, *Die Kämpfe der Herrscher und der Heiligen*, Darmstadt 2002
Schlichte, Klaus, *Krieg und Vergesellschaftung in Afrika*, Münster 1996
Schlögl, Hermann A., *Ramses II.*, Reinbek bei Hamburg 2000
Schmidt, Georg, *Der Dreißigjährige Krieg*, München 2003
Schmidt, Matthias, *Der Krieg in Vietnam*, München 1992
Schmidtchen, Volker, *Kriegswesen im späten Mittelalter*, Weinheim 1990
Schnitter, Daniela, *Feldherren und Kriegsgelehrte*, Berlin 1997
Schröder, Hans-Christoph, *Die amerikanische Revolution*, München 1982
Schulin, Ernst, *Kaiser Karl V. Geschichte eines übergroßen Wirkungsbereichs*, Stuttgart 1999
Schulz, Raimund, *Athen und Sparta*, Darmstadt 2003
Schwentker, Wolfgang, *Die Samurai*, München 2009
Seehase, Hagen, *Die Rosenkriege*, Wald-Michelbach 2002
Seelentag, Gunnar, *Taten und Tugenden Traians. Herrschaftsdarstellung im Principat*, Stuttgart 2004
Segesser, Daniel Marc, *Empire und totaler Krieg*, Paderborn u.a. 2002
Seibert, Jakob, *Forschungen zu Hannibal*, Darmstadt 1993
Seibert, Jakob, *Hannibal*, Darmstadt 1993
Selz, G. J., *Sumerer und Akkader. Geschichte, Gesellschaft, Kultur*, München 2005
Sidebottom, Harry, *Der Krieg in der antiken Welt*, Stuttgart 2008
Sokolovskij, Vasilij D. (Hg.), *Militärstrategie*, Köln 1969
Spielvogel, Jörg, *Septimius Severus (Gestalten der Antike)*, Darmstadt 2006
Staiger, Brunhild, Stefan Friedrich und Hans W. Schütte (Hg.), *Das große China-Lexikon. Geschichte, Geographie, Gesellschaft, Politik, Wirtschaft, Bildung, Wissenschaft, Kultur*, Darmstadt 2008
Stevens, Fred, Ian V. Hogg und John Batchelor, *Waffen und Uniformen der Sowjetarmee*, München 1976
Strässle, Paul Meinrad, *Krieg und Kriegführung in Byzanz*, Köln 2006
Strobel, Karl, *Untersuchungen zu den Dakerkriegen Trajans. Studien zur Geschichte des mittleren und unteren Donauraumes in der Hohen Kaiserzeit*, Bonn 1984
Thomas, Hugh, *Die Eroberung Mexikos. Cortés und Montezuma*, Frankfurt a. M. 1998
Thorau, Peter, *Die Kreuzzüge*, München 2007
Treue, Wilhelm, *Der Krimkrieg*, Göttingen 2001
Trillo, Antonio, *Geschichte des Aufstandes und der Kriege in den Niederlanden*, Wien 2008
Ueberschär, Gerd R. (Hg.), *Hitlers militärische Elite. Vom Kriegsbeginn bis zum Weltkriegsende*, Darmstadt 1998
Veenhof, K. R., *Geschichte des Alten Orients bis zur Zeit Alexanders des Großen (Grundrisse zum Alten Testament 11)*, Göttingen 2001
Venohr, Wolfgang, *Fridericus Rex. Friedrich der Große – Porträt einer Doppelnatur*, Bergisch Gladbach 2000
Vogt, Joseph, *Constantin der Große und sein Jahrhundert*, München 1960
Walter, Dierk, *Preußische Heeresreformen*, Paderborn u.a. 2003
Warner, Oliver, *Große Seeschlachten*, Frankfurt a. M. o.J.
Wedgwood, Cicely V., *Der Dreißigjährige Krieg*, München 2002
Weiers, Michael, *Geschichte der Mongolen*, Stuttgart u.a. 2004
Welwei, Karl-Wilhelm, *Das klassische Athen. Demokratie und Machtpolitik im 5. und 4. Jahrhundert*, Darmstadt 1999
Welwei, Karl-Wilhelm, *Sparta. Aufstieg und Niedergang einer antiken Großmacht*, Stuttgart 2004
Wenzlik, Detlef u.a. *Die Napoleonischen Kriege*, 9 Bände, Hamburg 1997–2008
Will, Wolfgang, *Julius Caesar: eine Bilanz*, Stuttgart u.a. 1992
Willmott, H. P., *Der zweite Weltkrieg im Pazifik*, Berlin 1999
Willms, Johannes, *Napoleon – Eine Biographie*, München 2005
Wirth, Gerhard, *Attila. Das Hunnenreich und Europa*, Stuttgart 1999
Witt, Jann M., *Horatio Nelson - Triumph und Tragik eines Seehelden*, Hamburg 2005
Wolters, Reinhard, *Die Schlacht im Teutoburger Wald*, München 2009
Zöllner, Erich, *Geschichte der Franken bis zur Mitte des 6. Jahrhunderts*, München 1970